U0508864

魁阁学术文库
Kui Ge Academic Library

本书受教育部人文社会科学重点研究基地
云南大学西南边疆少数民族研究中心资助

魁阁学术文库
Kui Ge Academic Library

中国社会组织概论

INTRODUCTION TO
CHINA'S SOCIAL ORGANIZATIONS

谢寿光 / 主编

杨　曦　王海宇 / 副主编

社会科学文献出版社
SOCIAL SCIENCES ACADEMIC PRESS (CHINA)

本书编写团队

谢寿光，中国社会学会秘书长，中国出版协会副理事长，中国社会科学院大学教授，云南大学特聘教授。统揽全书设计，合作撰写绪论、第一章，并负责统稿定稿。

杨曦，郑州大学政治与公共管理学院副教授，中国社会科学院研究生院社会学博士。撰写第四章、第八章，协助全书统筹，参与统稿。

王海宇，北京航空航天大学马克思主义学院讲师，清华大学社会学博士。撰写第二章、第三章，负责撰写团队联络，并参与统稿。

王斌，中国社区发展协会专家委员会副秘书长，中国社会科学院研究生院社会工作硕士。撰写第六章和第七章。

胡那苏图，内蒙古师范大学民族学人类学学院讲师，吉林大学社会学博士。参与撰写绪论，独自撰写第五章。

蒲威东，中央民族大学在读社会学博士。合作撰写绪论、第一章。

王誉梓，清华大学社会学系博士研究生。参与撰写第六章。

本书指导与评审专家

李友梅，上海大学教授，上海研究院第一副院长，曾任上海大学党委副书记、副校长，中国社会学会第十届理事会会长。

王名，清华大学公共管理学院教授，清华大学公益慈善研究院院长，兼任中国社会组织促进会副会长。

黄浩明，深圳国际公益学院副院长、教授，中国国际民间组织合作促进会名誉理事长，中国社会组织促进会副会长。

邓国胜，清华大学公共管理学院教授、副院长，社会创新与乡村振兴研究中心主任。

徐家良，上海交通大学国际与公共事务学院教授，上海交通大学第三部门研究中心主任。

刘培峰，北京师范大学法学院教授，宪法与行政法学教学研究中心主任。

金锦萍，北京大学法学院副教授，北京大学非营利组织法研究中心主任，中国红十字基金会兼职副理事长。

韩恒，郑州大学政治与公共管理学院教授、副书记兼副院长，郑州大学社会调查与数据分析中心主任。

专家推荐意见

本书论述理路清晰，资料系统全面，且易读易懂，是一本适合社会学与社会工作方向本科生和研究生的教学参考书。

——李友梅

本书资料详实，观点鲜明，实践性和应用性强，对于中国社会组织的研究、教学及实务工作，是一部不可多得的专题性参考著作。

——王　名

本书有关社会组织的论述概念准确，原理和逻辑关系清晰，引用的资料和数据来源可靠，具有较广的适用性，社会学、社会工作、公共管理等专业的学生均可将其作为教材使用。

——黄浩明

本书有助于初学者对中国社会组织的基础理论、发展的基本情况、政策法规、管理运行有一个快速的了解和把握。

——邓国胜

本书概念界定相对科学，对中国社会组织分类和特征归纳到位，基本反映出中国社会组织客观真实的整体情况。

——徐家良

本书既立足于中国社会组织发展的现状，又关注到中国社会组织的发展态势，并对社会组织的管理和运行有细致描述，既可以作为教材，也可以作为进一步研究的基础性读本。

——刘培峰

本书的结构框架较为合理，引用的资料比较翔实，所采纳的观点大多为通说，又有自己的独到见解。适合意图了解我国社会组织的初学者，以及作为课程的参考书目。

——金锦萍

该书立足中国社会组织的发展实践，教材内容具有显著的"中国特色"，对进入新时期以来社会组织领域的新变化、新趋势进行了系统总结，具有鲜明的时代性和前沿性，有助于社会组织领域"中国话语"的建构。

——韩　恒

前　言

　　中国是个社会化组织能力极强的国家。自秦以降，皇权只达县治，县以下乡村通过县衙与姓氏宗族、家庭等组织合作，实现共治。这是中华民族数千年绵延不绝，中华文化得以持续传承的根基之一。从中华人民共和国成立到 1978 年改革开放前，中国学习苏联计划经济模式，在城市实行"单位制"，农村普遍建立人民公社、生产大队和生产队三级管理体制，国家行政权力直达乡村，原有的基层乡村自治组织不复存在，这在一定程度上抑制了基层社会的活力。自 20 世纪 90 年代以来，中国开始建立社会主义市场经济体制，首先把市场和企业从计划经济中释放出来，极大地激发了市场和企业活力，创造了数十年经济高速增长的奇迹，与此相伴的各类社会组织特别是基层草根组织大量出现，极大地激发出社会的生机和活力，从而也使社会保持长期稳定。中国共产党领导下的国家、市场、社会三者良性互动，相得益彰，中国特色社会主义现代治理体系得以形成并正在逐步完善中发展。

　　相比较而言，当下中国无论是国家现代化建设与治理，还是经济发展和现代市场体系发育，都比社会建设和社会发展更加成熟。社会组织相比较于国家行政组织以及市场和企业组织，在自身发展建设上还有很长的路要走。尤其是在世界"百年未有之大变局"和建设中国式现代化社会主义强国的征程中，要想更好地适应和满足广大人民群众对美好生活目标的追求，大力发展各类社会组织，补齐社会建设和社会发展的短板，无疑应是国家的重大战略布局之一。同时也要求人文社会科学学科，特别是社会学及社会工作、社会政策等学科，加强对中国社会组织发展现状的研究，并培养大量精通社会组织管理的专门人才。因此，无论是中国式现代化战略目标的实施、"一带一路"倡议推进、对外交流合作推动人类命运共同体建设等现实要求，还是社会学、社会工作、政治学及公共管理等学科建设和人才培养，都有对中国社会组织发展状况进行研究的客观现实需求。

　　早在 20 世纪 80 年代后期，我由于组织编纂《中国大百科全书·社会学》卷的机缘，开始接触社会学关于社会组织的学科知识，90 年代我组织编写首部《中国社会工作百科全书》时对 NGO、非营利组织等知识领域有了较深的了解，21 世纪初我作为出版者与清华大学王名教授团队合作出版了"NGO 研究丛书"，此后几年陆续组织出版了《中国社会组织发展报告》《第三部门研究报告》《中国基金会发展报告》等系列蓝皮书，我所主持工作的社会科学文献出版社成为中国出版社会组织研究学术图书最重要的出版社。2010 年，中国大陆学校开始正式招收社会工作专业硕士（MSW），我即受聘担任中国社会科学院研究生院指导教师，十余年间累计指导 20 余名社会组织管理方向的社工硕士，其间先后多次开设社会组织管理课程学术讲座，而且一直存有组织编写一部关于中国社会组织发展历史与现状、国家管理各类社会组织的法规、政策，以及社会组织内部管理等内容的图书，用作社会学、社会工作，以及社会政策、公共管理等学科本科生和研究生的教材或教参，同时也争取其他语种出版，为海外了解中国社会组织提供参考。2020 年 11 月，我从体制内退休转场学术研究并担任云南大学民族学与社会学院特聘教授后，即着手此项研究写作计划，组织几名自己曾经指导的社工硕士学生（大多继续攻读博士并在高校任教），几经研讨、撰写、修改，最终形成这部《中国社会组织概论》。

　　本书包括绪论和 8 章内容，并附有 2 个附录。绪论由我和中央民族大学在读社会学博士蒲威东以及内蒙古师范大学教师胡那苏图博士执笔，从全书总揽的角度，对社会组织进行概念梳理和界定，对社会组织的性质、功能、类型做了划分，并根据中国正在推进的建设社会主义现代化强国的目标和现实需求，对中国社会组织发展趋势和前景做了若干分析和预测，同时从国际比较和中国自身的特殊性出发，在学科和学理上深度剖析和阐述了中国社会组织的类型与特征；第一章执笔人为蒲威东，此章从历时性角度出发，对中国社会组织的发展及其运行和管理做了梳理和叙述；第二章和第三章的执笔人为北京航空航天大学教师王海宇博士，主要内容是从发展与监管两个维度全面阐述中国社会组织发展的制度环境；第四章执笔人为郑州大学副教授杨曦博士，主要介绍中国社会组织的运行状况，从组织自身的管理维度，阐述社会组织的筹资、考核激励、人力资源、信息披露、社会动员等方面内容；第五章执笔人为胡那苏图博士，详细介绍了我国社会团体的历史、现状、分类和特点；第六章执笔人为中国社会科学院研究生院社会工作硕士王誉梓（清华大学社会博士后选人）和中国社区发展协会王斌，此章对我国各类社会服务机构的发展状况和特征进行了细致的阐述；第七章由王斌执笔，专章介绍中国非营利基金会的发展现状，包括境外非营利基金会在中国的发展及监管情况；第八章由杨曦执笔，主要介绍中国社会组织走向国际的历史与现状。

本书编写得到上海大学李友梅教授，清华大学王名教授，深圳国际公益学院黄浩明教授，清华大学邓国胜教授，上海交通大学徐家良教授，北京师范大学刘培峰教授，北京大学金锦萍教授，郑州大学韩恒教授等学界大咖的鼎力支持和指导，他们不仅受邀担任学术指导，对书稿提出宝贵的修改意见和建议，而且书稿本身就吸取采用了他们以往的研究成果。对此特向他们致以诚挚的谢意！

蒙承云南大学民族学和社会学院领导的重视、支持和同事们的鼎力襄助，本书被列为学院社会学与社会工作方向的本科生和研究生教学参考书。也希望兄弟院校社会学、社会工作同仁包括公共管理学科的师生推荐使用并反馈修改意见。

谢寿光 中国社会学会秘书长、云南大学特聘教授
2022 年 7 月 22 日

目　录

绪论　中国社会组织研究概述

　　以社会组织为代表的社会体系与市场体系和国家体系共同组成了三位一体的现代中国社会，推动着中国的社会转型。然而，许多人还尚未认识社会组织。什么是社会组织？它有哪些分类？社会组织的相关理论研究有什么？研究社会组织的意义何在？新时代中国社会组织如何发展？这都是值得研究的问题。因此，本章将结合上述问题做出一些总结和概述，以期让更多读者在理论层面上认识社会组织。

第一节　社会学视野下社会组织研究的现实意义

　　1978 年改革开放以来，尤其是自 20 世纪 90 年代以来，中国社会组织进入了快速发展期，社会组织的规模总量快速增长，社会组织的制度环境也正朝着更为宽松的方向转变。[①] 换句话说，中国社会组织的发展正是伴随着市场经济体制的从无到有、政府职能的全面转变以及社会关系的深刻变迁展开的。在改革开放之前，中国的治理模式建立在计划经济体制之上，这意味着市场和社会的缺位，政府成为社会资源的绝对占有者和分配者，并承担了社会组织和社会工作的专业职能。改革开放打破了原有的建立在计划经济体制上的治理模式，随着市场经济体制的建立，市场和社会开始出现，形成了国家、市场和社会同时存在的模式。[②] 但是我国社会体制与经济体制没有同步发展，而伴随社会主义市场经济体制的确立，市场化改革的思路被过快扩展到社会福利领域。这也导致个人对于其亟待解决的问题

---

① 黄晓春：《中国社会组织成长条件的再思考——一个总体性理论视角》，《社会学研究》2017 年第 1 期，第 101 页。

② 竺乾威：《国家治理现代化与厘清国家社会市场关系》，《理论探讨》2022 年第 1 期，第 45 页。

所需的途径以及依赖的资源不足，个人在公共物品需求上没有脱离对国家的依赖，而且还催生出了多样化的需求。① 也可以说，在国家、市场和社会共存的模式下，社会的发展依旧受制于国家和市场。

时至今日，对于社会组织的研究成果已经非常丰富，且学科间相互交叉与渗透。管理学作为一门系统研究管理活动的基本规律和一般方法的科学，为社会组织管理提供了管理框架，为个人行为、群体行为以及组织行为对于组织的生存及发展带来了重要启示。此外，管理学从组织中人性的一面谈管理，其强调人的需要以及社会因素对人的行为的影响，这与社会工作的知识基础以及专业价值是一致的。② 而政治学视角下主要关注的则是那些政治涉猎性很强，具有政治甚或政权目的性、反抗政治压迫性的社会组织，以及具有从政治学角度进行考察意义的社会组织，因为这类社会组织的存在本身就是一种公众自治的标志，它们可以被认为是民主的治理方式。因此，很多学者也基于政治学的视角对社会组织的意义进行了阐释。③ 社会学视角下的社会组织则是自我治理的实现舞台，社会组织为人们提供了互动场所，而互动将促进人际纽带的产生，进而可以促进更为广泛的良性社会行为。此外，社会组织往往代表着一种市场上所不存在的特殊的价值，这种价值可以被称为爱、关怀、慈善等。正因如此，人们往往把社会组织与志愿精神的实现结合起来，把社会组织与慈善公益结合起来，④ 而社会工作就是上述价值实践的典型专业。

学者王名认为，在中国现今语境下，社会组织代表着市场失灵条件下的经济利益，代表着政府失灵条件下的公共利益，而且也代表着在社会转型条件下更加广泛的社会利益和社会价值。⑤ 可以说，由社会组织所构成的社会体系，与由企业构成的市场体系，以及由党政机关所构成的国家体系，共同组成三位一体的现代中国社会，共同推动着中国社会在转型中成长进步、走向繁荣。⑥ 对于本书的研究而言，置于在国家-市场-社会的三维视域

① 李友梅等：《新时期加强社会组织建设研究》，经济科学出版社，2016，第1页。
② 赵学慧：《社会服务组织管理》，中国社会出版社，2013，第37~41页。
③ 王名：《社会组织概论》，中国社会出版社，2010，第41页。
④ 王名：《社会组织概论》，中国社会出版社，2010，第44~45页。
⑤ 王名：《社会组织概论》，中国社会出版社，2010，第2页。
⑥ 王名：《社会组织概论》，中国社会出版社，2010，第2页。

下来探讨构成中国社会体系的社会组织也有重要的现实意义。

　　首先，中国共产党引领社会组织发展具有深厚的历史渊源，积累了丰富的历史经验，形成了具有鲜明特色的历史传统。早在抗日战争时期，中华民族面临生死存亡的危急关头，中国共产党面对艰巨的革命任务，注重加强对社会组织的领导建设，积极动员各方力量支持抗战，探索出了中国革命的道路。例如，1937年10月，中国共产党参与并领导了由留日同学救亡会、平津流亡同学会、暨南大学留沪同学会等8个团体发起成立的上海学生界救亡协会，积极开展救国宣传、募捐、抢救伤员等工作，进行抗日救亡运动。该会培养了一批抗日骨干力量，为抗日战争的胜利做出了重要贡献。① 再如，1938年3月在汉口成立的中华全国文艺界抗敌协会，该会作为中国共产党领导的文艺界抗日民族统一战线组织，对于动员和鼓舞广大群众参与抗战、领导国统区的文艺运动以及促进抗日民主运动的发展都发挥了重要作用。② 中华人民共和国成立后，面对百废待兴的局面，党和政府急需建立相应的社会组织体系将全体人民组织、动员起来投入生产建设，不仅要涵盖各类群体和领域，还要能深入基层、联系每一位群众。因此，这一时期，国家通过党组织体系向一切社会组织延伸的路径展开，实现了对社会的有力动员和整合，使社会组织在生产建设、公共服务事务等领域中发挥了重要作用。③ 1978年改革开放后，党对社会组织的领导走上规范化的道路，社会组织的发展不断调整，社会组织的数量迅速攀升，社会团体、基金会和境外非政府组织也得到了快速发育和成长，推动着中国特色社会主义事业不断向前发展。尤其是自2012年来，以党的十八大提出"加快形成政社分开、权责明确、依法自治的现代社会组织体制"为标志，我国社会组织发展进入了新的历史阶段。④ 社会组织以独立的法律地位作为治理主体，广泛参与社会各领域，形成国家和市场的力量共同合作的局

---

① 王世刚主编《中国社团史》，安徽人民出版社，1994，第412页。
② 王世刚主编《中国社团史》，安徽人民出版社，1994，第414页。
③ 罗婧：《从团结型社会组织、行政型社会组织到治理型社会组织——1949年以来社会组织的变迁历史》，《清华大学学报》（哲学社会科学版）2020年第3期，第192~194页。
④ 廖鸿、杨婧，《改革开放以来社会组织的发展与主要成就》，《中国民政》2018年第15期，第30页。

面。[1] 2022 年 10 月，党的二十大胜利召开，习近平总书记在党的二十大报告中指出：中国式现代化，是中国共产党领导的社会主义现代化，既有各国现代化的共同特征，更有基于自己国情的中国特色。可以预见，在中国式现代化全面推进中华民族伟大复兴的过程中，社会组织将会形成党建引领的新格局，在国家治理体系和治理能力现代化中发挥更大作用。

其次，社会组织是推动中国经济发展的一支重要力量，社会组织在中国经济社会发展中发挥着不可替代的作用，然而其经济贡献却一直被忽视。[2] 实际上，社会组织在经济社会中与政府、市场互动协调，可以提高市场资源、公共资源的配置效率，促进经济转型升级，推动生态经济建设，满足社会多元化需求，促进公共服务供给，化解社会矛盾和保持社会和谐稳定。[3]“中国社会组织经济规模（N-GDP）测算研究”的成果显示，2016年全国社会组织增加值总量约为 2789 亿元人民币，占当年 GDP 的 0.37%，占当年第三产业增加值的 0.73%。[4] 以北京市为例，“中国社会组织经济规模（N-GDP）测算研究”的成果显示，2014 年、2015 年、2016 年北京市社会组织增加值总量分别为 94.06 亿元、117.21 亿元、144.98 亿元，增加值年均增速 24.15%，2016 年增加值约占北京市当年 GDP 的 0.56%，占当年第三产业增加值的 0.70%，超过北京市 GDP 增速。而在 2016 年 144.98 亿元的增加值中，社会服务机构增加值约 126.58 亿元，社团增加值为 5.49 亿元，基金会增加值约 12.91 亿元。[5] 由此来看，中国社会组织正在成为经济与社会建设的生力军，在供给侧多元供给主体中将扮演新的重要角色。当然，中国社会组织与发展中国家同行相比仍然有数倍差距。[6]

① 罗婧：《从团结型社会组织、行政型社会组织到治理型社会组织——1949 年以来社会组织的变迁历史》，《清华大学学报》（哲学社会科学版）2020 年第 3 期，第 204 页。
② 马庆钰、杨莹：《北京市社会组织对 GDP 的贡献》，《中国社会组织》2019 年第 22 期，第 50 页。
③ 苏雅英、张向前：《社会组织对经济社会贡献力评价指标体系分析》，《哈尔滨商业大学学报》（社会科学版）2015 年第 3 期，第 23 页。
④ 王冰洁：《“中国社会组织经济规模（N-GDP）测算”研究成果发布 2016 年全国社会组织经济贡献达 2789 亿元》，《中国社会组织》2018 年第 14 期，第 43~44 页。
⑤ 马庆钰、杨莹：《北京市社会组织对 GDP 的贡献》，《中国社会组织》2019 年第 22 期，第 50~52 页。
⑥ 王冰洁：《“中国社会组织经济规模（N-GDP）测算”研究成果发布 2016 年全国社会组织经济贡献达 2789 亿元》，《中国社会组织》2018 年第 14 期，第 43~44 页。

再次，社会组织具有公共服务供给功能，在公共服务供给领域发挥着独特的优势。从服务供给的权责分类来看，"公共服务"包括基本公共服务、普惠性非基本公共服务两大类。《"十四五"公共服务规划》明确提出，到2025年，公共服务制度体系更加完善，政府基本保障、社会多元参与、全民共建共享的公共服务供给格局基本形成，民生福祉达到新水平。我国的公共服务主要涵盖了幼有所育、学有所教、劳有所得、病有所医、老有所养、住有所居、弱有所扶、优军服务保障和文体服务保障等领域。但目前我国基本公共服务仍存短板弱项，区域间、城乡间、人群间的基本公共服务存在差距，均等化水平尚待进一步提高。社会组织具有公益性、专业性和志愿性的特点，其在参与公共服务供给中可以发挥自身的优势，弥补政府和市场的供给不足，满足人民日益增长的美好生活需要。如在新冠疫情防控中，基金会积极募集款物，释放社会善意；社会服务机构提供专业服务，积极回应社会需求；志愿服务组织组织志愿者，充分动员社会力量。[①] 此外，《"十四五"公共服务规划》也提出支持社会组织发展，大力培育发展面向社区居民提供各类公共服务的社区组织，同等条件下优先向社会组织购买民生保障、社会治理、行业管理、公益慈善等领域的公共服务项目。

近年来，社会组织在脱贫攻坚、疫情防控、促进就业等方面做出了积极的贡献。截至2020年底，全国社会组织吸纳就业1061.8万人，各类社会组织广泛参与脱贫攻坚，实施扶贫项目超过9.2万个，投入各类资金1245亿元；社会组织积极参与疫情防控和复工复产，累计接受社会各界捐赠资金约396.27亿元、物资约10.9亿件。当前中国社会组织发展的社会经济效益不容忽视，且未来存在较大提升空间。[②]

最后，社会组织助力共同富裕实现，大有可为。共同富裕自古以来是我国人民的一个基本理想，[③] 党的十八大以来，党中央把握发展阶段新变化，把逐步实现全体人民共同富裕摆在更加重要的位置上，推动区域协调

---

① 徐家良：《疫情防控中社会组织的优势与作用——以北京市社会组织为例》，《人民论坛》2020年第23期，第29页。

② 王玲玲、李芳林：《中国社会组织发展的社会经济效益量化测度与分析》，《统计与信息论坛》2017年第3期，第42页。

③ 徐家良：《第三次分配与社会组织高质量发展》，《中国民政》2021年第23期，第25页。

发展，采取有力措施保障和改善民生，打赢脱贫攻坚战，全面建成小康社会，为促进共同富裕创造了良好条件。① 习近平总书记指出，共同富裕是社会主义的本质要求，是中国式现代化的重要特征，要坚持以人民为中心的发展思想，在高质量发展中促进共同富裕。② 而第三次分配作为实现共同富裕的重要途径，对共同富裕目标的实现有重要意义。党的十九届四中全会、十九届五中全会、国家"十四五"规划和2035年远景目标纲要都提出，要发挥慈善等第三次分配作用，改善收入和财富分配格局。③ 中央财经委员会第十次会议确认了市场机制与行政机制是继续推动共同富裕的重要制度安排，同时将三次分配作为重要的社会机制纳入基础性制度安排，而社会组织作为社会机制的重要主体，必将在推动共同富裕的实践中大有作为，④ 通过第三次分配实现共同富裕也是国家治理现代化的重要制度安排。⑤ 第三次分配对社会组织意义重大，对社会组织来说，第三次分配有利于推动社会力量广泛参与治理，承接政府转移职能，扮演服务供给终端角色，激励社会组织提升自身能力，有效融入基层治理格局，强化社会连接。⑥

从现实发展来看，社会组织将成为社会学、社会工作专业毕业生的重要就业方向之一，而根据专业人才培育的需要，开设社会组织管理的相关课程，加强社会组织管理的相关研究也是当务之急。

第二节　社会组织的内涵与类型

一　社会组织的内涵

对于社会组织的界定，目前尚未形成完全共识性和规范化的定义，类

---

① 《扎实推动共同富裕》，http://www.qstheory.cn/dukan/qs/2021-10/15/c_1127959365.htm，最后访问日期：2022年10月31日。

② 《在高质量发展中促进共同富裕统筹做好重大金融风险防范化解工作》，《人民日报》2021年8月18日，第1版。

③ 江亚洲、郁建兴：《第三次分配推动共同富裕的作用与机制》，《浙江社会科学》，2021年第9期，第76页。

④ 沈永东：《社会组织推动城乡区域协调的体制机制与政策支持——基于浙江共同富裕示范区建设经验》，《探索与争鸣》2021年第11期，第27页。

⑤ 徐家良、张煜婕：《国家治理现代化视角下第三次分配的价值意涵、现实逻辑与优化路径》，《新疆师范大学学报》（哲学社会科学版）2022年第4期，第7页。

⑥ 徐家良：《第三次分配与社会组织高质量发展》，《中国民政》2021年第23期，第25页。

似"社会组织"的称谓还有"非政府组织"（NGO）、"非营利组织"（NPO）、"民间组织"、"第三部门"、"中介组织"等。当然上述各种称谓也不断交替和演变，在中国过去很长一段时间，社会组织一般被称为"民间组织""非营利组织"（Non-Profit Organization）。

（一）概念辨析

在众多称谓中，"非政府组织"（Non-Governmental Organization）一词最早出现在 1945 年联合国成立时的《联合国宪章》中，当时"非政府组织"主要指那些在国际事务中发挥中立作用的非官方机构，如国际红十字会等，后来其成为一个官方用语被广泛使用，泛指那些独立于政府体系具有一定社会功能或公共职能的非营利的社会组织。在中国，1995 年于北京举办了第四次世界妇女大会，因同期召开的"世界妇女 NGO 论坛"，使"非政府组织"这一词在中国得以广泛传播和使用。[①]

"非营利组织"（Non-Profit Organization）则侧重强调这类组织的存在目的不是为了获取利润，但并不意味着它们不可以开展经营性活动，只是要求利润不得用于成员间的分配，必须用于组织的可持续发展。[②] "非营利组织"在中国一些法律文件中有所提及，如在财政部、国家税务总局《关于非营利组织企业所得税免税收入问题的通知》（财税〔2009〕122 号）以及《关于非营利组织免税资格认定管理有关问题的通知》（财税〔2018〕13 号）中就正式使用了"非营利组织"这一概念，非营利组织是指"依照国家有关法律法规设立或登记的事业单位、社会团体、基金会、民办非企业单位、宗教活动场所以及财政部、国家税务总局认定的其他组织"。

关于"民间组织"，1998 年民政部成立民间组织管理局，2000 年民政部发布《取缔非法民间组织暂行办法》，由此，"民间组织"这一概念也正式用于官方话语。而"社会组织"概念的第一次提出是在 2004 年《国务院政府工作报告》中，[③] 中国共产党十六届六中全会正式对"社会组织"进行了系统阐述，到中国共产党的十七大报告被进一步确认。2016 年民政部民

---

① 王名：《社会组织论纲》，社会科学文献出版社，2013，第 342 页。
② 徐家良等：《新时期中国社会组织建设研究》，中国社会科学出版社，2016，第 1 页。
③ 2004 年《国务院政府工作报告》指出："要加快政企分开，进一步把不该由政府管的事交给企业、社会组织和中介机构。"

间组织管理局更名为社会组织管理局，"民间组织"被概念内涵更广的"社会组织"所替代，因而正式告别了过往"民间组织"等别称。这一历史过程表明，党和政府对社会组织的本质及其特征的认识和把握是在实践中逐步深化的。[1]

（二）社会组织的定义

社会组织的复杂性导致了社会组织定义的多样性。美国学者萨拉蒙（Lester M. Salamon）概括了非营利组织的五大特征：组织性，即这些机构都有一定的制度和结构；私有性，即这些机构都在制度上与国家相分离；非营利属性，即这些机构都不向他们的经营者或"所有者"提供利润；自治性，即这些机构都基本上是独立处理各自的事务；自愿性，即这些机构的成员不是法律要求而组成的，这些机构接受一定程度的时间和资金的自愿捐献。[2]

学者徐家良认为社会组织是指自然人、法人或其他组织为实现会员共同意愿或公共利益，按照章程提供社会服务、不分配利润的非营利性法人。从类型学和政府管理的角度，我们可以将社会组织理解为民政部门注册的社会团体、基金会、民办非企业单位的统称。此外，徐家良指出，萨拉蒙基于西方社会实践和理论基础提出的组织特征，并不能确切反映中国社会的实际状况，中国的社会组织具有非营利性、非政府性、互益性或公益性三个特性。[3]

学者李友梅认为，"社会组织是政府机构和企业组织以外的，以承办社会责任、实现社会目标为宗旨，体现公益和互益价值，履行民生服务、联系社会需求、维护社会有序运行等功能的制度化组织形态，包括体制内的传统社会组织与改革开放后在市场和社会领域出现的各类新兴社会组织"。[4]

学者王名提出了社会组织的功能-结构-属性定义：社会组织是独立于政府体系之外的具有一定程度公共性质并承担一定社会功能的各种组织制

---

① 张海军：《"社会组织"概念的提出及其重要意义》，《社团管理研究》2012年第12期，第31~32页。

② 萨拉蒙等：《全球公民社会：非营利部门视界》，贾西津等译，社会科学文献出版社，2007，第3页。

③ 徐家良等：《新时期中国社会组织建设研究》，中国社会科学出版社，2016，第3~4页。

④ 李友梅等：《新时期加强社会组织建设研究》，经济科学出版社，2016，第6~8页。

度形式的总称，这些组织活跃于人类社会生活的各个领域和层面，其形式、规模、功能千差万别，但一般都具有非政府性、非营利性、公益性或共益性、志愿性四个方面的基本属性。此外，王名在《社会组织概论》一书中还基于国家、市场和社会三方互动的视角，对社会组织进行了概念和组织形式的界定："我们通常所说的社会组织，即在政府与企业之外，向社会某个领域提供社会服务，并具有公益性、非营利性、自治性、志愿性等特点的组织机构。"社会组织主体部分则由社会团体、基金会、民办非企业单位、社区基层组织、工商注册非营利组织构成。[1]

为了便于理解中国社会组织的发展概况，本书借鉴已有成果，并将社会组织置于"国家-市场-社会"视域下尝试给出一个定义：社会组织代表着"国家-市场-社会"视域下的社会体系，主要向社会某个领域提供社会服务（以及部分公共服务），具有非营利性、非政府性、互益性或公益性、志愿性等特性。在类型学上，社会组织主要包括在民政部门登记注册的社会团体、基金会、社会服务机构以及其他新兴组织类型（如境外在华的国际社会组织、参与国际事务的中国 NGO、基层"草根"组织等）。

在社会组织特性中，非营利性是社会组织的基本属性，是其区别于企业的根本属性，不以营利为目的，不能进行剩余收入（利润）的分配（分红），不得将组织的资产以任何形式转变为私人财产；[2] 非政府性是区别于政府的重要属性，强调社会组织本身没有公共权力，如果拥有部分的公共权力和职能，也是政府授权委托的；[3] 互益性或公益性是指社会组织的行为超越个人利益诉求，具有利他性的特征——一部分社会组织满足成员兴趣和爱好，谋求成员或行业的自身利益，具有互益性；另一部分社会组织只为公共利益进行管理与提供服务，没有自身利益，具有公益性——志愿性主要强调基于志愿精神，自愿、主动参与或开展活动。[4]

二　社会组织的分类概述

为了更好地理解社会组织概念，以及社会组织所展示的多元化特征，

---

[1]　王名：《社会组织概论》，中国社会出版社，2010，第8~10页。
[2]　王名：《社会组织概论》，中国社会出版社，2010，第12~13页。
[3]　徐家良等：《新时期中国社会组织建设研究》，中国社会科学出版社，2016，第4页。
[4]　徐家良等：《新时期中国社会组织建设研究》，中国社会科学出版社，2016，第4页。

需要对社会组织进行分类研究。虽然当前依然没有统一的社会组织类型划分，但是学者们针对社会组织的类型展开了深入多元的研究，至今有了丰硕的成果。按照联合国的产业分类标准（ISIC），非营利组织可以被划分为教育类、医疗和社会工作类、其他社会和个人服务类3个大类、15个小类。康晓光、韩恒则从组织集体行动的能力和提供公共产品的差异出发关注工会、行业协会和商会、城市居委会、宗教组织、官办NGO、"草根"NGO、非正式组织及政治反对组织8类组织形式。① 俞可平曾对第三部门、民间组织、非政府组织、非营利组织、中介组织、群众团体、社会团体、人民团体等概念进行辨析，认为从学术研究的角度可以根据其本质特征将当前中国的民间组织划分为行业组织、慈善性机构、学术团体、政治团体、社区组织、社会服务组织、公民互助组织、同人组织、非营利性咨询服务组织9类，从行政管理的角度则可将其划分为人民团体、自治团体、行业团体、学术团体、社区团体、社会团体、公益性基金会7类。② 王名区分了狭义、广义的民间组织概念，认为民间组织的主体包括社会团体、基金会、民办非企业单位、商会、社区基层组织、农村专业协会、工商注册非营利组织、境外在华NGO 8类，并认为人民团体、事业单位、社会企业也可归属于广义民间组织。③ 李友梅关注社会组织与体制之间的关系，将社会组织划分为体制内、准体制内、体制外三种类型。④

除此之外，社会组织按照组织构成可以被分为会员制组织和非会员制组织；按照法人形式可以被分为社团法人和财团法人；按照地域划分可以被分为全国性、地域性和社区性；按照注册方式可以被分为注册组织和备案组织；按照组织性质可以被分为公益组织、共益组织或互益组织；按照资产来源方式可以被分为官办组织、合作组织、民办组织；按照活动形式可以被分为资助组织、项目组织或服务组织；按照活动性质和范围可以被分为网络组织、支持组织、草根组织；按照活动领域可以被分为环保组织、

---

① 康晓光、韩恒：《分类控制：当前中国大陆国家与社会关系研究》，《社会学研究》2005年第6期，第73~89、243~244页。
② 俞可平：《中国公民社会：概念、分类与制度环境》，《中国社会科学》2006年第1期，第109~122、207~208页。
③ 王名：《中国民间组织30年：走向公民社会》，社会科学文献出版社，2008，第76页。
④ 李友梅：《新时期加强社会组织建设研究》，经济科学出版社，2016，第70~73页。

人权组织、扶贫组织、妇女组织多样化类型。

综上，可以发现中国社会组织概念较为宽泛、笼统，除包括社会团体、社会服务机构（民办非企业单位）和基金会三种类型之外，还有境外非政府组织、网络组织等其他类型组织，不仅如此，在上述4大类型组织内还可被划分为人民团体、社会工作服务机构、社区社会组织、志愿服务组织、社会企业和合作社等多样化组织类型。为了更好地理解社会组织概念以及不同社会组织的发展现状，本书将选取社会团体、社会服务机构（民办非企业单位）、基金会和其他类社会组织4个大类进行介绍。

三 国外社会组织的分类

中国自古以来就有多样化社会组织，但是现代意义上的社会组织是在与西方社会交流过程中才被定义的，国外的社会组织发展经验为中国社会组织提供了诸多借鉴意义。有学者对西方国家社会组织进行分析，认为其具有如下特征：一是西方国家社会组织发展历史悠久，自1601年伊丽莎白《济贫法》出台后开始逐渐萌芽和发展，慈善机构相继诞生；二是社会组织种类繁多，数量庞大，活动领域广泛；三是社会组织是一支重要的经济力量，在就业和国家支出中占有非常大的比重；四是收入结构中以政府支持为主、私人捐赠为辅；五是重要的就业渠道；六是各国的主导模式存在差别；七是帮助发展中国家的事业发展；八是真善美与假恶丑并存。而国外社会组织的发展至今也已形塑了几点经验，对中国的社会组织具有借鉴意义。首先，各发达国家有较为完善的法律制度框架；其次，有较为多元化的筹集资金渠道；再次，与政府形成伙伴关系；最后，具有健全的内外部监督管理体制。[①] 为了更好地理解国外社会组织发展情况，下文对社会组织发展具有特点的6个国家的社会组织概况做简要分析。

（一）英国的慈善组织

在英国，官方和大众媒体较少使用"非营利组织"或"社会中介组织"的术语，而更多地使用传统用语——"慈善组织"（Charity Organization），

---

① 唐兴霖：《国家与社会之间：转型期的中国社会中介组织》，社会科学文献出版社，2013，第78~85页。

近年来比较通用的是"志愿和社区组织"（Voluntary and Community Organization），后者和前者的主要区别在于：非营利组织或社会中介组织除了包括民间公益性组织，还包括各种形式的互益性组织，而慈善组织则主要强调公益性的一面。英国的专家把"慈善组织"定义为：为了广泛的公共利益而设立的非营利、非政府、从事各种慈善性公益活动的组织。

英国是西方工业革命的发源地，在工业化进程中民主制度和现代福利制度在英国最早孕育，催生了大量的民间组织。1601 年，英国颁布了《慈善法》，对慈善组织的定义和相关制度制定了法律框架，为慈善组织的发展奠定了良好的基础。进入 18 世纪，以英国为首的西方国家工业化进程加快，社会层面则快速分化，出现了贫困、失业等多样化社会问题。在此背景下，一方面宗教组织参与社会服务工作，另一方面针对社会救助需求，各类慈善组织便随之发展起来。随着社会的发展，慈善组织日益强大，逐渐成为与政府、企业并存的"第三部门"。

英国民间公益组织的主要活动领域包括：扶贫救济、教育援助、宗教慈善、卫生健康、社会及社区福利、历史文化艺术遗产的保护、环境保护和生态改善、动物保护及福利、业余体育运动、促进人权与和解、针对无家可归者提供住处、科学研究及普及。反思英国慈善组织的发展，首先，宗教的发展、经济的繁荣是慈善组织发展的社会基础；其次，以政府出台的《慈善法》为首的制度支持也是慈善组织合法化发展的保障；除此之外，社会大量的志愿者参与亦是慈善组织得以发展的重要补充力量。

（二）德国的非营利组织

德国的非营利组织不仅范围广，而且类型很多，总结起来基本可以分为互益性和公益性两大类型。公益性组织涵盖了医疗、环保、教育、体育、文化等领域，是德国社会福利服务事业的重要支柱；互益性组织以行业协会和商会最为突出，这类组织在经济协调和宏观管理等方面发挥着不可代替的作用。

德国公益性组织的主体是社会福利服务，主要类型是社会服务、卫生保健和教育事业。在德国各种类型的非营利组织中，社会福利服务组织所占的就业份额是最大的，占德国所有非营利组织就业人数的 4/5，其中教育领域占整个德国非营利组织就业人数的近 12%。究其原因，很大程度上源于政府对社会福利服务采取直接补贴和社会保险的社会公共政策。德国的社会福利服务组织是高度专业化的组织，市民性不强，从资金来源上看，呈现"准政府"性质，其运作几乎与政府机构已经没有很明显的区别了，这类组织有些类似于我国的事业单位或民办非企业单位。除了社会福利服务组织外，德国还有许多会员制的非营利组织，其运作主要依赖于会费收入和志愿者的投入，具有很强的市民性，类似于我国的社会团体。

德国的市场经济发展较快，是市场经济发达的国家之一。但是其政府却没有统一管理工业的机构。从中央到地方，从系统到部门，有众多的行业协会和商会，在整个市场经济运行机制中发挥着重要作用。行业协会是行业之间的联合，成员以行业为主，具有自愿性；商会是企业之间的联合，会员不分行业，国家法律强制性规定企业必须参加商会，各地区、各州分别建立商会，最后在联邦一级形成最高级组织，从而在全国范围内形成了纵横交错，既有分工又能相互协调的组织网络。德国的行业协会和商会的组织程度很高。据统计，企业主加入各种行业协会的比例在90%以上，几乎所有的企业都加入了商会。政府正是通过这些组织与所有企业产生联系，发挥那只"看不见的手"的作用。行业协会和商会已成为德国市场经济运行机制中不可缺少的组成部分，也是德国有特色的政治制度。德国的行业协会和商会的能力建设，经历了一个由弱到强的过程。早期的职能仅局限于为本会成员在市场上争取最大化的份额和最佳的利润，以后逐渐扩大，开始面向国家、公众和其他利益团体，在更大的范围内谋求其成员在政治、经济和社会各方面的利益，进而成为国家机器的一个主要组成部分。

除了行业协会和商会之外，德国还有许多基金会。基金会可以由私人创办，也可以由政府创立，因此可以分为公立基金会和私立基金会两大类型。公立基金会的设立由当地议会批准，主要承担政府赋予的任务。私立基金会设董事会和监事会，负责人由自己选出，政府不指派。私立基金会在资金的使用上有比较大的自由度。公立基金会和私立基金会都必须保持公益性。一般情况下，公立基金会政治上更加柔和，主要替政府为社会提供公共服务产品。私立基金会筹集资金相对来说比较容易，在资金使用上也容易满足自身的公益意愿。

（三）芬兰的行业自律组织

整体来看，北欧国家市场经济较为发达，也是采取"福利国家型"社会保险模式的国家。其中，芬兰是一个具有较强社会福利性质和政府干预的市场经济国家。其各种行业自律组织发展迅速，并在经济发展中发挥了重要的作用。芬兰素有"协会之国"之称，以各种协会、联盟、委员会、联合会、商会等形式存在的行业自律组织，经过上百年的发展和演变，目前其运作与管理制度已日臻完善。芬兰的行业自律组织大体可分为两种类型。

一种是行业性协会。芬兰大多数的行业自律组织是以协会的形式存在的。行业协会的成立与组织运作遵循自下而上的自愿原则。例如，芬兰中小企业协会、地产经纪人协会、照相协会、食品营销协会、商贸联合会、保险业协会等。其中，有些行业组织承担一定的带有政府机构特点的职能，并接受政府一定的资助。组织除提供有偿的咨询服务外，政府每年也给予其一定的支持。例如，芬兰外贸协会的成员 70% 是国有企业，它的主要职责就是帮助芬兰企业寻求国际贸易机会，促进出口，为出口企业提供国际市场的信息服务。它的主要经费来源是会费，但由于其国际网络是从芬兰外交部转过来的，因而承担着一定的政府职能，政府每年为此也拨给其相应的经费。此外，芬兰中央商会也承担着一定的政府职能，特别是在保护公平交易与竞争方面，中央商会在诸如审计师的资格考试与监督、贸易纠纷的仲裁、商品的检验等方面，享有一定的权限。

另一种是专业性的协会，如芬兰全国律师事务所协会、会计师事务所协会、审计师事务所协会等。这类机构的特点是：从事专业性服务和某些方面的监管；代政府收税，并稽核企业账目，代公司按年收入报税等。其从业人员必须取得专业资格才能注册运营。

（四）美国的非营利组织

美国一直被认为是社会组织的温床，有关美国民主国家建立，托克维尔做出了高度总结。他将美国社会人民的结社看成解决社会平等、公平等方面的社会问题的民主反映。[①] 美国非营利组织采取三种主要的法律形式：其一，非公司形式的协会或社团；其二，公司形式的协会或社团；其三，信托形式的协会或社团。美国非营利组织通过提供教育、培训、咨询、扶贫济困等各类社区服务，在满足公民需求方面发挥着举足轻重的作用，成

---

① 托克维尔：《论美国的民主》，董果良译，商务印书馆，1989，第236页。

为美国社会中一支重要的文化、社会和经济力量。据专家估计，在20世纪90年代中期，美国各种非营利组织超过100万个，规模相当庞大，它们同美国公民的日常生活有着千丝万缕的联系。

美国非营利组织涵盖了社会生活的各个方面。覆盖的领域有：文化、艺术、娱乐、教育、研究、卫生、医院、托老院、托儿所以及其他卫生机构；社会服务、残疾人救济、难民救济、环境保护和动物保护；经济、社会和社区发展；住宅、就业和就业培训；公民倡导组织；法律服务、慈善、宗教组织、专业或行业组织，等等。美国非营利组织每天为需要各种援助的美国人提供帮助，受益人群分属不同社会政治文化背景、不同宗教信仰。经过几百年的发展，尤其是经过20世纪70年代的充分发展，非营利组织已经成为美国社会生活正常进行，特别是政治体制有效运转的一个不可或缺的前提条件。在美国，市场经济和民主政治的运作是同非营利部门的活动相辅相成的，美国的发展是其政府、企业与非营利组织共同努力的结果。一个发达和充满活力的非营利部门的存在，是美国得以成功发展的至关重要的因素之一。这种作用在社会领域、市场领域和政治领域中都有所体现。

从美国社会的现状看，社会中介组织已经承担了很多的社会事务和社区服务工作，对社会稳定起了很大的作用。但是，从管理角度看，政府还想把更多的事情交给非营利组织去做，从发展趋势分析，政府与非营利组织的关系将越来越密切，它们之间的合作伙伴关系将随着发展而更富有建设性。

但是，鉴于经济因素的影响和社区建设投入的逐步增加，政府在对非营利组织的资助有所下降的同时，调整和采取了一些新的政策措施，以充分满足社区发展的要求。首先，鼓励建立工商业组织和非营利组织之间的合作关系，使非营利组织能够充分利用前者的财力、物力和人力资源，开展社区服务业；其次，要求非营利组织不要完全依赖于政府拨款和社会捐款，而要寻求和形成一定的自立机制，政府允许非营利组织提供有偿服务，但收费标准要与服务质量、服务对象支付能力相联系；最后，政府允许非营利组织在直接从事有偿服务的基础上，开办营利性公司，逐步形成非营利性服务和营利性服务的相互渗透，并以营利性的收入来支持非营利性服务的提供，同时要求非营利组织把行政经费压缩到最低程度，保证服务效率，把钱用到真正需要的方面。

（五）日本的社会组织

明治时代（1868~1912 年）是日本传统社会具有划时代意义的一个时期。在此之前，日本传统社会虽然实行的是中央集权制度，但是地方豪族的势力较强，地方势力不容小觑，一度出现了地方分权的局面，继而形成了"在绝对的中央集权下，相对的地方上存在一定的分权"的格局①。从明治时代起日本先后颁布宪法，成立议会，建立了君主立宪制。但是，直到第二次世界大战结束日本都是一种权力集中于天皇手中的君主立宪制。由此，行政权力渗透到社会各个角落，实现了自上而下的社会统治。在此阶段，基层社会中如"町内会"等地缘型组织，一方面是辅助行政管理的"跟班"，另一方面也是自助、互助的重要主体。第二次世界大战后的 20 世纪五六十年代，日本实现快速工业化与城市化，各地方政府为了发展经济而大力开发土地催生了诸多环境问题。在此背景下，一度式微的社区共同体，再次聚集起来组织了大规模"住民运动"②。随着运动快速在日本各地普及，行政改革迫在眉睫，市民的公民意识逐渐提升，基于 1969 年提出的《社区：生活场所的人性之恢复》一文，促成了社会治理的"半官办民"③ 特性。从 20 世纪 80 年代开始，日本一方面由于税收减少和财政支出的增多，公共事业和公共服务表现出非效率特点，"政府失灵"问题开始呈现；另一方面随着"风险社会"的到来以及少子老龄化问题的加剧和居民需求的多元化，促进社会多元主体参与公共事业成为时代要求。以此为背景，日本政府一方面通过"大学改革""邮政改革""医疗年金改革""教育改革"以及"三位一体改革"，大力促进民营化改革，形成新保守主义的"小政府"政权。并于 1995 年提出《地方分权推进法》、1999 年提出《地方分权推进一括法》和《改正地方自治法》等政策，将公共事务的 50%退还给了地方政府④；另一方面

---

① 郭冬梅：《日本近代地方自治制度的形成》，商务印书馆，2008，第 37 页。
② 20 世纪 60 年代，日本工业化的快速发展，导致了环境破坏和公害问题的发生。市民为了解决生活问题，改善生活环境而聚集在一起，对抗企业、政府等部门的活动。高桥（2010）基于山本（1980）的研究总结出住民运动的四个发展时期。分别是第一期：1955~1963 年的发生期；第二期：1964~1969 年的质的转换期；第三期：1970~1975 年的发展昂扬期；第四期：1976 年后的停滞衰退期。
③ 田晓红：《从日本"町内会"的走向看国家与社会关系演变的东亚路径》，《社会科学》2004 年第 2 期，第 64~72 页。
④ 高橋英博：《共同の戦後史とゆくえ——地域生活圏自治への道しるべ》，東京：御茶の水書房刊，2010，第 211~218 页。

通过提倡民间资本对公共事务的参与，1998 年出台《特定非营利活动促进法》（NPO 法），促进了 NPO、志愿者团体等社会组织的发展。[①]

日本通常将 1995 年认为是"志愿者元年"，在 1995 年发生"阪神·淡路大地震"后志愿者组织等社会力量对灾后重建发挥重要作用，人们也开始认识到社会组织的意义。在此背景下，日本政府于 1998 年出台《特定非营利活动促进法》，此后又做了多次修整，现有 81 条正式内容和多个附则。日本 1998~2019 年的 NPO 认证法人数和认定法人[②]数变化见图 1。截至 2017 年，在近 20 年时间里 NPO 认证法人数量持续增长，而近两年有所减缓，截至 2019 年 9 月，共有 51415 个 NPO 认证法人。相比认证法人数，截至 2010 年认定法人数（198 个）的数量未能超过 200 个，而在此后的近 5 年时间里实现了快速增长，2016 年（1019 个）突破 1000 个，2019 年 9 月共有 1116 个。表 1 是 NPO 法人的类型，官方统计为 20 种。其中比例最多的有"增进保健、医疗及福利的活动""增进社会教育的活动""致力于儿童健康培养的活动""联络、建言或支援从事以上活动团体的运营和相关活动"和"推进社区营造的活动"五种类型。这与日本少子高龄化、共同体缺失（社区营造）等社会现状具有较大关联。

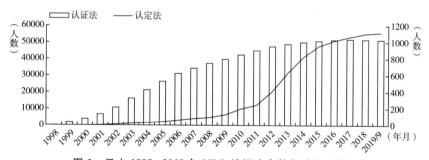

图 1　日本 1998~2019 年 NPO 认证法人数和认定法人数

数据：日本内阁府 NPO 中心数据。[③]

---

① 胡那苏图、崔月琴：《建构协同：政府与社会组织的关系研究——基于日本 3 个城市的文本分析》，《社会工作》2020 年第 1 期，第 90~103 页。

② NPO 法人"认证"相近于我国"注册"，指的是按照法律法规提交书面申请并得到法律认可。"认定"主要是指对具有公益性的组织提供免税等政策优惠的条款。

③ 日本内阁府，https://www.npo-homepage.go.jp/about/toukei-info/ninshou-seni，最后访问日期：2022 年 12 月 21 日。

表 1　日本 NPO 法人类型和数量

号数	活动的种类	法人数
第 1 号	增进保健、医疗及福利的活动	29, 841
第 2 号	增进社会教育的活动	24, 265
第 3 号	推进社区营造的活动	22, 279
第 4 号	振兴旅游的活动	2, 966
第 5 号	振兴农山渔村或山区的活动	2, 525
第 6 号	致力于振兴学术、文化、艺术及体育的活动	18, 087
第 7 号	致力于环境保护的活动	13, 366
第 8 号	灾害救援活动	4, 117
第 9 号	地域安全活动	6, 072
第 10 号	致力于保护人权、推进和平的活动	8, 564
第 11 号	国际合作活动	9, 182
第 12 号	促进形成男女共同参与社会的活动	4, 696
第 13 号	致力于儿童健康培养的活动	23, 661
第 14 号	致力于信息化社会发展的活动	5, 619
第 15 号	致力于振兴科学技术的活动	2, 765
第 16 号	致力于增强经济活力的活动	8, 946
第 17 号	支援职业能力提升或扩大就业机会的活动	12, 631
第 18 号	致力于保护消费者的活动	2, 986
第 19 号	联络、建言或支援从事以上活动团体的运营和相关活动	23, 529
第 20 号	依据都道府县和指定都市①条例开展的上述所列各项活动	269

资料来源：日本内阁府 NPO 中心②（法人统计数为复数）。

随着社会组织的发展，日本学界掀起了"新公共性"研究。田毅鹏③指

---

① "政令指定都市"也叫"政令市"或"指定都市"，是日本大都市制度之一，日本现有 20 个"政令指定都市"。根据日本《地方自治法》和《关于大都市的特例》等法律，一个城市人口在满足 50 万的基础上又在经济和工业上具有高度重要性时被评为"政令指定都市"。"政令指定都市"具有一定的自治权，但是原则上仍隶属于上级道、府和县。

② 日本内阁府，https://www.npo-homepage.go.jp/about/toukei-info/ninshou-bunyabetsu，最后访问日期 2022 年 12 月 10 日。

③ 田毅鹏：《东亚"新公共性"的构建及其限制—以中日两国为中心》，《吉林大学社会科学学报》2005 年第 11 期，第 65~72 页。

出 20 世纪 90 年代以前的东亚公共性表现出"国家＝官＝公"的"公观念"，而随着 NPO、NGO 等社会组织的发展这一格局被打破，提升了公共性观念的扩散性、多元性，形成了一种具有东亚社会特点的"新公共性"。与此同时，一些西方学者发现了日本社会组织发展的困境。汉娜在分析日本非营利组织不发达的原因时认为"日本民众与政府间缺乏革命的历史，对于政府人们经常保持调和的立场；也有将政府认为正义代表的传统信仰；强调民间和政府的合作而缺乏对 NGO 的认识；儒教传统下对政府的依赖强等。不仅如此，非政府的称谓，往往被视为左翼组织、无政府主义、共产主义、泛政府运动而被排斥"。[1] 罗伯特·裴克南认为日本的社会组织具有"四少"特点，即会员少、专业职员少、预算少、活动范围小，继而是"没有话语权"的主体。[2] 由此，日本社会组织的发展虽然有助于"旧公共性"向"新公共性"的转变，但是也受制于社会治理的传统和文化，不仅遭受过政府法律、收税等方式的限制，也历经了居民从冷漠到积极参与的过程。现在，从上述 NPO 法人数量、类型以及现有政策中可以得知，政府与社会组织之间逐渐建构成为协同关系。胡澎总结出，日本社会组织的发展产生了如下影响：①建言献策，参与法律和制度建设；②疏通利益表达渠道，构建稳定的社会秩序；③满足民众多元需求，体现社会公平正义；④提倡民众参与，倡导社会文明。[3]

（六）韩国的民间组织

在韩国，非营利组织被称为非营利民间组织，依据韩国《非营利组织法》第二条的规定，这类组织的首要目标是从事公益活动。它们是在中央某部或市/省政府登记注册的组织。韩国政府对非营利组织的支持态度积极，力度很大，这首先源于他们对非营利组织的社会功用的深刻认识。

政府为非营利组织提供直接和间接的实质性支持，如用资助项目的方式直接支持登记注册的非营利组织开展公益活动。韩国政府对非营利组织

---

① Hanna Jongepier：《NPO 先進国から見た日本》，《松下政経塾報》2000 年第 8 期，第 43 页。
② Robert Pekkanen：《日本における市民社会の二重構造—政策提言なきメンバー達》，［日］佐々田博译，木鐸社刊，2008，第 135~142 页。
③ 胡澎：《日本非营利组织参与社会治理的路径与实践》，《日本学刊》2015 年 3 期，第 140~158 页。

的财政支持，主要体现在以下几个方面：对非营利组织实行减税、向非营利组织活动免费开放公共设施、将非营利组织的人事培训纳入政府培训体系、对从事公益活动的组织实施特别的邮费减免。

不同领域的非政府组织在韩国有着不同的地位和作用。其中，经济领域的非政府组织最为庞大，它们除了发挥经济促进作用以外，还在公共管理中发挥着越来越重要的作用。相同的是，韩国大部分非政府组织都是直接或间接由政府支持而组建起来的，政府是这些组织的背后靠山，它们甚至代行了政府的部分职能。有数据显示，通过政府支持而建立的协会总数已经达到了上千个，著名的有：贸易协会、大韩商工会议所（KCCI）、农业协同组合（简称农协）、水产业协同组合中央会。其中，产业领域协会数量最多，超过 700 个，如韩国钢铁工业协会、韩国机械工业振兴会、韩国电子产业振兴联合会、韩国纤维产业联合会、韩国电子工业协同组合、韩国软件产业协会、韩国信息产业联合会等。尽管有的行业协会代行部分政府职能，但由于市场的私人性特征，政府对产业领域的协会并无太多扶持，行业协会均为各行业生产企业自发组成的民间团体，其主要职能为行业自律、信息共享、协调进口、发展生产和出口。在政治领域中，韩国的非政府组织主要通过表达政治观点、参与政治活动发挥自身作用。

综上所述，本研究对英国、德国、芬兰、美国、日本、韩国 6 个国家的社会组织概况做了简要分析，能够有助于我们对国外社会组织概况有一个初步了解。上述西方发达国家和东亚近邻国家的社会组织发展、社会组织管理以及政府与社会组织之间的关系都对中国社会组织具有重要的参考和借鉴意义。值得一提的是，上述只是对各国社会组织情况做了简单的分析，并未对各国多样化社会组织展开分析。虽然整体上能够对各国社会组织做初步总结，但是随着社会的发展，组织自身的建设以及政府与社会组织之间的关系会发生变化，这需要学者具体问题具体分析。

四　中国社会组织的分类

中国社会组织的发育一直都与国家建设主题息息相关。虽然传统中国社会没有出现现代意义上的社会组织，但是基于血缘、地缘、业缘关系形成了宗族组织、互助组织等，经历了传统与积淀时期。近代以来，伴随西方传教士在中国的传教活动以及中国有识之士的救亡图存，中国萌生了具有现代意义的社会组织，有从事经济活动的商会、从事救灾活动的慈善组织等，但是在中华人民共和国成立到改革开放前，社会组织没有得到充分的发展，发挥的作用较为有限，国家层面对已有社会组织进行了整顿。1978 年十一届三中全会以后，沿着改革开放的步伐，国家层面加强社会建设，重视社会组织发展，从而实现了社会组织的恢复与成长，1988 年我国登记注册的社会组织数量不足 5000 个，到了 2012 年增长到近 50 万个。党的十八大以来中国步入新时代，在创新社会治理脉络下，社会组织成为党和政府可靠的"伙伴"，其在党的领导和政府支持的背景下得到快速发展，现在已经发展到 90 多万个，并成为创新社会治理和推进国家现代化建设的重要主体。

根据 2022 年《中国民政统计年鉴》的统计数据，截至 2021 年底，全国社会组织总量为 901870 个，其中社会团体 371110 个，民办非企业单位（社会服务机构）521883 个，基金会 8877 个。① 2021 年，全国登记认定慈善组织超过 9480 个，净资产近 2000 亿元；全国成立慈善信托 701 笔，信托合同规模 36.59 亿元。30 家互联网募捐信息平台发布慈善项目超 3 万个，获得 10 亿人次的点击、关注和参与，募集善款超过 87.5 亿元（截至 11 月底）。②

当前，随着社会治理的深化和加强社会组织体制建设，中国社会组织得到空前的发展，无论在组织类型还是服务层面都表现出多元化。研究中国社会组织，首先要界定清楚类型，尤其是中国社会组织受中国传统文化和西方现代思想等多重因素的影响，表现出较强的中国特色，走出了一条本土化路径。中华人民共和国成立后，中国从"弱政府、弱社会"的社会步入"强政府、弱社会"的社会，与西方"弱政府、强社会"的社会不同，结社路径也相异。现在，中国步入新时代，逐渐形成"强政府、强社会"的社会，在政府-社会-市场三方的联动合作背景下，逐渐形塑"党委领导、政府负责、社会协同、公众参与、法治保障、科技支撑"的社会治理体制，在宽松的社会政策背景下，社会组织数量得到快速发展，社会组织专业人才队伍得以强化，社会组织管理和运行逐渐专业化，表现出中国独有的社

---

① 黄晓勇：《2021 年中国特色社会组织高质量发展报告》，载黄晓勇主编《中国社会组织报告》，社会科学文献出版社，2022，第 3~6 页。
② 闫威：《汇集慈善社工力量、推进民政"三基"服务——2021 年慈善、社会工作、志愿服务发展综述》，《中国社会报》2021 年 12 月 27 日，第 2 版。

会组织发展路径和特征。

为了更好地分类研究，下文将对社会团体、社会服务机构（民办非企业单位）、基金会和其他类社会组织4类组织进行界定和概念分析。

（一）社会团体

社会团体，英文为"Association"，是公民自愿参与并以会员的形式组建的非营利性社会组织。1998年颁布实施的《社会团体登记管理条例》对社会团体的定义是：中国公民自愿组成，为实现会员共同意愿，按照其章程开展活动的非营利性社会组织。[①] 社会团体最重要的特点是会员制，会员是社会团体存在的基础和根本，会员的来源具有复杂多样性。"社会团体"也有狭义和广义之分。狭义的"社会团体"是指到登记管理机关登记的团体。广义的"社会团体"则包括参加中国人民政治协商会议的中华全国总工会、中国共产主义青年团、中华全国妇女联合会、中国科学技术协会、中华全国归国华侨联合会、中华全国台湾同胞联谊会、中华全国青年联合会、中华全国工商业联合会；机关、团体、企事业内部经本单位批准成立，在本单位内部活动的团体；经国务院批准免于登记的团体；以及要到登记管理机关登记的团体。

从类型来看，社会团体可被分为包括学术交流、科学技术、环境保护、宗教、文化、艺术、慈善事业等多种类型。按照注册与否、登记属地以及资金投入等方式其可被分为多样化类型。由于社会团体多种多样，没有明确的划分标准，为了便于理解，本文基于社会团体性质，将社会团体划分为人民团体、学术社团、经济社团、文体社团、学生社团和华人华侨社团6个类型。

人民团体是中国特有的一类社会组织，通常被称为群团组织，是中国共产党联系人民群众的纽带和桥梁，或者被作为统一战线的组织形式留存至今。人民团体使用行政或事业编制，并由国家财政拨款。人民团体的主要任务、机构编制和领导职数均由中央机构编制管理部门直接确定，它们虽然是非政府性的社会组织，但在很大程度上行使着某种政治职能。学术社团是学术类社会团体的简称，按照学术性划分社会团体，可分为学会、

---

① 王名：《社会组织与社会治理》，社会科学文献出版社，2014，第212页。

研究会、专业委员会、学科联合会、科学技术协会、社会智库等多种类型。经济社团是经济类社会团体的总称，主要有行业协会、商会等，其中行业协会是在市场经济条件下，以行业等具有经济关联性的多数企业为主体，在自愿基础上结成的以保护和增进会员利益为目标的非政府社会组织。商会，一般是指商人依法组建的、以维护会员合法权益及促进工商业繁荣为宗旨的社会团体法人；是由同一行业的企业法人、相关的事业法人和其他组织依法自愿组成的、不以营利为目的的社会团体。其宗旨是加强同行业企业间的联系，促进本行业企业与政府的沟通，协调同行业利益，维护会员企业的合法权益、促进行业发展。文体社团是文艺体育社会团体的简称，根据文娱兴趣划分的社会团体，是公民按照个人的意愿，以会员的形式参与的社会团体类型。学生社团是指学生在自愿基础上形成的各种群众性文化、艺术、学术团体。不分年级、系科甚至学校的界限，由兴趣爱好相近的同学组成。在保证学生完成学习任务和不影响学校正常教学秩序的前提下开展各种活动。华人华侨社团是指华人华侨在自愿基础上形成的群众性组织，一直以来华人华侨社团为华人华侨在不同国家扎根生活发挥着重要作用，主要通过同乡会、桥社、桥团的形式进行社会连接，他们即融入当地社会，同时也心系祖国，为祖国事业的发展发挥着重要作用。

（二）社会服务机构

社会服务机构名称的由来与民办非企业单位紧密相关，社会服务机构名称的确定经历了从民办事业单位到民办非企业单位再到社会服务机构的变革。[①] 早在1997年，中国开始使用"民办非企业单位"一词指代那些具有一定公益性质的社会服务机构，并在1998年正式颁布《民办非企业单位登记管理暂行条例》对民办非企业单位这一名称进行了界定。2016年《中华人民共和国慈善法》首次将民办非企业单位的名称修改为社会服务机构，随后民政部发布的关于《民办非企业单位登记管理暂行条例（修订草案征求意见稿）》明确强调此次修订将"民办非企业单位"名称改为"社会服务机构"。由此而言，社会服务机构即是民办非企业单位的延续。2018年8月3日，民政部公布了《社会组织登记管理条例（草案征求意见稿）》全

① 王名：《社会组织与社会治理》，社会科学文献出版社，2014，第244页。

文，"社会服务机构"正式取代"民办非企业单位"作为社会服务类社会组织的统称。①

社会服务机构类型丰富，从参与领域来看，有教育、卫生、科技、体育、劳动、民政、法律等。为了更好地介绍和展现社会服务机构的特点，本书基于社会服务机构性质，将其划分为民办非企业单位、社会工作服务机构、社区社会组织、志愿服务组织、社会企业5个类型进行介绍。

1. 民办非企业单位

需要指出，当前政府话语中已经将"民办非企业单位"改为"社会服务机构"，因此，本部分只是对改革以前的民办非企业类型做出介绍。根据1998年国务院颁布的《民办非企业单位登记管理暂行条例》，民办非企业单位是指企业事业单位、社会团体和其他社会力量以及公民个人利用非国有资产举办的，从事非营利性社会服务活动的社会组织。从历史发展而言，民办非企业单位是伴随改革开放涌现出的各种社会服务机构，包括民办的教育、卫生、科技、文化、体育、社会服务等各领域的服务实体。②

民办非企业单位的发展与政府的转型具有重要关系。改革开放后，随着"单位制"的解体，全能型政府逐渐将部分公共服务职能交由社会上的多样化组织承担，为民办非企业单位的建设提供了制度环境。尤其随着市场经济体制的确立，教育、卫生、科研、文化等由政府负责的公共服务领域逐渐向民间开放，民办非企业单位开始发展壮大。在西方社会，非营利组织概念具有较强包容性，从特征来看，与中国民办非企业单位具有诸多相似性，但是也区别于民办非企业单位的概念。从日本市民团体的基本制度框架③来看，学校法人、社会福祉法人、宗教法人、更生保护法人、医疗法人等公益性营利性组织与中国民办非企业单位较为相似，是由民间提供多样化服务的公益性组织。

2. 社会工作服务机构

社会工作服务机构，是以社会工作者为主体，坚持"助人自助"的宗旨，开展困难救助、矛盾调处、权益维护、心理疏导、行为矫治、关系调

---

① 详见：https://www.mca.gov.cn/article/gk/jytabljggk/rddbjy/201810/20181000011835.shtml。
② 王名：《社会组织与社会治理》，社会科学文献出版社，2014，第245页。
③ 王振耀：《日本公益法律制度概览》，法律出版社，2016，第1页。

适等服务工作的非企业单位。社会服务机构的范围较广，社会工作服务机构是其重要的一种类型，也是近年来发展较快的一个组织类型。社会工作专业自西方传入中国社会，在社会工作教育的推动下，其实践领域快速发展，现已成为社会治理的主体。尤其在社区等基层社会中，社会工作服务机构、社会工作者和志愿者与社区等全体协同合作成为"三社联动""五社联动"的重要推动力量，发挥着重要作用。社会工作服务机构对预防和解决当前社会发展中存在的各种矛盾和问题，推动政府转变职能，创新社会管理和公共服务方式具有重要作用。从当前中国社会工作机构的发展现状，可以将其总结为专业社会工作服务机构、单位内生型社会工作服务机构、社区工作服务机构、枢纽型（支持型）社会工作服务机构和乡镇社工站。①乡镇社工站是独具中国特色的一类社会工作服务机构。乡镇（街道）社工站指的是基层政府在乡镇或街道一级建设社会工作服务站，以此为民政工作领域的困难群体、贫弱群体等提供专业化、多元化服务。建立社工站的做法主要是将社会工作服务集中到镇（街）统一组织和安排，这是基层政府统一组织建立基层社工机构的体制。

3. 社区社会组织

中国学界使用的"社区"一词最早出自德国学者滕尼斯，1887 年滕尼斯在《共同体与社会》一书中提出"Gemeinschaft"（社区），认为"社区"是指那些有着相同价值取向、人口同质性较强的社会共同体，其类型可能在自然形成的群体（家庭、宗族）、小的历史形成的联合体（村庄、城市）及思想的联合体（友谊、师徒关系等）里实现，血缘共同体、地缘共同体和宗教共同体是基本形式，他们是有机的整体。② 在我国，最早提出社区概念的是费孝通先生，在 1933 年费孝通先生提出"社区"概念，认为"社区是具体的，在一个地区上形成的群体"。③ 后来虽然学者们也曾多维度分析社区概念，但是现在更多是使用官方定义的"社区是指聚居在一定地域范围内的主要以居民为主体的人们所组成的社会生活共同体"这一概念。需要指出的是，中国所述"社区"强调基层行政单元的"社区"而弱化了

---

① 本书作者基于目前中国社会工作服务机构的发展现状进行的理想化分类。
② 滕尼斯：《共同体与社会》，林荣远译，商务印书馆，1999，第 52 页。
③ 汪大海、孔德宏：《世界范围内的社区发展》，中国社会出版社，2008，第 1 页。

"社会生活共同体"的性质。

针对社区的相关研究，国内学界有"社区"研究取向和"社区研究"取向两种类型。前者主要是从本体论层面讨论"社区"是否真实存在的问题，这也是对滕尼斯的"社区"概念一脉相承；而后者则从研究方法层面，分析从"社区研究"透视"社会"的可能性。①② 在讨论社区社会组织问题时，本书倾向于将社区作为一个实体，分析在社区中成立的多样化社区社会组织。

一直以来，社区社会组织概念较为宽泛，不同学者有不同的界定。综合来看，社区社会组织有广义和狭义两种理解。广义的社区社会组织指活跃在社区内除政党、政府之外的各类民间组织。狭义的社区社会组织是以居民为成员、以社区地域为活动范围、以满足社区居民的不同需求为目的，由居民自发成立或参加，介于社区组织（社区党组织和社区居委会）和居民个体之间的组织。③ 虽然中国社区居委会是居民自治组织，但是实质却是行政末梢组织，由此社区居委会并非包含于狭义定义中的社区社会组织类别。

从社区治理的不同模式可见，美国社区居民具有高度自治能力，居民通过组织化参与主导社区治理，其中社会组织等第三方也发挥重要作用，而政府只起到辅助作用；在英国，社区治理具有较强的政策驱动性，并在此基础上形成了公共部门和私有部门，以及政府、营利组织与社会组织等主体之间的合作共治模式。④ 日本社区中同样存在多样化组织。其一是"町内会"。"町内会"是指把居住在同一社区内的所有家庭户和企业组织起来，共同处理社区中发生的各种（共同的）问题，能够代表社区并参与社区（共同）管理的居民自治组织。⑤ "町内会"于1889年开始萌芽、1940年正式成立、1947年被取消、1952年恢复、1991年获得法人资格，现在是居民

① 肖林：《"社区"研究与"社区研究"—近年来我国城市社区研究评述》，《社会学研究》2011年第4期，第185~208页。
② 王海宇：《从国家话语到日常实践》，《读书》2018年第4期，第47~55页。
③ 王名：《社会组织论纲》，社会科学文献出版社，2013，第171~172页。
④ 边防、吕斌：《基于比较视角的美国、英国及日本城市社区治理模式研究》，《国际城市规划》2018年第4期，第93~102页。
⑤ 中田实：《日本的居民自治组织"町内会"的特点与研究的意义》，张萍译，《社会学研究》1997年第4期，第24~31页。

自治的重要组织，也是居民与政府之间协商和互动的桥梁。与此同时，日本的社区中以"町内会"为基层自治组织代表，同时还存在多样化组织。例如，有基于生产关系形成的劳动组织、水利组织、生活协同组织，有基于生活关系形成的老人组织、儿童组织、妇女组织，也有基于兴趣爱好形成的娱乐组织、志愿者组织。其中，生产、生活方面的组织发展历史悠久，与"町内会"和政府具有紧密关系，常被称为"地缘团体"或"地缘型组织"。从性质来看，"町内会"与中国社区居委会功能较为相似，而多样化地缘型组织与社区社会组织功能较为接近。①

4. 志愿服务组织

联合国将公民所成立的地方性、全国性或国际性的非营利、志愿性组织统称为志愿服务组织。志愿服务组织具有广义和狭义之分，广义是指拥有组织形式、不以营利为目的、以志愿参与为特征、以公益产权为基础、主要开展公益性或互益性活动的社会组织。狭义定义主要指依法在民政部门登记注册、专门从事志愿服务的公益性社会团体。在中国《中华人民共和国慈善法》和《志愿服务条例》中对志愿服务也具有明确的界定。《中华人民共和国慈善法》中的志愿服务主要指"依法成立、符合本法规定，以面向社会开展慈善活动为宗旨的非营利性组织"。《志愿服务条例》中明确规定，"志愿服务组织是依法成立，以开展志愿服务为宗旨的非营利性组织"。

对志愿服务类型的划分，根据不同的分类标准可以得出多元化的类型。根据服务内容，可将志愿服务分为社会福利、文化娱乐、医疗卫生、环保等类型。根据组织程度，可以将志愿服务分为有组织的志愿服务和个人的志愿服务。以专业化程度为标准，志愿服务分为专业性较强的志愿服务和一般性质的志愿服务。② 与志愿服务多元化内容一样，志愿组织也存在多元化的特征。根据志愿组织的活动领域，可将其划分为文化与休闲、教育与科研、健康、社会服务、环境、居住与发展、法律与政治、慈善、国际行动、宗教相关、专业组织等。

根据《志愿服务条例》的内容，在符合法律法规的条件下，志愿服务

---

① 崔月琴、胡那苏图：《日本地域社会治理及社区志愿者组织发展的启示——以名古屋市"南生协"的社区参与为例》，《福建论坛》（人文社会科学版）2019年第12期，第82~90页。

② 魏娜：《志愿服务概论》，中国人民大学出版社，2018，第15页。

组织在构成上可以有多种形式，如社会团体、社会服务机构、基金会等。对分类标准而言，在《中国志愿服务大辞典》收录的志愿服务组织中，根据区域、机构、专业程度和志愿服务范围几项标准，可以将志愿服务组织分为8类，即全国性综合组织、全国性专业组织、高校及研究组织、地方性综合组织、地方性专业组织、企业志愿服务组织、港澳台地区组织和国际组织。①

新时代文明实践中心是中国特色志愿服务组织类型。2018年，中央办公厅印发《关于建设新时代文明实践中心试点工作的指导意见》，随后中央宣传部和中央文明办开始推行建设全国范围内试点工作，新时代文明实践中心成为基层社会提供志愿服务的重要正式组织。新时代文明实践中心是各地政府（宣传部门和文明办）推动成立的官办型社会组织。当前，全国各地推动新时代文明实践中心建设，以中心、所、站、点四个维度，分别在市、县、镇、村（户）推广设立文明实践点，打造志愿服务平台，链接志愿服务资源，开展志愿服务活动，在基层社会治理、产业发展、乡风文明、生态保护、农牧民组织化等多个层面产生了积极影响。在城乡融合发展视角下，新时代文明实践中心的建设，加强推进基层社会，尤其农牧区的文明实践建设，促进基层社会志愿服务的发展以及公共性建设。

5. 社会企业

针对社会企业的定义，最早由经合组织（OECD②）和欧洲社会企业研究网络（EMES③）提出。经合组织1994年在一份报告中首次使用了社会企业的概念，认为社会企业是指既利用市场资源又利用非市场资源以使低技

---

① 何祎金：《文明实践与当代志愿服务》，社会科学文献出版社，2020，第73~75页。
② OECD 即"经济合作与发展组织"（简称"经合组织"），是西方国家政府间的经济联合组织。根据1960年1月在巴黎召开的大西洋经济会议决定，经合组织于1961年9月成立，以代替欧洲经济合作组织。旨在稳定会员国的财政金融，促进经济增长，提高人民生活水平和扩大贸易等。经济合作与发展组织，共有38个成员国。20个1961年的创始成员国，它们是：美国、英国、法国、德国、意大利、加拿大、爱尔兰、荷兰、比利时、卢森堡、奥地利、瑞士、挪威、冰岛、丹麦、瑞典、西班牙、葡萄牙、希腊、土耳其。18个后来加入的成员，它们是（括号内为入会年份）：日本（1964年）、芬兰（1969年）、澳大利亚（1971年）、新西兰（1973年）、墨西哥（1994年）、捷克（1995年）、匈牙利（1996年）、波兰（1996年）、韩国（1996年）、斯洛伐克（2000年）、智利（2010年）、斯洛文尼亚（2010年）、爱沙尼亚（2010年）、以色列（2010年）、拉脱维亚（2016年）、立陶宛（2018年）、哥伦比亚（2020年）、哥斯达黎加（2021年）。
③ EMES 即"欧洲社会企业研究网络"，是由欧洲15个国家的研究者于1996年成立的组织。

术工人重返工作岗位的组织。1999 年，其进一步完善定义，认为社会企业包括任何为公共利益而进行的私人活动，它依据的是企业战略，但其目的不是利润最大化，而是实现一定的经济目标和社会目标，而且它具有一种为社会排挤和失业问题带来创新性解决办法的能力。同一时期，欧洲社会企业研究网络提出，社会企业是社会经济的转型，社会经济包括合作社和社团，因此社会企业包括合作社之非营利化和社团之企业化。①

英美是社会企业的发源地，也是社会企业发展较快的地区。英国主要通过自上而下积极地制定推动社会企业发展的战略规划，建立社会企业发展的法律框架，促进民众对社会企业概念和价值的理解，提升了社会企业的组织能力和服务质量。在美国，社会企业的定义是多种多样的，曾经学术界认为社会企业包含了非营利组织和营利组织，但实务界认为社会企业仅仅指非营利组织，后来社会企业被越来越多地理解为由各种非营利和营利组织所构成的连续统一体。美国的社会企业充分利用了多种法律结构，包括社会组织、免税组织、营利公司和有限责任公司等形式。社会企业实践者可以选择其中的一种形式，也可以选择几种形式的结合。在日本 2000 年之前已经有了"市民事业""社区事业"等类似社会企业的概念，2000 年后在融合美国和欧洲流派的社会企业概念的基础上，形成了三种流派。2013 年，日本政府提倡"建设互助社会"方针，并于 2015 年 3 月发布《我国社会企业活动规模调查报告》，首次在官方层面提出了"社会企业"概念，即"社会企业是指采用商业手段改善或解决社会问题的事业活动体"，并在此基础上制订了社会企业的官方判定标准。②

由此，社会企业是通过生产、销售、服务等经济手段来实现社会目的的新型经济主体，其宗旨是解决社会问题，并且利润的全部或大部分用于投资社会发展相关项目，从而达成社会和经济目标。③ 社会企业具有两种重要的特性，即经济特性和社会特性。经济特性层面包含可持续地产生商品或服务、高度自治、有显著的经济风险和最少数的带薪雇员等特征；社会

---

① 转引自王名：《社会组织论纲》，社会科学文献出版社，2013，第 234 页。

② 俞祖成：《日本社会企业：起源动因、内涵嬗变与行动框架》，《中国行政管理》2017 年第 5 期，第 139～143 页。

③ 金仁仙：《创新社会治理模式：中国社会企业 2019 年发展报告》，载黄晓勇主编《中国社会组织报告（2020）》，社会科学文献出版社，2020。

特性层面包含有一个共同体受益的明确目的、由一群公民发起行动、拥有不是基于资本所有权的决策权、多元利益相关者和有限的利润分配等特征。[①]

实际从社会企业性质可以看出，中国民办非企业单位与社会企业具有较高的相似性。民办非企业单位是指企业事业单位、社会团体和其他社会力量以及公民个人利用非国有资产举办的，从事非营利性社会服务活动的社会组织，类型包括民办的教育、卫生、科技、文化、体育、社会服务等各领域的服务实体。一方面，社会企业虽然是新出现的社会组织类型，且相关研究逐渐在增多，但是从本土视角出发，研究民办非企业单位与社会企业之间的关系还较为欠缺。另一方面，我们可以看到随着社会企业的发展以及国家层面推动"社会企业法"或相关条例的发展，也会促进民办非企业单位向社会企业的转型以及合法化。从当前中国社会组织的发展现状来看，社区治理的深化以及物业公司的转型，有可能会朝着社会企业转型发展；医院、民办学校以及提供社会服务的各类事业单位或二级单位会朝着社会企业转型；各类养老机构也会朝着社会企业转型。

综上所述，社会企业是新型发展的社会组织类型，随着中国社会企业认证的推动以及政策条例的出台，有助于社会企业的合法化建设。长期以来，中国有多样化民办非企业单位，这类组织与社会企业有着不解之缘，对民办非企业单位的了解有助于认识社会企业，而推动建设社会企业又有助于民办非企业单位的转型发展。

（三）基金会

"基金会"指利用自然人、法人或其他组织捐赠的财产，并以其为基础，受托管理并使之用于社会公益的社会组织。"基金"一词并非中文固有，而是从英文 Fund 或 Foundation 转译而来。Fund 具有三层含义：一是指特别用途的资金，二是指公共来源和用途的资金，三是指特别资金的管理机构。Foundation 则可以理解为 Fund 里的一个特殊部分，具有两层含义：一是指通过捐赠形成的特别资金，二是指用捐款创办的事业，如慈善机构、财团、基金会等。由此，国内通常将 Fund 认为是基金，而 Foundation 则被

---

① 王名：《社会组织与社会治理》，社会科学文献出版社，2014，第276~279页。

认为是基金会。①

在以德国为代表的大陆法系中，基金会是基于捐赠行为而设立的财团法人，即法律上为特定目的财产集合赋予民事权利能力而形成的法人，仅限于公益法人；在以美国为代表的英美法系中，基金会表现为公益信托，是基于社会信用而设立，以公益为目的而形成的特殊财产关系。②

在日本，人们将中国语境中的基金会定义为"金融NPO"，是由市民主导设立的以提供资金援助为使命的支持型组织。这些组织不以营利为目的，主要依靠市民的力量和意愿筹集社会资金并将之投向以社会为目的的事业。美国基金会中心将美国基金会分为私人独立基金会、社区基金会、公司基金会和运作型基金会等类型；日本学者将日本的基金会分为实施事业型、会员资格型、政府外围团体型、奖学金和奖赏型、资助型五类。

基金会是中国社会组织中近年来发展最快的一类，也是在体制改革、制度创新、社会支持和媒体监督下治理变革最显著的一类。③ 在中国，按照不同募资方式、不同业务领域、不同领办主体、不同注册级别和不同资金使用方式，基金会可以分为多样化类型。在中国基金会40年左右的发展历程中，其发展数量经历了从无到有，领办方式从以官办为主走向以民办为主，业务领域从单一走向多元。一般而言，对于中国基金会的分类维度有五个，分别是基金会的业务领域、基金会的领办主体、基金会的注册方式、基金会的募资方式和基金会资金的使用方式。

按照不同领域可将基金会划分为专项基金会和综合类基金会。专项基金会指的是该类型基金会具有特定领域的工作方向，业务方向仅限于本行业或某一个方向。综合类基金会指的是该类型基金会涉及的业务领域至少为两个，服务方向比较多元，一般多为支持社会公共利益、整体慈善事业发展的基金会。

按照领办主体的差异，可以将基金会划分为官办基金会、个人基金会、社区基金会、学校基金会、企业基金会和家族慈善基金会等。其中，官办基金会最具典型，是由政府或具有政府背景的机构成立的基金会。包括由

① 王名：《社会组织论纲》，社会科学文献出版社，2013，第199页。
② 王名、徐宇珊：《基金会论纲》，载王名主编《中国非营利评论（第二十一卷2018 No.1）》2008，第16~54页。
③ 王名：《社会组织与社会治理》，社会科学文献出版社，2014，第182~183页。

政府全额出资并全权管理运作的官办官助基金会，如宋庆龄基金会，和由政府提供创办基金会所需的启动资金，然后由基金会向社会募集开展公益活动所需资金的官办民助基金会，如中国青少年发展基金会、中国人口福利基金会。

按照基金会的注册级别进行划分，中国慈善基金会可以分为部级基金会、省级基金会、市县级基金会。部级基金会一般指在国务院民政部门进行注册登记的基金会。省级基金会指在各省的民政厅进行登记注册的基金会。市县级基金会指在市县级登记注册的基金会。

按照不同募资方式可将基金会划分为公募基金会和非公募基金会。公募基金会分为全国性公募基金会和地方性公募基金会。相对于非公募基金会，公募基金会有着更高的公众参与度，可以向社会不特定多数人募捐。非公募基金会，主要是依托发起人或组织在特定的群体或社会范围内，为实现公益目标而进行定向筹款的基金会。除此之外，按照运行模式不同特点，可分为资助型、运作型和混合型三类。

（四）其他类社会组织

除了上述三大社会组织类型，中国还具有境外非政府组织、国际 NGO 和网络组织等多样化组织，因此本文也将对这三类组织进行定义。

1. 在华的境外非政府组织

境外非政府组织是指在境外合法成立的社会团体、智库机构、基金会、非政府、非营利的社会组织，其可以在中国的教育、科技、经济、文化、体育、卫生、环保等领域以及济困、救灾等方面依法开展有利于公益事业发展的活动，是推动中国慈善事业发展的重要力量。[①] 对中国来说，境外非政府组织是特指在外国以及中华人民共和国香港特别行政区、澳门特别行政区和台湾地区合法成立的社会组织类型。从境外非政府组织的活动领域来看，其内容包含和平与安全领域、发展援助领域、环境与气候领域、人权领域和国际法领域等。需要指出，随着全球化和国际交流的增多，境外非政府组织在中国普遍存在，因此，本书通过对境外非政府组织的介绍，明确我国对境内的境外非政府组织的管理问题。

---

① 杨团主编《中国慈善发展报告（2020）》，社会科学文献出版社，2020，第 258 页。

2. 中国参与的国际 NGO

国际 NGO 属于国际组织的一种类型。19 世纪苏格兰法学家洛里墨提出
"国际组织"概念，指两个以上的国家、政府或民间团体、个人，基于某种
目的依协议创设的机构，是超越国界进行双边或多边合作的一种组织化方
式。国际组织依成员的不同，分为政府间国际组织与国际非政府组织
（NGO）。国际 NGO 指由不同国家的自然人或法人组成跨国界的非官方联合
体。其具有广义和狭义之分，狭义的国际 NGO 专指联合国体系中具有咨商
地位的少量国际 NGO，广义的国际 NGO 则泛指具有跨国特征、活动及影响
的 NGO。从性质来看，国际 NGO 是依据国内法设立，其成员具有多样性和
国际性，其活动具有跨国性，在基本属性上具有非营利性、民间性与志愿
性特征，并主要开展非政治性、非宗教性活动。国际 NGO 在法律上应属私
人实体，依据设立地或注册地所在国法律成立，并主要受该国法律支配。①
同时，国际 NGO 具有如下特征：国际 NGO 须依据国内法设立；国际 NGO
的成员具有多样性，且多来自不同国家；国际 NGO 的活动具有跨国性；国
际 NGO 具有非营利性；国际 NGO 具有民间性与志愿性；国际 NGO 一般具
有非政治性、非宗教性的特征。

随着中国国际地位的提升，中国社会组织逐渐走出国门，在国际社会
参与人道援助、社会救助、农业合作、医疗卫生建设等领域发挥着重要作
用。尤其是党的十八大以来，中国进入新时代，提出"人类命运共同体"
理念和"一带一路"倡议的实施，为中国社会组织的"走出去"提供了制
度基础。总之，中国"一带一路"倡议的推动，使越来越多的社会组织积
极参与国际事务，并且参与全球与区域治理活动的深度和广度不断增加，
参与主体身份进一步多元化，② 涌现出一批典型示范性的国际化社会组织，
为全球可持续发展贡献力量，提供了重要的民间窗口。

3. 网络社会组织

随着互联网的发展以及电脑、手机等移动工具的普及，互联网上出现
了大量的社会组织。通常网络社会组织具有较强的匿名性、开放性和不稳

---

① 王名：《社会组织论纲》，社会科学文献出版社，2013，第 260~268 页。
② 蓝煜昕：《历程、话语与行动范式变迁：国际发展援助中的 NGO》，载王名主编《中国非营
　利评论（第二十一卷 2018 No.1）》2018，第 1~21 页。

定性等特征。目前网络社会组织以"群""粉丝""好友"等形式存在。新型网络社会组织主要以满足个人需求为主，但是随着互联网公益的发展，网络社会组织也逐渐参与社会捐助和社会服务等，彰显社会责任和价值。目前，国家对网络社会组织没有较为明确的组织性质界定，其管理方式较为单一，急需出台相关的管理方法。

综上所述，中国社会组织类型较为多元，且概念较为宽泛，至今没有固定的定义和统一的类型划分。本书通过系统梳理中国社会组织类型，总结出社会团体、社会服务机构、基金会和其他类社会组织 4 种类型。其中社会团体、社会服务机构和基金会在中国具有明确的定义和管理规定。在社会组织类型多元化的今天，如志愿服务组织、社会企业、社会工作服务机构如何界定，如何管理等问题逐渐凸显，为了便于理解，本书将其统一纳入社会服务机构分析，但是实际中如何界定和管理还需要进一步明确。随着全球化，国际社会组织之间的交流增多，境外非政府组织以及中国国际 NGO 等逐渐进入视野，其定义、活动和管理逐渐成为社会组织研究的重要内容，需要进一步研究。与此同时，在网络化时代，虚拟网络组织异军突起，对人们的行为、态度产生了重要的影响，未来也需要关注和研究。

需要指明，本书的划分标准并非绝对，只是为了明确概念而做出的类型划分，并且除了上述介绍的社会组织，中国还有农牧合作社和未曾备案的多样化组织，在此没有进行具体介绍。不同社会组织具有不同特征，学者还应结合不同社会组织的特征，具体问题具体分析，深化研究。

第三节　社会组织相关理论述要

不同的学者基于不同的学科视角对社会组织的生发机制进行了研究和阐述，可供后来的学者借鉴。就中国的社会组织发展而言，我们首先需要以马克思主义关于社会组织的理论思想为指导，明确社会组织的正确发展方向。此外，我们还要认识和借鉴经济学、管理学、社会学等多学科关于社会组织研究的理论成果。

一　马克思主义关于社会组织的理论述要

虽然在马克思主义创始人的经典著述中没有直接使用社会组织这一概念，但是他们著作中关于国家与社会管理、社会关系等思想的深刻论述，仍然是阐释社会组织性质和作用等基本问题的有效理论基础。[①]

马克思、恩格斯认为，社会管理的目标应该是实现人的全面发展，并且认为"每个人的自由发展是一切人的自由发展的条件"。在社会管理的领域方面，马克思阐述了"市民社会"的概念；在社会管理的职能方面，马克思、恩格斯阐述了国家的政治统治职能与社会管理职能；在社会管理的方式方面，则是采用社会主义民主与法制。[②] 马克思指出，民众自治（他常说的社会主义自治）是社会最好的管理形式，当然，这种自治是对市民社会（发达资本主义社会）自治的扬弃，是一种人民自治。而作为一种组织化的社会力量，社会组织既是人民民主的产物，也是人民群众参与社会管理的一种有效形式和途径，它体现了社会自主能力的提高，成为激发社会活力的重要载体。公民通过自发成立的社会组织，参与对国家事务和社会事务的管理，参与对市场的规制，培养其自治能力。[③]

中国特色社会主义理论体系更是中国社会组织发展的重要理论基础。毛泽东十分重视群众团体的建设，如毛泽东在《关于正确处理人民内部矛盾的问题》中明确指出："许多人，许多事，可以由社会团体想办法，可以由群众直接想办法，他们是能够想出很多好的办法来的。而这也就包括在统筹兼顾、适当安排的方针之内，我们应当指导社会团体和各地群众这样做。"[④] 此外，对工会、妇联、共青团等属于人民团体一类的社会组织，毛泽东更是一直给予指导和支持，并在理论上积极探索工、青、妇的组织建设。[⑤] 1978年改革开放后，社会组织实现新的发展，邓小平对加强社会

---

① 康宗基、庄锡福：《马克思恩格斯社会组织思想及其现实意义》，《南京航空航天大学学报（社会科学版）》2017年第2期，第35页。

② 范铁中：《协同参与非政府组织与社会管理》，《上海大学出版社》，2015，第27~28页。

③ 康宗基、庄锡福：《马克思恩格斯社会组织思想及其现实意义》，《南京航空航天大学学报》（社会科学版）2017年第2期，第36~37页。

④ 中共中央文献研究室编：《毛泽东文集》（第7卷），人民出版社，1999年，第228页。

⑤ 方向新、胡艳辉：《毛泽东社会建设思想的演进及其内在逻辑》，《毛泽东研究》2016年第5期，第56页。

组织建设也进行了论述。1980 年 8 月，邓小平明确提出"党和国家领导制度的改革"这一重大战略课题，并指出"过去在中央和地方之间，分过几次权，但每次都没有涉及党同政府、经济组织、群众团体等等之间如何划分职权范围的问题。……现在再也不能不解决了"。① 党的十三届四中全会以后，江泽民在领导中国人民全面推进小康社会建设的进程中，强调和重视社会管理这个问题，提出了许多重要观点，继承、丰富和发展了中国共产党社会管理思想。② 以胡锦涛同志为总书记的党中央在探索中国特色社会主义社会建设的道路上有了突破性的进展，明确提出社会建设的概念，并使其显性化、理论化和系统化。③ 此外，党的十六届六中全会对"支持社会组织参与社会管理和公共服务"做了清晰论述，党的十七大报告提出"重视社会组织建设与管理"，在中央的思想引导和推动下，我国社会组织实现了较快发展。

尤其是党的十八大以来，以习近平同志为核心的党中央对社会组织进一步提出了新的观点。党的十八大提出："加快形成政社分开、权责明确、依法自治的现代社会组织体制"的重要论述；党的十八届三中全会明确指出了完善和发展中国特色社会主义制度，推进国家治理体系和治理能力现代化的总目标，指引中国社会组织发展进入了新的历史阶段。党的十九大进一步提出要发挥好社会组织在决胜全面建成小康社会、开启全面建设社会主义现代化国家新征程中作用的一系列新要求。2022 年 10 月，习近平总书记在党的二十大报告中提出"中国式现代化"的重要概念，并指出："引导、支持有意愿有能力的企业、社会组织和个人积极参与公益慈善事业"，"加强新经济组织、新社会组织、新就业群体党的建设"。因此，在以中国式现代化全面推进中华民族伟大复兴的过程中，马克思主义视角下的社会组织理论成果将成为中国社会组织未来发展方向的重要指引。

习近平总书记也高度重视社会组织的发展，社会组织面大量广，加强社会组织党的建设十分重要。2013 年，习近平总书记在全国组织工作会议上强调，麻绳最容易从细处断。越是情况复杂、基础薄弱的地方，越要健

---

① 邓小平：《邓小平文选》（二），人民出版社，1994，第 320～329 页。
② 代山庆：《论江泽民社会管理思想》，《学术探索》2012 年第 4 期，第 109 页。
③ 卫小将、孙平：《中国特色社会主义社会建设理论的形成与发展——论党的社会建设思想的发展演变》，《探索》2011 年第 3 期，第 138 页。

全党的组织、做好党的工作，确保全覆盖，固本强基，防止"木桶效应"；2018 年，习近平总书记又强调，要加强社会组织党的建设，全面增强党对各类各级社会组织的领导。2022 年，习近平总书记在庆祝中国共青团成立100 周年大会上发表重要讲话，希望党的青年组织永远站在理想信念的高地上，并为青年社会组织的发展指明了方向。此外，习近平总书记多次致信社会组织重大活动，表达对社会组织的高度重视。如 2022 年 5 月，习近平总书记致信金砖国家政党、智库和民间社会组织论坛，希望金砖国家和发展中国家的政党、智库和民间社会组织履行责任担当，深化沟通交流，为实现全球共同发展、推动构建人类命运共同体贡献智慧和力量；2022 年 12月，致信祝贺国史学会成立 30 周年，强调坚定历史自信，增强历史主动，更好凝聚团结奋斗的精神力量。

二　经济学视角下的社会组织理论述要——"市场失灵"和"政府失灵"

为了响应资本主义快速发展下弱化政府职能的呼声，早期的西方自由主义经济学家提出了"大社会，小政府"的主张，认为政府不应过多干涉社会发展，而应由市场对社会资源进行配置和调节；政府不应管得过宽，要为市场发挥作用预留充分的空间。这一主张带来的影响就是过于相信市场，忽视了资本的逐利本性，政府放任的结果就是市场失灵，最终会爆发经济危机。社会组织参与社会治理是防止市场失灵的有效途径之一。随着社会组织的发展壮大，其吸纳的社会工作人员越来越多，开展的业务活动范围也越来越广，这一方面有利于经济的发展，另一方面也有利于协调各方利益纠纷，防止垄断，稳定经济。社会组织在弥补市场失灵方面的作用主要体现在社会资源的有效配置和监督企业承担相应的社会责任。[①]

经济的高速发展也带来了社会利益主体的分化，不同利益主体之间的诉求日益多样化，社会的利益整合困难重重。在这种情况下，政府不可能满足所有人的需求，也不可能解决所有的社会问题，也就出现了"政府失灵"。1974 年，美国经济学家伯顿·韦斯布罗德提出政府失灵理论。该理论

[①]　转引自马玉丽：《社会组织与社会治理研究》，山东大学出版社，2019，第 7~8 页。

认为，国家机构在提供社会公共服务方面存在很大的限制性，急需社会组织来解决出现的一系列问题。在接二连三发生"市场失灵""政府失灵"的情况下，西方国家的社会问题增多、矛盾频发，社会治理出现危机，急需新的力量介入。社会组织的成员来自社会的各个阶层，他们掌握着广泛的社会资源，在提供公共服务方面具有一定的优势和经验。因此，社会组织可以有效填补政府失灵与市场失灵造成的空白地带，较好地满足社会的多样化需求。社会组织的民间性、志愿性等特性使其能更好地扎根社区、代表民意，及时回应来自民众的心声和需求。社会组织对社会问题具有敏锐性，能够在第一时间介入社会问题或者公共事务治理。[1]

三 管理学视角下的社会组织理论述要——"第三部门"和"志愿失灵"

美国学者列维特首先提出"第三部门"的概念。他认为，以往人们仅仅把社会组织分为"公"与"私"两部分，这种划分过于简单，并忽略了一大批处于政府与私营企业之间的社会组织。对于处于两者之间的组织，他将其统称为"第三部门"。这些组织一般相对处于政府与私人企业之间，活动于这块制度空间，发挥服务社会的职能，并赖以生存和发展。[2] 到底什么原因导致第三部门的大规模出现，这是第三部门研究不可回避的问题。因此，学者们对此进行了积极的探讨，出现了一批有影响的解释第三部门兴起的理论假设。如市场失灵论、政府失灵论、契约失灵论、委托/代理理论、交易成本理论、供给理论、政府权力制约论、公共选择理论、社群主义的兴起等。[3]

美国学者萨拉蒙认为第三部门的存在大致有三个方面的原因。第一，历史原因，即国家形成之前人们的自愿集结的传统。第二，市场缺陷，第三部门中的非营利组织使个人群体将他们的资源集中以解决他们共同需求的公共物品，同时又无法使大多数人都支持，这样就弥补了政府在解决市

---

① 转引自马玉丽：《社会组织与社会治理研究》，山东大学出版社，2019，第7~8页。

② 王晋：《第三部门：市场与政府的非零和产物——兼论我国第三部门的现状及发展趋势》，《政治学研究》2004年第3期，第107页。

③ 杨和焰：《第三部门的兴起：理论假设检视和现实原由分析》，《南京社会科学》2006年第1期，第61~67页。

场缺陷时的不足。第三，政府缺陷，作为公共物品提供者的政府机制的内在局限性。①

"志愿失灵"这一概念原本是用来说明社会组织的不足之处以及在发展过程中所存在的危机趋势。但志愿失灵理论的论证起点却完全不同于政府、市场失灵说，其核心在于：社会组织不是第二位于政府与市场的，不是它们的派生物，而是在市场失灵情形下公共需求的最基本的反映方式。在许多领域，社会组织不是滞后性的，它们实际上占据着领导性地位。相反，正是由于存在着志愿部门的失灵，所以需要政府扮演补充者的角色。志愿部门无法满足社会的需要，才给政府的介入以充分的理由，这也符合长期以来志愿部门先于政府提供服务的历史传统。此外，社会组织的资源有限，它们没有经营收入，也没有强制性的税收，当社会自发的机制无法获得足够资源时，社会组织的局限性就显示出来，社会组织就出现失灵，这时就需要政府给予资源上的支持，并产生出政府-社会组织的合作模式。②

四　社会学视角下的社会组织研究及学科建设述要

（一）西方社会学视角下的社会组织理论述要

西方社会学视角下的社会组织理论最具代表性的学者是社会学家帕特南，其也是社会资本理论的重要推动者。帕特南将社会资本理论的研究视角拓展到民主治理领域，认为社会资本是社会的基石。他在其代表作《使民主运转起来》中写道，民主制度绩效和公民在社会的活动有关。他将社会资本与社会联系在一起，鼓励加强以社会组织和社会参与为代表的社会资本，认为那才是推动民主制度发展的关键。帕特南还认为，社会资本的重心应该将更多目光转向社会群体的发展，应该更多地推动各种社会组织的发展。帕特南认为社会资本就是公民的民间参与网络，以及体现在这种参与中的信任和互惠的规范。换句话说，帕特南认为的社会资本就是社会组织的一些特征，如规范、网络以及信任等，通过合作推动社会发展。③

① 王晋：《第三部门：市场与政府的非零和产物——兼论我国第三部门的现状及发展趋势》，《政治学研究》2004年第3期，第108页。

② 王名：《社会组织概论》，中国社会出版社，2010，第41页。

③ 转引刘蕾编著《自社会组织理论与实践》，中国社会出版社，2018，第15~16页。

（二） 中国社会学研究中的社会组织理论述要

中国社会学界对社会组织相关的理论范畴开展了大量研究，从不同的研究视角出发，获得了一些具有开创性的理论成果。这些成果或思路的形成对当前我国社会组织理论的建构具有重要推动力。总体来看，这些研究也可以分为两类，一类是对西方理论进行引介和讨论，以期为本土化的研究提供参照和借鉴；另一类是尝试提出能够有效适用于中国社会组织的一般化理论。①

在对西方理论进行引介和讨论中，学者文军认为，组织角色理论对于如今我国社会组织发展的研究具有一定的借鉴作用，即可以通过对一定社会环境下社会组织的角色期望与角色实践的考察，走出社会组织的内部、外部角色困境，实现我国社会组织的良性发展与中国社会的和谐运转。② 在早期关于社会组织的研究中，"公民社会"与"法团主义"两大视角主导了对社会组织兴起的研究，两者试图在"国家与社会"的二元框架中理解社会组织，并围绕其在此框架中的具体位置展开争论，学者纪莺莺则探讨了超越此种争论的路径。③ 学者嵇欣等引入资源汲取理论视角，提出从社会组织的资源依赖结构、对资源环境的认知能力、资源竞争水平等维度来研判不同类型社会组织的发展特征及其面临的深层挑战。这一理论视角可以弥补既有研究过于强调宏观制度环境约束而疏于分析社会组织具体运行机制的不足，也可以更好地检视由国家、市场、社会多方力量编织的社会组织资源支持体系中蕴含的深层问题，从而找到推动中国社会组织健康发展的有效路径。④

在中国学者提出的适用于中国社会组织的一般化理论中，代表性理论主要有"制度与生活"视角、总体性理论视角。学者李友梅等基于"制度与生活"

---

① 丁惠平：《当前我国社会组织理论体系的建构——基于多维度视角的思考》，《福建论坛》（人文社会科学版）2013年第11期，第186~187页。
② 文军：《中国社会组织发展的角色困境及其出路》，《江苏行政学院学报》2012年第1期，第58页。
③ 纪莺莺：《当代中国的社会组织：理论视角与经验研究》，《社会学研究》2013年第5期，第219页。
④ 嵇欣、黄晓春、许亚敏：《中国社会组织研究的视角转换与新启示》，《学术月刊》2022年第6期，第125页。

的视角来研究中国的社会组织,把政府行为与社会组织的行为当作非完全科层制意义上的理性化行为,即把其当作处在理性化和日常生活化的混合面上的行为来研究,并通过这种行为的互动关系及其延展的分析来呈现社会组织的特定形态和行为模式的形成机理。① 学者黄晓春提出,理解当代中国社会组织健康发展的条件不能仅局限于登记、年检等表层管理制度和资源供给结构,更应该涉及当代中国治理转型多个领域的协同性改革。因此,对当代中国社会组织发展条件的思考必须置于一种总体性的理论框架中。②

(三) 中国社会学关于社会组织的学科建设与人才培养述要

社会组织是我国社会主义现代化建设的重要力量。近年来,社会组织在服务国家、服务社会、服务群众、服务行业中发挥了重要作用,加强社会组织的学科建设和人才培养已成为重中之重。中国社会组织的学科建设和专业教育起步于 20 世纪 90 年代末,1998 年 10 月,清华大学 NGO 研究中心成立,2000 年 10 月改名为清华大学 NGO 研究所,成为中国第一家 NGO (非政府组织) 专门研究机构;随后,北京大学法学院非营利组织法研究中心等研究机构也相继成立。

此外,国内部分学者开始专注于社会组织的学科建设和专业教育,《非营利组织管理概论》等系列教材出版,以社会组织 (非营利组织) 为主要研究方向的学位教育也逐步完善。但是发展中的社会组织学科建设和专业教育设计主体主要为公共管理的相关学科,社会学、社会工作的相关学科建设尚不突出,目前主要有首都经贸大学社会工作硕士中的公益慈善方向、中国社会科学院大学的社会工作硕士中的社会组织管理方向等。这种现象也表明,社会组织的学科归属和专业定位尚不明确,社会组织研究的学科体系尚不健全。

但是总体来说,社会组织作为社会学、社会工作专业的重要构成部分将实现新的发展。民政部发布的《"十四五"社会组织发展规划》指出,要加强与教育部门的沟通协调,鼓励支持有条件的院校举办社会组织管理与

---

① 李友梅等:《新时期加强社会组织建设研究》,经济科学出版社,2016,第 12~13 页。
② 黄晓春:《中国社会组织成长条件的再思考——一个总体性理论视角》,《社会学研究》2017 年第 1 期,第 109~110 页。

服务专业，开设社会组织课程，编写社会组织教材，加强社会组织管理与服务学科和专业体系建设；[1] 民政部、国家发改委发布的《“十四五”民政事业发展规划》指出，到 2025 年社会组织专职工作人员数量要实现 1250 万人的目标。[2] 政策环境不断优化的同时，社会工作专业硕士培养规模不断扩展，将成为社会组织人才培养的重要依托。

第四节　中国社会组织管理

　　完善的社会组织管理体系是促进中国社会组织健康和有序发展的重要保障，中国社会组织管理既需要社会组织的自身行动，也需要国家管理。中国社会组织管理可以从外部对社会组织的管理以及社会组织自身的内部治理两个维度来理解。社会组织的外部管理是政府部门面临的重要课题，其主要从社会组织发展的方向保证、财税管理、监督监管和培育扶持等方面展开。社会组织内部治理则是由社会组织内部各主体间责权分工与合作关系及其配套机制所构成的有机整体及制度性安排。此外，社会组织以项目为导向，项目管理是社会组织内部运营和治理的核心。[3]

一　国家对社会组织的管理

　　现阶段国家对社会组织的管理主要是党和政府围绕党建引领、放管并重，在社会组织党建、社会组织的登记与注销、财税管理、监督管理、非法社会组织治理等方面实施的系列制度规范和发挥的作用，为社会组织有序协商、参与社会治理、服务国家战略提供指引与支持。

（一）总体概况

　　中国对社会组织管理的主要部门是中华人民共和国民政部及其内设机

---

[1]　民政部关于印发《“十四五”社会组织发展规划》的通知，http：//www.mca.gov.cn/article/xw/tzgg/202110/20211000037062.shtml，最后访问日期：2022 年 12 月 10 日。

[2]　《民政部　国家发展和改革委员会关于印发〈“十四五”民政事业发展规划〉的通知》，https：//xxgk.mca.gov.cn：8445/gdnps/pc/content.jsp？mtype=4&id=14980，最后访问日期：2022 年 12 月 10 日。

[3]　朱晓红：《社会组织内部治理逐步规范化、民主化和科学化》，《中国民政》2022 年第 13 期，第 38 页。

构——社会组织管理局（社会组织执法监督局），其拟订社会团体、基金会、社会服务机构等社会组织登记和监督管理办法并组织实施，依法对社会组织进行登记管理和执法监督。此外，国家高度重视社会组织党建工作。2015 年，中共中央办公厅出台《关于加强社会组织党的建设工作的意见（试行）》，确立了社会组织党组织的功能定位，此后将社会组织党建工作融入社会组织登记制度。

国家高度重视业务主管单位在社会组织管理中的重要作用。自改革开放以来，国家就社会组织管理工作出台系列文件，明确了业务主管单位在社会组织管理工作中的职责，强调了业务主管单位在社会组织的思想政治工作、党的建设、财务和人事管理、研讨活动、对外交往、接收境外捐赠资助、按章程开展活动 7 个方面负有领导责任。[1] 特别是在 2016 年中办、国办《关于改革社会组织管理制度促进社会组织健康有序发展的意见》中，进一步明确了业务主管单位的责任。由此来看，业务主管单位对社会组织管理主要包括方向保证、规范管理和培育扶持。[2]

自中华人民共和国成立以来，为了规范社会组织的运行，提升其为社会服务的能力，国家出台了大量的规范性文件。[3] 根据本研究统计，过去和现行的涉及社会组织的主要法律法规及规范性文件有 140 个，其中专门规范社会组织的文件有 88 个，含有规范社会组织专门条款的规范性文件有 52 个。由此可见，我国高度重视社会组织的立法工作。尽管这些法律法规及规范性文件还存在着位阶相对偏低、服务性不突出、可操行性不强等问题，但已基本上形成了社会组织管理的基础性法律体系。[4]

（二）主要内容

社会组织的登记与注销：中国社会组织的登记注册是在《社会团体登

---

① 顾朝曦：《顾朝曦谈社会组织管理工作》（摘要），《学会》2017 年第 10 期，第 22~23 页。
② 顾朝曦：《顾朝曦谈社会组织管理工作》（摘要），《学会》2017 年第 10 期，第 22~23 页。
③ 王建敏、邸天利、陈鹏、王桂琴、崔书鸣、张凌云、王志鹏：《新中国 70 年社会组织管理法治化制度建构分析报告（1949~2019）》，载黄晓勇主编《中国社会组织报告（2020）》，社会科学文献出版社，2020，第 236~254 页。
④ 王建敏、邸天利、陈鹏、王桂琴、崔书鸣、张凌云、王志鹏：《新中国 70 年社会组织管理法治化制度建构分析报告（1949~2019）》，载黄晓勇主编《中国社会组织报告（2020）》，社会科学文献出版社，2020，第 236~254 页。

记管理暂行条例》《民办非企业单位登记管理条例》《基金会管理条例》等有关法律法规的规定下进行的，申请成立的社会组织需要由其业务主管单位审查同意，由发起人向登记管理机关申请登记。依照国家有关法律法规设立或登记的正式社会组织可以享受免税优惠政策。近年来，中国社会组织的登记管理出现一些新迹象，不断健全登记管理机关、业务主管单位、行业管理部门联合审核制度，完善业务主管单位前置审查，强化社会组织发起人责任，明确社会组织在成立登记和章程核准时增加党建内容的要求。在社会组织注销方面，社会组织按照章程规定终止、分立、合并的，以及由于其他原因终止的，向登记管理机关申请注销登记。在办理注销登记前，社会组织需要在登记管理机关、业务主管单位的指导下成立清算组织，完成清算工作。

财务与税务管理：在财务管理方面，根据《中华人民共和国会计法》、财政部《民间非营利组织会计制度》等有关法律法规规定加强社会组织财务管理规范化。主要包括社会组织的财务责任主体确定、收入、收费行为管理、开支范围管理以及社会组织资产管理等。此外，政府还给予社会组织财政方面的支持。财政部、民政部印发《关于通过政府购买服务支持社会组织培育发展的指导意见》；中央财政设立支持社会组织参与社会服务项目，累计投入资金 15.8 亿元。在税务管理方面，根据《中华人民共和国企业所得税法》及《中华人民共和国企业所得税法实施条例》对社会组织进行免税资格认定。此外，财政、税务等部门还出台关于社会组织的公益性捐赠税前扣除、公益股权捐赠不视同销售征收所得税、社会团体会费免征增值税等政策。①

监督管理：社会组织的监督管理正推向制度化、精细化、多元化方向。在制度化监管方面，一是国家建立了民政部门牵头的社会组织资金监管机制和联合执法机制；出台信用管理、抽查检查、投诉举报等规章制度，建立全国数据联通的社会组织信息系统；二是出台《社会组织评估管理办法》，健全社会组织等级评估机制，社会组织评估结果分为 5 个等级，由高至低依次为 5A 级（AAAAA）、4A 级（AAAA）、3A 级（AAA）、2A 级

---

① 《民政部举行〈"十四五"民政事业发展规划〉专题新闻发布会》，http：//www.gov.cn/xinwen/2021-06/18/content_5619411.htm，最后访问日期：2022 年 6 月 27 日。

（AA）、1A级（A）。在精细化监管方面，针对不同行业、领域、层级、类型的社会组织，推进分类指导、分类监管。在多元化监管方面，通过登记管理机关、业务主管单位、党建工作机构、行业管理部门协调配合，进行依法监管。除此之外，针对社会组织开通网上投诉举报系统，不断完善社会舆论监督和新闻媒体监督，畅通社会监督渠道，促进社会组织高质量发展。

非法社会组织治理：非法社会组织是指未经民政部门登记擅自以社会组织名义开展活动的组织，以及被撤销登记后继续以社会组织名义活动的组织，也包括筹备期间开展筹备以外活动的社会组织。对非法社会组织治理能有效维护社会组织管理秩序，促进良好的社会秩序。民政部等22部门曾下发《关于铲除非法社会组织滋生土壤净化社会组织生态空间的通知》，进一步对非法社会组织进行治理。目前对于非法社会组织治理的手段主要有依法取缔、劝散、公布涉嫌违法名单等。此外，对非法社会组织的治理是多方责任，既要国家依法治理，也要鼓励社会公众举报非法社会组织，加强社会组织法治宣传，为合法社会组织和社会公众营造清朗的社会环境。①

二　中国社会组织内部治理

社会组织内部治理是实现社会组织良性运转和发挥社会组织价值的重要基础，贯穿社会组织的全过程。中国社会组织的内部治理主要包括内部治理机制、治理结构以及治理制度。此外，社会组织的运转逻辑不同于企业的运转逻辑，其以项目化的方式开展活动，不以营利为目的，因而项目管理也是中国社会组织内部治理的重要一维。

（一）内部治理的主要内容

社会组织内部治理是新时代社会组织健康成长的客观要求和重要内容，中共中央办公厅、国务院办公厅印发的《关于改革社会组织管理制度促进社会组织健康有序发展的意见》对社会组织的内部治理提出了明确要求，即社会组织要依照法规政策和章程建立健全法人治理结构和运行机制以及党组织参与社会组织重大问题决策等制度，完善会员大会（会员代表大

---

① 《民政部社会组织管理局负责人就治理非法社会组织答〈中国社会报〉记者问》，《中国社会组织》2018年第4期，第8~9页。

会）、理事会、监事会制度，落实民主选举、民主决策和民主管理，健全内部监督机制，成为权责明确、运转协调、制衡有效的法人主体，独立承担法律责任。随着社会组织的蓬勃发展，内部治理已经成为一项系统工程，其主要包括社会组织的治理结构和制度体系。

治理结构：在社会组织中党的建设不断加强，党的组织和党的工作逐步实现全面覆盖。此外，不同类型的社会组织在治理结构方面也存在差异。在社会团体方面，社会团体的会员大会是其最高权力机构，理事会为会员大会的常设机构；监事会是会员大会选举产生的监事机构，监督社会团体的活动，对会员大会负责；社会团体的业务主管单位或相关部门则可以对严重违反法律、法规和国家政策、协会章程或严重失职的负责人提出罢免建议。在基金会方面，理事会是基金会的决策机构，基金会实行理事会领导下的理事长负责制；基金会监事会则依据《基金会管理条例》和基金会章程的规定，依法行使监督权。民办非企业单位的最高权力机构是理事会，单位的重大事项须经理事会决定；民办非企业单位的登记管理机关和业务主管单位对其履行主要监督管理职责。

制度体系：主要包括理事会制度、监事会制度、信息公开制度、信息披露制度、财务管理制度、证书、印章、文件及档案管理制度、资产管理制度、重大事项报告制度以及党建工作、诚信自律准则等多项内部管理基本制度。理事会制度和监事会制度主要是为规范理事会和监事会的管理，对人事、职权和会议等事项进行的制度设定；在信息公开制度方面，社会团体的信息公开主要将可能对本行业产生重大影响而会员尚未得知的信息，在规定的时间内，以规定的方式向会员或社会公布的行为；民办非企业单位是将本单位对社会可能产生重大影响，而社会公众尚未得知的重大信息，通过新闻媒体等形式向社会公众公布。基金会则是通过信息披露制度，在规定的时间内，以规定的方式将其内部信息和业务活动信息通过媒体向社会公布的活动。在财务管理制度方面，主要是社会组织对自身经费使用、经济活动进行的严格管理和职责明确；尤其是基金会要严格进行制度化的预算管理、收入管理、支出管理、票据管理等。此外，基金会还要对投资资产和固定资产执行资产管理制度。证书、印章、文件及档案管理制度是为加强社会组织证书、印章、文件和档案管理及使用的合法性、严肃性实行的制度性规范。重大事项报告制度是指社会组织将可能对本单位产生重大影响的活动，在规定的时间内，以备案的方式向业务主管单位和登记管理机关报告的制度。

（二）社会组织项目管理

社会组织不以营利为目的，是独立于政府机关及其附属机构之外的组织，其追求的目标是为社会提供所需要的各类公共产品或服务，进一步加强和创新社会治理，所以绝大多数社会组织以项目化的方式开展各种活动。目前政府购买社会服务项目已经成为改善人民群众生活、促进经济社会发展的重要一环，不仅为处于初创期的社会组织提供了资源支持，而且有助于引导社会组织围绕基本公共服务、社区自治、公众参与等关键内容提升专业性。[①] 社会组织项目管理亦成为社会组织内部治理的重要内容。社会组织的项目管理也即为通过项目的形式获取、配置和有效利用社会资源，实现服务社会的过程。

从众多社会组织的项目运作中可以归纳出社会组织项目管理的主要内容，包括项目申请、项目运作管理、项目控制、项目评估。项目申请是社会组织项目管理流程的首要阶段，包括项目设计、可行性论证和书写项目建议书；项目运作管理是社会组织项目管理流程的核心阶段，包括项目计划、组织实施、控制与管理；项目控制主要包括项目进度控制、财务管理、项目监测和内部评估、信息沟通和风险控制；项目评估是社会组织项目管理流程的关键阶段，包括项目设计评估、项目目标评估、项目成果评估、经济效益评估、组织实施评估、项目管理能力评估、受益者评估等内容。[②]

第五节　新时代中国社会组织的实践与发展

当下世界面临近百年未有之大变局，中国特色社会主义进入新的历史发展阶段，保持经济高质量发展，实现社会主义现代化强国目标，满足人民群众对美好生活的需求，走上共同富裕的道路，都要求中国社会组织更

---

① 丁惠平：《限制、准入与共治：中国社会组织治理的演变历程与未来走向》，《学习与探索》2022年第10期，第36页。
② 王名：《非营利组织管理概论》，中国人民大学出版社，2013，第204页。

健康的成长，并取得更好的发展。党的二十大和《国民经济和社会发展第十四个五年规划和 2035 年远景目标纲要》对经济、科技、教育、卫生、文化、社会、生态文明建设等领域发挥社会组织作用进行了全面安排。中国共产党对中国境内各类社会组织的领导会进一步加强，政府对社会组织的管理会进一步改善和提升，社会组织的发展空间会进一步拓展。在促进就业、基层社会治理、乡村振兴、公共服务、社会救助等社会民生领域发挥愈来愈大的作用。此外，中国社会组织秉持人类命运共同体的理念，为促进国际合作和完善全球治理做出了积极贡献。总体来说，国内外环境变化为中国社会组织的健康有序发展提供了有利条件并带来了新挑战，在以中国式现代化全面推进中华民族伟大复兴的过程中，中国社会组织将会做出更大的贡献。

一 党的领导和顶层设计不断完善，持续激发社会组织活力

中共中央办公厅印发了《关于加强社会组织党的建设工作的意见（试行）》，中共中央办公厅、国务院办公厅印发了《关于改革社会组织管理制度促进社会组织健康有序发展的意见》，明确指出"努力走出一条具有中国特色的社会组织发展之路"，[①] 将党建工作融入社会组织运行和发展全过程，有效发挥社会组织领域党组织的战斗堡垒作用和广大党员的先锋模范作用，确保社会组织发展方向正确。"十三五"期间，中国制定了《中华人民共和国民法典》《中华人民共和国慈善法》《中华人民共和国境外非政府组织境内活动管理法》《志愿服务条例》，社会组织制度建设不断深化，促进了现代社会组织体制更加完善和社会组织的健康有序发展。

未来一段时期，中国社会组织将会进一步坚持党的领导，走好中国特色社会组织发展之路。社会组织中党的组织和党的工作覆盖面会不断加大，社会组织党建工作水平不断提升。同时，随着社会组织在经济社会发展中的作用持续增强，社会组织领域的相关法律法规将会加快推进，社会组织法律制度将会更加完善，如《社会组织登记管理条例》的加速出台、《中华

[①] 《中共中央办公厅 国务院办公厅印发〈关于改革社会组织管理制度促进社会组织健康有序发展的意见〉》，http://www.gov.cn/zhengce/2016-08/21/content_5101125.htm，最后访问日期：2022 年 5 月 2 日。

人民共和国慈善法》的积极修订以及相关领域立法增加社会组织相关条款等，社会组织的法律地位和激励保障措施会进一步明确。此外，政府积极引导和支持社会组织发展，扶持政策不断完善，努力发挥政治过硬、作用明显、贡献突出的社会组织的模范作用，制约中国社会组织发展的资源问题将得到进一步解决。

二　政府综合监管不断深化，引领社会组织正确前行

近年来，中国社会组织的监管执法不断强化，建立健全监管机制和联合执法机制，畅通社会监督渠道。根据民政部数据，"十三五"期间，民政部门联合公安机关开展打击整治非法社会组织专项行动，全国依法查处非法社会组织 1.4 万个。① 深化行政体制改革的核心即为政府职能的转变，围绕推进国家治理体系和治理能力现代化，由全能型政府向服务型政府转变，面对新发展格局，政府将继续引领社会组织正确前行。进一步来看，政府也会逐步将部门不宜行使、适合市场和社会提供的事务性管理工作及公共服务继续交由符合要求的社会组织承担，对社会组织的扶持发展和监管执法关系更加明晰，② 在简政放权、优化服务、完善扶持政策的同时，对社会组织进行积极监管，逐步实现社会组织监管的制度化、精细化、多元化与专业化。未来，社会组织的发展环境将更加有序和清朗，在社会治理中的主体作用更加凸显，以实现社会组织的高质量发展。

三　从数量增长转向结构优化，社会组织实现专业化运作

近年来，中国社会组织的总体增速有所下降，社会组织的发展开始从重数量转向重质量。尽管数量增长的速度有所减缓，但在社会组织发展中，结构优化趋势显著，社会组织开始从重数量转向重质量。具体来看，随着有关社会团体的政策法规环境的趋于稳定，与市场经济有关的行业协会商会等组织在经济能力上会进一步发展，与此同时，缺乏市场

---

① 《民政部关于印发〈"十四五"社会组织发展规划〉的通知》，http://www.mca.gov.cn/article/xw/tzgg/202110/20211000037062.shtml，最后访问日期：2022 年 5 月 2 日。

② 《中共中央办公厅 国务院办公厅印发〈关于改革社会组织管理制度促进社会组织健康有序发展的意见〉》，http://www.gov.cn/zhengce/2016-08/21/content_5101125.htm，最后访问日期：2022 年 5 月 2 日。

资源的非经济服务类团体仍然面临较为困难的发展前景。① 而基金会更有效率地配置慈善资源，在第三次分配中发挥积极作用，创造社会价值。社会服务机构在特定领域如疫情防控、扶贫开发、教育文化、应急救援、环保公益等方面发挥了重要作用，能够有效弥补政府部门、市场组织在公共服务领域的不足，在提供社会服务方面仍有较大发展空间。② 党和政府历来重视志愿服务参与国家发展，志愿者人数加速增长，志愿服务组织及活动将成为参与社会治理的新常态；社区将为社会工作等社会服务机构的发展提供巨大空间，而其服务将成为基层社会治理的一个重要环节。此外，境外非政府组织将会在数量和规模上进一步扩大，如何实现境外非政府组织与国家间的良性互动，参与全球治理是二者面临的问题。社会企业是社会组织与企业走向融合的创新形式，③ 在第三次分配中，社会企业是特别值得关注的一类，这种以商业模式来实现社会公益目的的组织，将利用公益价值所形成的社会资本优势，参与市场竞争，以提升自身竞争力、生命力，促进自身发展。④

四　社会组织发展定位更加明确，社会组织更好服务大局

展望新发展格局，中国社会组织将在实现巩固拓展脱贫攻坚成果同乡村振兴有效衔接、增加基本公共服务供给、发挥第三次分配作用、加强和创新社会治理等领域，继续扮演重要角色，发挥更大作用。在乡村振兴战略中，社会组织将在推进巩固拓展脱贫攻坚成果同乡村振兴有效衔接方面做出新的成就。在应急管理中，如蓝天救援、壹基金等社会组织的作用将得到有效发挥，实现多元化社会主体的共同有效参与，提高应急管理的有效性。⑤ 我国社会服务机构占社会组织半数以上，是增加基本公共服务供

① 唐昊：《深圳社会团体发展报告》，载深圳市社会组织管理局、深圳国际公益学院主编《深圳社会组织发展报告（2018）》，社会科学文献出版社，2019，第 52~74 页。

② 徐明、魏朝阳、陈斯洁：《2019 年民办非企业单位发展报告》，载黄晓勇主编《中国社会组织报告（2020）》，社会科学文献出版社，2020，第 72~98 页。

③ 朱晓红：《2021 年中国社会企业与社会组织发展》，载徐家良、何立军主编《中国社会企业发展研究报告（No.1）》，社会科学文献出版社，2021，第 86~97 页。

④ 《慈善事业在第三次分配中的意义与作用》，http://www.rmlt.com.cn/2021/1025/629142.shtml，最后访问日期：2022 年 5 月 2 日。

⑤ 《发挥社会组织在社会治理中的作用》，http://sky.cssn.cn/skyskl/skyskl_jczx/201903/t20190321_4850986.shtml，最后访问日期：2022 年 5 月 2 日。

给总量、维护群众根本利益、实现人民共同富裕的重要力量。截至 2020
年底，全国社会组织固定资产 4785.5 亿元，吸纳就业 1061.8 万人，[①] 在
搭建就业交流平台、创造就业机会乃至直接吸纳就业方面，社会组织尤其
是行业协会将继续发挥更大作用，提升公共服务供给的有效性。目前，我
国 60 岁以上人口已达 26736 万人，养老问题已经是一个全社会性的问题。
在养老服务领域中，社会组织有很大的发展空间，尤其是在社区提供日间
照料、康复护理、助餐助行等社区居家养老服务方面，社会组织更有其不
可替代的优势。[②]

　　党的十九届五中全会做出了发挥第三次分配作用，发展慈善事业，改
善收入和财富分配格局的决策部署，慈善事业作为第三次分配的主要方式，
是对初次分配和再分配的重要补充，在未来一段时期，慈善资源的组织和
配置能力将进一步增强，发挥好促进共同富裕的积极作用。[③] 此外，社会组
织正在成为社会治理创新的重要力量，制度化保障和项目化运作为社会组
织助力创新社会治理奠定了基础，社会组织将更有效发挥作用，提升群众
的获得感和幸福感，促进社会和谐稳定。

五　深度参与国际合作和全球治理，推动构建人类命运共同体

　　"人类命运共同体"是习近平总书记提出的重要外交理念，社会组织则
是推动构建人类命运共同体的重要载体。近年来，中国社会组织秉持着共
商共建共享的全球治理观，积极参与国际合作和全球治理，贡献着中国智
慧和力量。此外，自"一带一路"倡议实施以来，"一带一路"建设在应对
新冠疫情、助力各国恢复经济方面发挥了重要作用。如 2020 年 3 月，中国
民间组织国际交流促进会发起"丝路一家亲"民间抗疫共同行动，呼吁民
间力量向有需要的国家提供力所能及的帮助，行动得到了积极响应。在共
同行动框架下，中国民间力量与 50 多个国家开展了物资捐赠、经验分享、

①　《民政部关于印发〈"十四五"社会组织发展规划〉的通知》，http://www.mca.gov.cn/
article/xw/tzgg/202110/20211000037062. shtml，最后访问日期：2022 年 5 月 2 日。

②　《发挥社会组织在社会治理中的作用》，http://sky.cssn.cn/skyskl/skyskl_ jczx/201903/
t20190321_ 4850986. shtml，最后访问日期：2022 年 5 月 2 日。

③　《民政部将采取三大措施进一步发挥慈善事业的第三次分配作用》，https://
m. thepaper. cn/baijiahao_ 14552631，最后访问日期：2022 年 5 月 2 日。

志愿者派遣等多种形式的抗疫合作，对外援助金额达 1.73 亿元人民币。[①]
"一带一路"是构建人类命运共同体的具体和生动实践，在"一带一路"倡
议的推动下，社会组织参与全球治理的渠道和方式会更多，社会组织在科
学、教育、文化、卫生、民间交往等各领域的广泛参与和多元合作，也将
有助于为"一带一路"建设筑牢社会根基。[②] 从长期来看，伴随政策环境、
发展基础、援助方式及援助生态等逐步完善，社会组织参与国际合作和全
球治理工作的广度、深度将进一步增加。

【本章要点】

1. 在国家-市场-社会的三维视域下来探讨构成中国社会体系的社会组
织也有重要的现实意义。中国共产党引领社会组织发展具有深厚的历史渊
源，积累了丰富的历史经验，形成了具有鲜明特色的历史传统。在以中国
式现代化全面推进中华民族伟大复兴的过程中，社会组织将会形成党建引
领的新格局，在国家治理体系和治理能力现代化中发挥更大作用；中国社
会组织正在成为经济与社会建设的生力军，在供给侧多元供给主体中将会
扮演新的重要角色；社会组织具有公共服务供给功能，在公共服务供给领
域发挥着独特的优势；社会组织助力共同富裕实现，大有可为。

2. 社会组织代表着"国家-市场-社会"视域下的社会体系，主要向社
会某个领域提供社会服务（以及部分公共服务），具有非营利性、非政府
性、互益性或公益性、志愿性等特性。在类型学上，社会组织主要包括在
民政部门登记注册的社会团体、基金会、社会服务机构以及其他新兴组织
类型（如境外在华的国际社会组织、参与国际事务的中国 NGO、基层"草
根"组织等）。

3. 国外社会组织的发展历程对中国社会组织的发展具有借鉴意义。如
各发达国家有较为完善的法律制度框架；有较为多元化的筹集资金渠道；
与政府形成伙伴关系；具有健全的内外部监督管理体制。

4. 不同的学科视角对社会组织的生发机制有不同认识。马克思主义关

---

① 《中国民间力量助力全球抗疫合作（患难见真情 共同抗疫情）》，https://kns.cnki.net/
kns8/defaultresult/index，最后访问日期：2022 年 5 月 2 日。
② 《参与"一带一路"建设，中国社会组织积极"走出去"》，https://www.pishu.cn/zxzx/
xwdt/519552.shtml，最后访问日期：2022 年 5 月 2 日。

于国家与社会管理、社会关系、社会组织的理论成果，是阐释社会组织性质和作用等基本问题的有效理论基础。就中国的社会组织发展而言，我们首先需要以马克思主义的理论思想为指导，明确社会组织的正确发展方向。经济学视角下的"市场失灵"和"政府失灵"理论，管理学视角下的"第三部门"和"志愿失灵"理论成为研究社会组织的重要理论基础。

5. 西方社会学的社会资本理论是研究社会组织的重要理论基础。中国社会学界对社会组织相关的理论范畴开展了大量研究，相关理论成果对当前中国社会组织理论的建构具有重要推动力。总体来看，中国社会学对社会组织的理论研究也可以分为两类：一类是对西方理论进行引介和讨论，如组织角色理论、"公民社会"和"法团主义"；另一类是尝试提出能够有效适用于中国社会组织的一般化理论，如"制度与生活"视角、总体性理论视角。

6. 社会组织方向的学科研究将成为社会学、社会工作专业的重要构成部分，而社会学、社会工作专业的人才培养更将成为社会组织人才培养的重要依托。

7. 中国社会组织管理可以从外部对社会组织的管理以及社会组织自身的内部治理两个维度来理解。现阶段国家对社会组织的管理主要是党和政府围绕党建引领、放管并重，在社会组织党建、社会组织的登记与注销、财税管理、监督管理、非法社会组织治理等方面实施的系列制度规范和发挥的作用。社会组织内部治理则是社会组织内部各主体间责权分工与合作关系及其配套机制所构成的有机整体及制度性安排。此外，社会组织以项目为导向，项目管理是社会组织内部运营和治理的核心。

8. 在以中国式现代化全面推进中华民族伟大复兴的过程中，党对中国境内各类社会组织的领导会进一步加强，政府对社会组织的管理进一步完善，社会组织的发展空间会进一步拓展。中国社会组织在促进就业、基层社会治理、乡村振兴、公共服务、社会救助等社会民生领域将发挥愈来愈大的作用，并为促进国际合作和完善全球治理做出积极贡献。

【关键概念】

社会组织；"市场失灵"；"政府失灵"；第三部门理论；"志愿失灵"；社会资本理论；组织角色理论；资源汲取理论视角；"制度与生活"视角；

总体性理论视角；社会组织内部治理；社会组织项目管理

【思考题】

1. 简述中国社会组织的相关类型。
2. 试论述社会组织研究的相关理论。
3. 简述中国社会组织管理的内容。
4. 试论述中国式现代化背景下的社会组织发展趋势。

【推荐阅读文献】

王杰秀、黄晓春：《多重转型交汇中的社区社会组织》，《社会政策研究》2021年第3期，第89~107页。

黄晓春：《中国社会组织成长条件的再思考——一个总体性理论视角》，《社会学研究》2017年第1期，第101~124页。

李友梅等：《新时期加强社会组织建设研究》，经济科学出版社，2016。

王名：《社会组织论纲》，社会科学文献出版社，2013。

萨拉蒙等：《全球公民社会：非营利部门视界》，贾西津等译，社会科学文献出版社，2007。

第一章　中国社会组织的历史与发展

中国古代自身的社会结构和文化性质孕育了社会组织的传统，直至1840年鸦片战争以后的约110年的时间里，中国社会组织历经巨变，并萌生出具有现代意义的社会组织。70余年来，从中华人民共和国成立、到改革开放，尤其是党的十八大以来，中国的社会组织又发生了深刻且广泛的变革，呈现新的发展趋势，并踏上新的发展征程。本章我们将梳理和回顾中国社会组织从古代至当代的发展历程，探讨中国社会组织的演变特征。

第一节　传统与积淀：中国古代的社会组织

从先秦时期到1840年鸦片战争前，源于中国自身的农业社会结构、国家治理体系和文化性质，形成的现代意义上的社会组织尽管未能发展壮大，但却按照自身的逻辑存在和发展，主要在慈善救济和行业结社中发挥作用，其组织内容和形式多种多样。

一　中国古代的慈善组织

中国古代慈善组织是以官办慈善为主，以民间的宗族慈善、宗教慈善和社团慈善为补充的多种形式的社会组织。[①] 在官办慈善方面，早在西周时期（公元前1046年至公元前771年），中央行政官职中就已设立"地官司徒"一职来救荒济民，管理民间慈善组织；西汉宣帝时期大司农中丞耿寿昌创设"常平仓"以平衡粮价、赈济灾民；到南北朝时期，官方开办了"六疾馆"，据《南史·齐文惠太子传》记载，"太子与竟陵王子良俱好释

---

① 宫蒲光：《关于走中国特色慈善之路的思考》，《社会保障评论》2022年第1期，第117页。

氏，立六疾馆以养穷人"，① 梁武帝独创性地设立了"孤独园"，使"孤幼有归，华发不匮"；隋朝开皇年间，官方设置"义仓"以救济受水旱之灾的百姓；唐朝时期，是佛教发展的鼎盛时期，出现了佛教医疗救助机构——悲田养病坊，随着养病坊普设，唐朝廷也把病坊作为一项社会救助的措施来推行，并于唐长安年间设置了悲田使，对悲田养病坊加以监督和管理，由此将养病坊纳入了官府的慈善救助体系；宋初沿袭了唐朝悲田养病坊的做法，在京师设立东、西福田院，收容鳏寡孤独废疾等，还设立居养院，以收养无人照料的孤寡老人，后来官府又将有疾疫者单独救治，独设安济坊或养济院施以救治和安养；② 元朝时期，设置济众院和养济院，成为当时社会救济制度的重要载体；到了明清时期，出现了大量新的官办慈善组织，官办慈善逐渐覆盖了赈灾、济贫、恤病、慈幼、养老等多个方面，③ 如养济院、惠民药局、栖流所（留养局）和漏泽园等。

民间的宗族慈善活动和组织的形成也由来已久，其以血缘关系为纽带，如北宋时期范仲淹创立的范氏义庄、朱熹创立的社仓都是典型。尤其是范氏义庄成为中国历史上第一个非宗教性的民间慈善组织，并影响了明清时期慈善组织的形成和发展。宗教慈善也深深影响着中国古代的救济和慈善事业，佛教慈善最为突出。如悲田养病坊虽为官办组织，但深受佛教影响，宗教教义与慈善理念相互交织，尤其是明晚期西方基督教传入中国，也极大地丰富了原有的慈善体系。明末以后，以善会善堂为标志的地缘性社团慈善开始兴盛和发展。顾名思义，善会就是一种以行善为目的的民间结会，④ 学者夫马进认为：善会是个人自愿参加的，以实行善举为目的的自由结社，而善会办事机构的所在以及具体实施善举的设施则是善堂。最具代表性的善会是同善会，而杨东明创立的同善会则是后世同善会的源头所在。⑤ 到后来在江南地区的士人相续组织同善会，形成一种风气，如高攀龙的无锡县同善会。善会通常由具名望之士人领导，召集地方百姓创会并定期开会，但又不属任何宗教团体，

① （唐）李延寿撰《南史》，周国林校点岳麓书社，1998，第632页。
② 梁霞：《论唐宋佛教慈善医疗救助机构的发展及其特征》，《青海民族大学学报》（社会科学版）2020年第1期，第116~118页。
③ 宫蒲光：《关于走中国特色慈善之路的思考》，《社会保障评论》2022年第1期，第118页。
④ 陈宝良：《中国的社与会》（增订本），中国人民大学出版社，2011，第172页。
⑤ 〔日〕夫马进：《中国善会善堂史研究》，伍跃、杨文信、张学锋译，商务印书馆，2005，第82页。

受济贫民没有家族、注籍、宗教信仰，或隶属特别社团等资格限制，具有崭新的社会性格。[①] 此外，扬州育婴社也是明末诸民间善会的代表，但它的特别之处在于其目标比同善会更具体，如拯救弃婴及雇用贫家乳妇，同时，育婴社的组织没有同善会的政治色彩。当然，除上述类型中国古代慈善组织外，在民间还有"合会"，这是古代平民百姓以自助互助精神为基础，在可能的范围内组织变相的社仓或义仓而形成的民间互助组织。[②]

二　中国古代的行业性组织

在中国古代社会组织的发展脉络中，以行会、会馆、公所为标志的行业性结社也尤其值得关注。行会是同行业工商业者封建性的联合组织，是商品经济发展到一定阶段的产物。[③] 尤其到明清两代，行会发生蜕变，商人开始摆脱传统的行会团体，成立了"墟集会"，行会制不仅存在于城市，在山区也开始出现。[④] 传统的行会只是商人之间松散的团体，无固定的聚会场所。相对于行会而言，会馆的崛起，则使商业团体在规模和组织结构上都向前迈进了一大步。[⑤] 本质上，会馆是一种同乡会的群体组织。[⑥] 同乡、同业组织的名称，大抵可分为两类：一是会馆[⑦]；二是公所。前者属于同乡的集合，后者属于同业的集合。

除了慈善组织和行业性组织外，中国古代还有政治性结社——朋党，文人雅聚的诗文社以及学术团体——讲学社等各类组织。

第二节　萌芽与产生：近代中国的社会组织

1840 年鸦片战争以后，中国逐步沦为半殖民地半封建社会，伴随西方

---

① 梁其姿：《施善与教化：明清时期的慈善组织》，北京师范大学出版社，2013，第 38 页。
② 陈宝良：《中国的社与会》（增订本），中国人民大学出版社，2011，第 149 页。
③ 王世刚主编《中国社团史》，安徽人民出版社，1994，第 41 页。
④ 陈宝良：《中国的社与会》（增订本），中国人民大学出版社，2011，第 237 页。
⑤ 陈宝良：《中国的社与会》（增订本），中国人民大学出版社，2011，第 238 页。
⑥ 商业会馆、公所，或为同业会馆，或为同乡商人公所，虽也带有同乡会的性质，但与明清两代通行的另外一种同乡会馆稍有不同：一是这种同乡会馆的商业色彩极为淡薄；二是其为乡、会场寓考而设，即替同乡应试士子、选官士绅提供方便。
⑦ 需要注意的是，除商人会馆、同乡会馆之外，明清两代，尚有手工工匠、农民、仆人设立的会馆与行会。

教士在中国的传教活动以及中国有识之士的救亡图存，在前后约 110 年的时间里，中国社会组织历经巨变，并萌生出具有现代意义的社会组织。

一　近代商会的发展

直至清季，由于早期资产阶级登上了历史舞台，新式商人组织得以出现。光绪三十年（1904）清政府颁布《商会简明章程》之后，商会正式出现。清末商会的成立，多由商部奏请朝廷谕准，得到官方承认，并享有社团"法人"的地位。商会的成立，使各行业乃至各地区第一次形成了相对统一的整体，并开始以独立的社团"法人"新姿态，登上近代中国的社会舞台，其势力和影响渗透到社会生活的各个领域。此外，商会虽为新式社团，但其间新旧因素、近世民主性与封建传统性并存，具有两重性的特征。[1]

二　西方教会与在华慈善组织

19 世纪 40 年代，西方宗教在中国的传播也进入了一个新阶段。一批以教育、医疗、赈济为传教手段的宗教慈善组织开始兴起。西方教会在近代中国兴办学校始于 1842 年，即中英《南京条约》签订，开放五口通商之际，兴办学校的教会主要是基督教会和天主教会。[2] 尤其是在 19 世纪末和 20 世纪初，在中国出现了一批规模不等的教会高等学校。其中，基督教会兴办的有：上海的圣约翰大学、上海浸会大学（后改名为沪江大学），北京的燕京大学、北京协和医学院，南京的金陵大学、金陵女子大学（后改名为金陵女子文理学院），苏州的东吴大学，杭州的之江大学（后改名为之江文理学院），福州的华南女子大学（后改名为华南女子文理学院）、福州协和大学，广州的岭南大学，济南的齐鲁大学，武汉的华中大学，成都的华西协和大学等；天主教会兴办的有：上海的震旦大学，北京的辅仁大学，天津的天津工商大学（曾先后改名为工商学院、津沽大学）。[3]

---

① 陈宝良：《中国的社与会》（增订本），中国人民大学出版社，2011，第 256~262 页。
② 丁柏传、郑瑞君：《近代中国教会学校述论》，《中共中央党校学报》2000 年第 2 期，第 122 页。
③ 丁柏传、郑瑞君：《近代中国教会学校述论》，《中共中央党校学报》2000 年第 2 期，第 122 页。

　　由于 19 世纪中叶的中国社会处于国贫民弱的境地，平民百姓常罹遭疾病而缺医乏药。在这种境况之下，西方教会开始向中国贫苦大众施医散药，树立起其良好社会形象，并逐渐形成了最利于其传教的一项慈善活动，一批教会医院也应运而生。① 西方教会的慈善救济行动虽有传教之考虑，但在近代中国的慈善救济事业中发挥了积极作用。近代中国的教会医院起源于伯驾 1835 年在广州创办的眼科医局，并由此开启了基督教会在华医疗慈善事业的起点。② 1844 年 2 月，基督教伦敦差会的麦都思和雒魏林创立上海首个现代医学的医院——仁济医院，其成为上海本地最重要的医院之一，存续至今。③ 民国以后，英、美等基督教差会所办的医疗事业仍在继续发展，新设的医院遍布华东、华南诸省及北方各大中城市；1937 年抗战爆发后，不少教会医院因战事受到影响，难以正常运转或逐渐停办。④

　　另外，教会还着力经营了育婴和赈济等慈善事业。上海是基督教会设立慈善机构较多的地方，比较著名的慈幼机构有徐家汇圣母院育婴堂、上海土山湾孤儿院、浦东唐桥墓女孤院、汉口孤儿所等，有的地方还创办了安老院、孤老院等慈善机构。⑤ 外国传教士在华的赈灾慈善活动发端于 19 世纪 70 年代中期，传教士以 1876~1879 年华北大旱为介入点，进入灾区进行赈济活动，从而拓展了教会慈善事业的覆盖面。⑥ 最具代表性的慈善组织则是由传教士与中国社会新兴力量联合筹设的专业性救灾组织——华洋义赈会（全称"中国华洋义赈救灾总会"），它诞生于风雨如磐的 20 世纪 20 年代初，终结于 40 年代末，是当时全国最大的民间性救灾组织。⑦

---

① 周秋光、曾桂林：《近代西方教会在华慈善事业述论》，《贵州师范大学学报》（社会科学版）2008 年第 1 期，第 7 页。

② 李传斌：《教会医院与近代中国的慈善救济事业》，《中国社会经济史研究》2006 年第 4 期，第 51 页。

③ 罗婧：《近代上海西医分布与城市空间扩展（1844—1879）》，《复旦学报》（社会科学版）2022 年第 5 期，第 59 页。

④ 周秋光、曾桂林：《近代西方教会在华慈善事业述论》，《贵州师范大学学报》（社会科学版）2008 年第 1 期，第 8 页。

⑤ 周秋光、徐美辉：《论近代慈善思想的形成与发展》，《湖南师范大学社会科学学报》2005 年第 5 期，第 111 页。

⑥ 周秋光、曾桂林：《近代西方教会在华慈善事业述论》，《贵州师范大学学报》（社会科学版）2008 年第 1 期，第 11 页。

⑦ 蔡勤禹：《传教士与华洋义赈会》，《历史档案》2006 年第 3 期，第 73 页。

三 辛亥革命前后的各类社会组织

20世纪初的清政府开始举办新政,"兴学堂、派游学"成为新政的重要内容。受此影响,不少人受西方社会政治学说的影响,开始转变为资产阶级、小资产阶级知识分子,从而形成了一个不同于封建士大夫的新知识分子群体,并创立了一些新的社会组织。比如第一个留日学生团体——励志会;蔡元培、章太炎、黄宗仰等倡议组织的中国教育会;陈独秀等发起成立的爱国会。① 到后来,越来越多的青年走上了革命道路,形成了许多革命团体,其中华兴会和光复会的影响最大。② 此外,20世纪初年,是近代社会组织的兴盛期。社会各界人士开始创立教育团体(如江苏教育总会)、文化团体(如南社、春柳社)、学术团体(法政学研究会)、学生团体(如寰球中国学生会)、妇女团体(如中国妇人会)、体育团体(如南华足球会)等。各类社会组织的创建在一定程度上反映了社会各界人士以近代组织形式谋求社会发展的良好意愿,并从特定的角度反映了中国社会近代化的程度。③

辛亥革命推翻了清王朝的统治,结束了中国两千多年的封建君主专制制度,自此,中国社会进入中华民国时期。从中华民国南京临时政府成立到1919年五四运动爆发前夕,这一时期的社会组织数量众多、种类庞杂。④根据学者王世刚等的研究,这一时期首先是政治团体的大量涌现,如有构成国民党的诸团体(统一共和党、国民公党、国民共进会、共和实进会),还有合并为进步党的众团体(统一党、共和党、民主党合并)。此外,这一时期各派政治势力之间的斗争激烈,政治团体也在更迭。这一时期还有大量的经济组织,如中华民国实业协会、经济协会、中国农学会等。这一时期联谊组织也十分发达,截至1913年底共成立了79个,大体分为同乡会、同行会以及中外友好团体三类。⑤ 此外,1913年,在辛亥革命创立共和、建立民国的时代潮流下,顾维钧、周诒春、詹天佑发起和赞助的欧美同学会

---

① 王世刚主编《中国社团史》,安徽人民出版社,1994,第232~237页。
② 王世刚主编《中国社团史》,安徽人民出版社,1994,第239页。
③ 王世刚主编《中国社团史》,安徽人民出版社,1994,第260页。
④ 王世刚主编《中国社团史》,安徽人民出版社,1994,第294~295页。
⑤ 王世刚主编《中国社团史》,安徽人民出版社,1994,第295~326页。

在北京诞生，其积极践行爱国思想，组织会员参与爱国民主运动、投身民族救亡和人民解放事业。[1] 另外，1916 年在上海召开的第一次全国学生代表大会上成立了中华民国学生联合总会。在慈善组织方面，本时期主要有北京的市民救济会、中国慈善协和会，上海的妇孺救济会、团体联合义赈会，还有大清红十字会改名为中国红十字会。除上述各类社会组织外，本时期还有一些教育和学术类社会组织创办，前者如勤工俭学会、全国教育联合会等，后者则有中华医学会、中国科学社等。[2]

四　五四运动至 1949 年中华人民共和国成立前的社会组织

（一）五四运动与国民革命时期的社会组织

五四运动标志着中国新民主主义革命的开始。五四运动之前，一批知识分子大力提倡民主与科学，反对封建专制，掀起了新文化运动，促进了人们的思想解放。在新文化运动中，青年知识分子为了推动和适应思想启蒙的需要，开始创立各类青年组织、教育组织，进行启蒙教育。以青年学生为主体的组织主要有互助社、利群书社、新民学会、学生救国会、国民杂志社、新潮社、北京大学平民教育讲演团等。[3] 在教育组织中，以 1917 年 5 月 6 日由黄炎培先生联合蔡元培、梁启超等 48 位教育界、实业界知名人士在上海发起创立的中华职业教育社最为著名，该社以倡导、研究和推行职业教育，改革脱离生产劳动和社会生活的传统教育为职志。[4]

由于巴黎和会上中国外交的失败，爆发了五四爱国运动。五四运动中，以先进青年知识分子为先锋又产生了一批新的社会组织，如上海学生联合会、全国学生联合会、少年中国学会等。[5] 五四运动后，随着新文化运动的发展，各种新兴组织大量涌现，主要有学术研究组织（如北京大学马克思学说研究会）、青年组织（如改造社）、群众组织（如湖南劳工会）、工读互

---

① 《欧美同学会（中国留学人员联谊会）简介》，http：//www.wrsa.net/content_ 40128737.htm，http：//www.mca.gov.cn/article/xw/mtbd/202101/20210100031734.shtml，最后访问日期：2022 年 6 月 27 日。

② 王世刚主编《中国社团史》，安徽人民出版社，1994，第 330~333 页。

③ 王世刚主编《中国社团史》，安徽人民出版社，1994，第 337~343 页。

④ 王世刚主编《中国社团史》，安徽人民出版社，1994，第 344 页。

⑤ 王世刚主编《中国社团史》，安徽人民出版社，1994，第 350 页。

助组织（北京工读互助团）、文艺组织（如文学研究会）和教育组织（中华平民教育促进会）等，形成了中国社会组织发展的又一次高潮。① 五四运动后，马克思主义在中国广泛传播，同中国工人运动初步结合，各地先后成立了共产党早期组织。② 1921 年 7 月 23 日，中国共产党第一次全国代表大会在上海召开，中共一大正式宣告中国共产党成立。从此，中国革命的面目就焕然一新。随着工人运动的发展，具有一定政治色彩的组织开始成立，如中国共产主义青年团（于 1922 年 5 月成立）。

国共合作建立后，各种社会组织应运而生并投身于国民革命运动，发挥了骨干作用。如这一时期出现的妇女组织：全国各界妇女联合会、上海各界妇女联合会、北京"妇女之友社"等；文体类组织：狂飙社、语丝社、莽原社、未名社、沉钟社以及中华全国体育协进会。③ 与此同时，在中共领导下，又涌现出一批带有政治色彩的社会组织，如 1925 年 5 月 1 日，第二次全国劳动大会召开，正式成立了中华全国总工会，并成立了全总执行委员会。此时，反动势力也组织了一些右派团体，与革命力量相抗衡。国民革命失败后，进步组织倍受摧残，但一些新的学术团体也纷纷涌现，主要有中华自然科学社、中国工程师学会等。④

（二）抗日战争至 1949 年中华人民共和国成立前的社会组织

九一八事变后，各阶层爱国人士纷纷组织起来，成立各种抗日救亡组织，如东北民众抗日救国会、上海各界救国联合会、全国各界救国联合会等，发动广大群众运用各种形式开展斗争，推动了抗日爱国运动的发展；全面抗战开始后，大量抗战团体不断涌现，为抗战胜利做出了巨大贡献，这一期具有代表性的组织有上海文化界救亡协会、上海学生界救亡协会、中华全国文艺界抗敌协会等。⑤ 此外，本时期其他进步的社会组织也纷纷创立，为推动社会的进步做出了积极努力，比如，经济类组织有中国工业合作协会、迁川工厂联合会等；学术类组织有中国农村经济研究会、中国化

① 王世刚主编《中国社团史》，安徽人民出版社，1994，第 358~375 页。
② 王世刚主编《中国社团史》，安徽人民出版社，1994，第 375 页。
③ 王世刚主编《中国社团史》，安徽人民出版社，1994，第 382~285 页。
④ 王世刚主编《中国社团史》，安徽人民出版社，1994，第 388~397 页。
⑤ 王世刚主编《中国社团史》，安徽人民出版社，1994，第 402~414 页。

学会、中国物理学会等；文化教育类组织有中国青年新闻记者协会、中国诗歌会以及中国教育协会等。

随着解放战争的顺利进行，在中国共产党的领导下，各界人民团体也纷纷壮大和统一。1948年8月，由中国解放区职工联合会筹备委员会发起，在哈尔滨召开了第六次全国劳动大会，大会决定恢复中国工人阶级统一的全国组织——中华全国总工会；1949年3月24日至4月3日，中国妇女第一次代表大会宣布正式成立中华全国民主妇女联合会；1949年4月，中国新民主主义青年团第一次全国代表大会在北平召开，正式成立中国新民主主义青年团。1949年5月，中华全国青年第一次代表大会在北平召开，正式成立中华全国民主青年联合总会；1949年6月，新法学研究会成立，是中国法学会的前身；1949年7月，中华全国文学艺术工作者第一次代表大会召开，中华全国文学艺术界联合会成立；1949年7月，中华全国文学工作者协会在北平成立（1953年10月正式更名为中国作家协会）。①

各界人民团体的壮大和统一，标志着中国共产党领导的人民民主统一战线的扩大与巩固，为中国人民政治协商会议的召开奠定了坚实的群众基础，同时，也为中华人民共和国成立后各种社团的繁荣发展提供了必要的条件。② 回顾这一时期的发展，中国共产党作为马克思主义政党，从成立之初就十分重视发挥社会组织的作用，充分利用各种有利条件，建立大量外围组织，组织动员群众，开展积极斗争，取得了一个又一个的胜利，直至中华人民共和国成立。

第三节　整顿与停滞：中华人民共和国成立至改革开放前的中国社会组织

中华人民共和国成立至改革开放前，中国社会组织经历了一个曲折的发展过程，当时国家对各种资源实行统一管理和分配，社会组织的活动空间和发挥的作用都十分有限，但是也有了较大发展。根据民政部的统计，建国初期，全国性社团只有44个；到1965年，全国性社团接近100个，地

---

① 王世刚主编《中国社团史》，安徽人民出版社，1994，第431~433页。
② 王世刚主编《中国社团史》，安徽人民出版社，1994，第433页。

方性社团有 6000 个左右。① 尤其是本阶段的前 17 年（1949～1966 年），主要是国家对社会组织的整顿和重建。

一 新旧社会交替下的社会组织

1949 年中华人民共和国成立后，中国的社会组织呈现有史以来最剧烈、最深刻、最广泛的新旧更替。根据《中国社团史》的研究，综合分析中华人民共和国成立伊始的社会组织，大致有六种情况。一是伴随新中国的成立而自行解散的组织，主要是原来政治上追随国民党政权，与人民为敌的组织，随着国民党政权的垮台而瓦解；还有原来政治上追随中国共产党的爱国民主群众组织，在新中国成立后认为自己的使命已完成，并自行宣告解散的。或者原为爱国民主群众组织，在新中国成立后，与其他组织合并成立新的组织。二是以中国共产党领导的解放区各人民群众团体为基础，团结原国民党统治区广大爱国民主群众组织，为适应团结各阶层人民创建新中国的需要而成立的人民团体，如中华全国总工会、中华全国民主妇女联合会等。三是原为国民党统治时期国统区的社会组织，后来被中华人民共和国接管，并经过改组成立的社会组织，这些组织多为科学、教育、文化、卫生、体育类，如中华全国自然科学专门学会联合会、中华全国科学技术普及协会。四是中华人民共和国成立后，为适应革命和建设的需要而新成立的社会组织，该类组织涉及各个领域，如 1949 年 12 月成立的中国人民外交学会、1952 年成立的中国贸促会。五是一些在新中国成立前曾比较反动的封建帮会组织，政府鉴于其有比较广泛的群众基础，其内部情况一时尚未摸清，故暂未取缔。六是旧中国遗留下来的各种宗教团体。②

二 社会组织整顿

在对社会组织整顿方面，1950 年 9 月 29 日，中央人民政府政务院第 52 次政务会议通过《社会团体登记暂行办法》；1951 年 3 月 23 日，内务部又

---

① 《民政部负责同志就〈关于铲除非法社会组织滋生土壤 净化社会组织生态空间的通知〉有关问题答记者问》，https://www.mca.gov.cn/article/xw/mzyw/202103/20210300032723.shtml，最后访问日期：2022 年 6 月 27 日。
② 王世刚主编《中国社团史》，安徽人民出版社，1994，第 435～438 页。

制定了《社会团体登记暂行办法实施细则》。从这时开始，我国逐步确立了社会组织（社会团体）"分级登记"的管理体制与原则，登记管理机关集社会组织审批权和管理权于一体，开启了以"清理整顿"为政策性目标导向的社会组织治理。[①] 国家重点对一大批旧社会组织进行清理取缔，主要为旧有的互益组织、慈善机构、宗教组织、带有政治色彩的反动组织等，这些组织相继快速被改造、整顿。[②][③] 通过对遗留团体的清理整顿，沉重打击了隐藏在组织里面的反革命分子，基本清除了帝国主义、封建主义和国民党反动势力对社团的影响，这一工作对于巩固新政权，保证社会组织的健康发展，维护公民的结社权利起到了重要作用。[④]

三　社会组织重建

在社会组织重建方面，早在抗日战争时期，中国共产党面对艰巨的革命任务，就注重加强对社会组织的领导建设，积极动员各方力量支持抗战，探索出了中国革命的道路。因此，这一时期在全国层面上重新建立起了以人民团体为代表的社会组织，并将其纳入国家行政体系建制，实现了将社会组织改造为人民民主统一战线组织的目标。[⑤]《社会团体登记暂行办法》规定人民群众团体、社会公益团体、文艺工作团体、学术研究团体、宗教团体等要进行依法登记，明确了其法律地位，所以本时期的社会组织重建也是基于此分类格局展开的。

人民群众团体是在中国共产党领导下由各阶层人民群众组织起来的社会组织，[⑥] 这类组织主要有中华全国总工会、中国共产主义青年团、中华全

---

① 丁惠平：《依附、发轫与同构：当代中国社会组织发展历程》，《学习与探索》2019 年第 10 期，第 32 页。
② 李友梅、梁波：《中国社会组织政策：历史变迁、制度逻辑及创新方向》，《社会政策研究》2017 年第 1 期，第 62 页。
③ 王世刚主编《中国社团史》，安徽人民出版社，1994，第 441 页。
④ 王世刚主编《中国社团史》，安徽人民出版社，1994，第 445 页。
⑤ 丁惠平：《依附、发轫与同构：当代中国社会组织发展历程》，《学习与探索》2019 年第 10 期，第 32 页。
⑥ 这里要说明的是"社会团体"也有狭义和广义之分，狭义的"社会团体"是指要到登记管理机关登记的团体，这也是本书研究的核心；而"人民群众团体"则属于广义范畴，它们是中国共产党领导和联系各界、各阶层人民群众的桥梁和纽带，也是人民民主专政的社会支柱，因此，本书对其发展概况进行了补充。

国民主青年联合会、中华全国工商业联合会等。社会公益类团体是党和政府领导下开展社会公益活动的社会组织,如中国福利会、中国红十字会等。文艺工作团体最有代表性的是中国文联(1949年7月中华全国文学艺术界联合会成立,1953年9月改名为中国文学艺术界联合会)。学术研究团体大致可以划分为自然科学学术团体和社会科学学术团体两大类,前者如1950年8月,中华全国自然科学工作者代表会议上成立的两个全国性自然科学学术团体——中华全国科学技术普及协会(简称"全国科普")和中华全国自然科学专门学会联合会(简称"全国科联");后者如1951年7月成立的中国史学会。宗教团体则有中国伊斯兰教协会、中国佛教协会、中国道教协会等。

回顾本时期的发展史,中国社会组织的发展动力是自上而下的,并且形成了以人民团体组织和事业单位组织为主体的社会组织结构。[①] 社会组织被国家赋予法律或政策的合法性,成为中国共产党联系群众的纽带、巩固政权的社会基础。[②] 因此,本时期社会组织的首要特征是中国共产党对各级、各类社会团体的有效领导,尤其是人民团体作为广义的"社会团体",具有浓厚的政治色彩。此外,中华人民共和国政府取代中华民国政府,但不是中国历史的中断,而是一个旧时期的结束和一个新时期的开始。[③] 因此,新旧社会交替下的社会组织在服务人民群众、推进对外交往、增加对外贸易、扩大中国国际影响力等方面发挥了积极且特殊的作用。

到"文革"期间,国内社会组织的发展基本处于停滞状态。特别是1969年1月,由于主管社会团体工作的内务部被撤销,其原有的大部分工作职能分别转移给财政部、公安部、卫生部、国家计委等部门,导致了在1978年前我国社团管理工作的多头、混乱和失序状态。[④]

---

① 丁惠平:《依附、发轫与同构:当代中国社会组织发展历程》,《学习与探索》2019年第10期,第32页。
② 马德坤:《新中国成立以来社会组织治理的政策演变、成就与经验启示》,《山东师范大学学报》(社会科学版)2020年第2期,第51页。
③ 王世刚主编《中国社团史》,安徽人民出版社,1994,第445页。
④ 李友梅、梁波:《中国社会组织政策:历史变迁、制度逻辑及创新方向》,《社会政策研究》2017年第1期,第63页。

第四节　恢复与成长：1978 年改革开放至 21 世纪前十余年的中国社会组织

1978 年改革开放后，国家建设的中心任务是打破计划经济体制束缚、搞活经济，这需要转变政府管理方式，减轻政府负担，实现社会管理的社会化。此阶段，国家对社会组织采取了较为宽松的管理模式，[①] 社会活力得以释放，大量的社会组织开始恢复工作，新的社会组织也不断成立。尤其是从民政部开始负责社会团体登记管理工作并提供统一注册数据的 1988 年开始，登记注册的社会团体类的社会组织数量从不足 5000 个迅速攀升到 1996 年的 18.4 万余个。此后，由于政策法规的修订以及社会组织管理的完善，到 2000 年社会组织有 15.3 万余个，2012 年直接增长到近 50 万个。

表 1-1　中国社会组织情况表

单位：个

年份	总数	社会团体	民办非企业单位（社会服务机构）	基金会
1988	4446	4446		
1989	4544	4544		
1990	10855	10855		
1991	82814	82814		
1992	154502	154502		
1993	167506	167506		
1994	174060	174060		
1995	180583	180583		
1996	184821	184821		
1997	181318	181318		
1998	165600	165600		
1999	142665	136764	5901	
2000	153322	130668	22654	
2001	210939	128805	82134	

[①]　王伟进、顾天安、李健：《我国社会组织功能定位与管理体制的演变——基于国务院政策文件库的分析》，《社会建设》2022 年第 5 期，第 5 页。

续表

年份	总数	社会团体	民办非企业单位（社会服务机构）	基金会
2002	244509	133297	111212	
2003	266612	141167	124491	954
2004	289432	153359	135181	892
2005	319762	171150	147637	975
2006	354393	191946	161303	1144
2007	386916	211661	173915	1340
2008	413660	229681	182382	1597
2009	431069	238747	190479	1843
2010	445631	245256	198175	2202
2011	461971	254969	204388	2614
2012	499268	271131	225108	3029
2013	547245	289026	254670	3549
2014	606048	309736	292195	4117
2015	662425	328500	329141	4784
2016	702405	335932	360914	5559
2017	761539	354794	400438	6307
2018	817360	366234	444092	7034
2019	866335	371638	487112	7585
2020	894162	374771	510959	8432
2021	901870	371110	521883	8877

注：2001 年以前的基金会含在社会团体内。

一　1978 年改革开放至 1990 年的十余年

伴随着改革开放的进程，加之制度完善所提供的资源，社会组织变得空前活跃，社会组织的数量迅猛增长。到 1990 年中国社会组织总量达到近 10.9 万个，到 1992 年底达到 15.45 万个。具体来看，在社会团体方面，尤其是社会经济类、学术研究类等团体迅速涌现。1978 年全国科学大会在北京召开，党中央做出"科学技术是生产力"的论断，科学技术的重要作用重新得到了全社会的认同；此后，中国环境科学学会、中国航海学会、中国教育学会、中国考古学会、中国地震学会、中国统计学会、中国社会学研究会（后改名为中国社会学会）等一批全国性的学术团体相继成立。此外，1981年中华全国台湾同胞联谊会（简称全国台联）在北京成立，这是台湾各族同胞的爱国民众团体；1984年中国消费者协会正式成立；1989年"希望工程"在全国启动，成为中国社会参与最广泛、最富影响的民间公益事业；1990年中国老区建设促进会（简称中国老促会）成立。

在这一阶段，基金会和境外非政府组织也得到了快速发育和成长。1981年中国儿童少年基金会在北京成立，成为中国第一家全国性的公募基金会；1982年中国宋庆龄基金会在北京成立，这是中国首个以国家领导人名字命名的全国性公募基金会；1984年中国残疾人福利基金会在北京成立；1985年爱德基金会成立，成为中国改革开放后最早一批成立并具有公募资质的基金会和在国内外具有重要影响力的民间组织；1987年中国人口福利基金会在北京成立。在境外非政府组织方面，1979年9月至12月，美国福特基金会、德国阿登纳基金会等一批国际组织代表团访华；1988年福特基金会在中国设立办事处，这是第一个被中国政府允许且在中国设立办事机构的国际非政府组织。

中共十一届三中全会以来，我国社会的全面进步为社会组织的发展提供了良好的社会条件，同样，各类社会组织的全面发展，加强了党和人民群众的联系，有效化解社会矛盾，推动了经济建设，增进了学术研究和学术交流，促进了社会福利事业发展，推动了社会的进步。此外，社会组织在发展壮大的同时，由于本阶段国家尚未建立起统一的社会组织登记管理机关，多头管理造成了社会组织的快速、无序发展，1978～1988年是中国社会组织发展过程中管理松散的十年，其间出现了大量非法社团。在此背景下，国家提出了规范和控制社会组织无序发展的问题。①

1984年11月中共中央、国务院下发了《关于严格控制成立全国性组织的通知》，明确了社会团体由各归口部门分别审查，由国家体改委负责审定，这在一定程度上使得全国性社会组织泛滥的情况有所好转。1986年4月第六届全国人民代表大会第四次会议通过《民法通则》，规定社会团体法人是四类法人之一。1988年民政部成立"社团管理司"，负责全国范围内的

---

① 李友梅、梁波：《中国社会组织政策：历史变迁、制度逻辑及创新方向》，《社会政策研究》2017年第1期，第63页。

社团管理工作，在明确民政部归口负责民间组织登记管理的同时，保留了有关业务主管部门对民间组织审查核准和日常管理的权限，这为社会组织后来的健康有序发展奠定了组织基础。1988 年 9 月国务院第 21 次常务会议通过了《基金会管理办法》，这是中国关于基金会的第一部行政法规；1989年 10 月国务院第 49 次常务会议通过了《社会团体登记管理条例》，确立了双重管理制度。上述两部管理法规基本上确立了国家对社会组织的管理政策框架与体制。① 此外，1989 年 4 月，国务院第 39 次常务会议通过了《外国商会管理暂行规定》，这也是中国现行的唯——部针对外国商会的行政法规。②

二 1990 年至 2012 年的二十余年

20 世纪 90 年代以后，国家对社会组织的管理开始进入法律化管理的阶段，政府采用不同的法律法规以及管理机构的设置来推动内地各类型社会组织的正规化和合法化。③ 1990 年 6 月，《国务院办公厅转发民政部关于清理整顿社会团体请示的通知》印发，由此开始了全国范围内第一次社会团体清理整顿工作；1997 年 4 月，《国务院办公厅转发民政部关于清理整顿社会团体意见的通知》的发布开始了全国范围内第二次社会团体清理整顿工作，此次清理整顿一直持续到 1999 年 10 月，经过清理整顿，社会团体、基金会和民办非企业单位被纳入统一的登记管理体系。④

纵观我国社会组织的发展历程，党中央和国务院高度重视社会组织发展。1997 年，党的十五大报告提出培育和发展社会中介组织；中共十六届三中全会提出，要按市场化原则规范和发展各类行业协会、商会等自律性组织；中共十六届四中全会提出，要发挥社团、行业组织和社会中介组织提供服务、反映诉求、规范行为的作用，形成社会管理和社会服务的合力；

---

① 李友梅、梁波：《中国社会组织政策：历史变迁、制度逻辑及创新方向》，《社会政策研究》2017 年第 1 期，第 63 页。
② 郑琦、李朔严：《中国社会组织年表（1978～2017 年）》，载王名等著《中国社会组织（1978～2018）》，社会科学文献出版社，2018，第 230～253 页。
③ 李友梅、梁波：《中国社会组织政策：历史变迁、制度逻辑及创新方向》，《社会政策研究》2017 年第 1 期，第 64 页。
④ 王名：《我国社会组织体制的历史演进及其问题》，载王名等著《社会组织与社会治理》，社会科学文献出版社，2014，第 1～35 页。

中共十六届五中全会明确"规范引导民间组织有序发展","完善民间组织自律机制,加强和改进对民间组织的监管"。特别是在 2006 年中央十六届六中全会上,对"支持社会组织参与社会管理和公共服务"做了清晰论述,在中央政策的引导和推动下,我国社会组织实现了较快发展。党的十七大报告提出"重视社会组织建设与管理",并把社会组织放到了突出位置;中共十七届二中全会审议通过《关于深化行政管理体制改革的意见》,明确提出发挥民间组织在社会管理和公共服务中的作用,以促进政府职能转变。国家"十二五"规划也首次设专章"加强社会组织建设"对社会组织予以规划,社会组织的发展环境进一步宽松。①

在完善顶层设计的同时,国家进一步健全社会组织管理工作机制,完善社会组织管理的相关政策法规。1998 年 2 月,中共中央组织部、民政部联合发布了《关于在社会团体中建立党组织有关问题的通知》,通知明确了社会团体建立党的基层组织的要求;1998 年 9 月,国务院修订了《社会团体登记管理条例》,明确了社团的概念、规定了社会团体申请成立的条件、明确了登记管理机关和业务主管单位的范围、强化了双重管理体制。1998 年 9 月,国务院通过了《民办非企业单位登记管理暂行条例》,明确了民办非企业单位作为一类社会组织的法律地位,并将民办非企业单位纳入双重管理制度。此外,1999 年中共中央组织部下发《关于审批中央管理的干部兼任社会团体领导职务有关问题的通知》,进一步推动了社会团体的民间化。在管理部门方面,1997 年民政部社团管理司更名为社会团体和民办非企业单位管理司;1998 年国务院再次进行机构改革,社团和民办非企业单位管理司更名为民间组织管理局。

进入 21 世纪以来,随着市场化改革的推进以及社会结构的转型,中国一方面着力加强对社会组织的管理,另一方面积极鼓励社会组织发展,并为社会组织的发展出台了一系列政策,由此社会组织进入了稳步发展的新阶段。2004 年国务院在 1988 年颁布的《基金会管理办法》的基础上制定了《基金会管理条例》,由此形成了以《社会团体登记管理暂行条例》(1998)、《民办非企业单位登记管理暂行条例》(1998)、《基金会管理条

---

① 廖鸿、杨婧:《改革开放以来社会组织的发展与主要成就》,《中国民政》2018 年第 15 期,第 30 页。

例》（2004）为主的社会组织政策体系。2011 年 3 月，《社会组织评估管理办法》正式颁布施行，成为中国社会组织登记管理的一项重大改革举措。

伴随一系列改革举措，社会组织迈向高质量、健康、有序发展，同时也成为国家治理实践的参与者。从表 1-1 中的数据可以看到，仅社会团体等三类社会组织的总数量就从 1991 年的 8.2 万余个迅速增长至了 2001 年的 21 万余个，到 2011 年增长至 46 万余个，此后社会组织逐年动态增长。

市场化改革和政府职能的转变拓展了社会组织的发展空间，国家在发展经济的同时构建和谐社会，针对社会组织开始了定位与发展社会事业、改进社会管理模式。① 社会组织政策体系的逐步完善也为社会组织的发展壮大提供了良好的制度环境，形式多样的社会组织应运而生，也产生了许多具有里程碑意义的事件。如 1992 年中国国际民间组织合作促进会成立，致力于促进中国与国外社会组织和国际多双边机构交流与合作；1994 年中华慈善总会在北京成立；1995 年联合国第四次世界妇女大会在北京举办，通过这次大会"非政府组织"（NGO）的概念和机制被引入中国。2008 年 5 月，汶川发生地震，在地震救援和后期重建中，大量国内外社会组织积极行动，社会力量被广泛调动；受汶川大地震、北京奥运会等重大事件的需求激发，2008 年中国志愿者至少增加了 1472 万人。在相当程度上，汶川大地震和北京奥运普及了志愿精神、拓展了社会的志愿服务认知、推动了公民的志愿行动、推动了志愿服务管理体系的构建。② 2010 年社会组织人才发展政策纳入《国家中长期人才发展规划纲要（2010~2020 年）》。

本时期中国社会组织发展呈现的特征已完全不同于改革开放前，社会组织的发展动力实现了"自上而下"与"自下而上"相结合的推进方式，一些草根社会组织逐步成长起来，弥补了国家福利的缺失，中国的社会组织发展迎来了一个规范化、常规化和法制化的发展时期。③

---

① 王伟进、顾天安、李健：《我国社会组织功能定位与管理体制的演变——基于国务院政策文件库的分析》，《社会建设》2022 年第 5 期，第 10 页。
② 《2008~2018 年中国慈善十年十大热点》，载杨团主编《中国慈善发展报告（2019）》，社会科学文献出版社，2019，第 498~502 页。
③ 丁惠平：《依附、发轫与同构：当代中国社会组织发展历程》，《学习与探索》2019 年第 10 期，第 34 页。

第五节　规范与提升：党的十八大以来的中国社会组织

党的十八大以来，以习近平同志为核心的党中央高度重视社会组织工作，对社会组织的发展进一步提出了新的观点，推动社会组织改革发展迈入了新时代。

一　中国社会组织发展规模实现稳步增长

党的十八大前夕，全国社会组织约有 46.2 万个，截至 2021 年底，全国社会组织总量达 90.1 万余个[①]，社会组织已基本遍布所有行业和各个领域。中国社会组织发展正进入从"数量增长"向"质量提升"的阶段。[②]

具体来看，根据 2022 年《中国民政统计年鉴》数据，截至 2021 年底，全国社会组织总量为 901870 个，其中社会团体 371110 个，社会团体占社会组织总量的 41.15%；社会服务机构（民办非企业单位）521883 个，占比达到了 57.87%；2021 年，基金会 8877 个；国际及涉外组织领域社会组织共541 个，占社会组织总量的 0.06%。[③] 从社会组织所处行业来看，2021 年社会组织行业进一步丰富。截至 2021 年底，教育领域和社会服务领域社会组织数量占社会组织总量的近一半，其中，教育领域社会组织数量共 288341个，占社会组织总量的 31.97%；社会服务领域社会组织共 137475 个，占社会组织总量的 15.24%。[④]

二　党的领导明确中国社会组织发展道路

以党的十八大提出"加快形成政社分开、权责明确、依法自治的现代社会组织体制"为标志，中国社会组织发展进入了新的历史阶段。党的十八届二中、三中、四中、五中、六中全会又先后提出了改革社会组织管理

[①] 截至 2021 年 5 月底，全国性社会组织有 2289 个。

[②] 《民政部举行〈"十四五"民政事业发展规划〉专题新闻发布会》，http://www.gov.cn/xinwen/2021-06/18/content_ 5619411. htm，最后访问日期：2022 年 6 月 27 日。

[③] 黄晓勇：《2021 年中国特色社会组织高质量发展报告》，载黄晓勇主编《中国社会组织报告（2022）》，社会科学文献出版社，2022，第 3~8 页。

[④] 黄晓勇：《2021 年中国特色社会组织高质量发展报告》，载黄晓勇主编《中国社会组织报告（2022）》，社会科学文献出版社，2022，第 7 页。

制度、激发社会组织活力、加强社会组织立法、社会组织自觉维护党中央权威等任务要求，社会组织管理制度改革逐步展开，对更好发挥社会组织的作用具有重要意义。2016 年，中共中央办公厅、国务院办公厅印发《关于改革社会组织管理制度促进社会组织健康有序发展的意见》，明确提出"走中国特色社会组织发展之路"。①

党的十九大进一步提出要发挥好社会组织在决胜全面建成小康社会、开启全面建设社会主义现代化国家新征程中的作用的一系列新要求。党的十九届三中全会提出，按照共建共治共享要求，完善党委领导、政府负责、社会协同、公众参与、法治保障的社会治理体制；党的十九届四中全会明确提出"重视发挥第三次分配作用，发展慈善等社会公益事业""鼓励支持社会力量兴办公益事业"，将社会组织作为重要的公共服务提供和社会治理的主体之一；党的十九届五中全会提出，发挥群团组织和社会组织在社会治理中的作用，畅通和规范市场主体、新社会阶层、社会工作者和志愿者等参与社会治理的途径。这些表述凸显了社会组织在社会治理格局中的重要地位。

党的二十大提出，要完善社会治理体系，健全共建共治共享的社会治理制度，提升社会治理效能，建设人人有责、人人尽责、人人享有的社会治理共同体；要引导、支持有意愿有能力的企业、社会组织和个人积极参与公益慈善事业；加强新社会组织党的建设。由此来看，党的二十大高度重视社会治理和社会组织发展问题，在中国式现代化国家治理体系中，社会组织对于社会治理共同体的建设具有不可替代的作用。②

三　相关制度和扶持政策更加深化和完善

目前，社会组织的制度改革不断深化。全国人大及其常委会制定《中华人民共和国民法典》《中华人民共和国慈善法》《中华人民共和国境外非政府组织境内活动管理法》；国务院制定《志愿服务条例》，将《社会组织登记管理条例》列入立法工作计划。各级民政部门稳妥推进社会组织直接登记试点等工作；行业协会商会与行政机关脱钩改革基本完成，7.11 万家

---

① 廖鸿、杨婧：《改革开放以来社会组织的发展与主要成就》，《中国民政》2018 年第 15 期，第 30 页。

② 徐家良：《深入学习党的二十大报告 把握社会组织发展重点》，《中国社会报》2022 年 11 月 28 日，第 1 版。

行业协会商会实现脱钩。①

　　党和政府积极完善扶持社会组织发展的政策。民政部印发《关于大力培育发展社区社会组织的意见》，推动社区社会组织在创新基层社会治理中更好地发挥作用。财政部、民政部印发《关于通过政府购买服务支持社会组织培育发展的指导意见》；中央财政设立支持社会组织参与社会服务项目，累计投入资金 15.8 亿元，直接受益对象 1300 多万人次。财政、税务等部门出台非营利组织免税资格认定、公益性捐赠税前扣除、公益股权捐赠不视同销售征收所得税、社会团体会费免征增值税等政策。② 此外，随着国家治理的深化，智库作为一种特殊的社会组织，重要性也越来越突出，2017 年 5 月，民政部等九部门联合印发《关于社会智库健康发展的若干意见》，对于积极发挥社会组织的智库作用，规范和鼓励社会组织参与政策建言提供了有利的政策环境。

四　中国社会组织的服务成效不断显现

　　新时代中国社会组织发展进入了制度化与规范化的新时期。随着顶层设计不断完善，登记管理改革不断深化，社会组织健康有序发展，社会组织在促进经济发展、提供公共服务、创新基层治理、促进政府职能转变、配合国家整体外交等方面发挥着积极作用，成为国家治理与社会生活中不可或缺的重要维度。

　　根据《"十四五"社会组织发展规划》的数据，截至 2020 年底，全国社会组织固定资产 4785.5 亿元，吸纳就业 1061.8 万人。全国性社会组织参与制定 3.3 万项国家标准、2100 多项国际标准。各类社会组织广泛参与脱贫攻坚，实施扶贫项目超过 9.2 万个，投入各类资金 1245 亿元；积极参与疫情防控和复工复产，累计接受社会各界捐赠资金约 396.27 亿元、物资约 10.9 亿件。③ 此外，中国社会组织积极参与全球抗疫行动，支持全球抗疫事

---

①　《民政部关于印发〈"十四五"社会组织发展规划〉的通知》，http://www.mca.gov.cn/article/xw/tzgg/202110/20211000037062.shtml，最后访问日期：2022 年 5 月 2 日。

②　《民政部关于印发〈"十四五"社会组织发展规划〉的通知》，http://www.mca.gov.cn/article/xw/tzgg/202110/20211000037062.shtml，最后访问日期：2022 年 5 月 2 日。

③　《民政部关于印发〈"十四五"社会组织发展规划〉的通知》，http://www.mca.gov.cn/article/xw/tzgg/202110/20211000037062.shtml，最后访问日期：2022 年 5 月 2 日。

业。近年来，大量社会组织根植基层，为广大群众理性有序表达诉求和自我管理、自我服务提供载体，社会组织参与脱贫攻坚，取得了良好成效。在促进政府职能转变方面，社会组织是政府转移职能的重要承接者，自2013年以来国务院先后取消和下放了600多项行政审批事项，其中相当一部分转移给了社会组织，促进了行政体制改革的深化。在社会组织蓬勃发展的新时代，社会组织教育和研究也在持续快速发展，涌现出一批优秀学者和研究成果，促进了社会组织研究的不断提升。

【本章要点】

1. 从先秦时期到1840年鸦片战争前，源于中国自身的农业社会结构、国家治理体系和文化性质，形成的现代意义上的社会组织尽管未能获得发展壮大，但却按照自身的逻辑存在和发展，主要在慈善救济和行业结社中发挥作用。形成了以官办慈善为主，民间的宗族慈善、宗教慈善和社团慈善为补充的多种形式的中国古代慈善组织，以及以行会、会馆、公所为标志的行业性社会组织。

2. 1840年鸦片战争以后，中国逐步沦为半殖民地半封建社会，伴随西方教士在中国的传教活动以及中国有识之士的救亡图存，在前后约110年的时间里，中国社会组织历经巨变。这一时期新式商人组织得以出现；一批以教育、医疗、赈济为传教手段的西方宗教慈善组织开始兴起。新知识分子群体创立新的社会组织，在一定程度上反映了社会各界人士以近代组织形式谋求社会发展的良好意愿。从中华民国南京临时政府成立到1919年五四运动爆发前夕，这一时期的社会组织数量众多、种类庞杂。

3. 五四运动后，马克思主义同中国工人运动初步结合，各地先后成立了共产党早期组织。中共一大正式宣告中国共产党的成立，从此，中国革命的面目焕然一新。中国共产党作为马克思主义政党，从成立之初就十分重视社会组织的作用，充分利用各种有利条件，建立大量外围组织，组织动员群众，开展积极斗争，取得了一个又一个的胜利，直至中华人民共和国成立。

4. 中华人民共和国成立至改革开放前，中国社会组织经历了一个曲折的发展过程，这一时期中国社会组织的发展动力是自上而下的，并且形成了以人民团体组织和事业单位组织为主体的社会组织结构。社会组织被国家赋予法律或政策的合法性，成为中国共产党联系群众的纽带及巩固政权的社会基础。

5.1978 年改革开放后，国家建设的中心任务是打破计划经济体制束缚、搞活经济，这需要转变政府管理方式，减轻政府负担，实现社会管理的社会化。此阶段，国家对社会组织采取了较为宽松的管理模式，社会活力随之开始释放，大量的社会组织开始恢复工作，新的社会组织也不断成立。到 20 世纪 90 年代以后，国家对社会组织的管理开始进入法律化管理的阶段，政府采用不同的法律法规以及管理机构的设置来推动内地各类型社会组织的正规化和合法化。

6. 党的十八大以来，以习近平同志为核心的党中央对社会组织的改革发展工作给予了高度重视，国家对社会组织的发展进一步提出了一些新的观点，推动社会组织改革发展迈入了新时代。中国社会组织发展规模实现稳步增长，党的领导明确了中国社会组织发展道路，相关制度和扶持政策更加深化和完善，中国社会组织的服务成效不断显现。

【关键概念】

司徒；六疾馆；义仓；悲田养病坊；养济院；义庄；善会；商会；社会团体；基金会；社会服务机构；社区社会组织；社会企业；双重管理

【思考题】

1. 试论述古代中国社会组织的发展。
2. 试分析 1949 年中华人民共和国成立之时的中国社会组织发展情况。
3. 试论述改革开放以来中国社会组织的发展历程。
4. 试论述新时代中国社会组织的发展状况。

【本章推荐阅读文献】

李友梅、梁波：《中国社会组织政策：历史变迁、制度逻辑及创新方向》，《社会政策研究》，2017 年第 1 期，第 61~71 页。

丁惠平：《依附、发轫与同构：当代中国社会组织发展历程》，《学习与探索》，2019 年第 10 期，第 30~37 页。

梁其姿:《施善与教化:明清时期的慈善组织》,北京师范大学出版社,2013 年。

陈宝良:《中国的社与会》(增订本),中国人民大学出版社,2011 年。

〔日〕夫马进:《中国善会善堂史研究》,伍跃、杨文信、张学锋译,商务印书馆,2005 年。

王世刚主编《中国社团史》,安徽人民出版社,1994 年。

第二章 社会组织的政策法规

　　不断完善社会组织的政策法规是全面依法治国、建设法治社会的必然要求。社会组织相应的政策法规是引导、保障、培育、监督社会组织健康发展，提升公共服务质量，建设社会主义现代化的重要保障。本章一方面介绍自 1949 年以来社会组织政策法规的历史演变、横向框架、纵向框架以及立法尝试；另一方面分别对现行三类主要社会组织——社会团体、社会服务机构（民办非企业单位）与基金会——的政策法规进行介绍。

第一节　1949 年以来社会组织政策法规的演变与框架

　　全面依法治国，推进法治中国，建设法治社会要求在体现人民意志与社会发展规律的基础上，在国家治理过程中依照法律展开，不受个人意志干预、阻碍与破坏。在社会组织领域的政策法规亦是如此。如何在《中华人民共和国宪法》（以下简称《宪法》）所规定的"结社自由"框架下，规范社会组织行为，促进社会组织发展，使社会组织成为国家现代化建设中的重要主体，更好回应新时代人民群众对于美好生活的需要，成为制定各项社会组织政策法规的基本目标。

　　1949 年以来，我国出台的各项与社会组织相关的政策法规共计约 140 条，本部分重点从历史演变、横向框架和纵向框架三个方面对社会组织的政策法规进行介绍。

一　社会组织政策法规的历史演变

　　中华人民共和国成立以来，以关键性历史事件与关键性法律的出台为标志，国家有关社会组织的政策法规经历了：（1）统筹管理、动员引导（1949~1978 年），（2）鼓励发育、服务社会（1978~1990 年），（3）分类立法、形成框架（1990~2012 年），（4）党建引领、全面提升（2012 年至今）四个阶段。

（一）统筹管理、动员引导：1949~1978 年

中华人民共和国成立之后，国家以根本大法的形式保障了人民的"结社自由"，在 1954 年《宪法》中进行了明确规定。

1950 年 9 月，中央人民政府政务院（国务院的前身）颁布《社会团体登记暂行办法》；随后，1951 年 3 月中央人民政府内务部（民政部的前身）颁布了《社会团体登记暂行办法的实施细则》。以上两部法律基本确定了社会组织"分类登记"与"分级登记"的体制。首先是"分类等级"，将社会团体的类别分为：社会公益团体、文艺工作团体、学术研究团体、宗教团体以及其他团体几大类。其次是"分级登记"，全国性的社会团体在内务部登记，而地方性的社会团体则向当地人民政府申请。这一时期对于社会组织的政策法规并不太多，仅依靠两部政策性办法以总体性规范的方式对社会组织进行管理。

1956 年社会主义改造完成，国家通过"单位制"对全社会进行动员，同时也通过单位为基层群众提供公共服务。这一时期的社会组织处于国家总体性治理的辅助位置，主要面向一些具体人群、一些具体事件在国家总体性资源无法完全覆盖的领域开展工作。

（二）鼓励发育、服务社会：1978~1990 年

1978 年改革开放之后，国家在激发经济活力的同时，也鼓励社会组织的发展。在这个阶段，国家开始减少对于经济社会发展的干预，并对社会组织的发展采取引导鼓励的基本策略。在这一时期的社会组织快速发展，一方面填补了国家从基层退出之后的社会公共服务空白，另一方面其快速发展也使得有必要对其出台相应的配套政策法规。

从改革开放初期到 20 世纪 80 年代末，我国都没有出台与社会组织相关的法律法规。20 世纪 80 年代末中华人民共和国国务院所颁布的三条有关社会组织的法规奠定了对社会组织探索式引导的框架基础。

1989 年 10 月，国务院颁布了《社会团体登记管理条例》初步确立了社会组织"双重负责、分级管理"的体制。具体来说，"双重负责"是指社会

组织需要向县级以上人民政府的民政部门登记报备，接受政府主管部门的管理。同时，针对具体领域社会组织的法律法规也在不断健全。1988 年 9 月，国务院颁布了《基金会管理办法》；1989 年 6 月，国务院颁布了《外国商会管理暂行规定》。

（三）分类立法、形成框架：1990～2012 年

从 1990 年开始，伴随着社会组织的蓬勃发展，国家也开始根据新的经济社会发展形势对社会组织的发展进行精细化立法。

这一时期对社会组织的精细化治理的主要标志是 1998 年与 2004 年由国务院颁布的三条法规，面向三种主要类型的社区组织，具体包括：（1）社会团体，《社会团体登记管理条例》（1998 年 10 月）；（2）民办非企业单位，《民办非企业单位登记管理暂行条例》（1998 年 10 月）；（3）基金会，《基金会管理条例》（2004 年 6 月）。有关上述三个法规的介绍将在下文中展开。

至此，我国的社会组织相关的基本政策法规框架得以形成，且在具体工作与研究中依据上述分类而展开。

为贯彻 1998 年 10 月颁布的《社会团体登记管理条例》，民政部出台了一系列的配套规章，例如：《民办非企业单位登记管理暂行条例》[①]（1999 年），《社会团体设立专项基金管理机构的暂行规定》[②]（1999 年）等。

1999 年 9 月，中华人民共和国第九届全国人民代表大会常务委员会第十次会议通过了《中华人民共和国公益事业捐赠法》，以鼓励捐赠，规范捐赠和受赠行为，保护捐赠人、受赠人和受益人的合法权益，促进公益事业的发展。

其他相关的法规中也都对社会组织的发展提供了法理依据。例如 2007 年全国人大通过的《中华人民共和国企业所得税法》，鼓励企业进行公益性捐赠，将免税额度从之前的 3% 提升至 12%；又如 2008 年民政部出台的

---

① 2022 年 9 月 21 日，按照《国务院关于同意在天津、上海、海南、重庆开展服务业扩大开放综合试点的批复》（国函〔2021〕37 号），同意自即日起至 2024 年 4 月 8 日，在相关省市暂时调整实施《民办非企业单位登记管理暂行条例》的有关规定。

② 本规定依《民政部关于废止〈社会团体设立专项基金管理机构的暂行规定〉的决定》于 2015 年 10 月 29 日废止。

《救灾捐赠管理办法》进一步鼓励、规范了捐赠行为。

（四）党建引领、全面提升：2012年至今

党的十八大之后，国家开始更加重视社会组织在国家治理现代化中的作用，开始通过多种方式规范、引导、培育社会组织。党的十八大报告明确提出"加快形成政社分开、权责明确、依法自治的现代社会组织体制……引导社会组织健康有序发展"。党的十八届四中全会强调全面推进依法治国，尤其是将建设法治社会作为重要面向："全面推进依法治国，就要在中国共产党领导下，……坚持法治国家、法治政府、法治社会一体建设。"

党的十八届三中、四中全会以来，在国务院不断推动政府简政放权改革的情况下，国家出台了不少促进社会组织发展的有力措施。2014年12月，财政部、民政部与国家工商总局联合发布《政府购买服务管理办法（暂行）》，更为全面地规范了购买服务的基本原则、购买主体、承接主体、购买内容及指导目录等。

2016年3月，与社会组织发育密切相关的两部法律法规颁布：一是第十二届全国人民代表大会第四次会议通过的《中华人民共和国慈善法》；二是国务院第119次常务会议通过了《国务院关于修改部分行政法规的决定》对《社会团体登记管理条例》进行修订。同时，民政部在2016年颁布了与上述两个法规相配套的一系列法规：《慈善组织认定办法》、《慈善组织公开募捐管理办法》、《公开募捐平台服务管理办法》以及《社会组织登记管理机关受理投诉举报办法（试行）》。

对境外社会组织的相关法规也随着相关领域的发展而提上日程。2016年4月，中华人民共和国第十二届全国人民代表大会常务委员会第二十次会议通过了《中华人民共和国境外非政府组织境内活动管理法》。

2018年8月，民政部公布了《社会组织登记管理条例（草案征求意见稿）》，新条例施行后，社会组织迎来了新的分类标准，即"社会团体、基金会、社会服务机构"。本章将根据上述三种分类，在下文中分别介绍面向三类社会组织的政策法规。

二 社会组织政策法规的纵向框架

全面依法治国体现在不同层级与社会组织相关的法律法规的"有法

可依"上。具体来说，当前中国社会组织的法律法规分为三级纵向结构：宪法及宏观政策—国家相关部门发布的相关法律与行政法规—地方性的法规与规章。通过三个层级的法律法规，使得社会组织定位明确，可以规范其行为，根据现实状况随时调整自身工作，并依据不同区域的实际情况开展工作。

（一）《宪法》及《中华人民共和国民法典》

1982 年《宪法》明确规定了"结社权"是我国公民的基本自由，在根本大法的层面上确定了社会组织的合法性。1982 年《宪法》第 47 条规定："公民有进行科学研究、文学艺术创作和其他文化活动的自由。国家对于从事教育、科学、技术、文学、艺术和其他文化事业的公民的有益于人民的创造性工作，给以鼓励和帮助。"

随后在 1988 年、1993 年、1999 年、2004 年、2018 年的《宪法》修订中，都沿用了 1982 年《宪法》中对于社会组织的定位，从国家根本大法的角度确立了社会组织的合法性地位。

2020 年 5 月，中华人民共和国第十三届全国人民代表大会第三次会议审议并通过了《中华人民共和国民法典》（2021 年 1 月实施），民法典在国家最高层面对"社会组织法人"的范围进行了定义。其中明确指出"非营利法人包括事业单位、社会团体、基金会、社会服务机构等"。

（二）国家相关法律与行政法规

1. 国家层面的相关法律

目前在法律层面，并没有直接以整体社会组织为主体的法律。今天中国的法律结构中，与社会组织相关的法律有两类：一类是一般性法律，另一类是专门性法律。

一般性法律是指面向全社会法人及个体所设计的法律，且对社会组织具有同等法律效力。包括：《中华人民共和国劳动法》（全国人大 1994 年通过，分别于 2009 年和 2018 年修订）对促进就业、劳动合同、工资、劳动安全、女性保护、职业培训、社会保险和福利、劳动争议、监督检查、法律责任等做了具体的规定；《中华人民共和国合同法》（全国人大 1999 年通过，2021 年《中华人民共和国民法典》施行后同时被废止）与《中华人民共和国劳动合同法》（全国人大 2007 年通过，2012 年修订）。

专门性法律是指针对特定社会组织或社会组织的一些特定活动而设计的法律。例如：《中华人民共和国民办教育促进法》（2002 年）仅涉及民办学校及相关组织，《中华人民共和国境外非政府组织境内活动管理法》（2016 年）仅涉及境外社会组织管理，《公益事业捐赠法》（1999 年）仅涉及社会组织筹款、用款的业务。

2. 相关行政法规

行政法规是由国务院常务会议审议通过的，代表国家行政体系中的最高权力机构所颁布的规范性文件，其地位与效力仅次于法律。我国当前有关社会组织的基本定义、登记注册、内部治理、监督管理等内容都主要来自相关行政法规。

目前与社会组织相关的法规包括：①社会团体，《社会团体登记管理条例》（1998 年 10 月）；②民办非企业单位，《民办非企业单位登记管理暂行条例》（1998 年 10 月）；③基金会，《基金会管理条例》（2004 年 3 月）；④《志愿服务条例》（2017 年 12 月）。

伴随着社会组织的快速发展，新的社会景象不断出现，上述法规在近年来都在不同程度上得到了相应的完善。

3. 相关行政规章

国家部委行政规章的法律效力比国家层面的相关行政法规略低，主要包括三类。一是民政部作为社会组织的直接主管部门所制定的规章，如《民政部主管的社会团体管理暂行办法》（1998 年 6 月，民政部）。二是民政部与其他部门联合发布的规章，如《民办非企业单位印章管理规定》（2010 年 12 月，民政部、公安部）。三是其他部门面向社会组织的规章，如《民间非营利组织会计制度》（2005 年 1 月，财政部）。

（三）地方性法规与规章

1. 地方性法规

地方性法规是比国务院相关行政法规低一级的法规，主要分为两类：一类是省、自治区、直辖市的省级人大及其常委会所制定的法规；另一类是省会城市或较大城市的市级人大及其常委会所制定的法规。这些地方性法规的出台符合我国改革开放"试点先行"的逻辑，通过地方性法规的出台探索社会组织管理与培育的可能方向。

当前，比较具有代表性的地方性法规有《深圳经济特区行业协会条例》（2019 年 8 月 29 日深圳市第六届人民代表大会常务委员会第三十五次会议修订），以及《广州市募捐条例》（2012 年 5 月广州市人民代表大会常务委员会发布）。

2. 地方性行政规章

地方层面行政规章是指各省、自治区、直辖市的人民政府和省、自治区的人民政府所在地的市以及设区市的人民政府根据宪法、法律和行政法规等制定和发布的规范性文件。

地方行政规章目前较多。例如：北京市《关于改革社会组织管理制度促进社会组织健康有序发展的实施意见》（2017 年 9 月）、《广东省社区社会组织分类管理办法（试行）》（2022 年 6 月）、《深圳市民政事业发展"十四五"规划》（2021 年 12 月）、《上海市社会组织直接登记管理若干规定》（2019 年 3 月）、成都市《关于加快培育发展社会组织的实施方案》（2011 年 10 月）等。

三　社会组织政策法规的横向框架

为保障并提升社会组织开展社会服务的功能，1949 年之后，中国先后制定了一系列与社会组织相关的法律法规；截至 2021 年底，我国出台的与社会组织相关的政策法规共约 140 条。根据前文中社会组织的不同类型，具体每种类型的相关政策法规包括以下几种类型（详见附录 1）。这里并未囊括近年来的一些尝试性但还未最终定稿的规章，例如 2018 年 8 月 3 日，民政部公布的《社会组织登记管理条例（草案征求意见稿）》。本部分将社会组织内部进行了大致的分类，并介绍每种类型的基本政策法规现状。

（1）面向全体社会组织的，63 条。例如，全国人大：《中华人民共和国宪法》（1982 年 12 月 4 日发布，2004 年 3 月 14 日第四次修订）；全国人大：《中华人民共和国民法总则》（2017 年 3 月 15 日发布）；财政部、民政部：《关于通过政府购买服务支持社会组织培育发展的指导意见》（财综〔2016〕54 号）（2016 年 12 月 1 日发布）等。

（2）面向社会团体的，29 条。例如，国务院：《社会团体登记管理条例》（国务院令第 250 号）（1998 年 10 月 25 日发布）；民政部：《关于社会团体登记管理有关问题的通知》（民函〔2007〕263 号）（2007 年 9 月 12 日发布）；民政部：《关于贯彻落实国务院取消全国性社会团体分支机构、代表机构登记行政审批项目的决定有关问题的通知》（民发〔2014〕38 号）（2014 年 2 月 26 日发布）。

（3）面向民办非企业单位的，14 条。例如，国务院：《民办非企业单位登记管理暂行条例》（国务院令第 251 号）（1998 年 10 月 25 日发布）；国务院：《企业所得税法实施条例》（国务院令第 512 号）（2007 年 12 月 6 日发布）。

（4）面向基金会的，9 条。例如，国务院：《基金会管理条例》（国务院令第 400 号）（2004 年 2 月 11 日发布）；民政部：《关于进一步加强基金会专项基金管理工作的通知》（2015 年 12 月 24 日发布）。

（5）面向志愿服务机构的，11 条。例如，共青团中央：《中国注册志愿者管理办法》（中青发〔2006〕55 号）（2006 年 11 月 7 日发布，2013 年 11 月修订）；中共中央宣传部、中央文明办、民政部、教育部、财政部、全国总工会、共青团中央、全国妇联：《关于支持和发展志愿服务组织的意见》（文明办〔2016〕10 号）（2016 年 5 月 20 日发布）。

（6）面向社会工作机构的，7 条。例如，中组部等：《关于加强社会工作专业人才队伍建设的意见》（2011 年 11 月 8 日发布）；民政部：《关于印发〈"互联网+社会组织（社会工作、志愿服务）"行动方案（2018—2020 年）〉的通知》（2018 年 9 月 3 日发布）。

（7）面向基层草根组织的，4 条。例如，民政部：《培育发展社区社会组织专项行动方案（2021—2023 年）》（2020 年 12 月 7 日发布）。

（8）面向境外非政府组织（NGO）的，3 条。例如，民政部：《民政部受理境外非政府组织设立代表机构业务主管单位申请工作办法（试行）》（2018 年 6 月 21 日发布）。

2018 年 8 月 3 日，民政部公布的《社会组织登记管理条例（草案征求意见稿）》，其中将社会组织划分为三类——"社会团体、基金会、社会服务机构"，根据这一分类，本章在未来三节将分别介绍三个不同类型社会组织的相关政策法规。

第二节　社会团体相关政策法规

从 20 世纪末开始，我国便开始尝试对不同类型的社会组织进行分类管理，在类型划分中区别了三类主要的社会组织：社会团体、社会服务机构以及基金会。未来几部分将分别介绍三种类型社会组织的相关政策法规。

一　社会团体相关政策法规概述

1949 年以降，社会团体就构成了我国政治参与、民主协商、提供公共服务的重要主体；因此目前与社会团体相关的政策法规最多，将"社会团体"作为明确对象的政策法规约 29 条。2018 年 8 月 3 日，民政部公布的《社会组织登记管理条例（草案征求意见稿）》将"社会团体"定义为："中国公民自愿组成，为实现会员共同意愿，按照其章程开展活动的非营利法人。国家机关以外的组织可以作为单位会员加入社会团体。"

（一）整顿改造：1949 年后的社会团体政策法规

政策法规最早可以追溯到政务院 1950 年 9 月 29 日发布的《社会团体登记暂行办法》，该文件与 1951 年 3 月 23 日，内务部发布的《社会团体登记暂行办法实施细则》构成了早期社会团体的主要法规。

早期有关社会团体的政策法规主要包括了"分级登记审批"与"分类清理改造"两项。"分级登记审批"是指根据社会团体所面向的范围将其分为全国性与地方性两类：全国性社会团体在国家层面的内务部进行登记与审批，地方性社会团体在当地人民政府进行登记与审批。"分类清理改造"是根据开展业务的类型将社会团体分为："人民群众团体、社会公益团体、文艺工作团体、学术研究团体、宗教团体。"同时，对旧社会遗留的互益组织、慈善机构、宗教组织、带有政治色彩的反动组织等进行改造整顿与清理整顿。

（二）形成框架：20 世纪 90 年代后社会团体的政策法规

从中华人民共和国成立之初到 20 世纪 90 年代之初，党和国家都没有面向社会团体颁布相关的政策法规。从 1991 年 5 月 6 日国务院宗教事务局、民政部颁布《宗教社会团体登记管理实施办法》开始，我国又开始重视社会团体的政策法规建设，并在随后对社会团体的代码管理、印章管理、年度检查、经营活动、行政管理、清理整顿、组织党建、登记管理、注册名称等进行了具体的规范。其中较为重要的政策法规是 1998 年 10 月 25 日国务院颁布的《社会团体登记管理条例》，下文中将对其进行具体介绍。

进入 21 世纪，相关政策法规对于社会组织的党建引领、组织命名、登记规定、分支设立、组织资质、活动范围、分类评估、激励培育、行政脱钩、税费减免等领域都进行了更为细致的规定。至此，有关社会团体框架性的政策法规基本形成。

二 国务院《社会团体登记管理条例》

1998 年 10 月国务院颁布《社会团体登记管理条例》。其中对社会团体进行了明确定义："社会团体"是指中国公民自愿组成，为实现会员共同意愿，按照其章程开展活动的非营利性社会组织。同时，明确指出不属于本条例的登记范围，包括：①参加中国人民政治协商会议的人民团体；②由国务院机构编制管理机关核定，并经国务院批准免于登记的团体；③机关、团体、企业事业单位内部经本单位批准成立、在本单位内部活动的团体。

党的十八大报告明确提出"加快形成政社分开、权责明确、依法自治的现代社会组织体制……引导社会组织健康有序发展"。党的十八届三中全会以来，在国务院不断推动政府简政放权改革的背景下，国家出台了不少促进社会组织发展的有力措施。

2016 年 2 月 6 日，依照国务院令第 666 号公布的《国务院关于修改部分行政法规的决定》，国务院对《社会团体登记管理条例》进行了修订。该修订稿包括"总则""管辖""成立登记""变更登记、注销登记""监督管理""罚则""附则"，共七章、37 条。

该修订较之前的版本主要有四点创新。

第一，强调了社会团体在社会治理中的主体位置。强调要更好地发挥社会组织在服务社会，服务城乡社区居民生活，承接政府公共服务项目中的地位。同时采用税收优惠与荣誉激励的方式，以促进社会组织的发展。

第二，优化社会团体内部治理的组织结构。具体包括：①社会团体的组织机构包括会员大会或者会员代表大会、理事会、监事或者监事会；②会员大会或会员代表大会是其权力机构，行使制定、修改章程和会费标准，制定、修改负责人、理事和监事选举办法，审议批准理事会的工作报告和财务报告，决定社会团体的终止事宜，以及章程规定的其他职权；③理事会是执行机构，监事或监事会负责监督。

第三，对社会团体的信息公开做出明确要求。①明确登记管理机关和社会团体都负有向社会进行信息公开的责任；②明确各自应该向社会公开的信息内容；③将现行的年检制度改为年度报告制度。

第四，强化对社会团体的监督管理与罚则。一方面，在第五章"监督管理"中，明确了①登记管理机关监督管理职责的范围；②业务主管单位监督管理职责的范围；③社会团体资产的来源与用途，员工薪酬与福利；④财务管理的监督与审计；⑤年度工作报告的基本框架等内容。另一方面，在第六章《罚则》中，明确了①责令停止活动；②撤掉登记；③没收非法所得；④罚款；⑤给予行政处罚；⑥追究刑事责任等几项处罚措施，以及相应的处罚标准。

三 民政部《社会团体章程示范文本》

上文中《社会团体登记管理条例》为社会团体的发展制定了基本方向，在具体的实践过程中，还应参考民政部下发的《社会团体章程示范文本》以理解对社会团体的相关规定。其中对社会团体的性质及社会团体的权力机构、决策机构、执行机构等都做出了明确的说明。

1. 社会团队的权力机构——会员大会

会员大会是社会团体的权力机构，《社会团体登记管理条例》规定成立社会团队需要50个以上的个人会员或30个以上的单位会员；个人会员、单位会员混合组成的，会员总数不得少于50个。

《社会团体章程示范文本》规定，会员大会（或会员代表大会）须有2/3以上的会员（或会员代表）出席方能召开，其决议须经到会会员（或会员代表）半数以上表决通过方能生效。

《社会团体章程示范文本》规定，会员必须具备以下几个条件：一是拥护本团体的章程；二是有加入本团体的意愿；三是在本团体的业务（行业、学科）领域内具有一定的影响。入会程序包括：一是提交入会申请书；二是经理事会讨论通过；三是由理事会或理事会授权的机构发给会员证。

《社会团体章程示范文本》规定，会员大会的职权包括：第一，制定和修改章程；第二，选举和罢免理事；第三，审议理事会的工作报告和财务报告；第四，决定终止事宜；第五，决定其他重大事宜。

2. 社会团队的决策机构——社会团体理事会

《社会团体章程示范文本》规定，理事会是会员大会（或会员代表大会）的执行机构，在闭会期间领导本团体开展日常工作，对会员大会（或会员代表大会）负责。

理事会的职权包括：第一，执行会员大会（或会员代表大会）的决议；第二，选举和罢免理事长（会长）、副理事长（副会长）、秘书长；第三，筹备召开会员大会（或会员代表大会）；第四，向会员大会（或会员代表大会）报告工作和财务状况；第五，决定会员的吸收或除名；第六，决定设立办事机构、分支机构、代表机构和实体机构；第七，决定副秘书长、各机构主要负责人的聘任；第八，领导本团体各机构开展工作；第九，制定内部管理制度；第十，决定其他重大事项。

设立常务理事会（理事人数较多时，可设立常务理事会）。常务理事会由理事会选举产生，在理事会闭会期间行使上述理事会第一、三、五、六、七、八、九项的职权。

3. 社会团队的执行机构——秘书处

社会团体的主要执行机构是秘书处，由秘书长负责领导。

《社会团体章程示范文本》规定，团体的理事长（会长）、副理事长（副会长）、秘书长必须具备下列条件：第一，坚持党的路线、方针、政策、政治素质好；第二，在本团体业务领域内有较大影响；第三，理事长（会长）、副理事长（副会长）、秘书长最高任职年龄不超过70周岁，秘书长为专职；第四，身体健康，能坚持正常工作，第五，未受过剥夺政治权利的刑事处罚；第六，具有完全民事行为能力。

秘书长行使下列职权：第一，主持办事机构开展日常工作，组织实施年度工作计划；第二，协调各分支机构、代表机构、实体机构开展工作；第三，提名副秘书长以及各办事机构、分支机构、代表机构和实体机构主要负责人，交理事会或常务理事会决定；第四，决定办事机构、代表机构、实体机构专职工作人员的聘用；第五，处理其他日常事务。

第三节　社会服务机构相关法规

一　社会服务机构相关政策法规概述

2018 年 8 月 3 日，民政部公布的《社会组织登记管理条例（草案征求意见稿）》将"社会服务机构"定义为："自然人、法人或者其他组织为了公益目的，利用非国有资产捐助举办，按照其章程提供社会服务的非营利法人。"目前社会服务机构主要包括民办非企业机构、社会工作服务机构、社区社会组织、志愿服务组织、境外非政府组织（NGO）与社会企业。在 2016 年《中华人民共和国慈善法》颁布之前，国家对不同类型的社会服务机构分别采取了不同的管理措施，具体来说包括以下几个方面。

（一）民办非企业单位

民办非企业单位是社会服务机构的主要构成。1998 年 10 月 25 日国务院颁布的《民办非企业单位登记管理暂行条例》开始将民办非企业单位作为社会组织的一种类型，到 2016 年《中华人民共和国慈善法》颁布前，民办非企业机构与社会团体、基金会共同构成了我国社会组织的三种主要类型。

1998 年之后，国务院及下属的民政部、劳动和社会保障部以及教育部等部门，先后出台了一系列直接面向民办非企业单位的政策法规，约 14 项。这些政策法规囊括了对民办非企业单位的登记管理、清理整顿、机构命名、文体机构、捐赠管理、职业培训、民办教育、年度审查等方面。下文中将详细介绍 1998 年 10 月国务院颁布的《民办非企业单位登记管理暂行条例》以及民政部为配套上述条例而专门于同年颁布的《民办非企业单位（法人）章程示范文本》。

（二）志愿服务

目前我国出台的与志愿服务相关的政策法规约 11 条。其基本思路是将志愿组织视为群众在官方或半官方机构的规范引导下，参与公共服务供给的一种主要渠道。

在这一理念的指引下，中共中央、共青团中央、民政部、教育部以及中央宣传部等先后出台了一系列与志愿服务相关的政策法规，对志愿服务的发展定位、志愿者注册管理、促进志愿服务、发展志愿服务组织等领域进行了详细的规定。其中最为重要的政策法规是 2017 年 8 月 22 日国务院发布的《志愿服务条例》，本节下文中将对该条例进行更为具体的介绍。

（三）社会工作机构

社会工作机构作为提供公共服务的专业组织，是今天国家治理现代化、社会治理现代化的重要构成。目前直接面向社会工作机构的相关政策法规约 7 条，包括中组部、民政部、财政部、人力资源和社会保障部等部门先后就社会工作机构的人才队伍建设、购买政府服务项目、社会救助专业事业等方面进行了规范与引导。

以上政策法规的重点在于对社会工作机构与社会工作者的激励。如 2011 年 11 月 8 日中组部等印发的《关于加强社会工作专业人才队伍建设的意见》，2011 年 11 月 24 日民政部下发的《关于贯彻落实〈关于加强社会工作专业人才队伍建设的意见〉的通知》，2012 年 11 月 14 日民政部、财政部印发的《关于政府购买社会工作服务的指导意见》，2016 年 12 月 5 日中华全国总工会、民政部、人力资源和社会保障部印发的《关于加强工会社会工作专业人才队伍建设的指导意见》等。

（四）基层"草根"类组织与境外社会组织（NGO）

改革开放以来，大批基层"草根"类组织与境外社会组织（NGO）参与中国基层公益事业与公共服务；相应的政策法规也随之出台。

目前，直接面向基层"草根"类组织相关的政策法规主要包括：2006 年 2 月 20 日民政部下发的《关于在农村基层广泛开展志愿服务活动的意见》，2017 年 12 月 27 日民政部下发的《关于大力培育发展社区社会组织的意见》，2020 年 12 月 7 日民政部发布的《培育发展社区社会组织专项行动方案（2021—2023 年）》等。

同时，直接面向境外社会组织（NGO）的相关政策法规主要包括：国务院 1989 年 6 月 14 日发布，2013 年修订的《外国商会管理暂行规定》；2016 年 4 月 28 日，全国人大常委会会议通过的《中华人民共和国境外非政府组织境内活动管理法》；2018 年 6 月 21 日民政部发布的《民政部受理境外非政府组织设立代表机构业务主管单位申请工作办法（试行）》。

二　国家层面的民办非企业单位相关政策法规

社会服务机构的前身主要是民办非企业机构。2016 年《中华人民共和国慈善法》首次将民办非企业单位的名称修改为社会服务机构，随后民政部发布的关于《民办非企业单位登记管理暂行条例（修订草案征求意见稿）》明确强调此次修订将"民办非企业单位"名称改为"社会服务机构"。2018 年 8 月 3 日，民政部公布了《社会组织登记管理条例（草案征求意见稿）》，"社会服务机构"正式取代"民办非企业单位"作为社会服务类社会组织的统称。

本节以下部分将重点介绍既往有关民办非企业单位的政策法规，主要包括两条：一是 1998 年 10 月国务院颁布的《民办非企业单位登记管理暂行条例》，二是民政部为配套上述条例而专门于同年颁布的《民办非企业单位（法人）章程示范文本》。

（一）国务院《民办非企业单位登记管理暂行条例》

1998 年 10 月，国务院颁布《民办非企业单位登记管理暂行条例》，对"民办非企业单位"的概念进行了明确的定义：企业事业单位、社会团体和其他社会力量以及公民个人利用非国有资产举办的，从事非营利性社会服务活动的社会组织。该条例包括："总则""管辖""登记""监督管理""罚则""附则"六章，共 32 条。

2016 年 3 月，第十二届全国人民代表大会第四次会议通过的《中华人民共和国慈善法》将"慈善组织"定义为：依法成立、符合本法规定，以面向社会开展慈善活动为宗旨的非营利性组织；慈善组织可以采取基金会、社会团体、社会服务机构等组织形式。其中，将过去"民办非企业单位"的称谓改为"社会服务机构"。《中华人民共和国慈善法》，主要包括："总则""慈善组织""慈善募捐""慈善捐赠""慈善信托""慈善财产""慈善服务""信息公开""促进措施""监督管理""法律责任""附则"十二章，共 112 条。

（二）民政部《民办非企业单位（法人）章程示范文本》

上文中《民办非企业单位登记管理暂行条例》为民办非企业单位的发展制定了基本方向，在具体的实践过程中，还应参考民政部为配套上述条例而专门于同年颁布的《民办非企业单位（法人）章程示范文本》以理解其对民办非企业单位的相关规定。

民政部颁布的《民办非企业单位（法人）章程示范文本》，明确规定了民办非企业单位的决策机构、监督机构与执行机构。

1. 民办非企业单位的决策机构——理事会

由于民办非企业单位不存在类似于社会团体会员大会的权力机构，因此，决策机构（"理事会"）便是其最重要的机构。

《民办非企业单位（法人）章程示范文本》规定，民办非企业单位理事会成员为 3~25 人；理事任期 3 年或 4 年；有关单位主要指业务主管单位。理事会会议应由 1/2 以上的理事出席方可举行。理事会会议实行 1 人 1 票制。理事会做出决议，必须经全体理事过半数通过。下列重要事项的决议，须经全体理事的 2/3 以上通过方为有效：第一，章程的修改；第二，本单位的分立、合并或终止。

理事会行使下列事项的决定权：第一，修改章程；第二，业务活动计划；第三，年度财务预算、决算方案；第四，增加开办资金的方案；第五，本单位的分立、合并或终止；第六，聘任或者解聘本单位院长（或校长、所长、主任等）和其提名聘任或者解聘的本单位副院长（或副校长、副所长、副主任等）及财务负责人；第七，罢免、增补理事；第八，内部机构的设置；第九，制定内部管理制度；第十，从业人员的工资报酬。

2. 民办非企业单位的监督机构——监事会

《民办非企业单位（法人）章程示范文本》规定监事任期与理事任期相同，任期届满，连选可以连任。监事会成员不得少于 3 人，并推选 1 名召集人。人数较少的民办非企业单位可不设监事会，但必须设 1~2 名监事。

监事在举办者（包括出资者）、本单位从业人员或有关单位推荐的人员中产生或更换。监事会中的从业人员代表由单位从业人员民主选举产生。

本单位理事、院长（或校长、所长、主任等）及财务负责人，不得兼任监事。

监事会或监事行使下列职权：第一，检查本单位财务；第二，对本单位理事、院长（或校长、所长、主任等）违反法律、法规或章程的行为进行监督；第三，当本单位理事、院长（或校长、所长、主任等）的行为损害本单位的利益时，要求其予以纠正。

3. 民办非企业单位的执行机构——主管领导负责制

民办非企业单位的执行机构是行政机构，由主管院长（或校长、所长、主任等）负责领导，同时担任该单位的法定代表人。有下列情形之一的，不得担任本单位的法定代表人：第一，无民事行为能力或者限制民事行为能力的；第二，正在被执行刑罚或者正在被执行刑事强制措施的；第三，正在被公安机关或者国家安全机关通缉的；第四，因犯罪被判处刑罚，执行期满未逾 3 年，或者因犯罪被判处剥夺政治权利，执行期满未逾 5 年的；第五，担任因违法被撤销登记的民办非企业单位的法定代表人，自该单位被撤销登记之日起未逾 3 年的；第六，非中国内地居民的；第七，法律、法规规定不得担任法定代表人的其他情形。

本单位院长（或校长、所长、主任等）对理事会负责，并行使下列职权：第一，主持单位的日常工作，组织实施理事会的决议；第二，组织实施单位年度业务活动计划；第三，拟订单位内部机构设置的方案；第四，拟订内部管理制度；第五，提请聘任或解聘本单位副职和财务负责人；第六，聘任或解聘内设机构负责人。

三 志愿服务的政策法规

志愿服务是现代社会的重要构成。我国的志愿服务在 2008 年奥运会之后进入了快速发展时期，志愿者与志愿组织不仅在灾难救援、重大赛会等事件中发挥了重要作用，同时在面向广大群众基本需要的日常公共服务中也做出了贡献。

（一）志愿服务政策法规的基本介绍

在上述有关社会团体、民办非企业单位、基金会之外，仍有一类组织——志愿服务组织——值得讨论。2017 年 6 月 7 日中华人民共和国国务院第 175 次常务会议通过，2017 年 12 月 1 日起施行的《志愿服务条例》是当前有关志愿者及志愿服务的主要法规。该《条例》包括"总则""志愿者和志愿服务组织""志愿服务活动""促进措施""法律责任""附则"六章，共44条。

《志愿服务条例》及相关法规明确了"志愿服务""志愿者"以及"志愿服务组织"的基本定义，及其行为规范。①"志愿服务"定义为："志愿者、志愿服务组织和其他组织自愿、无偿向社会或者他人提供的公益服务"；②"志愿者"是指"以自己的时间、知识、技能、体力等从事志愿服务的自然人"；③"志愿服务组织"是指"依法成立，以开展志愿服务为宗旨的非营利性组织"。

2008年10月6日，中央精神文明建设指导委员会印发的《关于深入开展志愿服务活动的意见》明确了开展志愿服务的4项重点领域：①着眼于讲文明树新风开展志愿服务活动；②着眼于扶危济困开展志愿服务活动；③着眼于大型社会活动顺利进行开展志愿服务；④着眼于应急救援开展志愿服务活动。

（二）志愿服务的相关规定

《志愿服务条例》将"志愿服务"定义为："志愿者、志愿服务组织和其他组织自愿、无偿向社会或者他人提供的公益服务。"其中明确了志愿服务活动的三个特征。第一，自愿性，即参与者不得被强制；第二，无偿性，志愿服务不能就其志愿服务收取费用；第三，公益性，其受益者是普通大众而非特定群体。具体来说，《志愿服务条例》对志愿服务活动做出了16条规定。

（1）志愿者可以参与志愿服务组织开展的志愿服务活动，也可以自行依法开展志愿服务活动。

（2）志愿服务组织可以招募志愿者开展志愿服务活动；招募时，应当说明与志愿服务有关的真实、准确、完整的信息以及在志愿服务过程中可能发生的风险。

（3）需要志愿服务的组织或者个人可以向志愿服务组织提出申请，并提供与志愿服务有关的真实、准确、完整的信息，说明在志愿服务过程中可能发生的风险。志愿服务组织应当对有关信息进行核实，并及时予以答复。

（4）志愿者、志愿服务组织、志愿服务对象可以根据需要签订协议，明确当事人的权利和义务，约定志愿服务的内容、方式、时间、地点、工作条件和安全保障措施等。

（5）志愿服务组织安排志愿者参与志愿服务活动，应当与志愿者的年龄、知识、技能和身体状况相适应，不得要求志愿者提供超出其能力的志愿服务。

（6）志愿服务组织安排志愿者参与的志愿服务活动需要专门知识、技能的，应当对志愿者开展相关培训。

（7）志愿服务组织应当为志愿者参与志愿服务活动提供必要条件，解决志愿者在志愿服务过程中遇到的困难，维护志愿者的合法权益。

（8）志愿服务组织开展志愿服务活动，可以使用志愿服务标志。

（9）志愿服务组织安排志愿者参与志愿服务活动，应当如实记录志愿者个人基本信息、志愿服务情况、培训情况、表彰奖励情况、评价情况等信息。

（10）志愿服务组织、志愿服务对象应当尊重志愿者的人格尊严；未经志愿者本人同意，不得公开或者泄露其有关信息。

（11）志愿服务组织、志愿者应当尊重志愿服务对象人格尊严，不得侵害志愿服务对象个人隐私，不得向志愿服务对象收取或者变相收取报酬。

（12）志愿者接受志愿服务组织安排参与志愿服务活动的，应当服从管理，接受必要的培训。

（13）国家鼓励和支持国家机关、企业事业单位、人民团体、社会组织等成立志愿服务队伍开展专业志愿服务活动，鼓励和支持具备专业知识、技能的志愿者提供专业志愿服务。

（14）发生重大自然灾害、事故灾难和公共卫生事件等突发事件，需要迅速开展救助的，有关人民政府应当建立协调机制，提供需求信息，引导志愿服务组织和志愿者及时有序开展志愿服务活动。

（15）任何组织和个人不得强行指派志愿者、志愿服务组织提供服务，不得以志愿服务名义进行营利性活动。

（16）任何组织和个人发现志愿服务组织有违法行为，可以向民政部门、其他有关部门或者志愿服务行业组织投诉、举报。

（三）志愿服务的促进提升

《志愿服务条例》为促进志愿组织活动做了 9 项具体规定，概括如下。

（1）县级以上人民政府应当根据经济社会发展情况，制定促进志愿服务事业发展的政策和措施。县级以上人民政府及其有关部门应当在各自职责范围内，为志愿服务提供指导和帮助。

（2）国家鼓励企业事业单位、基层群众性自治组织和其他组织为开展志愿服务提供场所和其他便利条件。

（3）学校、家庭和社会应当培养青少年的志愿服务意识和能力。高等学校、中等职业学校可以将学生参与志愿服务活动纳入实践学分管理。

（4）各级人民政府及其有关部门可以依法通过购买服务等方式，支持志愿服务运营管理，并依照国家有关规定向社会公开购买服务的项目目录、服务标准、资金预算等相关情况。

（5）自然人、法人和其他组织捐赠财产用于志愿服务的，依法享受税收优惠。

（6）对在志愿服务事业发展中做出突出贡献的志愿者、志愿服务组织，由县级以上人民政府或者有关部门按照法律、法规和国家有关规定予以表彰、奖励。国家鼓励企业和其他组织在同等条件下优先招用有良好志愿服务记录的志愿者。公务员考录、事业单位招聘可以将志愿服务情况纳入考察内容。

（7）县级以上地方人民政府可以根据实际情况采取措施，鼓励公共服务机构等对有良好志愿服务记录的志愿者给予优待。

（8）县级以上人民政府应当建立健全志愿服务统计和发布制度。

（9）广播、电视、报刊、网络等媒体应当积极开展志愿服务宣传活动，传播志愿服务文化，弘扬志愿服务精神。

（四）志愿服务组织的相关规定

"志愿服务组织"是指"依法成立，以开展志愿服务为宗旨的非营利性组织"；《志愿服务条例》为规范志愿组织活动做了 5 项具体规定。

（1）志愿服务组织泄露志愿者有关信息、侵害志愿服务对象个人隐私的，由民政部门予以警告，责令限期改正；逾期不改正的，责令限期停止活动并进行整改；情节严重的，吊销登记证书并予以公告。

（2）志愿服务组织、志愿者向志愿服务对象收取或者变相收取报酬的，由民政部门予以警告，责令退还收取的报酬；情节严重的，对有关组织或者个人并处所收取报酬一倍以上五倍以下的罚款。

（3）志愿服务组织不依法记录志愿服务信息或者出具志愿服务记录证明的，由民政部门予以警告，责令限期改正；逾期不改正的，责令限期停止活动，并可以向社会和有关单位通报。

（4）对以志愿服务名义进行营利性活动的组织和个人，由民政、工商等部门依法查处。

（5）县级以上人民政府民政部门和其他有关部门及其工作人员有下列情形之一的，由上级机关或者监察机关责令改正；依法应当给予处分的，由任免机关或者监察机关对直接负责的主管人员和其他直接责任人员给予处分：①强行指派志愿者、志愿服务组织提供服务；②未依法履行监督管理职责；③其他滥用职权、玩忽职守、徇私舞弊的行为。

第四节　基金会相关政策法规

一　基金会相关政策法规概述

2018 年 8 月 3 日，民政部公布的《社会组织登记管理条例（草案征求意见稿）》将"基金会"定义为："利用自然人、法人或者其他组织捐赠的财产，以提供扶贫、济困、扶老、救孤、恤病、助残、救灾、助医、助学、优抚服务，促进教育、科学、文化、卫生、体育事业发展，防治污染等公害和保护、改善生态环境，推动社会公共设施建设等公益慈善事业为目的，按照其章程开展活动的非营利法人。"

在社会主义国家，基金会以及相关的募捐与捐赠构成了社会主义"三次分配"的主要形式，为实现共同富裕、增进人民福祉提供了更加多元的渠道。目前，直接面向基金会的政策法规约有 9 条，且相较于前两类社会组织更为成熟。发布主体包括国务院、民政部、财政部，其涵盖的内容包括基本管理、名称设置、人员兼职、年度检查、信息公开、资金监管、审计制度、日常运行等方面。

目前，有关基金会的政策法规最为重要的是 2004 年 2 月 11 日国务院常务会议通过的《基金会管理条例》，以及民政部出台的《基金会章程示范文本》，这两份文件将在下文中具体介绍。同时，有关募捐与捐赠的相关政策法规也较为清晰，包括 2016 年 3 月 16 日全国人大通过的《中华人民共和国慈善法》；1999 年 6 月 28 日全国人大常委会会议通过的《中华人民共和国公益事业捐赠法》，这两部法规涉及募捐捐赠的部分也将在下文中进行具体介绍。

二　国家层面的基金会相关政策法规

（一）国务院《基金会管理条例》

2004 年 3 月，国务院颁布《基金会管理条例》，对"基金会"进行了明确的定义：是指利用自然人、法人或者其他组织捐赠的财产，以从事公益事业为目的，按照本条例的规定成立的非营利性法人。该条例包括："总则""设立、变更和注销""组织机构""财产的管理和使用""监督管理""法律责任""附则"七章，共 48 条。

该条例将基金会进行了分类。按照面向公众的范围，分为面向公众募捐的基金会（公募基金会）和不得面向公众募捐的基金会（非公募基金会）。按照募捐的地域范围，分为全国性公募基金会和地方性公募基金会。

该条例规定：公募基金会每年用于从事章程规定的公益事业支出，不得低于上一年总收入的 70%；非公募基金会每年用于从事章程规定的公益事业支出，不得低于上一年基金余额的 8%。基金会工作人员工资福利和行政办公支出不得超过当年总支出的 10%。

（二）民政部《基金会章程示范文本》

上文中《基金会管理条例》为基金会的发展确立了基本方向，在具体的实践过程中，还应参考民政部下发的《基金会章程示范文本》以理解其对基金会的相关规定。

民政部颁布的《基金会章程示范文本》，明确规定了基金会的决策机构、监督机构与执行机构。

1. 基金会的决策机构——理事会

《基金会章程示范文本》规定，基金会的决策机构是理事会，理事人数不少于5人，且不多于25人。理事每届任期不得超过5年。理事的产生和罢免具体包括。第一，第一届理事由业务主管单位、主要捐赠人、发起人分别提名并共同协商确定。第二，理事会换届改选时，由业务主管单位、理事会、主要捐赠人共同提名候选人并组织换届领导小组，组织全部候选人共同选举产生新一届理事。第三，罢免、增补理事应当经理事会表决通过，报业务主管单位审查同意。第四，理事的选举和罢免结果报登记管理机关备案。第五，用私人财产设立的非公募基金会应注明。相互间有近亲属关系的基金会理事，总数不得超过理事总人数的1/3，其他基金会应注明：具有近亲属关系的不得同时在理事会任职。

《基金会章程示范文本》规定，基金会理事会的职权包括：第一，制定、修改章程；第二，选举、罢免理事长、副理事长、秘书长；第三，决定重大业务活动计划，包括资金的募集、管理和使用计划；第四，年度收支预算及决算审定；第五，制定内部管理制度；第六，决定设立办事机构、分支机构、代表机构；第七，决定由秘书长提名的副秘书长和各机构主要负责人的聘任；第八，听取、审议秘书长的工作报告，检查秘书长的工作；第九，决定基金会的分立、合并或终止；第十，决定其他重大事项。

《基金会章程示范文本》规定，理事会每年至少召开2次会议。理事会会议由理事长负责召集和主持。有1/3理事提议，必须召开理事会会议。如理事长不能召集，提议理事可推选召集人。召开理事会会议，理事长或召集人需提前5日通知全体理事、监事。

理事会会议须有2/3以上理事出席方能召开；理事会决议须经出席理事过半数通过方为有效。下列重要事项的决议，须经出席理事表决，2/3以上通过方为有效：第一，章程的修改；第二，选举或者罢免理事长、副理事长、秘书长；第三，章程规定的重大募捐、投资活动；第四，基金会的分立、合并。

《基金会章程示范文本》对理事薪酬还进行了具体的说明：第一，在本基金会领取报酬的理事不得超过理事总人数的1/3；第二，监事和未在基金会担任专职工作的理事不得从基金会获取报酬。

2. 基金会的监督机构——监事会

《基金会章程示范文本》规定，监事的产生和罢免规则包括：第一，监事由主要捐赠人、业务主管单位分别选派；第二，登记管理机关根据工作需要选派；第三，监事的变更依照其产生程序。

监事的权利和义务包括：第一，监事依照章程规定的程序检查基金会财务和会计资料，监督理事会遵守法律和章程的情况；第二，监事列席理事会会议，有权向理事会提出质询和建议，并应当向登记管理机关、业务主管单位以及税务、会计主管部门反映情况；第三，监事应当遵守有关法律法规和基金会章程，忠实履行职责。

3. 基金会的执行机构——秘书处

基金会的理事会设理事长、副理事长和秘书长，负责具体的执行工作，从理事中选举产生。

《基金会章程示范文本》规定，基金会理事长、副理事长、秘书长必须符合以下条件：第一，在本基金会业务领域内有较大影响；第二，理事长、副理事长、秘书长最高任职年龄不超过70周岁，秘书长为专职；第三，身体健康，能坚持正常工作；第四，具有完全民事行为能力。

有下列情形之一的人员，不能担任本基金会的理事长、副理事长、秘书长：第一，属于现职国家工作人员的；第二，因犯罪被判处管制、拘役或者有期徒刑，刑期执行完毕之日起未逾5年的；第三，因犯罪被判处剥夺政治权利正在执行期间或者曾经被判处剥夺政治权利的；第四，曾在因违法被撤销登记的基金会担任理事长、副理事长或者秘书长，且对该基金会的违法行为负有个人责任，自该基金会被撤销之日起未逾5年的。

同时规定，担任的基金会理事长、副理事长或者秘书长的香港居民、澳门居民、台湾居民以及外国人，每年在中国内地居留时间不得少于3个月。

理事长的其他职权和秘书长的职权从以下选项中确定，理事长和秘书长的职权不能重叠，基金会可根据实际情况细化或进行补充：第一，主持开展日常工作，组织实施理事会决议；第二，组织实施基金会年度公益活动计划；第三，拟订资金的筹集、管理和使用计划；第四，拟订基金会的内部管理规章制度，报理事会审批；第五，协调各机构开展工作；第六，提议聘任或解聘副秘书长以及财务负责人，由理事会决定；第七，提议聘任或解聘各机构主要负责人，由理事会决定；第八，决定各机构专职工作人员聘用；第九，章程和理事会赋予的其他职权。

三　募捐与捐赠的政策与法规

2021 年 8 月 17 日，中央财经委员会第十次会议提出将"三次分配"作为调节收入分配，实现共同富裕的有效路径；"初次分配、再分配、三次分配"构成了中国特色社会主义市场经济的分配制度。"三次分配"有别于初次分配和再分配，主要由高收入人群在自愿基础上，以募集、捐赠和资助等慈善公益方式对社会资源和社会财富进行分配，是对初次分配和再分配的有益补充，有利于缩小社会差距，实现更合理的收入分配。

但上文中的《社会团体登记管理条例》，《民办非企业单位登记管理暂行条例》，《基金会管理条例》以及《志愿服务条例》等几项法规并未对募捐与捐赠进行规范。但不可否认的是，募捐、捐赠相关领域的政策与法规也在不断配套完善，本部分将进行具体的介绍。

（一）募捐与捐赠的基本政策法规

1.《中华人民共和国慈善法》与《中华人民共和国公益事业捐赠法》

目前国家层面最重要的两部与募捐和捐赠相关的法律法规有两部：一部是中华人民共和国第十二届全国人民代表大会第四次会议于 2016 年 3 月 16 日通过的《中华人民共和国慈善法》（本书中简称《慈善法》）；另外一部是中华人民共和国第九届全国人民代表大会常务委员会第十次会议于 1999 年 6 月 28 日通过的《中华人民共和国公益事业捐赠法》（本书中简称《公益事业捐赠法》）。

《慈善法》主要包括："总则""慈善组织""慈善募捐""慈善捐赠""慈善信托""慈善财产""慈善服务""信息公开""促进措施""监督管理""法律责任""附则" 12 章，共 112 条。该法规具有以下三个特征：一是明确了慈善事业作为促进社会进步和共同富裕的重要地位，回应了社会对慈善事业的质疑；二是明确了在募捐、捐赠中的三类主体——慈善组织、捐赠人、受益人；三是明确了慈善组织的申请登记、活动范围、权利义务、优惠激励、监管处罚等全过程的规范。

《公益事业捐赠法》施行较早，其主要功能在于肯定并鼓励捐赠行为，并规定了捐赠、受赠、捐赠财产管理及使用的基本规范；具体包括："总则""捐赠和受赠""捐赠财产的使用和管理""优惠措施""法律责任"

"附则" 6 章，共 32 条。

2. 其他配套法规

其他与上述两部法规相配套的募捐、捐赠法律法规主要包括以下几部。

（1）《中华人民共和国企业所得税法》。该法规于 2007 年 3 月 16 日第十届全国人民代表大会第五次会议通过，并根据 2018 年 12 月 29 日第十三届全国人民代表大会常务委员会第七次会议《关于修订〈中华人民共和国电力法〉等四部法律的决定》进行修订；其规定了企业捐赠以及开展公益非营利事业的税收优惠。

（2）《中华人民共和国个人所得税法实施条例》，该法规由国务院于 2018 年 12 月 18 日发布，自 2019 年 1 月 1 日起施行；其规定了个人进行公益慈善事业捐赠时的优惠事项。

（3）《救灾捐赠管理办法》。该法规由民政部于 2008 年 4 月颁布修订案；其规范救灾捐赠活动，加强救灾捐赠款物的管理，保护捐赠人、救灾捐赠受赠人和灾区受益人的合法权益。

（4）《公益慈善捐助信息公开指引》。该法规民政部于 2011 年 12 月 16 日正式向社会发布；其规范了各类公益慈善机构的信息公开，也为地方与基层政府的监管提供了依据，同时便于社会监督。

（5）《慈善组织公开募捐管理办法》。该法规作为《慈善法》的配套，由民政部制定并从 2016 年 9 月 1 日起施行；其明确了公开募捐的条件，并规范了相应的资格审查。

（二）四类主体：捐赠人、募集人、受赠人与受益人

募捐与捐赠主要包括以下四类主体：捐赠人、募集人、受赠人与受益人。

1. 捐赠人

捐赠人的范围非常广泛，包括任意法人、其他组织和自然人，在最大程度上动员一切可能动员的力量参与捐赠事业。其具体权利和义务包括以下几个方面。

（1）捐赠人的权利

a. 捐赠意愿被尊重且被妥善执行的权利。

b. 公开署名或匿名的权利。

c. 对捐赠状况的知情权与监督权。

（2）捐赠人的义务

a. 确保财产来源合法合规。

b. 保证捐赠物资的质量合规。

c. 依法履行捐赠协议。

2. 募集人

募集人仅存在于募捐活动之中，根据《公益事业捐赠法》的规定，募集人通常是公益性社会团体。

3. 受赠人

根据《公益事业捐赠法》的规定，三类组织可以作为受赠人。一是公益性社会团体，二是公益性非营利的事业单位，三是县级以上人民政府及部门。

（1）受赠人的权利

a. 接受来自捐赠人捐赠款物的权利。

b. 处置超过实际需要捐赠款物的权利。

c. 政府作为受赠人时，具有移交捐赠款物的权利。

（2）受赠人的义务

a. 向捐赠人出具收据等依据。

b. 捐赠款物的使用公开透明。

c. 按照协议使用捐赠款物。

d. 评估并认定合理的受益人。

e. 监督受益人按照规定使用捐赠款物。

4. 受益人

通过募捐和捐赠，最终受益的群体被视为受益人。

（1）受益人的权利

a. 要求捐赠人履行捐赠协议。

b. 上述要求没有得到有效回应时，有权向捐赠人索赔。

（2）受益人的义务

a. 按照捐赠人的目的使用捐赠款物。

b. 当救助目标已经达到或无法达到时，应退回剩余捐赠款物。

（三）募捐的相关政策与法规

《慈善法》规定："慈善募捐，是指慈善组织基于慈善宗旨募集财产的活动。"

1. 募捐的分类

具体来说，募捐可以分为两类。

（1）公开募捐与定向募捐

以募捐人的来源作为划分，可以分为公开募捐与定向募捐。

a. 公开募捐，即募捐对象面向社会全体。

b. 定向募捐，即面向特定群体开展募捐。

（2）公益募捐与非公益募捐

以受益人的范围作为划分，可以分为公益募捐与非公益募捐。

a. 公益募捐，即受益人为社会全体的募捐。

b. 非公益募捐，即受益人为特定群体的募捐。

2. 公募资格

《慈善法》规定："慈善组织开展公开募捐，应当取得公开募捐资格。依法登记满二年的慈善组织，可以向其登记的民政部门申请公开募捐资格。民政部门应当自受理申请之日起二十日内做出决定。慈善组织符合内部治理结构健全、运作规范的条件的，发给公开募捐资格证书；不符合条件的，不发给公开募捐资格证书并书面说明理由。"

3. 规范监督

（1）方案报备

a. 开展公开募捐，应当制定募捐方案。募捐方案包括募捐目的、起止时间和地域、活动负责人姓名和办公地址、接受捐赠方式、银行账户、受益人、募得款物用途、募捐成本、剩余财产的处理等。

b. 募捐方案应当在开展募捐活动前报慈善组织登记的民政部门备案。

（2）公募方式

a. 在公共场所设置募捐箱。

b. 举办面向社会公众的义演、义赛、义卖、义展、义拍、慈善晚会等。

c. 通过广播、电视、报刊、互联网等媒体发布募捐信息。

d. 其他公开募捐方式。

（3）募捐监督

a. 开展募捐活动，应当尊重和维护募捐对象的合法权益，保障募捐对象的知情权，不得通过虚构事实等方式欺骗、诱导募捐对象实施捐赠。

b. 开展募捐活动，不得摊派或者变相摊派，不得妨碍公共秩序、企业生产经营和居民生活。

c. 禁止任何组织或者个人假借慈善名义或者假冒慈善组织开展募捐活动，骗取财产。

（四）捐赠的相关规范

《公益事业捐赠法》规定，公益捐赠是指"自然人、法人或者其他组织自愿无偿向依法成立的公益性社会团体和公益性非营利的事业单位捐赠财产，用于公益事业"。

具体来说，公益事业包括："（1）救助灾害、救济贫困、扶助残疾人等困难的社会群体和个人的活动；（2）教育、科学、文化、卫生、体育事业；（3）环境保护、社会公共设施建设；（4）促进社会发展和进步的其他社会公共和福利事业。"

其他与捐赠相关的规范，与上文中捐赠人、募集人、受赠人与受益人的权利与义务相一致，受法律监管，受社会监督。

【本章要点】

1. 在《宪法》所规定的"结社自由"框架下，规范社会组织行为，促进社会组织发展，使社会组织成为国家现代化建设中的重要主体，更好地回应新时代人民群众对于美好生活的需要，成为制定各项社会组织政策法规的基本目标。

2. 当前中国社会组织的法律法规分为《宪法》统领下的五级纵向结构：宪法—法律—法规—地方性法规—行政规章。

3. 从 20 世纪末开始，我国便开始尝试对不同类型的社会组织进行分类管理，在类型划分中区别了三类主要社会组织：社会团体——《社会团体登记管理条例》、民办非企业单位——《民办非企业单位登记管理暂行条例》以及基金会——《基金会管理条例》。

4. 志愿服务为重大事件与公共服务带来了更多的参与者。《志愿服务条例》对"志愿服务"、"志愿者"以及"志愿服务组织"的定义、权利、义务等做出了详细规定。

5. 募捐与捐赠是新时代中国特色社会主义"三次分配"以及促进人民群众共享发展成果的重要构成。《中华人民共和国慈善法》与《中华人民共和国公益事业捐赠法》对相关主体的定义、权利、义务等进行了详细规定。

【关键概念】

《社会团体登记管理条例》《民办非企业单位登记管理暂行条例》《基金会管理条例》《志愿服务条例》《中华人民共和国慈善法》《中华人民共和国公益事业捐赠法》

【思考题】

1. 社会组织的政策法规制定依据的基本准则是什么？

2. 当前有关社会组织的政策法规，将社会组织划分为了几种类型？

3. 慈善活动的政策法规都有哪些具体规定？

4. 如何理解募捐、捐赠在"三次分配"中的地位？

5. 如何在政策法规与组织活力之间寻找平衡？

【推荐阅读文献】

详见《附录 1：中国社会组织法律法规及规范性文件目录一览》

第三章　社会组织的国家管理

中国社会组织的发展过程与发育状况一直都与政府行政管理这个"有形的手"息息相关，且与国家在不同时期的工作重心息息相关。本部分首先介绍了社会组织外部管理的五个发展阶段；其次介绍了社会组织的全过程管理，以及社会组织的项目购买、处罚取缔与激励培育；再次介绍社会组织管理的三个特征：党建引领、分类管理与双重管理；最后介绍未来党和国家远景规划中的社会组织。

第一节　1949 年以来党和国家的社会组织管理

中国共产党以及中央政府在推进全面依法治国的工作中，根据不同历史时期的主要工作目标以及社会经济发展状况，对社会组织发展制定了方向性指导意见。[①] 这些意见也直接决定了不同时期中国社会组织的发育状况，并构成了今天中国社会组织管理的基本框架。

一　社会组织管理的五个阶段

社会组织在从中华人民共和国成立之后到今天，根据不同时期"国家-社会"的具体关系，以及社会经济发展的不同状况，国家对社会组织采取了不同形式的管理模式。[②] 根据上述几项考量，本书将社会组织的行政管理划分为五个阶段：（1）整顿清理引导（1949~1956 年）；（2）国家全能包办（1956~1978 年）；（3）鼓励自由发育（1978~1988 年）；（4）完善管理

---

① 黄晓春：《中国社会组织成长条件的再思考——一个总体性理论视角》，《社会学研究》2017 年第 1 期，第 101~124+244 页。

② 李朔严、王名：《政党统合与基层治理中的国家—社会关系》，《经济社会体制比较》2021 年第 2 期，第 171~180 页。

框架 (1988~2012 年); (5) 作为治理主体 (2012 年至今)。①

(一) 整顿清理引导 (1949~1956 年)

1949 年中华人民共和国成立后,百废待兴,国家动员社会各阶层、各领域力量参与新中国的建设,巩固国家政权、完善国家制度、恢复社会生产生活成为当时一切工作的中心。社会组织成为动员各种力量参与中华人民共和国建设的主体,这一时期面向社会组织的发展意见与政策包括:将过去相对松散的社会组织进行重新整合,对那些属于旧社会遗产的"落后"社会组织进行清理,组建新的符合中华人民共和国建设需要的社会组织。②

1950 年政务院颁布《社会团体登记暂行办法》,其主要精神包括"分级登记审批"以及分类清理或改造。一方面,根据社会团体所面向的范围将其分为全国性与地方性两类:全国性社会团体在国家层面的内务部进行登记与审批,地方性社会团体在当地人民政府进行登记与审批。另一方面,根据开展业务的类型将社会团体分为:"人民群众团体、社会公益团体、文艺工作团体、学术研究团体、宗教团体。"

在具体工作中,面向社会组织的工作包括清理糟粕与引导改造两方面。一是清理糟粕,对那些代表封建与买办残余势力的社会组织进行清理。二是引导改造,对那些代表先进方向、符合革命与中华人民共和国建设的社会组织进行引导改造。③

(二) 国家全能包办 (1956~1978 年)

从完成社会主义改造到中国改革开放之前的社会服务开展与公共物品供应,主要是由国家与政府通过"单位制"直接提供。在这个时期,"国家全能包办"构成了各个领域的主要特征,"单位制"为居民提供了"总体性资本""系统性回报"。这一时期,包括社会组织,以及替代社会组织在基

---

① 叶托:《中华人民共和国成立 70 年来我国社会组织政策的范式变迁及其基本规律》,《北京行政学院学报》2019 年第 5 期,第 16~24 页。
② 罗婧:《从团结型社会组织、行政型社会组织到治理型社会组织——1949 年以来社会组织的变迁历史》,《清华大学学报》(哲学社会科学版) 2020 年第 3 期,第 191~206、212 页。
③ 卢立菊、付启元:《中华人民共和国成立初期南京社会组织的改造与重建》,《江苏大学学报》(社会科学版) 2017 年第 3 期,第 51~58 页。

层开展社会公共事业的居民委员会与村民委员会，都处于政府与国家的补充地位。①

社会主义改造完成之后，在计划经济体制下，属于社会领域相关的组织或团体都统合纳入党政部门，只留下八个人民团体在党的领导下继续开展相应领域的具体工作。这八个人民团体包括：中华全国总工会、中国共产主义青年团、中国科学技术协会、中华全国工商联合会、中华全国妇女联合会、中华全国归国华侨联合会、中华全国台湾同胞联谊会、中华全国青年联合会。② 随后，在 20 世纪六七十年代，社会组织的发展与管理基本上进入停滞状态。总体来说，这一时期，国家的全能包办并没有给社会组织太多开展活动的空间。

作为社会组织的替代组织，居民委员会与村民委员会作为"单位制"的补充，承担了为居民提供社会服务与公共物品的功能。1954 年 12 月，第一届全国人民代表大会常务委员会第四次会议通过了《城市居民委员会组织条例》，确立了基层居民组织在党和国家领导下开展工作的基本框架。③

1982 年《中华人民共和国宪法》对城市居民委员会与农村村民委员会的功能做出了更为明确的规定："城市和农村按居民居住地区设立居民委员会或者村民委员会，居民委员会、村民委员会的主任、副主任和委员由居民、村民选举。居民委员会、村民委员会的任务是办理本居住地区的公共事务和公益事业，调解民间纠纷，协助维护社会治安，并且向人民政府反映人民群众的意见、要求和提出建议；为了实现上述任务，在居民委员会、村民委员会之下设立人民调解、治安保卫、公共卫生等委员会。"④

（三）鼓励自由发育（1978~1988 年）

改革开放不仅在经济领域造就了"中国奇迹"，同时也带来了国家与社

---

① 韩俊魁：《1949 年以来中国社会组织分类治理的发展脉络及其张力》，《学习与探索》2015
年第 9 期，第 25~29 页。

② 董鹏林：《人民政协界别演进与优化研究》，博士学位论文，吉林大学，2021，第 63 页。

③ 丁惠平：《依附、发轫与同构：当代中国社会组织发展历程》，《学习与探索》2019 第 10
期，第 30~37、191 页。

④ 李汉林、王奋宇、李路路：《中国城市社区的整合机制与单位现象》，《管理世界》1994 年
第 2 期，第 192~200 页。

会两个层面的巨大变革。现代化建设所要求的精细化分工使得国家需要成立专业部门以开展社会相关领域的管理与服务；1978 年面向各类社会事务开展管理服务的政府机构——中华人民共和国民政部①——正式成立。民政部的成立是中国社会组织发育进程中最重要的事件，标志着在政府层面形成了对社会组织进行专业管理与服务的部门。

"文化大革命"结束之后的"拨乱反正"工作，恢复了一些在过去被非法取缔的社会组织。在这一时期，随着改革开放的不断深入，普通居民群众开始接触更为多元的知识与信息，激发了民间对于更多元社会服务的需求，中国社会组织的发展迎来了第一个高峰。

"摸着石头过河"是这一时期社会组织管理的主要特征。改革开放初期，国家对于社会组织的监管与当时经济改革的思路相一致，以"探索式"为主，鼓励社会组织自由发展。这一时期，几乎所有党政机关都参与了社会组织的管理，几乎每个部门都设立了与自身业务相关的社会组织。社会组织的管理也呈现"重复设置、多头管理"的现象。

从数量上来看，这一时期社会组织的发育较快：1989 年初，全国性的社会组织共 1600 家，地方性社会组织近 20 万家。② 但总体来说，当时的社会组织的规模与影响力相对较小。

（四）完善管理框架（1988~2012 年）

随着改革开放的推进，基层治理中的城市居委会与农村村委会也开始向社会组织转型。1982 年的《中华人民共和国宪法》将城市居民委员会定性为城市基层的政权组织，并在 1989 年颁布《中华人民共和国城市居民委员会组织法》明确规定城市居民委员会属于"基层群众性自治组织"；同时，1998 年全国人大常委会通过的《中华人民共和国村民委员会组织法》，将村委会作为农村基层治理的基本单元。与前一时期社会组织管理处于探索阶段相比，这一阶段针对社会组织的管理更为规范化，如在

---

① 1978 年成立的民政部，其前身是"内务部"（1949~1969 年），主要工作以巩固新生人民政权、恢复稳定社会秩序为主，下设 6 个部门：办公厅、干部司、民政司、社会司、地政司和优抚司。

② 叶托：《中华人民共和国成立 70 年来我国社会组织政策的范式变迁及其基本规律》，《北京行政学院学报》2019 年第 5 期，第 16~24 页。

1988 年民政部首次设立专职的社团管理司，主管社会团体和基金会的登记管理工作。[①]

这一时期，社会组织在中国经历了前所未有的快速发育。具体来说，国家对社会组织的管理在这一时期又可以分为：酝酿筹备（1988～1992年）、制度形成（1992～2002 年）以及分类管理（2002～2012 年）三个阶段。

1. 酝酿筹备阶段（1988～1992 年）

面对中国社会组织的数量与规模不断增加，以及具体业务更为多元化的状况，需要在国家层面进行统一立法与管理。这个时期，国务院有关部门相继出台了《基金会管理办法》（1988 年）、《社会团体登记管理条例》（1989 年）、《外国商会管理暂行规定》（1989 年）。这些法规政策的出台逐步确立了中国特色的社会组织管理制度——"双重管理"，即社会组织需要同时接受来自登记管理部门和行政主管单位的双重审查和批准。随后，政府依法对那些处于模糊地带的社会组织进行整顿清退和重新登记。[②]

2. 制度形成阶段（1992～2002 年）

邓小平同志南方谈话（1992 年）、中国共产党的十四大召开（1992 年）都进一步淡化了国家在社会发展中的干预，以期激发释放社会活力。这一时期，社会组织发展迅速，组织数量大幅提升，服务领域进一步拓展。

在具体的行政立法领域，政府也在探索与社会组织发育相匹配的管理模式。其一，1996～2000 年，民政部对社会组织进行了集中清理与整顿，强化了主管部门对于社会组织的监督。其二，1998 年民政部将过去的"社会团体管理司"整合提升为"民间组织管理局"，管理机构与名称的变化更加具体化了其对社会组织的管理。其三，1998 年国务院修订了《社会团体登记管理条例》，提升了成立社会组织的门槛，严格了准入审核机制。值得一提的是，该条例与 1998 年颁布的《民办非企业单位管理暂行条例》、2004 年国务院发布的《基金会管理条例》（取代了 1988 年出台的《基金会管理办法》）共同构建了中国社会组织管理制度的基本框

---

① 刘春：《当代中国会组发展史研究》，博士学位论文，中国社会科学院研究生院，2013，第134 页。

② 夏建中、张菊枝：《我国社会组织的现状与未来发展方向》，《湖南师范大学社会科学学报》2014 年第 1 期，第 25～31 页。

架。至此，以"归口管理、双重负责、分级管理"为核心内容的"双重管理体制"基本形成。①

3. 分类管理阶段（2002~2012 年）

在中国确立建立市场经济体制之后，伴随着信息技术革命兴起、政府职能加快转变等，社会组织进一步发展，双重管理制度扮演了非常重要的角色。但与此同时，"强国家、弱社会"的结构性制约也开始显现。

比如，相关法律法规提高了社会组织申请注册的进入门槛，导致没有获得制度承认的社会组织大量出现，这就要求国家层面需要通过相应的立法程序以更好地为社会组织提供相应的资源与服务。

根据社会组织提供公共产品的能力以及其与政府联系的紧密性，政府开始尝试对不同社会组织采取不同的管理方式，具体的分类管理在本章其他部分进行具体的展开介绍。在 2002 年，尤其是 2006 年以后，一些地方政府，如上海、深圳、广东等省市先后以改革管理登记制度为突破口，着力创新社会组织管理的方式、内容和路径，开始在局部尝试以改革双重管理制度为切入点的社会组织改革。

（五）作为治理主体（2012 年至今）

2012 年，党的十八大报告中明确提出要加快形成"社会组织体制"。围绕社会组织的相关法律法规也开始逐步完善，民政部在国家宏观政策指导中提出了社会组织直接登记制度并在全国范围内推广使用。2013 年十八届三中全会进一步强调"激发社会组织活力"，《中共中央关于全面深化改革若干重大问题的决定》明确提出重点培育和优先发展行业协会商会类、科技类、公益慈善类、城乡社区服务类社会组织，成立时直接依法申请登记。至此，社会组织成为与政府、市场同等重要的国家治理现代化主体之一。

民政部和财政部 2013 年联合印发了《关于加快推进社区社会工作服务的意见》，该意见包括四个重要部分：一是充分认识加快推进社区社会工作服务的重要性与紧迫性，二是加快推进社区社会工作服务的总体要求，三

---

① 关爽、李春生：《走向综合监管：国家治理现代化背景下社会组织治理模式转型研究》，《学习与实践》2021 年第 7 期，第 104~114 页。

是加快推进社区社会工作服务的主要任务,四是加强对社区社会工作服务的组织领导。主要任务包括:大规模培养和使用社区社会工作专业人才队伍,不断拓宽社区社会工作服务平台,分类推进社区社会工作服务,建立健全社区、社会组织和社会工作专业人才联动服务机制,建立健全社区社会工作专业人才引领志愿者服务机制。

2016年,民政部等多部门联合印发《城乡社区服务体系建设规划(2016~2020年)》,明确"三社(社区、社会组织、社会工作)联动"机制的具体内容。2017年,中共中央、国务院联合下发的《关于加强和完善城乡社区治理的意见》等形成了"三社联动"的基本工作机制,即政府购买服务机制、公益创投机制、设施项目外包机制。2020年4月2日,民政部办公厅为了有效应对新冠疫情,加快发布了《关于调整优化有关监管措施支持全国性社会组织有效应对疫情平稳健康运行的通知》,这是对"三社联动"的重要补充。

当前"三社联动"正在向"五社联动"机制升级。2021年7月11日,中共中央、国务院发布的《关于加强基层治理体系和治理能力现代化建设的意见》,将"三社联动"拓展为"五社联动"(社区、社会组织、社工、社会资源及社区自治组织的联动),具体部署为"完善社会力量参与基层治理激励政策,创新社区与社会组织、社会工作者、社区志愿者、社会慈善资源的联动机制,支持建立乡镇(街道)购买社会工作服务机制和设立社区基金会等协作载体,吸纳社会力量参加基层应急救援。完善基层志愿服务制度,大力开展邻里互助服务和互动交流活动,更好满足群众需求。"

二 作为社会主义现代化建设重要力量的社会组织

2016年,中共中央办公厅、国务院办公厅印发《关于改革社会组织管理制度促进社会组织健康有序发展的意见》,该《意见》首次将社会组织视为"社会主义现代化建设的重要力量";并将其功能定位于"服务国家、服务社会、服务群众、服务行业"。该意见在降低组织准入门槛、扶持组织发展、增强服务功能、规范注册管理等方面有效促进了"新时代"社会组织的健康发展，有效激发了社会活力。该意见具体包括 10 个部分。[①]

（1）重要性和紧迫性

以社会团体、基金会和社会服务机构为主体组成的社会组织，是我国社会主义现代化建设的重要力量。

（2）指导思想、基本原则和总体目标

总体目标包括：到 2020 年，统一登记、各司其职、协调配合、分级负责、依法监管的中国特色社会组织管理体制建立健全，社会组织法规政策更加完善，综合监管更加有效，党组织作用发挥更加明显，发展环境更加优化；政社分开、权责明确、依法自治的社会组织制度基本建立，结构合理、功能完善、竞争有序、诚信自律、充满活力的社会组织发展格局基本形成。

（3）大力培育发展社区社会组织

具体包括：降低准入门槛；积极扶持发展；增强服务功能。

（4）完善扶持社会组织发展政策措施

具体包括：支持社会组织提供公共服务；完善财政税收支持政策；完善人才政策；发挥社会组织积极作用。

（5）依法做好社会组织登记审查

具体包括：稳妥推进直接登记；完善业务主管单位前置审查；严格民政部门登记审查；强化社会组织发起人责任

（6）严格管理和监督

具体包括：加强对社会组织负责人的管理；加强对社会组织资金的监管；加强对社会组织活动的管理；规范管理直接登记的社会组织；加强社会监督。鼓励支持新闻媒体、社会公众对社会组织进行监督；健全社会组织退出机制。

（7）规范社会组织涉外活动

具体包括：引导社会组织有序开展对外交流，完善相应登记管理制度，积极参与新建国际性社会组织，支持成立国际性社会组织，服务构建开放型经济新体制。

---

① 中办国办印发《关于改革社会组织管理制度促进社会组织健康有序发展的意见》，《人民日报》2016 年 8 月 22 日，第 1 版。

（8）加强社会组织自身建设

具体包括：健全社会组织法人治理结构；充分发挥党组织的战斗堡垒作用和党员的先锋模范作用；加强社会组织诚信自律建设；推进社会组织政社分开。支持社会组织自我约束、自我管理，发挥提供服务、反映诉求、规范行为、促进和谐的作用。

（9）加强党对社会组织工作的领导

具体包括：完善领导体制；推进社会组织党的组织和工作有效覆盖；加强社会组织党建工作基础保障。

（10）抓好组织实施

具体包括：加快法制建设；加强服务管理能力建设；加强宣传引导；做好督促落实工作。

至此，社会组织成为中国社会服务与公益事业的重要主体，在这个阶段中形成的"三社（社区、社会组织、社会工作）联动"机制构成了中国社会组织参与公共事务的基本实践框架。①

第二节　社会组织的全过程管理

经历了"整顿清理引导—国家全能包办—鼓励自由发育—完善管理框架—作为治理主体"五个阶段的发展，目前党和国家对社会组织的管理贯穿于组织发育的全过程。本部分将社会组织的"全过程管理"具体化为：资质认定、登记注册、监管评估、撤销注销、处罚取缔等方面。

1986 年颁布的《中华人民共和国民法通则》确立了社会组织法人制度；此后一系列相关行政法规，如《社会团体登记管理条例》（1998）、《民办非企业单位登记管理暂行条例》（1998）、《基金会管理条例》（2004）、《中华人民共和国民法总则》（2017）等确立了社会组织在制度法律中"全过程管理""双重管理""分级登记""限制竞争"等基本规范。

体现对社会组织"全过程管理"的重要法律法规是，2016 年 3 月中华人民共和国第十二届全国人民代表大会第四次会议审议并通过的《中华人

---

① 曹海军、薛喆：《"三社联动"机制下政府向社会力量购买服务的三个阶段分析》，《中国行政管理》2018 第 8 期，第 41~46 页。

民共和国慈善法》（2016 年 9 月实施）。该法律为中国社会组织领域的立法既确立了指导思想，也奠定了基本框架。该法律共 12 章 112 条，内容包括总则、慈善组织、慈善募捐、慈善捐赠、慈善信托、慈善财产、慈善服务、信息公开、促进措施、监督管理、法律责任及附则。该法规范慈善组织的设立、认定、内部治理、行业治理，慈善财产的募集与使用，慈善信托的设立与备案，慈善服务的展开与信息公开，政府的支持措施与监督管理等慈善事业运行的全过程。[①]

一 社会组织的资质认定

2016 年 8 月，中华人民共和国民政部发布的《慈善组织认定办法》，补充说明了在《中华人民共和国慈善法》颁布前已经设立的基金会、社会团体、社会服务机构等社会组织，可以申请认定为慈善组织。该办法同时明确规定了慈善组织的认定要求，包括：①申请时具备相应的社会组织法人登记条件；②以开展慈善活动为宗旨，业务范围符合相关法律规定；③不以营利为目的；④有健全的财务制度和合理的薪酬制度以及其他一些条件。[②]

2018 年 8 月，民政部公布的《社会组织登记管理条例（草案征求意见稿）》对社会组织的具体涵盖范围、成立条件、申请登记、法人资质、法律责任等做出了具体的规定。

2020 年 5 月，中华人民共和国第十三届全国人民代表大会第三次会议审议并通过了《中华人民共和国民法典》（2021 年 1 月实施），其在国家最高层面对"社会组织法人"的范围进行了定义。其中明确指出"非营利法人包括事业单位、社会团体、基金会、社会服务机构等"。

具体来说，"社会组织法人"包括以下几个方面。

（1）事业单位法人：具有一定政府背景的，以提供公益服务的社会组织，设立为事业单位法人，同时事业单位法人的理事会为其决策机构。

（2）社会团体法人：基于会员共同意愿，为公益目的或者会员共同利

---

① 资料来源：http：//www.npc.gov.cn/zgrdw/npc/dbdhhy/12 _ 4/2016 - 03/21/content _ 1985714.htm，最后访问日期：2021 年 12 月 7 日。

② 资料来源：http：//www.gov.cn/xinwen/2016-09/01/content_ 5104129.htm，最后访问日期：2021 年 12 月 7 日。

益等非营利目的设立的社会团体，经依法登记成立，设立为社会团体法人，并依法制定法人章程。

（3）捐助法人：为公益目的以捐助财产设立的基金会、社会服务机构，以及一些宗教活动场所等，经依法登记成立，设立为捐助法人，并依法制定法人章程，接受捐助人监督。

同时，对撤销清算做出了明确规定，即为公益目的成立的非营利法人终止时，不得向出资人、设立人或者会员分配剩余财产，剩余财产应当用于公益目的或转给宗旨相同或者相近的法人，并向社会公告。

该法案自 2021 年 1 月 1 日起施行；婚姻法、继承法、民法通则、收养法、担保法、合同法、物权法、侵权责任法、民法总则中的原有相关条文同时废止。①

二 社会组织的登记注册

在登记方面，针对具有社会组织性质的民办非企业单位和基金会，民政部于 1999 年、2004 年分别发布了《民办非企业单位名称管理暂行规定》和《基金会名称管理规定》，对其登记的名称进行明确规定。①民办非企业单位名称应当由以下部分依次组成：字号、行（事）业或业务领域、组织形式；②基金会名称应当反映公益活动的业务范围，基金会的名称应当依次包括字号、公益活动的业务范围，并以"基金会"字样结束。

《中华人民共和国慈善法》（2016）对慈善组织登记注册的具体条件进行了规定：①以开展慈善活动为宗旨；②不以营利为目的；③有自己的名称和住所；④有组织章程；⑤有必要的财产；⑥有符合条件的组织机构和负责人；⑦法律、行政法规规定的其他条件。

同时，对注册流程进行了具体的规定：①应当向县级以上人民政府民政部门申请登记；②符合前文规定条件的，准予登记并向社会公告，不符合规定条件的，不予登记并书面说明理由。②

2016 年 12 月，教育部等五部门印发《民办学校分类登记实施细则》，

---

① 资料来源：http://www.xinhuanet.com/politics/2020lh/2020-06/01/c_ 11260610 72. htm，最后访问日期：2021 年 12 月 7 日。

② 资料来源：http://www.npc.gov.cn/zgrdw/npc/dbdhhy/12 _ 4/2016 - 03/21/content _ 1985714. htm，最后访问日期：2021 年 12 月 7 日。

强调对民办学校实行非营利性和营利性分类管理，从设立审批、分类登记、事项变更和注销登记、现有民办学校分类登记等方面提出了分类管理要求。

目前，相关部门针对三类重要社会组织，社会团体、民办非企业单位、以及外国商会基金会，都详细规定了具体的申请材料。

（一）全国性社会团体申请注册需提供的材料

（1）社会团体法人登记申请表；

（2）成立登记申请书（按照示范文本自拟）；

（3）业务主管单位的批准文件（按照示范文本，由业务主管单位出具）；

（4）章程草案（按照《社会团体章程示范文本》自拟）；

（5）住所使用权证明（按照示范文本自拟）；

（6）捐资承诺书（按照示范文本自拟）；

（7）发起人名单及基本情况表；

（8）会员名单；

（9）拟任负责人名单及基本情况表；

（10）拟任法定代表人登记表；

（11）秘书长专职承诺书（按照示范文本自拟）。

（二）民办非企业单位申请注册需提供的材料

（1）民办非企业单位法人登记申请表；

（2）成立登记申请书（按照示范文本自拟）；

（3）业务主管单位的批准文件（按照示范文本，由业务主管单位出具）；

（4）章程草案（按照《民办非企业单位（法人）章程示范文本》自拟）；

（5）住所使用权证明（按照示范文本自拟）；

（6）捐资承诺书（按照示范文本自拟）；

（7）发起人名单及基本情况表；

（8）理事监事名单及基本情况表；

（9）拟任法定代表人登记表；

（10）执行机构负责人专职承诺书（按照示范文本自拟）。

（三）基金会申请注册需提供的材料

（1）基金会法人登记申请表；

（2）成立登记申请书（按照示范文本自拟）；

（3）业务主管单位的批准文件（按照示范文本，由业务主管单位出具）；

（4）章程草案（按照《基金会章程示范文本》自拟）；

（5）住所使用权证明（按照示范文本自拟）；

（6）捐资承诺书（按照示范文本自拟）；

（7）发起人名单及基本情况表；

（8）理事监事名单及基本情况表；

（9）拟任法定代表人登记表；

（10）秘书长专职承诺书（按照示范文本自拟）。

（四）外国商会申请注册需提供的材料

（1）驻华使馆推荐信

内容应包括但不限于：两国贸易发展状况和前景；发起人在两国贸易中的地位和影响力；使馆知悉外国商会按国别成立的登记原则；使馆推荐或支持发起人成立外国商会。

（2）发起人资格适当证明材料

作为发起人的外国公司、企业以及其他经济组织依法在中国境内设立的代表机构和分支机构的证书复印件（加盖公章）；作为发起人的个人简历以及在华境内无犯罪记录承诺。

（3）成立登记申请书。

抬头写："民政部"；内容应包括但不限于：成立理由、宗旨、背景、业务范围、资金来源、发起人及发起人单位情况、会员范围。申请书应由发起人共同签署。

（4）申请表格。

所有表格可按"中国社会组织网—办事服务平台—表格下载"流程直接下载；表格包括：《外国商会法人登记申请表》；《外国商会法定代表人登记表》；《外国商会负责人备案表》（会长、副会长、秘书长每人一表）；《外国商会章程核准表》。

（5）外国商会章程

（6）资金来源证明

写明拟捐赠金额、作为拟成立的该外国商会的活动资金，承诺该资金为捐赠者的合法财产，捐赠人签字或者捐赠单位盖章。

（7）住所证明

须由提供住所的单位或个人出具使用证明，并提供房屋产权证复印件，若为租赁的，还须提供租赁合同复印件。

（8）会员名册

团体会员和个人会员应分别列出；个人会员应列出姓名、工作单位和职务、联系电话；团体会员应列出单位名称、地址、负责人、联系电话；名单后应附上所有会员的回执，个人会员回执须由本人签字，团体会员回执须加盖单位印章。

三 政府购买服务的管理

通过政府购买服务的"项目制"形式开展工作，是中国社会组织的主要工作形式与资金来源，政府同时也出台了一系列指导意见和管理办法。

（一）政府购买社会服务的初期

2012 年 11 月，《民政部 财政部关于政府购买社会工作服务的指导意见》对政府购买社会工作服务的主体、对象、范围、程序与监督管理做出了具体规定。具体来说：①政府是购买公共服务的主体；②具有独立法人资格的社会组织是主要购买对象；③购买范围是公益等相关的社会福利事业；④购买程序是政府进行财政预算，组织公开招标，签订合同并指导监督服务开展；⑤监督管理强调"过程监管"，即按照政府购买社会工作服务合同要求，对专业服务过程、任务完成和资金使用情况等进行督促检查，并由购买方、服务对象及第三方组成综合性评审机制。①

2013 年 12 月，财政部发布《关于做好政府购买服务工作有关问题的通知》，对政府购买服务的管理办法以及相关预算、政府采购、税收等具体政

---

① 资料来源：http://www.gov.cn/zwgk/2012-11/28/content_ 2276803.htm，最后访问日期：2021 年 12 月 7 日。

策措施进行了补充。

（二）政府购买社会服务的发展

2013 年 9 月，《国务院办公厅关于政府向社会力量购买服务的指导意见》印发，强调政府购买社会服务的重要性，指出总体方向，要求规范开展、扎实推进购买服务工作。

该意见也对政府购买服务的购买主体、承接主体、购买内容、购买机制、资金管理与绩效管理做出了具体的规定，其内容与上文《民政部 财政部关于政府购买社会工作服务的指导意见》大致相近，在"购买内容"方面做了更为清晰的规定："在教育、就业、社保、医疗卫生、住房保障、文化体育及残疾人服务等基本公共服务领域，要逐步加大政府向社会力量购买服务的力度。"①

（三）政府购买社会服务的完善

2020 年 3 月，由财政部发布的《政府购买服务管理办法》正式施行，对政府购买服务的购买主体和承接主体、购买内容和目录、购买活动的实施、合同及履行、监督管理和法律责任等做出了规定。

其中对"不得纳入政府购买服务"的领域做出了具体的规定：①不属于政府职责范围的服务事项；②应当由政府直接履职的事项；③政府采购法律、行政法规规定的货物和工程，以及将工程和服务打包的项目；④融资行为；⑤购买主体的人员招、聘用，以劳务派遣方式用工，以及设置公益性岗位等事项；⑥法律、行政法规以及国务院规定的其他不得作为政府购买服务内容的事项。②

（四）其他资金使用方面的规定

关于社会组织的具体运作过程也有对资金使用的相关规定。1999 年，为了鼓励捐赠、规范捐赠受赠行为和保护捐赠人、受赠人合法权益，全国

---

① 资料来源：http：//www.gov.cn/zwgk/2013-09/30/content_ 2498186.htm，最后访问日期：2021 年 12 月 7 日。

② 资料来源：http：//www.ccgp.gov.cn/zcfg/mofgz/202002/t20200203_ 13843360.htm，最后访问日期：2021 年 12 月 7 日。

人大常委会会议通过《中华人民共和国公益事业捐赠法》。2016年，全国人民代表大会通过的《中华人民共和国慈善法》规范了慈善活动，包括慈善组织、募捐、捐赠、财产、服务和信息公开等方面。该法对促进社会组织建设，推动慈善事业发展起到了重要作用。2016年，民政部颁布《慈善组织认定办法》，明确规定了慈善组织的认定要求，包括需要符合的条件、需要递交的材料与程序等。本部分涉及社会组织的内部运行，故在其他章节具体呈现。

（五）地方政府购买服务的探索

2021年12月，深圳市民政局发布了《政府购买社会工作服务规范指引（试行）》的通知，其中对政府购买社会工作服务项目的主体、承接主体、购买内容做了具体的规定。

购买主体：市、区国家机关、团体组织；纳入本级财政预算。

承接主体：依法成立且业务范围包含提供社工服务和具备相应资质的企业、社会组织（不含由财政拨款保障的群团组织），公益二类和从事生产经营活动的事业单位，基层群众性自治组织，以及具备条件的个人。同时具体说明了：公益一类事业单位、使用事业单位编制且由财政拨款保障的群团组织，不作为政府购买社会工作服务的购买主体和承接主体。

购买内容：政府购买的社会工作服务是指运用社会工作专业理念、方法与技能，提供帮困扶弱、情绪疏导、心理抚慰、精神关爱、行为矫治、社会康复、权益维护、危机干预、关系调适、矛盾化解、能力建设、资源链接、社会融入等方面的服务。具体包括社会福利、社会救助、慈善事业、社区建设、婚姻家庭、精神卫生、残障康复、教育辅导、就业援助、职工帮扶、犯罪预防、禁毒戒毒、矫治帮教、卫生健康、纠纷调解、应急处置16个社会工作服务领域，以及法律法规规定或者相关主管部门认定的其他领域社会工作服务。

四 社会组织的监管评估

（一）全国性社会组织的评估管理

社会组织作为政府职能转型和公共服务供给的重要主体，绩效评估是其能力建设的重要方式。通过科学设计的绩效评估，有利于社会组织发现自身不足与缺陷，及时加强自身建设和管理，同时，可操作化的评估指标体系有利于提升社会组织整个行业的科学管理水平。

2021 年 12 月 2 日，民政部发布的《全国性社会组织评估管理规定》（2022 年 1 月 1 日起施行）对社会组织的具体评估进行了具体规定。该规定包括：总则、评估对象和内容、评估工作程序、评估专家管理、监督管理五个部分。以下列举了每一部分的重要内容。

1. 总则

本章主要从法律依据、基本定义、评估主体、经费来源、评估等级、有效时间等方面对该评估规定进行总体性说明。

（1）制定依据包括：《中华人民共和国慈善法》、《关于改革社会组织管理制度促进社会组织健康有序发展的意见》和《社会组织评估管理办法》。

（2）对社会组织的定义：全国性社会组织是指经民政部登记成立的社会团体、基金会、社会服务机构。

（3）主体：民政部负责全国性社会组织评估工作，设立全国性社会组织评估委员会（以下简称评估委员会）承担全国性社会组织评估工作。

评估委员会下设办公室（以下简称评估办公室）具体负责评估实施方案制定、评估专家管理、组织实施实地评估、评估等级管理等日常工作。

（4）经费来源：全国性社会组织评估经费列入财政预算。

（5）评估等级：共分为 5 个等级，由高至低依次为 5A 级、4A 级、3A 级、2A 级、1A 级。

（6）有效时间：社会组织评估等级有效期为 5 年。获得 3A 以上等级的全国性社会组织，在评估等级有效期内，可以按照有关规定，享受相关政策。

2. 评估对象和内容

该部分主要介绍了评估对象应满足的基本条件以及具体评估的内容。

（1）参与评估组织应符合的条件（符合其中之一即可）：（a）取得社会组织法人登记证书满 2 年，未参加过社会组织评估的；（b）获得评估等级满 5 年有效期的；（c）评估等级在有效期内，获得评估等级满 2 年的。

（2）评估内容：坚持和加强党的全面领导，参与经济建设、社会事业、基层治理，服务国家、服务社会、服务群众、服务行业等方面的情况。评估内容主要包括基础条件、内部治理、工作绩效、社会评价等。

3. 评估工作程序

该部分将整个评估流程分为 7 个具体步骤进行具体介绍。

（1）民政部应当发布评估通知或者公告。

（2）社会组织按照评估工作有关规定和要求，向评估办公室提交评估申请。

（3）评估办公室 10 个工作日内给予回应。

（4）评估委员会组建评估专家组，对获得评估资格的全国性社会组织进行实地评估。

实地评估方式主要包括：（a）座谈问询，了解参评社会组织工作开展情况；（b）查阅文件，对参评社会组织有关会议纪要、文件资料、财务凭证、业务活动资料等进行查阅核实；（c）个别访谈，通过与参评社会组织专职和兼职工作人员，党组织负责人、普通党员和群众，社会组织负责人、财务人员等谈话，了解有关工作开展情况。

（5）评估反馈。实地评估完成后，评估专家组应当在 7 个工作日内向评估办公室提交实地评估意见。评估办公室审核汇总后，向参评社会组织反馈实地评估情况及相关意见建议。社会组织实地评估和社会评价等工作完成后，在 30 日内形成评估报告、提出评估等级建议，提交评估委员会审议。评估委员会召开会议，审议评估等级，并向社会公示。会议出席委员人数应当占全体委员人数的三分之二以上。会议采取记名投票表决方式，评估等级须经全体委员半数以上通过。

（6）符合申请。参评社会组织对评估等级有异议的，可以在公示期内向评估办公室提出书面复核申请。

（7）举报监督。评估办公室应当设立评估工作投诉举报热线，向社会公开，接受社会监督。对评估期间收到的与评估工作有关的投诉举报，应当及时核实，并在评估报告中客观反映有关核实情况。

4. 评估专家管理

该部分对评估专家库建设，专家资格认定以及一些保密、回避等纪律做出了详细规定。

（1）评估委员会建立全国性社会组织评估专家库。对入库评估专家实行聘任制，聘任期为 3 年；聘任期满，视情况决定是否续聘。

（2）评估专家应当具备以下资格条件：（a）拥护中国共产党领导，拥护党的路线方针政策，遵纪守法，具备良好的思想政治素质和职业道德；（b）具备从事社会组织评估工作的政策理论水平和相关专业知识；（c）具备社会组织工作相关从业经验；（d）身体健康状况能够胜任社会组织评估工作。

（3）评估专家应遵纪守法并对评估信息严格保密。

（4）有利害或相关关系的专家应主动回避。

（5）其他纪律：严格禁止专家接受宴请、私下接触、提前泄露信息、无故缺席、开展相关商业活动等有损公正的行为。

5. 监督管理

该部分对评估的后期管理及相应处罚做出了具体规定。

（1）年审与追踪。评估办公室每年抽取一定比例评估等级在有效期内的全国性社会组织，按照本规定第三章有关规定进行跟踪评估。民政部根据跟踪评估情况对相关社会组织做出相应的等级调整或确认，并向社会公告。

（2）核查评估的对象（有以下任一情况的社会组织）：（a）评估中提供虚假情况和资料，或者与评估工作相关人员串通作弊，致使评估结果失实的；（b）涂改、伪造、出租、出借评估等级证书，或者伪造、出租、出借评估等级牌匾的；（c）未参加上年度检查或者未按规定履行上年度工作报告义务的；（d）上年度检查不合格或者连续 2 年基本合格的；（e）被列入社会组织异常活动名录或者严重违法失信名单的；（f）上年度受到登记管理机关或者其他政府部门有关行政处罚的；（g）有与评估相关的投诉举报的；（h）发生其他可能影响评估的。

（二）2019 年社会组织评估成果简介

中国国家社会组织管理局、民政部社会组织服务中心在 2007 年至 2017 年度组织开展全国性社会组织评估工作，2018 年度继续推进全国性社会组织评估活动。《中国社会组织评估发展报告（2019）》作为最新的社会组织评估报告，正是在往年评估工作基础上，由上海交通大学与国家社会组织管理局、民政局社会组织服务中心共同合作研究撰写，对 2018 年度全国性社会组织评估情况进行了系统分析。社会组织作为一类重要的社会组织，其相关评估情况可以参照《中国社会组织评估发展报告（2019）》；该报告对 2018 年度全国性社会组织（社会组织）评估报告情况做了总体分析，主要包括组织评估工作概况、组织评估结果分析、组织评估指标分析等部分。

表 3-1　2018 年度全国性社会组织评估等级结果情况（5A 级、4A 级）

组织类型	评估等级	
	5A 级	4A 级
社会团体	1 家 中国氯碱工业协会	28 家 中国防痨协会；中国证券业协会；中国社会福利与养老服务协会；中国特种设备安全与节能促进会；中国氟硅有机材料工业协会；中国教育装备行业协会；中国民族贸易促进会；中国水产流通与加工协会；中国水运建设行业协会；中国可持续发展研究会；中国空间科学学会；中国医药创新促进会；中国汽车维修行业协会；中国汽车摩托车运动联合会；中国指挥与控制学会；中国石油工程建设协会；中国生态学学会；中国食用菌协会；中国工业节能与清洁生产协会；中国社会保障学会；中国煤矿体育协会；中国古迹遗址保护协会；中国研究型医院学会；中国电子电路行业协会；中国安全防范产品行业协会；全联房地产商会；中国珠算心算协会；中国马业协会
基金会	4 家 中国教育发展基金会；中华慈善总会；国家能源集团公益基金会；中华环境保护基金会	20 家 中国光彩事业基金会；中国初级卫生保健基金会；泛海公益基金会；北京交通大学教育基金会；中国癌症基金会；中国出生缺陷干预救助基金会；中国互联网发展基金会；中国法律援助基金会；中国发展研究基金会；传媒大学教育基金会；中国科学院大学教育基金会；中国绿化基金会；中华全国体育基金会；中国海洋发展基金会；中国绿色碳汇基金会；中国肝炎防治基金会；中国志愿服务基金会；东润公益基金会；国家电网公益基金会；中国农业大学教育基金会
其他类社会组织	无	无

资料来源：徐家良主编《中国社会组织评估发展报告（2019）》，社会科学文献出版社，2020。

1. 社会组织的评估过程

2014 年《国务院关于促进慈善事业健康发展的指导意见》和 2015 年民政部发布的《民政部关于探索建立社会组织第三方评估机制的指导意见》都鼓励加强引入第三方专业机构的评估机制，经过近些年的努力，全国性社会组织已经形成了政府指导、社会参与、独立运作的工作机制，拥有一套比较有效的管理机制和运行体系。2018 年，民政部积极稳妥推进第三方评估，坚持以问题为导向，不断改进社会组织评估工作。

2018 年共有 124 家全国性社会组织获得评估等级。其中，全国性行业协会商会 38 家、全国性学术类社会团体 30 家、全国性公益类社会团体 2 家、基金会 48 家、社会服务机构 6 家。评估等级结果为：5A 级 5 家，占评估总数的 4.03%；4A 级 48 家，占 38.71%；3A 级 58 家，占 46.77%；2A 级 11 家，占 8.87%；1A 级 2 家，占 1.61%。2018 年参评全国性社会组织的影响力和规范化程度均有较大幅度提升，并且积极参与脱贫攻坚等公共事务，显示出较强的社会责任意识。全国性社会组织评估工作包括如下八个阶段。

（1）下发通知。2018 年 10 月 8 日，《国家社会组织管理局关于开展2018 年度全国性社会组织评估工作的通知》下发。

（2）公开招标第三方评估机构。2018 年 11 月 8~28 日，民政部社会组织服务中心公开招标第三方评估机构；采购单位：民政部社会组织服务中心；代理机构：中建精诚工程咨询有限公司；招标结果：2 家企业、4 家社会组织中标。

（3）社会组织自评与申报。2018 年 11 月 30 日前，社会组织自评与申报；网上填报《社会组织评估申报书》报送民政部社会组织服务中心进行评估资格审核。

（4）确认参评全国性社会组织名单。2018 年 12 月，民政部社会组织服务中心确认参评全国性社会组织名单。

（5）现场评估。2019 年 6 月前，第三方评估机构组织评估专家进行现场评估，给出初评意见。

（6）终评。2019 年 10 月 11 日，全国性社会组织评估委员会会议对第三方评估初评结论进行终评，确定评估等级。

（7）公示。2019 年 10 月 15~21 日，全国性社会组织评估委员会在中国社会组织网发布《2018 年度全国性社会组织评估等级结果公示》；持异议者可向民政部社会组织服务中心管理服务处举报或反映。

（8）公告。2019 年 12 月，民政部发布最后公告。

2. 社会组织的评估指标

全国性社会组织评估指标分为基础条件、内部治理、工作绩效和社会评价四部分。其中，基础条件、内部治理和工作绩效属于现场评估内容。2018年，民政部和第三方评估机构创新了社会评价方式，首次尝试用微信或短信方式代替以前的电话访谈。

具体评估指标包括了"一级指标"4类，"二级指标"12类。

（1）基础条件：法人资格、登记管理。

（2）内部管理：组织机构、党组织、人力资源管理、财务资产、档案证章。

（3）工作绩效：开展服务、平台建设。

（4）社会评价：内部评价、公众评价、上级评价。

表3-2 社会组织评估的指标体系

一级指标	二级指标	具体评估标准
基础条件	法人资格	法定代表人符合章程规定人选；法定代表人未兼任其他组织法定代表人；能提供法定代表人产生时的会议纪要或决议，并明确记载出席人数和表决人数，且人数符合制度规定
	登记管理	（1）章程核准。章程经过登记管理机关核准。（2）变更登记。在变更名称、业务范围、住所、注册资金、法定代表人、业务主管单位等时，均在规定时间内按规则办结变更登记。（3）年检结论。年检方面表现合格
内部管理	组织机构	（1）产生和罢免理事符合规定，如社会团体要求2/3以上会员（代表）出席会员（代表）大会，且出席会员（代表）半数以上表决通过；而社会服务机构要求1/2以上理事出席理事会，经全体理事1/2以上通过（以核准章程的要求为准）。（2）能提供会议纪要或决议，并载明会议出席人数和表决人数
	党组织	（1）党组织建立：有3名以上党员，独立建立党组织；党员人数不足3名，建立联合党组织。（2）党组织活动：能以多样化方式落实组织生活制度，并提供开展活动的材料；建立了党组织，且活动丰富、工作材料齐全
	人力资源管理	（1）人事管理方面，按国家规定为应签订劳动合同的专职工作人员缴纳社会保险和住房公积金；有合理、详尽的薪酬管理制度，且按照制度规定发放；基金会和社会服务机构要求社会组织在培训人次、培训内容和培训形式上表现优秀。（2）负责人方面，秘书长等专职行政负责人。（3）工作人员方面，足够的专职工作人员
	财务资产	（1）会计人员方面，会计机构负责人或会计主管人员具有会计师以上专业技术职业资格或从事会计工作三年以上。（2）实物和无形资产管理方面，制定全面的资产管理制度
	档案证章	有详细的用印使用登记，事由、使用人、批准人、日期等内容清晰、齐全

续表

一级指标	二级指标	具体评估标准
工作绩效	开展服务	（1）服务政府方面，参与过法律法规、规章政策的起草工作，能够呼吁开展行业法律法规和规章修订工作，有明显成效且能提供相关证明材料；向政府有关部门提出的政策建议被采纳。承接政府职能、委托项目和购买服务等。（2）服务社会方面，在政策引导下能够积极参与脱贫攻坚工作，开展扶贫济困等公益活动
	平台建设	（1）信息平台种类方面，拥有多样化的信息公开渠道。（2）建立新闻发言人及信息公开管理机制，重视建立新闻发言人制度，指定专人负责信息公开工作，积极参加有关新闻发言人的培训班，管理到位且信息公开及时
社会评价	内部评价	理事/监事、工作人员
	公众评价	捐赠人、受助人/服务对象
	上级评价	登记管理机关、业务主管机关、表彰奖励

文献来源：徐家良主编《中国社会组织评估发展报告（2019）》，社会科学文献出版社，2020。

五　社会组织的撤销注销

（一）社会组织变更、注销

《社会团体登记管理条例》（2016 年修改）中的第十八条对社会组织的变更做出了明确的说明："社会团体的登记事项需要变更的，应当自业务主管单位审查同意之日起 30 日内，向登记管理机关申请变更登记。社会团体修改章程，应当自业务主管单位审查同意之日起 30 日内，报登记管理机关核准。"

第十九条对社会组织的注销做出了明确的说明："社会团体有下列情形之一的，应当在业务主管单位审查同意后，向登记管理机关申请注销登记：（1）完成社会团体章程规定的宗旨的；（2）自行解散的；（3）分立、合并的；（4）由于其他原因终止的。"

第二十条对社会组织的清算做出了明确的说明："社会团体在办理注销登记前，应当在业务主管单位及其他有关机关的指导下，成立清算组织，完成清算工作。清算期间，社会团体不得开展清算以外的活动。"

第二十一条、二十三条，对社会组织注销后的相关事务分别做出了明确的说明："社会团体应当自清算结束之日起 15 日内向登记管理机关办理注销登记。办理注销登记，应当提交法定代表人签署的注销登记申请书、业务主管单位的审查文件和清算报告书。登记管理机关准予注销登记的，发给注销证明文件，收缴该社会团体的登记证书、印章和财务凭证。""社会团体成立、注销或者变更名称、住所、法定代表人，由登记管理机关予以公告。"

2018 年 8 月，民政部公布的《社会组织登记管理条例（草案征求意见稿）》对社会组织的变更与注销做了进一步规定，包括：登记事项、章程的变更，申请注销登记，清算。

（二）相关决议的撤销

《中华人民共和国民法典》（2021）对非营利法人的相关决议撤销做出了具体的规定，第九十四条："捐助人有权向捐助法人查询捐助财产的使用、管理情况，并提出意见和建议，捐助法人应当及时、如实答复。捐助法人的决策机构、执行机构或者法定代表人作出决定的程序违反法律、行政法规、法人章程，或者决定内容违反法人章程的，捐助人等利害关系人或者主管机关可以请求人民法院撤销该决定。但是，捐助法人依据该决定与善意相对人形成的民事法律关系不受影响。"

（三）不具资格的社会组织负责人与组织

《中华人民共和国慈善法》（2016）对不具资格的社会组织负责人与组织做出了具体的规定。不得担任慈善组织（社会组织）的负责人情况包括："（1）无民事行为能力或者限制民事行为能力的；（2）因故意犯罪被判处刑罚，自刑罚执行完毕之日起未逾五年的；（3）在被吊销登记证书或者被取缔的组织担任负责人，自该组织被吊销登记证书或者被取缔之日起未逾五年的；（4）法律、行政法规规定的其他情形。"

同时，慈善组织（社会组织）有下列情形之一的，应当终止："（1）出现章程规定的终止情形的；（2）因分立、合并需要终止的；（3）连续二年未从事慈善活动的；（4）依法被撤销登记或者吊销登记证书的；（5）法律、行政法规规定应当终止的其他情形。"

上述两个"黑名单"具体规定了哪些负责人或者哪些社会组织不具有开展相关业务的资质。这一定义也适用于其他场景下对于社会组织的评估；例如，在社会组织承接政府购买服务时，具有上述任一条件的组织或个人不得作为项目的承接人。

（四）社会组织的清算

在非营利法人资格撤销后的财产分配中，《中华人民共和国民法典》（2021）对非营利法人的财产分配也做出了具体的规定，第九十五条："为公益目的成立的非营利法人终止时，不得向出资人、设立人或者会员分配剩余财产。剩余财产应当按照法人章程的规定或者权力机构的决议用于公益目的；无法按照法人章程的规定或者权力机构的决议处理的，由主管机关主持转给宗旨相同或者相近的法人，并向社会公告。"

同时，《中华人民共和国慈善法》（2016）对社会组织的清算也秉承了类似的准则："慈善组织的决策机构应当在本法第十七条规定的终止情形出现之日起三十日内成立清算组进行清算，并向社会公告。不成立清算组或者清算组不履行职责的，民政部门可以申请人民法院指定有关人员组成清算组进行清算。慈善组织清算后的剩余财产，应当按照慈善组织章程的规定转给宗旨相同或者相近的慈善组织；章程未规定的，由民政部门主持转给宗旨相同或者相近的慈善组织，并向社会公告。慈善组织清算结束后，应当向其登记的民政部门办理注销登记，并由民政部门向社会公告。"

六　行政处罚与清理取缔

社会组织的行政处罚与取缔具体指两类情况：一是对涉及违法行为的社会组织进行行政处罚，二是对非法成立的社会组织清理取缔。

（一）行政处罚

2021年民政部公布了《社会组织登记管理机关行政处罚程序规定》要求社会组织登记管理的各级单位对本单位所辖的社会组织进行严格管理。此规定自2021年10月15日起施行；2012年8月3日民政部发布的《社会组织登记管理机关行政处罚程序规定》同时废止。

1. 对社会组织进行行政处罚的标准

（1）有违反社会组织登记管理规定的违法事实。

（2）属于登记管理机关行政处罚的范围。

（3）属于本机关管辖。

2. 根据调查结果所做出的行政处罚内容

（1）确有应受行政处罚的违法行为的，根据情节轻重及具体情况，做出行政处罚决定。

（2）违法行为轻微，依法可以不予行政处罚的，不予行政处罚。

（3）违法事实不能成立的，不予行政处罚。

（4）违法行为涉嫌犯罪的，移送司法机关。

（二）对社会团体的违法认定

在三类主要社会组织中，对社会团体的违法认定最为明确，具体包括以下几个方面。

（1）社会团体在申请登记时弄虚作假，骗取登记的；

（2）自取得《社会团体法人登记证书》之日起1年未开展活动的；

（3）涂改、出租、出借《社会团体法人登记证书》，或者出租、出借社会团体印章的；

（4）超出章程规定的宗旨和业务范围进行活动的；

（5）拒不接受或者不按照规定接受监督检查的；

（6）不按照规定办理变更登记的；

（7）违反规定设立分支机构、代表机构，或者对分支机构、代表机构疏于管理，造成严重后果的；

（8）从事营利性的经营活动的；

（9）侵占、私分、挪用社会团体资产或者所接受的捐赠、资助的；

（10）违反国家有关规定收取费用、筹集资金或者接受、使用捐赠、资助的。

（三）法律责任

2018年8月3日，民政部公布的《社会组织登记管理条例（草案征求意见稿）》对社会组织的法律责任进行了明确的规定。

（1）未经登记，擅自以社会团体、基金会、社会服务机构名义进行活动，发起人以拟设立社会团体、基金会、社会服务机构名义开展与发起无关的活动，被撤销登记、吊销法人登记证书后继续以社会团体、基金会、社会服务机构名义进行活动的，由登记管理机关予以取缔，没收非法财物和违法所得，可以对直接责任人员处 2 万元以上 20 万元以下罚款。

（2）社会组织在申请登记中弄虚作假、骗取登记的，由登记管理机关撤销登记。

（3）社会组织从事或者资助危害国家统一、安全和民族团结活动，非法从事或者非法资助宗教活动的，由登记管理机关吊销法人登记证书，并将该社会组织列入严重违法失信名单。

（4）社会组织有下列情形之一的，由登记管理机关责令改正，可以予以警告或者限期停止活动，并可以责令撤换直接负责的主管人员；情节严重的，吊销法人登记证书：

①未按照章程规定的宗旨和业务范围活动；

②从事营利性经营活动；

③违反本条例第十三条关于负责人任职条件的规定；

④伪造、变造、出租、出借法人登记证书、印章；

⑤未按照规定或者提供虚假材料办理变更登记、注销登记、章程核准手续；

⑥基金会年末净资产总额低于本条例第二十三条规定的注册资金数额；

⑦未使用规范的名称开展活动；

⑧理事、监事违反本条例规定领取报酬；

⑨违反规定设立分支机构、代表机构，或者对其疏于管理，造成严重后果；

⑩侵占、私分、挪用社会组织的财产；

⑪违反国家有关规定收取费用、筹集资金或者接受、使用捐赠、资助；

⑫违反本条例第五十三条第三款规定；

⑬违反本条例第五十五条规定；

⑭违反本条例第五十六条规定；

⑮拒不接受或者不按照规定接受监督检查。

前款规定的行为有违法经营额或者违法所得的，予以没收，可以并处违法经营额 1 倍以上 3 倍以下或者违法所得 3 倍以上 5 倍以下的罚款；可以对直接负责的主管人员处 2 万元以上 20 万元以下罚款。

（5）社会组织连续 2 年或者 5 年内累计 3 次未按照本条例规定履行年度报告义务的，由登记管理机关吊销法人登记证书。

社会组织取得法人登记证书后连续 12 个月未开展活动的，由登记管理机关吊销法人登记证书。

社会组织不依法进行清算，或者在清算期间开展与清算无关的活动的，登记管理机关可以对法定代表人、直接责任人员处 2 万元以上 20 万元以下罚款。

（6）社会组织被限期停止活动的，由登记管理机关封存法人登记证书、印章和财务凭证。

（7）登记管理机关、业务主管单位和其他有关部门的工作人员滥用职权、徇私舞弊、玩忽职守的，依法给予处分。

（8）违反本条例规定，构成违反治安管理行为的，依法给予治安管理处罚；构成犯罪的，依法追究刑事责任。

（四）清理取缔

对那些非法社会组织进行清理取缔是社会组织行政管理的重要方面。

1. 非法社会组织的界定

根据民政部 2000 年 4 月发布的《取缔非法民间组织暂行办法》以及民政部 2014 年取消社会团体筹备成立审批的通知，目前两类社会属于"非法"：一类是未经登记，擅自以社会团体或者民办非企业单位名义进行活动的；另一类是被撤销登记后，继续以社会团体或民办非企业单位名义进行活动的两类社会组织。

2. 对非法社会组织的处罚

（1）对那些非法社会组织，由登记管理机关予以取缔，没收非法财产。

（2）构成犯罪的，依法追究刑事责任。

（3）尚不构成犯罪的，依法给予治安管理处罚。根据《中华人民共和国治安管理处罚法》的规定，有以下行为之一的，处 10 日以上 15 日以下拘留，并处 1000 元以下罚款，包括：违反国家规定，未经注册登记，以社会团体名义进行活动，被取缔后，仍进行活动的；被依法撤销登记的社会团体，仍以社会团体名义进行活动的；未经许可擅自经营按照国家规定需要由公安机关许可的行业的。以上情节较轻的，处 5 日以下拘留或 500 元以下罚款。

第三节　社会组织的激励与培育

一　社会组织的税收优惠

社会组织推动社会公益事业的发展，提升人民福祉，提供一些政府力所不及的公共物品。因此，为鼓励支持社会组织的可持续发展，政府在税收方面出台一系列的优惠政策（包括免税政策），并对社会组织的内部财务管理方面做了较为详细的规定。

（一）在减免社会组织税收方面

1999 年 6 月，全国人大常委会会议通过的《中华人民共和国公益事业捐赠法》中规定：企业或个人依法捐赠财产用于公益事业的支出，分别享受企业所得税或个人所得税方面的优惠；但并未明确规定优惠的细则。1999 年 1 月，国家税务总局颁布的《事业单位、社会团体、民办非企业单位企业所得税征收管理办法》规定，财政拨款、政府资助、会费与捐赠收入等纳入免税收入；事业单位、社会团体、民办非企业单位的用于公益、救济性以及文化事业的捐赠，在年度应纳税所得额 3% 以内的部分，准予扣除。2009 年 11 月，财政部、国家税务总局发布《关于非营利组织企业所得税免税收入问题的通知》，将捐赠收入、政府补助收入、按规定收取的会费和不征税收入以及免税收入孳生的银行存款利息等四项收入列入免税收入的范畴，中国社会组织享受免税的范围不断扩大。

（二）在规范社会组织财务方面

2004 年财政部颁布《民间非营利组织会计制度》，对社会组织资产、负债、净资产、收入等方面进行了定义、划分与解释。2016 年，《民政部关于加强和改进社会组织薪酬管理的指导意见》对社会组织薪酬标准及管理等提出要求。①合理确定薪酬标准：社会组织对内部薪酬分配享有自主权，其从业人员主要实行岗位绩效工资制，薪酬一般由基础工资、绩效工资、津贴和补贴等部分构成；②及时足额兑现薪酬；③着力规范薪酬管理：社会组织应建立薪酬管理制度，并将其纳入会员（代表）大会或理事会决策事项中；④逐步建立薪酬水平正常增长机制；⑤不断完善社保公积金缴存机制；⑥各级登记管理机关加强薪酬工作的监督管理。①

(三) 在社会组织免税资格认证方面

2018 年 1 月，财政部、税务总局发布的《关于非营利组织免税资格认定管理有关问题的通知》对社会组织的免税资格认定的条件、申报材料、资格有效期与资格取消等方面做了具体规定。社会组织的免税条件必须同时包括：

(1) 依照国家有关法律法规设立或登记的事业单位、社会团体、基金会、社会服务机构、宗教活动场所、宗教院校以及财政部、税务总局认定的其他社会组织；

(2) 从事公益性或者非营利性活动；

(3) 取得的收入除用于与该组织有关的、合理的支出外，全部用于登记核定或者章程规定的公益性或者非营利性事业；

(4) 财产及其孳息不用于分配，但不包括合理的工资薪金支出；

(5) 按照登记核定或者章程规定，该组织注销后的剩余财产用于公益性或者非营利性目的，或者由登记管理机关采取转赠给予该组织性质、宗旨相同的组织等处置方式，并向社会公告；

(6) 投入人对投入该组织的财产不保留或者享有任何财产权利，本款所称投入人是指除各级人民政府及其部门外的法人、自然人和其他组织；

(7) 工作人员工资福利开支控制在规定的比例内，不变相分配该组织的财产，其中：工作人员平均工资薪金水平不得超过税务登记所在地的地市级（含地市级）以上地区的同行业同类组织平均工资水平的两倍，工作人员福利按照国家有关规定执行；

(8) 对取得的应纳税收入及其有关的成本、费用、损失应与免税收入及其有关的成本、费用、损失分别核算。②

---

① 《规范薪酬管理 提升能力水平——民政部印发〈关于加强和改进社会组织薪酬管理的指导意见〉》，《中国民政》2016 年第 15 期，第 2 页。
② 《非营利组织免税资格认定管理出台新规》，《中国总会计师》2018 年第 3 期，第 17 页。

二　社会组织的人才政策与激励

2021 年，民政部印发的《"十四五"社会组织发展规划》中强调，到 2025 年，全国社会组织的专职工作人数计划达到 1250 万人。但相比发达国家仍存一定差距，如美国社会组织从业者（非政府组织雇用人员）占社会从业人员总数的 10%，约 1500 万人。

社会组织的发展关键在人，人才队伍建设事关社会组织满足人民日益增长美好生活需要的实现，是推进社会治理现代化创新，以及协调经济社会发展的关键一环。如何在政策设计中让社会组织从业者"有作为""有地位"是党和国家在社会组织人才队伍建设中的重要工作。

（一）社会组织从业者的人才政策

有关社会组织从业者的政策主要包括以下五个方面。

（1）根据《关于进一步加强党管人才工作的意见》（2012）社会组织人才被纳入"党管干部"的国家人才工作体系。

（2）建立"社会工作师"职业体系，继民政部联合人事部、人力资源和社会保障部发布《社会工作者职业水平评价暂行规定》（2006）、《助理社会工作师、社会工作师职业水平考试实施办法》（2006）之后，又发布了《高级社会工作师评价办法》（2018）。

（3）对工作人员的薪酬进行了具体的规范，如 2016 年民政部印发《关于加强和改进社会组织薪酬管理的指导意见》，试图改变"社会组织从业人员薪酬水平总体偏低，缺乏激励，吸引力不足"的现状，并联合中央综治办、教育部等部门出台《关于加强社会工作专业岗位开发与人才激励保障的意见》（2016）。

（4）将社会组织从业人员纳入有关表彰奖励推荐范围，甚至推荐社会组织优秀工作者为各级人大代表与政协委员。

（5）维护社会组织从业人员利益。先后出台一系列具体规章，如民政部独立或者会同国务院有关职能部门发布了一系列涉及社会组织"工伤""养老保险""劳动合同管理""企业年金""教育培训""薪酬"等方面的"通知"和"意见"。

（二） 加强和改进社会组织薪酬管理

2016 年 10 月，民政部联合中央综治办等 12 部门印发《关于加强社会工作专业岗位开发与人才激励保障的意见》，该意见肯定了社会工作专业岗位开发与人才激励保障是创新社会治理、激发社会活力、完善现代社会服务体系的重要组织，是满足人民美好生活需要以及推进国家治理现代化的重要力量。该意见主要内容包括以下两个方面。

1. 加快推进社会工作专业岗位开发

（1）明确社会工作职业任务。加快推进社会工作的职业化发展，根据不同领域社会工作服务需求与特点，逐步完善社会工作职业标准，明确社会工作职业任务。

（2）明确社会工作专业人才配备要求。（a）老年人福利机构、残疾人福利和服务机构等以社会工作服务为主的事业单位可根据工作需要将社会工作专业岗位明确为主体专业技术岗位；（b）医院、学校等需要开展社会工作服务的单位，要将社会工作专业岗位纳入专业技术岗位管理范围；（c）街道（乡镇）社区服务中心、城乡社区服务站等基层公共服务平台以及基层人民调解组织、社区矫正机构等根据需要配备社会工作专业人才；（d）鼓励有条件的街道和乡镇依托现有资源支持发展民办社会工作服务机构，使用社会工作专业人才，通过政府购买服务等方式延伸基层社会治理与专业服务臂力。逐步实现政府提供社会工作服务从"养人"向"办事"转变。

（3）规范社会工作专业岗位聘用（任）。明确社会工作专业岗位等级，建立相应的社会工作职级体系，不断拓宽和畅通社会工作专业人才的职业发展空间。

2. 切实做好社会工作专业人才激励保障工作

（1）合理确定社会工作专业人才薪酬待遇。根据社会工作专业人才从业领域、工作岗位和职业水平等级，落实相应的薪酬保障政策。

（2）加大社会工作专业人才表彰奖励力度。将社会工作专业人才纳入国家现有表彰奖励范围，对政治坚定、业绩突出、能力卓著、群众认可的社会工作专业人才给予表彰奖励。

（3）努力提高社会工作专业人才职业地位。落实《关于加强社会工作专业人才队伍建设的意见》要求，注重把政治素质好、业务水平高的社会工作专业人才吸纳进党员干部队伍，选拔进基层领导班子，支持有突出贡献的社会工作专业人才进入人大、政协参政议政。

（4）关心艰苦地区社会工作专业人才成长发展。落实国家为推动西部大开发，促进边远贫困地区、边疆民族地区和革命老区发展的各项人才激励政策。

三　社区社会组织培育

基层城乡社区治理现代化是国家治理的重要基石。而活跃于基层社区的社区社会组织则是基层治理现代化的重要组成部分。2020 年，民政部办公厅印发《培育发展社区社会组织专项行动方案（2021～2023 年）》对社区社会组织的培育进行四个领域的工作部署，具体有如下几个方面。

（一）实施社区社会组织培育发展计划

1. 制定专项规划

各地根据经济社会发展实际，把社区社会组织培育发展工作纳入城乡社区治理总体布局，加强对社区社会组织工作的统一领导和统筹协调。

2. 建设支持平台

实施社区社会组织"安家"工程，依托街道（乡镇）、城乡社区综合服务设施和社区社会工作服务站点等，为社区社会组织开展活动提供场地支持。

3. 加强政策扶持

推动建立多元化筹资机制，鼓励通过政府购买服务、公益创投、社会支持等多种渠道支持社区社会组织培育发展。

4. 补齐工作短板

要结合本地农村实际以及脱贫攻坚、乡村振兴等工作要求，加大农村社区社会组织培育发展力度，推动政府和社会资源向农村社区社会组织和服务项目倾斜。

（二）实施社区社会组织能力提升计划

到 2023 年，社区社会组织参与相关领域管理、提供专业化社区服务的能力进一步提升，成为居民参与社会治理和社区服务的有效载体。

1. 培养一批骨干人才

各地民政部门要统筹社区、社会组织、社会工作力量，制订培训计划，培养社会组织工作的骨干队伍。

2. 对接一批活动项目

在推进社区、社会工作者、社区志愿者、社区社会组织、社区公益慈善资源联动实践的基础上，结合实际组织开展社区服务项目洽谈会、公益创投大赛等社区公益服务供需对接活动，通过服务项目加强对社区社会组织的引导。要进一步强化项目意识，提升社区社会组织需求调研、项目设计、项目运作的水平。推进社区社会组织品牌建设，引导优秀社区社会组织完善发展规划、加强项目宣传，提高品牌辨识度和社会知名度。

3. 提升专业服务能力

会同相关部门推动管理、服务资源下沉，指导街道（乡镇）和城乡社区党组织、村（居）民委员会落实责任，通过加强社区宣传、建立联络制度、开展业务培训、组织应急演练等方式，提升社区社会组织协同应对自然灾害、事故灾难、公共卫生、社会安全等突发事件的水平；通过加强对群防群治活动的组织、指导和保障，提升社区社会组织参与平安社区建设、和谐社区建设的能力；通过购买服务、委托项目等方式，提升社区社会组织参与提供健康、养老、育幼等社区服务的能力；通过提供活动场地等措施，支持社区社会组织开展文艺演出、体育竞赛等活动，增强社区文化建设阵地功能。

（三）实施社区社会组织作用发挥计划

加强组织动员，引导社区社会组织在提供社区服务、扩大居民参与、培育社区文化、促进社区和谐等方面发挥积极作用。到 2023 年，居民通过社区社会组织参与社区生活、享受社区服务更加广泛，对社区社会组织的感知度和认可度进一步提升，社区社会组织服务领域进一步拓展，服务质量进一步提升，成为参与城乡社区治理的重要力量。

1. "邻里守望" 系列社区志愿服务活动

引导社区社会组织在城乡基层党组织的领导下和基层群众性自治组织的指导下，以"邻里守望"为主题，开展有特色、有实效的主题志愿服务活动。通过综合包户、结对帮扶等多种方式，重点为社区内低保对象、特困人员、空巢老人、农村留守人员、困境儿童、残疾人、进城务工人员及随迁子女等困难群体提供亲情陪伴、生活照料、心理疏导、法律援助、社会融入等各类关爱服务，构建守望相助的邻里关系，推动社区志愿服务常态化。引导基金会等慈善组织支持社会工作者、志愿者深入城乡社区，依托社区社会组织为重点群体和困难群众提供关爱服务，为兜底保障、社区服务提供支持力量。

2. "共建共治共享"系列社区协商活动

引导社区社会组织在城乡基层党组织领导下，协助基层群众性自治组织带动居民有序参与基层群众自治实践，依法开展自我管理、自我服务、自我教育、自我监督。

3. "共创平安"系列社区治理活动

发挥社区社会组织在社区治安综合治理中的积极作用，指导社区社会组织开展社区矛盾化解、纠纷调解、心理服务等工作。

4. "文化铸魂"系列精神文明创建活动

以社区社会组织为平台，推进社区文明创建。同时，还强调要实施社区社会组织规范管理计划。具体的规范管理包括三个方面：①落实党建责任；②完善分类管理；③规范内部治理。

第四节　社会组织的党建引领、分类管理与双重管理

自党的十八大以来，党和国家对社会组织的管理主要包括三个特征：党建引领、分类管理、双重管理。党建引领体现了中国共产党在基层合法性的实现，确保国家开展基层公共服务的有效性。分类管理一方面可以在法制法规层面为社会组织提供更为精细化的管理与服务；另一方面也从资源动员能力方面对社会组织进行了分类，为理论研究提供了指引。双重管理则体现了中国特色的社会组织管理，双重管理之一是登记管理机关，另一个是业务主管单位，二者共同行使对社会组织的监督管理职能。

一 党建引领：社会组织发展的方向与保障

"非公党建"即在非公有制组织中成立基层党组织是中国共产党嵌入基层的一项重要工作。1998 年和 2000 年，中央组织部与民政部联合发布了《关于在社会团体中建立党组织有关问题的通知》和《关于加强社会团体党的建设工作的意见》，对社会团体建立党组织做了较为详细的规定。

党的十八大进一步提出"加大非公有制经济组织、社会组织党建工作力度"。2015 年 9 月，中共中央办公厅印发《关于加强社会组织党的建设工作的意见（试行）》，要求全面加强社会组织党建工作，党组织要在社会组织中发挥政治核心作用。

2016 年，民政部下发了《民政部关于社会组织成立登记时同步开展党建工作有关问题的通知》，为社会组织的党建工作提供指导意见。2017 年，全国性社会组织已建立党组织的比例为 76.79%。在全国性社会组织评估中，2017 年到 2018 年党组织所占分值增加 10 分。[①] 地方性的党建创新也有许多，例如，昆明市委组织部于 2022 年 1 月，面向非公有制组织党建，专门成立了"非公有制经济组织和社会组织工作委员会"。

具体来说，社会组织的党建在实践中呈现"资源依赖""政治嵌入""刚柔并济"三个特征。

（一）社会组织党建的动机——资源依赖

社会组织对党和政府的资源依赖主要体现在合法性和资金资源上。社会组织成员缴纳的党费全额返还给社会组织用于开展党建活动，不仅如此，在很多地方城市，党组织会通过经费支持的方式给予社会组织额外的党建扶持。党提供的办公和活动场地、宣传推广、人才培养、课题研究等方面的资源对于社会组织而言是十分"实惠的"。这种"实惠"可以有效地降低社会组织的运营成本，并同其他渠道的资源形成有效互补。

同时，除了经济资源，社会组织还可以从党组织获得政治资源，尤其是"合法性资源"。合法性资源包括两种具体形式：一种是政治背书，主要

---

① 李健、郭薇：《资源依赖、政治嵌入与能力建设——理解社会组织党建的微观视角》，《探索》2017 年第 5 期。

体现为降低组织经营的风险，保证组织政治安全；另一种是政治荣誉，主要体现为授予社会组织荣誉和为其提供相关机会，进而提升组织的政治地位。

（二）社会组织党建的形式——政治嵌入

2016 年中办、国办联合印发《关于改革社会组织管理制度促进社会组织健康有序发展的意见》；随后，作为社会组织主管单位的民政部印发了两个重要部门规章，2016 年 9 月《关于社会组织成立登记时同步开展党建工作有关问题的通知》，2018 年 5 月民政部印发的《关于在社会组织章程增加党的建设和社会主义核心价值观有关内容的通知》。这些文件共同确认，有正式党员 3 人以上的社会组织都应建立党的基层组织，"按照应建尽建的原则，实现党的组织和工作全覆盖"。[①]

党建开展越好的社会组织，其政治嵌入程度往往就越高。社会组织在党社互动中的政治嵌入至少包括了认知嵌入、业务嵌入和人员嵌入三个层面。

1. 认知嵌入

认知嵌入主要体现在社会组织重视党员思想政治学习、提高党员理论知识水平方面。一方面，党员带头学习上级党组织指定学习的报纸、刊物，党员学习马克思主义相关著作，学习党的各种会议文件，学习党史和党规党纪等。另一方面，社会组织不定期地开展主动学习，由机构负责人对领导人讲话进行解读。通过完成"规定动作"和组织"主动学习"相结合的方式，不断使机构员工加深对党的意识形态认同。此外，党的生活会议还经常向上级党组织主动汇报机构活动的情况，以及一段时期内工作开展的情况、计划任务等。这种思想教育和事务讨论相结合的方式，通过环境影响个人行为，同时也影响了个人获得的政治知识。

2. 业务嵌入

业务嵌入是社会组织党建能动性发挥最集中的体现。表现为社会组织党建工作与业务工作一体化。比如，将业务与党中央近期的方针政策结合

[①]　王向民、鲁兵：《社会组织治理的"法律—制度"分析》，《华东师范大学学报》（哲学社会科学版）2019 年第 5 期。

在一起，强化了对外宣传和项目执行效果。

3. 人员嵌入

社会组织的人员嵌入主要体现在三个层面。一是社会组织的负责人或党建负责人通过积极开展党建工作得以进入体制，成为党代表、人大代表、政协委员，获得新的政治身份。二是社会组织一些优秀员工也因此被党组织吸收，光荣地加入中国共产党。三是借助党建活动的开展，社会组织得以成功地吸收组织外部的优秀党员加入组织，成为组织的名誉党员。

（三）社会组织党建的具体策略——刚柔并济

在具体的工作过程中，社会组织内的党建相关工作者会面临一系列的困境。社会组织党建所要求的"以人民为中心"与社会组织基本伦理相一致；但在具体工作中仍存在一定的不协调。例如，社会组织党建所强调的自上而下的工作逻辑与社会组织所强调的自下而上的工作逻辑存在一定的不协调，社会组织党建所要求的成员间正式关系与社会组织所强调的成员间非正式关系（情感联系）存在一定不协调。

如何克服上述不协调以开展社会组织党建？这需要具体工作者在工作过程中的智慧。

"刚柔并济"便是一个重要的方式，其既有制度建设的一面，又对具体成员给予人性化关怀。其包括：①完善制度建设，促进参与的合法化；②培育专业队伍，合理增设有关岗位；③强化专业知识，提升人员业务水平；④拓宽参与内涵，促进参与的常态化。

二 分类管理：三种分类与具体实践

社会组织作为开展公共服务、提升人民福祉的重要主体，在现实层面存在多种类型，如前文中所提到的社会团体、民办非企业单位、基金会、志愿服务机构、社会工作机构、基层草根组织等类型，因此在开展管理过程中需要对不同类型的社会组织开展相应的管理。

具体来说，根据 2018 年 8 月民政部公布的《社会组织登记管理条例（草案征求意见稿）》，将社会组织划分为"包括社会团体、基金会、社会服务机构"三种类型，构成了目前社会组织管理的基本框架。

（一）三类组织的分类管理

在社会团体、基金会、社会服务机构三类组织中，社会团体在 1949 年之后最先受到党和国家的重视，目前相关管理框架最完备的是基金会，而社会服务机构作为近年来新出现的组织类型，其囊括范围最广。在前一章我们已经对三类组织的相关政策法规做了具体介绍，故此处仅做一个概括性说明。

有关社会团体的管理工作在 1949 年之后便逐步展开。最早有关社会团体的政策法规可以追溯到国家政务院 1950 年 9 月 29 日发布的《社会团体登记暂行办法》，该文件与 1951 年 3 月 23 日内务部发布的《社会团体登记暂行办法实施细则》构成了早期社会团体管理的主要法规。1978 年至 20 世纪 90 年代，党和国家都在不断鼓励社会团体的发育，对其的相关管理较少。进入 21 世纪，关于社会团体的登记注册、活动开展、监管激励等相关政策法规逐步出台，形成了以国务院《社会团体登记管理条例》与民政部《社会团体章程示范文本》为主体的社会团体管理模式。

有关基金会的管理目前最为完备。以国务院发布的《基金会管理条例》与民政部发布的《基金会章程示范文本》为主体的基金会管理体制，对基金会的设立、变更和注销，组织机构，财产的管理和使用，监督管理，法律责任等做了明确的规定。对基金会理事处、监事处、秘书处等方面的权利与责任进行了明确的规定。同时，《中华人民共和国慈善法》与《中华人民共和国公益事业捐赠法》也以正式立法的形式规范了募捐与捐赠四类主体（捐赠人、募集人、受赠人与受益人）的法律权利与责任，明确了业务范围、管理监督等相关内容，为促进"三次分配"，实现共同富裕提供了更多支撑。

社会服务机构的范围最广，囊括了上文中的民办非企业机构、社会工作服务机构、社区社会组织、志愿服务组织、境外非政府组织（NGO）与社会企业等。首先，国家对民办非企业单位的管理始终坚持其不以盈利为主要目的，积极提供公共服务的功能，国务院《民办非企业单位登记管理暂行条例》与民政部《民办非企业单位（法人）章程示范文本》是其主要的政策法规。其次，对志愿服务的管理主要依据国务院发布的《志愿服务条例》，其规范了各方的具体权利与责任。同时，不断促进社会工作机构的专业化，尤其是社会工作人才的培养与激励。最后，国家对草根社会组织的管理以规范与引导为主，使其切实在实践中改善人民群众的日常生活。

（二）实践之中的分类管理

不同的社会组织具有不同的动员组织能力以及提供公共物品的能力。据此，政府在具体工作中采取了五种管理模式。第一种是禁止成立，主要针对那些有可能涉及违法活动的组织。第二种是政府直接管理，主要包括一些承担政府部分职能的工会与社区居委会。第三种是政府中度干预，包括一些与宗教事务相关，开展社会福利事业的组织。第四种是政府微弱干预，包括一些相关的协会、商会与官办 NGO。第五种是政府几乎很少干预，包括一些草根 NGO 与兴趣组织。[①]

随着社会组织进一步发育以及政府购买公共服务制度的逐步完善，在"项目制"的影响下，社会组织存在劳务公司化的倾向。

具体来说，社会组织在"项目制"的制度框架之下，其组织功能转型是政府通过购买服务的方式，扩大参与政府工作的人员规模的一种途径；进而其组织目标发生了转变，组织结构开始依照项目制的要求转型，逐步与政府形成了一种新的"家政式"国家与社会关系。[②]

三 双重管理：登记部门与业务部门的监督管理

"双重管理"是中国社会组织登记管理的重要特征，这是中国在社会组织管理中与世界上其他国家管理方式的最大区别。"双重管理"是指由登记管理机关和业务主管单位分别行使对民间组织的监督管理职能。首先，作为登记管理机关，各级政府中的民政部门是法律上规定的对社会组织进行监督管理的部门；其次，作为业务主管单位，与该非营利机构具体业务相关的政府部门，同时也具有对社会组织进行监督管理的职能。

（一）双重管理的设计与形成

1998 年出台的《社会团体登记管理条例》、《民办非企业单位登记管理

---

① 康晓光、韩恒：《分类控制：当前中国大陆国家与社会关系研究》，《社会学研究》2005 年第 6 期，第 73~89、243~244 页。
② 郑广怀、张政：《社会工作机构何以向劳务公司转变——基于国家—社会关系的视角》，《广东社会科学》2021 年第 4 期，第 194~210 页。

暂行条例》和 2004 年颁布的《基金会管理条例》，这三部法律法规构建了社会组织双重管理的基本框架，也是社会组织管理的最高层级政策规定，以"归口分级管理"、"双重负责"、"限制竞争"和"选择性扶持"等为主要内容，成为中国社会组织管理制度的重要基础。

在双重管理体制下，各级民政系统的登记管理机关在法律上是统一归口对社会组织进行监督管理的政府职能部门，其相应的职能通过相关法规的规定和各级政府授权加以明确。但是在统一归口的同时，相关法规还规定：与社会组织业务范围相关的政府职能部门或政府授权的单位，作为社会组织的业务主管单位行使监督管理职能。

以国务院 1998 年颁布施行的《社会团体登记管理条例》为例，成立社会团体（社会组织），应当经其业务主管单位审查同意并依照条例规定进行登记；县级以上地方各级人民政府民政部门是本级人民政府的社会团体登记管理机关，县级以上地方各级人民政府有关部门、县级以上地方各级人民政府授权的组织，是有关行业、学科或者业务范围内社会团体的业务主管单位。

在实际中，业务主管单位要负责社会组织的政治思想工作、党的建设和人事管理、财务管理、研讨活动、对外交往、接受境外资助以及日常业务工作的管理等，与社会组织的工作直接相关；而登记管理部门则负责对社会组织实施一般的登记管理监督。

（二）双重管理的构建与完善

随着改革开放进程的加快，国内社会组织数量快速增长，分散管理制度已经无法适应当时社会发展需要。在这一背景之下，国家开始强化社会组织的相关管理，具体包括以下几个方面。

（1）民政部于 1988 年首次设立专职的社团管理司，承担社会团体和基金会的登记管理事宜，从机构设置上进一步加强了对社会组织的管理。

（2）出台一系列全国性的社会组织管理法规政策。国务院先后颁布了《基金会管理办法》（1988 年）、《外国商会管理暂行规定》（1989 年）与《社会团体登记管理条例》（1989 年）三个重要的行政法规，这些新法规政策改变了以往的分散管理制度，初步确立了双重管理制度的基本原则，即归口登记、双重负责、分级管理。其中，《基金会管理办法》首次提出登记前置审批和民政分级注册的要求，而《社会团体登记管理条例》更是进一步体现了这些要求，并提出对社会团体实施"一地一会"政策，限制其竞争，由此初步建立了我国以"双重管理"为主要内容的社会组织管理制度的基本框架。

（3）在1990年至1991年期间，政府依据"双重管理"原则对大量的社会团体进行了清理整顿与重新登记。

邓小平的南方谈话（1992年）、中共十四大（1992年）、在北京召开的联合国第四次世界妇女大会（1995年）等再一次为社会组织的发展释放了空间，中国社会组织数量出现了第二波增长。社会组织的活动范围涵盖了环保、教育、科技、公共健康等诸多服务领域，组织类型呈现多种形态。数量的迅速增长以及组织的类型、活动领域与服务项目的不断拓展，再一次向社会组织管理制度提出了挑战。[1]

在此背景下，政府采取措施稳固与强化社会组织双重管理：一是在1996年至2000年，民政部对社会组织进行了第二次清理整顿，这一次清理整顿持续时间长、覆盖面广、影响力深，进一步强化了对社会组织的管控；二是1998年民政部的社团管理司更名为民间组织管理局，从机构设置上加强了对社会组织的管理；三是在第二次清理整顿过程中，对《社会团体登记管理条例》进行了修改，国务院于1998年颁布了新的《社会团体登记管理条例》，再一次提高了社会组织的设立与准入门槛。[2]

改革开放后民办非企业单位发展迅速，但是一直是以"非国有事业单位"或"民办事业单位"的名义开展活动，没有合法身份，缺乏规范化管理，因此，国务院于1998年颁布了《民办非企业单位登记管理暂行条例》，民政部于1999年发布了《民办非企业单位登记暂行办法》。

21世纪初，政府和社会各界对公益性基金会的认识发生了重大变化，原有的中国人民银行监管基金会的做法已经不合时宜，基金会的具体政策规定也需要更新，在这种背景下，国务院于2004年颁布了新的《基金会管

---

① 周俊：《走向"合规性监管"——改革开放40年来社会组织管理体制发展回顾与展望》，《行政论坛》2019年第4期，第133~139页。
② 刘海龙：《中国社会组织双重管理体制改革的三个阶段及其解读》，《中国劳动关系学院学报》2016年第4期，第90~98页。

理条例》。这一系列的措施进一步确定了双重管理制度。[①]

（三）双重管理的效果与影响

在双重管理制度下，社会组织的发展需要获得社会和国家的双重认可，而国家是社会组织获得合法性的重要来源。一方面，社会组织需要按照程序在国家机关进行登记，才能获得程序合法性；另一方面，在"强国家-弱社会"关系的中国社会，大部分社会组织难以从自身或社会获得发展所需要的资源和支持，转而必须依靠国家或政府才能获得生存和发展所需要的资源。[②]

改革开放以来，尤其是从 1992 年建设社会主义市场经济体制到 2001 年加入世界贸易组织（WTO），这一时期为中国社会组织的发展提供了动力，继而催生了一大批服务于社会主义现代化建设的社会组织。

但社会组织的快速发展必然会出现监管缺位继而产生种种乱象。"双重负责、分级登记、限制竞争"这一双重管理制度有效规范了自改革开放以来社会组织无序发展的状况；对社会组织开展有序的指导、扶持和监督。

随着制度环境的变化，双重管理制度也暴露出一些弊端。如双重管理制度可能带来的管理过严继而抑制社会活力，双重管理所要求的多个部门共同对社会组织管理可能在实践层面出现部门之间沟通不畅甚至是指令冲突的状况。面向双重管理的改革已经在酝酿之中，未来这一制度有望进一步被完善，以实现政府监管与社会活力的双重目标。

第五节　社会组织发展的政策规划

2021 年，全国人大通过的关于《国民经济和社会发展第十四个五年规划和 2035 年远景目标纲要》的决议中明确提出未来社会组织管理的主要工作包括：激发组织活力、规范分类管理与全过程管理、支持培育社会组织。2021 年，民政部印发的《"十四五"社会组织发展规划》提出：到 2025 年，

---

① 王雁红：《从双重管理到分类管理：我国社会组织管理的制度变迁与路径创造》，《江苏社会科学》2018 年第 6 期，第 76~85 页。

② 游祥斌、刘江：《从双重管理到规范发展——中国社会组织发展的制度环境分析》，《北京行政学院学报》2013 年第 4 期，第 40~45 页。

在社会组织登记数量严格保持合理规模基础上，我国社会组织专职工作人员数量达 1250 万人，社会组织固定资产达 5900 亿元。

一 国家"十四五"规划中的社会组织

2021 年 3 月 11 日，十三届全国人大四次会议表决通过了关于《国民经济和社会发展第十四个五年规划和 2035 年远景目标纲要》的决议，其中对社会组织发展做出了重要的部署。在第五十一章（《构建基层社会治理新格局》）第三节（《积极引导社会力量参与基层治理》）对社会组织的发展进行了三个方向性规划。

1. 激发社会组织活力

发挥群团组织和社会组织在社会治理中的作用，畅通和规范市场主体、新社会阶层、社会工作者和志愿者等参与社会治理的途径，全面激发基层社会治理活力。

2. 规范分类管理与全过程管理

培育规范化行业协会商会、公益慈善组织、城乡社区社会组织，加强财政补助、购买服务、税收优惠、人才保障等政策支持和事中事后监管。

3. 支持培育社会组织

支持和发展社会工作服务机构和志愿服务组织，壮大志愿者队伍，搭建更多志愿服务平台，健全志愿服务体系。

二 民政部"十四五"规划中的社会组织

"十四五"期间，社会组织发展是民政工作的重要部分，中华人民共和国民政部 2021 年发布的《"十四五"民政事业发展规划》，[①] 其基本原则包括："坚持共建共治共享。充分调动广大社会组织、社会工作者、志愿者和慈善组织等社会力量，更好发挥政府作用，统筹利用各类资源，加大向基层放权力度，向基层队伍赋能、向参与主体赋能、向服务对象赋能，促进广泛参与、各负其责、互为补充、同频共振。"推动社会组织健康有序发展（规划中的第三节）具体包括以下五个层面。

---

① 方闻达：《"十四五"民政事业发展规划：绘就高质量发展新蓝图》，《中国民政》2021 年第 12 期，第 21 页。

（一）完善党领导社会组织制度

（1）强调在各类型社会组织中建立党组织，实现社会组织领域党组织建设"全覆盖"。

（2）落实"三同步"要求：①组织登记时同步采集党员信息，②年检年报时同步检查报告党建工作，③评估时同步将党建工作纳入重要指标。

（3）培养社会组织专职党务工作者队伍，鼓励社会组织负责人和党组织书记依法依规交叉任职。推行党组织和管理层共同学习、共议重大事项等做法，发挥党组织在社会组织增强职工群众政治认同、依法执业诚信从业中的引导和监督作用。

（二）深化社会组织领域改革

1. 巩固深化行业协会商会与行政机关脱钩改革成果，深化行业协会商会改革。

2. 依法推进直接登记改革，制定社会组织直接登记办法，强化发起人和负责人资格审查，加强名称审核、业务范围审定。

（1）推动健全登记管理机关、业务主管单位、行业管理部门联合审核制度

（2）严格全国性组织登记审查。从严控制组织名称冠以"中国""中华""世界""国际"等字样。

（3）会同党建工作机构、业务主管单位、行业管理部门，提高进入门槛，完善退出机制。

（4）优化组织层级分布、区域分布、行业分布、类型分布。提高慈善组织占比。

（5）持续整治"僵尸型"组织，推动完善组织清算注销制度。

（6）依托全国一体化政务服务平台、全国法人库建设。

（三）提升社会组织服务能力

1. 强化为社会组织赋能

（1）加强内部治理。完善组织章程示范文本，进一步规范组织议事规则、选举程序、监督机制。推动组织建立健全财务、人事、资产、档案印

章证书、活动、分支机构和代表机构管理等制度。

（2）加强品牌建设。加强品牌研究，引导组织依据章程、业务范围和自身专长优势，开展专业化、差异化、个性化特色服务，形成更多有竞争力的服务品牌。

（3）加强数字赋能。推广组织智能化办公系统。加强新闻发言人制度建设，提高舆情应对能力。

2. 支持社会组织发展

（1）按照国家有关规定对政治过硬、作用明显、贡献突出的组织进行表彰奖励。

（2）提高政府购买服务项目资金使用效益。指引组织依法申报纳税，落实非营利组织税收优惠政策。

（3）深化组织人才资源开发，建立健全组织负责人能力提升制度。

（4）与教育部门合作，开展专业设计、学科建设、继续教育、教材编写、网络课程、资格认定等合作。

3. 社会组织正面引导

（1）推动组织服务大局。引导和支持各级各类组织发挥自身优势，量力而行、尽力而为，助力解决经济社会发展现实问题和人民群众急难愁盼问题。

（2）推动组织服务基层。

（3）实施"培育发展社区社会组织专项行动"，实施"社会组织治理体系和治理能力建设工程"。

（4）发挥民政部管理的社会组织示范作用。

（四）健全社会组织综合监管体系

1. 制度化监管

强化非营利性、非行政性监管。持续深化行业协会商会改革，完善行业治理、行业自律、行业服务功能，重点治理依托公权力强制入会、乱收会费、违规开展评比达标表彰、党政领导干部违规兼职等问题。

2. 精细化监管

落实《中华人民共和国民法典》关于非营利法人的规定，针对社会团体法人、捐助法人不同特点进行差异化管理。

3. 分类化监管

进一步加强与行业管理部门沟通协调，针对不同行业、领域、层级、类型的组织，推进分类指导、分类监管。

4. 多元化监管

健全完善登记管理机关、业务主管单位、党建工作机构、行业管理部门、相关职能部门各司其职、协调配合、依法监管的综合监管体制。

5. 全覆盖监管

规范和强化对组织的政治监督、行政监督、纪检监督、执法监督、财会监督、税务监督、审计监督、金融监管、行业监督以及社会监督。

6. 专业化监管

探索建立专业化、社会化第三方监督机制。健全组织年检年报制度，规范组织年度报告内容和信息公开方式。

7. 数字化监管

采用互联网、大数据等手段，加强组织网上活动管理。

（五）提升对社会组织执法水平

1. 加大执法力度

畅通组织违法违规行为投诉举报渠道。全面核查非法组织线索，依法取缔、劝散非法组织，持续曝光涉嫌非法组织名单。

2. 完善执法机制

发挥业务主管单位、行业管理部门监管优势，在线索发现、证据移交、联合执法、通报整改等方面加强联动。健全组织资金监管机制，配合相关部门做好反洗钱工作。

3. 规范执法程序

施行《社会组织登记管理机关行政处罚程序规定》，制定组织登记管理机关行政处罚裁量基准，探索建立行政处罚简易程序。

4. 提升执法能力

加强执法人员培训培养。推进"互联网+行政执法"。及时以案释法，加强普法宣传，建立健全组织行政执法典型案例定期通报制度。

【本章要点】

1. 2016 年，中共中央办公厅、国务院办公厅印发《关于改革社会组织管理制度促进社会组织健康有序发展的意见》，该意见首次将社会组织视为"社会主义现代化建设的重要力量"；并将其功能定位于"服务国家、服务社会、服务群众、服务行业"。

2. 社会组织"全过程覆盖"的法律制度设计包括：登记注册—项目承接—税收财务—运行机制（开展社会公益事业）—监管评估—撤销注销等方面。

3. 不同的社会组织具有不同的动员组织能力以及提供公共物品的能力。据此，政府在具体工作中采取了分类管理模式。

4. "双重管理"是指由登记管理机关和业务主管单位分别行使对民间组织的监督管理职能。首先，作为登记管理机关，各级政府中的民政部门是法律上规定的对社会组织进行监督管理的部门；其次，作为业务主管单位，与该非营利机构具体业务相关的政府部门，同时也具有对社会组织进行监督管理的职能。

5. 社会组织的党建在实践中呈现"资源依赖""政治嵌入""刚柔并济"三个特征。

6. "十四五"规划中明确指出：激发社会组织活力，规范分类管理与全过程管理，支持培育社会组织。

7. 《"十四五"民政事业发展规划》对社会组织的发展规划包括：完善党领导社会组织制度，深化社会组织领域改革，提升社会组织服务能力，健全社会组织综合监管体系，提升社会组织执法水平。

【关键概念】

全过程管理；党建引领；分类管理；双重管理

【思考题】

1. 何为社会组织的"双重管理"？

2. 社会组织的"全过程管理"都包括哪些？

3. 如何提升社会组织党建？

4. 未来社会组织的发展方向是什么？

5. 社会组织的"分类管理"都有哪些具体考量与做法？

【推荐阅读文献】

黄晓春：《中国社会组织成长条件的再思考——一个总体性理论视角》，《社会学研究》2017 年第 1 期，第 101~124+244 页。

李朔严、王名：《政党统合与基层治理中的国家—社会关系》，《经济社会体制比较》2021 年第 2 期，第 171~180 页。

罗婧：《从团结型社会组织、行政型社会组织到治理型社会组织——1949 年以来社会组织的变迁历史》，《清华大学学报》（哲学社会科学版）2020 年第 3 期，第 191~206、212 页。

李汉林、王奋宇、李路路：《中国城市社区的整合机制与单位现象》，《管理世界》1994 年第 2 期，第 192~200 页。

王雁红：《从双重管理到分类管理：我国社会组织管理的制度变迁与路径创造》，《江苏社会科学》2018 年第 6 期，第 76~85 页。

康晓光、韩恒：《分类控制：当前中国大陆国家与社会关系研究》，《社会学研究》2005 年第 6 期，第 73~89、243~244 页。

范炜烽、王青平：《我国社会组织的分类及登记管理策略研究》，《学术论坛》2015 年第 11 期，第 42~46 页。

王名：《社会组织与社会治理》，社会科学文献出版社，2014。

李友梅：《新时期加强社会组织建设研究》，经济科学出版社，2017。

第四章　社会组织的运行

进入 21 世纪以来，中国社会组织发展迅速，各类社会组织蓬勃涌现，随着相关法规和管理制度不断完善，社会组织对中国社会经济的发展发挥着越来越重要的作用。上两章内容着重探讨中国社会组织的外部环境和治理机制，本章主要关注社会组织的运行管理和实践，从组织自身的管理维度，阐述社会组织的内部运行、服务与实践、筹资、考核激励、人才培养、信息披露、社会支持、社会动员等方面的内容。

第一节　中国社会组织的内部运行

一　社会组织的"三权分离"

组织的内部管理机制通常以产权为主线进行权力结构安排。现代公司制最典型的产权特征是所有权和控制权的两权分离，社会组织与公司制企业不同，社会组织的资金主要来源于捐赠，其委托人的构成是多元化的，可以由政府、个人捐助者、组织捐助者、受益者等共同组成。捐赠者捐赠行为发生后，资产的所有权发生了变化，被捐赠的资产属于公共资产，不再属于捐赠者，并且原始"出资人"不是最终"受益人"。这与现代的公司制企业存在很大不同，现代公司虽然存在所有权和控制权的分离，但是"所有权"与"受益权"是统一的。而社会组织产权结构则表现为所有权、控制权和受益权的"三权分离"，因此内部管理的基础比公司管理更具复杂性，[1] 产生了多重委托-代理关系。

---

[1]　陈林、徐伟宣：《从非国有化到非营利化：NPO 的法人治理问题》，《中国研究》2002 年第 8 期，第 35 页。

　　社会组织不归任何组织或者私人所有，属于公共权益，社会捐赠和其他公益性资源是社会组织的主要财产来源，并不来源于资本市场和金融市场。因此社会组织的产权基础既不属于私人产权，也不属于国家产权，而是基于捐赠等的"公益产权"。[①]"公益产权"的财产及其经营收入属于社会，不属于任何个人，它是一种不同于私有产权和国有产权的新型产权形式。因此，社会组织由各利益相关者协同治理，即需要在组织内部建立权力分配、激励和约束机制，并考虑利益相关者的角色和职能，建立政府、独立评估机构等外部监督机制。[②]在"三权分离"的背景下，董事会由投资者、创始人、相关领域专家、志愿者和相关利益者组成。经过董事会投票商议选举出理事长或组织负责人，共同制定组织章程，并在章程中规定各自的权利和责任；在组织体制上，社会组织主要采用非等级的"三权分离"制和项目责任制，而不是自上而下的科层制。

二　社会组织的理事会和执行层

　　社会组织内部运行机制中最重要的两个部分是理事会和执行层。大多数社会组织通过设立理事会来行使组织内部的决策和领导职权，高效的理事会是社会组织提高治理能力的核心要素。社会组织的理事会代表组织各相关利益主体行使法人财产权利，承担组织的决策和监督职能。理事会是社会组织治理责任的主体，理事会治理是组织治理的核心。社会组织理事会承担制定组织使命和目标、制定战略计划、财务与筹款、对项目和服务进行监控和评价、高级人力资源管理等职责。

　　理事会的首要职责是确定组织的目标和使命。社会组织必须有明确的使命，这是开展有效管理的基础。例如，中国扶贫基金会[③]理事会将组织使命定义为：帮助贫困社区以及弱势群体提升自我发展能力，提升他们的基本生产条件和社会服务能力，促进受助者脱贫与自立，加强基层管理与组织，减轻社会痛苦与焦虑，传递人类爱心与善心，促进社会和谐与文明。

[①]　王名：《非营利组织管理概论》，中国人民大学出版社，2002，第63页。

[②]　毛刚：《我国非营利组织内部治理机制研究》，博士学位论文，西南交通大学，2005，第24页。

[③]　2022年6月，中国扶贫基金会更名为中国乡村发展基金会。本书关于该基金会的相关内容多为2022年6月以前发生的事件，因此在表述时继续使用中国扶贫基金会的名称。

理事会需要严格贯彻社会组织章程中所规定的宗旨，不能以任何方式偏离组织成立时所确定的特定目的，除非通过合法的方式变更组织的目标使命。

理事会的第二个核心职责是为组织制定战略规划、对重大战略问题进行决策，战略决策是理事会工作的核心。理事会的战略决策包括：制定组织战略发展目标、选定执行长（秘书长）、审批长期规划等，并担当战略总执行者和监督者，将日常行政权授予执行长及相应执行机构。

社会组织进行战略决策的程序必须有明确的规定，其中最重要的是理事会召开会议每年最少次数和最少有效法定人数的规定。《基金会管理条例》第 21 条规定，理事会作为基金会的决策机构，需要依法行使章程规定的职权。理事会每年至少举行两次会议。会议需要有 2/3 以上的理事出席方能召开；理事会的决议须由出席会议半数的理事通过方为有效。以下重大事项的决议须经出席理事表决，2/3 以上的理事通过方为有效：修改完善组织章程；选举或者罢免理事长、副理事长、秘书长；根据章程规定，重大募捐和投资活动、基金会的解散和合并。理事会会议应做会议记录，并由出席理事会的成员审阅和签名。对社会组织来说，《基金会管理条例》的第 21 条是重要的参考，但在制定组织章程时，也会根据组织具体状况做适当调整。

理事会是一个决策系统，规模较大的理事会经常设立各类委员会，分别管理各方事宜，彼此分工协调。由于组织的结构和业务类型的差别，委员会的设置也有所差异。一般来说，在理事会之下通常会设有以下专门委员会：执行委员会、审计委员会、提名委员会、薪酬委员会等。

以中国青少年发展基金会为例，理事会成立了执行委员会和专业委员会。由理事长提议执行委员会和专业委员会的设立与调整，经过理事会会议最终做出决定。执行委员会和专业委员会负责相关事务的执行，对理事会负责，没有决策权。具体而言有如下几个方面。（1）执行委员会设立 1 名召集人，并由常务副理事长兼任。理事会的日常工作由执行委员会负责，主要内容包括筹备理事会会议，商议会议程序和议题；编制和执行理事会的工作预算；进行新理事的招聘工作；开展理事会的自我评估工作；执行理事会决定的其他任务。理事会闭会期间，经理事长同意，执行委员会可处理紧急事务，并在理事会会议上做出汇报。（2）理事会应根据需要设立三个专业委员会，负责规划和发展、财务和资产以及公共关系。各专业委员会分别设立一名召集人，由副理事长兼任。专业委员会作为理事会的内部分工组织，负责调查研究某些专门事项，形成议案，并作为理事会的决策依据。（3）在必要时，理事会执行委员会和专业委员会可接纳理事专家和本基金会高管参加重要决策会议。

社会组织的执行层受聘于理事会，在其授权范围内拥有对组织事务的管理权和代理权。改革开放以后，中国社会组织发展的早期，很多组织并没有规范设置专业的执行层机构，组织管理和执行的大部分工作交由志愿者运行，当时的管理理念普遍认为做公益服务凭借的是利他主义的价值和公益之心，在制度化的建设上经历了较长一段日期的探索。[①] 进入21世纪以来，执行层的职业化是中国社会组织发展的一大特点，使社会组织建立起一个分工明确、专业运作、资源优化组合的组织体系，通过组织内部执行机构的专业协作，提高组织的治理效率。

社会组织执行层按照级别可以分为高级执行人员和中级执行人员。高级执行人员，如执行长或秘书长等是组织的决策者和领导核心，在组织中起着决定性作用，高级执行人员主要进行涉及组织长远发展和规划的非常规性决策，领导中级管理层。中级执行人员，如秘书长下设各职能部门负责人是组织管理团队的重要组成部分，主要进行常规性的决策，负责组织的日常管理。从工作内容和性质来看，秘书长负责组织全局的统筹管理，其他中高级执行人员与组织执行部门结构相匹配，不同类型的非营利组织职能部门会有较大差异。如中国青少年发展基金会侧重资助服务，在秘书处下设资助服务中心、伙伴关系中心、海外合作中心、公共传播中心、资财管理中心和综合发展中心6个职能部门。而中国医疗器械行业协会侧重为会员服务，下设行业部、信息咨询和媒体部、技术与法规事务部、会展部、培训部、认证咨询部。

秘书处作为理事会的核心执行机构，在理事会的领导下开展日常工作。秘书处实行秘书长负责制，设立秘书长1人、副秘书长若干人。秘书长是组织运行的最重要角色之一，组织的日常管理、项目执行、行政工作都是在秘书长的统筹协调之下完成的。社会组织非常重视秘书长的职责界定，例如中国扶贫基金会，明确规定秘书长的职权为：（1）主持日常工作，组织

[①] 张明：《非营利组织的治理机制研究》，博士学位论文，暨南大学，2008，第149页。

执行理事会决议；（2）组织开展基金会年度公益活动计划；（3）制定基金会内部管理的规章制度，报理事会批准；（4）协调各机构工作的开展；（5）提议任命或罢免副秘书长和财务干事，由理事会决定；（6）提议任命或罢免各机构主要负责人，由理事会决定；（7）决定各机构全职员工的聘用；（8）组织章程和理事会授予的其他职权。

第二节　中国社会组织的服务与实践

本节主要介绍社会组织的项目化运作模式，并以中国社会组织参与扶贫和疫情防控为例，介绍社会组织的服务与实践状况。

一　社会组织的项目化运作模式

当前我国各类社会组织在开展服务时主要采用项目化的运作模式，这一方面是提高组织管理效率和服务效能的要求，另一方面是社会组织的资金来源主要以项目制为主，尤其是政府部门的财政经费，都需要以政府购买社会服务项目的形式进行拨付。2004 年，党的十六届四中全会提出"加强社会建设和管理，推进社会管理体制创新"，这一治理理念在财政政策上体现为支持基层社会的各类公共服务项目，项目制逐渐成为政府购买社会服务的基本方式。[①] 2012 年，中央财政首次拿出 2 亿元资金购买社会服务，2012 年 3 月，国家发布《中央财政支持社会组织参与社会服务项目立项公告》，2012 年 11 月，国家出台《关于政府购买社会服务的指导意见》。在中央的推动下，地方政府积极跟进，出台了向社会组织购买社会服务的各类规定和办法。例如，广东省 2012 年出台《政府向社会组织购买服务暂行办法》和《省级政府向社会组织购买服务目录》；2013 年，北京市安排 8000万元社会服务专项资金，向社会组织购买 500 个公共服务项目。此后，政府购买社会服务成为各级政府的通行做法。

政府的"项目发包制"体现了政府职能的转变。进入新时期，建设"服务型政府"成为政府职能转变的重要目标和方向。党的十九大报告明确

---

① 王向民：《中国社会组织的项目制治理》，《经济社会体制比较》2014 年第 5 期，第 130～140 页。

提出："我国社会主要矛盾已经转化为人民日益增长的美好生活需要和不平衡不充分的发展之间的矛盾。"因此，社会建设和民生服务得到越来越多的关注，与社会服务和民生发展相关的购买项目和资金也逐年增加。政府向社会组织购买的社会服务项目主要涉及以下三个领域：一是社区服务与管理类服务，如助老、助残、社会救助、职业介绍、技能培训、外来人口管理、矛盾调解、公益服务等；二是行业性服务与管理类服务，主要包括行业调查、统计分析、资质认定、项目评估、业务咨询、技术服务等；三是行政事务与管理类服务，主要涉及社会组织特定咨询、现场勘察、年检预审、日常管理、再就业教育培训、婚介机构的监管、家庭养老的评估、民办学校的委托管理、退伍军人就业安置、市政管理等。①

以社会工作服务项目为例，社会工作机构承接政府购买项目主要包括两种方式。

第一种是社会工作服务项目招标发包，即政府根据有关法规政策利用财政资金向非营利组织公开进行项目招标并从中选择中标组织承办项目的活动。社会工作服务项目招标发包是一个多方参与的系统，政府为各个行动主体提供一个参与和博弈的平台，招标的发包项目并不存在普惠的特征，必须以竞争的方式获得。由于我国缺乏统一的社会工作服务的政府采购标准和管理规范，目前不同部门和地方之间在服务项目外包时各行其是，有实行集中采购的，也有各家自行采购的，采购价格、对服务的要求也各不相同。社会工作服务项目招标发包具有公开透明性，体现在招标目录和评估条件向社会公开，评标过程接受社会监督，评审结果向社会公示，项目完成向社会公告等方面。社会工作服务项目招标也体现了服务的公益性和非营利性，政府招标发包和非营利组织接受资助都应按照公益服务宗旨实施项目，为社区居民提供低偿或无偿服务，不能用项目资金从事营利性活动。

第二种是社会工作服务项目委托发包，是指政府通过合同或协议等一定的形式委托非营利组织行使某些社会管理和服务职权，提供一定的公共产品和服务。在委托的情况下，政府通过授权或合同承包的方式把服务项

---

① 王向民：《中国社会组织的项目制治理》，《经济社会体制比较》2014 年第 5 期，第 130～140 页。

目交给特定的社会组织，这里的社会组织要么是政府直接推动成立的，要么与政府有密切的关系，可以理解为是一种定向购买，服务提供者的数量具有唯一性，不具备竞争性，因此政府对项目的掌控度比较高。目前这种方式大量存在于官办的社会组织当中，它们所服务的对象往往是特殊人群，承接政府委托项目的社会组织往往具有属地性，在所委托的区、街镇或社区注册并开展工作。由本地的社会组织承接政府项目的好处是：社会组织对当地的情况比较熟悉，与基层、社区乃至居民已经建立了比较紧密的关系，由它来承接委托项目能较快地开展工作，效率较高。同时，机构的声誉、地位和在业界的影响力也是社会组织能够承接政府委托项目的一个重要因素。①

由此，社会组织需要制定系统的项目化策略，主要体现在组织战略规划、项目开发设计和项目运作管理这三个方面。

首先，在组织战略规划上，社会组织需要根据自身的发展战略进行运作和开展项目申报。组织战略是组织发展的全局性方针政策，着眼于长远和未来。社会组织运作的大多数项目来自项目发包方的购买目录，属于短期性、非持续性的项目，显然不利于实现其战略目标，在这种情况下较成熟的机构就会对项目运作进行反思，立足于组织战略，在申报项目时进行取舍，致力于发展符合组织长期战略的项目。同时，社会组织会基于战略目标主动与相关的单位（如各政府部门、街道与社区）进行接触和沟通，尝试建立信息交换的关系，在这个过程中发现需求，也让相关单位充分了解社会组织，为自身创造项目机会。社会组织还会与高校相关领域的专家学者建立联系，互相交流获得项目灵感，提高项目运作的专业水平。此外，由于项目申报存在一定的"属地化"，地方政府更倾向于让当地的社会组织提供服务，因此，部分社会组织会实施"走出去"战略，到异地开办机构并承接项目。

其次，在项目开发设计的过程中，社会组织非常重视项目发包方的相关政策与购买指导目录。通常政府的服务购买范围会根据其年度工作报告和发展目标等内容进行设计，因此社会组织在申报项目时一般会仔细研究

---

① 陈为雷：《政府和非营利组织项目运作机制、策略和逻辑——对政府购买社会工作服务项目的社会学分析》，《公共管理学报》2014年第3期，第93~105、142~143页。

政府部门的工作计划和购买目录,设计项目时突出政府更加关切的问题,从而提高项目中标的可能性。对于发展较早并已有较稳定和持久资源的机构来说,在申请项目时,往往是以现有的项目或服务为基础和支柱,把基础服务项目化,并采用"项目—子项目化"的操作方式,在工作开展过程中深化服务,在机构内对服务做项目化的处理,然后把这些具体的任务和工作整合打包成不同的子项目,多方申报争取资源。① 合理的项目分化与整合便于组织进行项目材料的编写和项目的申报,也能提高项目资源的利用率和项目内容的质量。服务总目标被切分为若干相互关联又层层递进的子目标,每个子目标由若干服务活动构成,这些服务活动之间虽然在内容上是平行的,但在目标指向上却是一致的,子目标与子目标之间具有递进关系,服务活动之间也具有递进性,随着具体服务活动的逐步展开和各层级子目标的渐次实现,使整个项目呈现由粗到细、由浅入深,各阶段既有所区分又有效衔接的逐层有序推进状态。同时,围绕本组织的服务领域,做好前期的居民需求调查工作,根据居民需求设计可操作的项目内容。社会组织的工作人员也会在本职工作中挖掘服务对象的潜在需求,进而形成一项服务内容进行项目申报。此外,对非营利组织来说,除了根据战略来运作项目,还需要动员组织成员参与项目的开发和设计,这是一个内部动员过程。在项目开发的环节中,员工相互协作并学习新经验,既能提高员工宏观思考和写作的能力,也能培养和锻炼员工的专业能力,一举多得。

最后,在项目运作管理方面,社会组织的项目管理通常是整合有限的项目资源,有计划地将资源进行组织、分配与控制。项目实施计划会将目标拆分成一个个短期目标和分目标,按照日期和难易程度,依次完成目标任务,其中目标的量化是非常重要的项目控制方式。项目运作的基础是服务人群的切实需求,社会组织将服务人群的基本信息、服务反馈等视为项目工作中的重要环节,更是组织发展的动力。同时,社会组织的一个特点是能充分整合资源,这种资源的整合不限于为服务对象建立支持系统,还涉及更大范围和更高层次的资源的筹集和整合。在项目开展的过程中,社会组织通常会充分调动志愿者和社区积极分子的主动性和参与性,借助外

---

① 陈为雷:《政府和非营利组织项目运作机制、策略和逻辑——对政府购买社会工作服务项目的社会学分析》,《公共管理学报》2014 年第 3 期,第 93~105、142~143 页。

部资源实现项目目标。项目后期的总结与反思亦是项目运作中非常重要的一个环节，反思不仅局限于评估阶段，还会在项目执行的过程中严格落实。其是为了时常总结组织服务过程中的不足，根据项目的指标内容进行及时的修改和补充，力求顺利完成项目，应对第三方的项目评估。在项目成效评估的基础上，社会组织通常还会开展满意度评估，包括资方的满意程度、服务对象的满意程度以及社会组织自身的服务满意程度。优秀的社会组织通常会建立社会组织自我评估的常态化机制。

二 社会组织参与扶贫的实践

中国的扶贫事业取得了巨大成就，到 2020 年底，我国现行标准下 9899 万农村贫困人口全部脱贫，832 个贫困县和 12.8 万个贫困村全部摘掉绝对贫困的帽子。[①] 我国的减贫成就改善了人民生活，获得了国际社会的广泛认可。社会组织在中国扶贫事业中做出了非常大的贡献，扶贫领域也一直是近年来社会捐赠的重点方向。不同类型的社会组织积极参与扶贫工作。全国性的基金会，如中国扶贫基金会、中国青少年发展基金会、中国妇女发展基金会等，打造了"爱心包裹""希望工程""母亲水窖"等品牌项目，大量民间发起的社会组织也积极响应，在不同领域和地区贡献力量。按照民政部的统计，截至 2018 年底，我国农业及农村发展类社会组织共计67889 家，其中社会团体 64745 家、基金会 84 家和民办非企业单位3060 家。[②]

扶贫与多个公益慈善领域紧密关联。在服务对象上，涉及诸如留守儿童、女性、空巢老人和残障人士等特定人群；从实施项目来看，涵盖产业发展、社区教育、生态环保、灾后重建、农村养老、医疗救助、卫生与健康、性别平等和文化重建等领域。不同类型的社会组织所开展的扶贫项目也各有差异。如中国扶贫基金会关注因病致贫、因病返贫的建档立卡户贫困人口，与阿里巴巴、蚂蚁金服携手推出"顶梁柱计划"，通过精准救助使其恢复劳动能力、实现脱贫。郭氏基金会自 2007 年以来，将教育、卫生、

---

① 廖喜凤：《后扶贫时代高等职业教育助力长沙"三农"工作的路径与策略研究》，《智库时代》2021 年第 39 期，第 78 页。
② 王芬：《构建社会治理新格局的逻辑、经验与路径思考——以广州和深圳市为例》，《岭南学刊》2020 年第 4 期，第 57~63 页。

产业、环境领域作为切入点，在偏远贫困乡村开展项目，每个项目所在县都建设了示范村或示范点，拥有爱心医生和爱心老师。福建厦门担当者行动的"班班有个图书角"，从儿童阅读方面关注乡村教育。北京地球村的"乐和家园"将关爱留守儿童和乡村社区建设相结合。云南丽江环境与健康促进中心则关注农村环境。四川海惠助贫服务中心、成都蜀光社区发展能力建设中心、永泰县乡村复兴基金会等，都是通过产业扶贫切入乡村发展的。这些项目和组织既注重提出具体的目标和问题解决方式，也强调从整体上促进乡村社会的发展。接下来以友成企业家扶贫基金会和四川海惠助贫服务中心为案例进行具体介绍。

（一）友成企业家扶贫基金会的扶贫实践

友成企业家扶贫基金会（简称"友成基金会"）成立于2007年，是大陆、香港和台湾地区著名企业家发起的第一个创新型非公有制基金会，旨在构建以人为本的和谐社会，主要运作模式为参与式筹资。开展了社会创新、教育扶贫、电商扶贫、产业扶贫等项目。[①] 友成基金会具有联合国经济及社会理事会"特别咨商地位"，经民政部全国性社会组织评估，被评定为4A级基金会，多年来在各类基金会透明度排行中一直名列前茅。

首先是教育扶贫方面。2013年秋，友成基金会与中国人民大学附属中学在乡村学校合作开展了"双师教学"试验，率先将互联网引入乡村学校教学，每个乡村学校的试验班由两名教师授课，一位是人大附中远程授课的教师，一位是乡村学校的现场教师，远程授课的老师负责线上教学，现场教学的老师负责线下辅导和作业批改。劳动经济研究中心在2015年对双师教学项目进行评估，随机选取了10所实验学校进行调查，访谈了51名授课教师，对近3000名学生进行问卷调查，经过半年多的分析评估，结论认为"双师教学"有效地提升了教学质量。

其次是电商扶贫领域。友成基金会2014年就开始探索电商扶贫，整合了电商企业、电商服务商、专家学者和社会组织，探索出一套电商扶贫的解决方案。项目覆盖5个省56个县，获益人数11399人，7145人实现就业

---

① 郭建光、张静：《友成企业家扶贫基金会：一手拉着贫困群体，一手拉着电商平台》，《中国社会组织》2017年第6期，第38~39页。

创业，就业创业率达 62.7%。2016 年友成基金会开展"乡恋计划"返乡创业青年电商培训项目。"乡恋计划"助力青年人回到自己的家乡，建设家乡。《"友成-摩根大通"返乡青年电商就业创业培训项目评估报告》中指出，"乡恋计划"于 2016 年 11 月正式启动。15 个月内在河北和四川的 5 个县开办了 10 次培训班，共计培训 528 人，共有 480 人通过结业考试并获得了结业证书。经过 5 个月的陪伴式孵化以及就业创业资源对接，共有 383 人成功就业创业。2019 年，友成基金会和摩根大通基金会，在甘肃、贵州、四川、安徽、湖北等省贫困地区联合启动了"乡村女性赋能计划"，为 1076 名乡村女性提供线上线下培训，并为她们提供了 6 个月的就业创业伴成长服务，实现了 800 人的成功就业创业，为 385 名学员提供一对一的金融公益导师咨询陪伴，提升学员的金融素养。

在电子商务扶贫、教育扶贫等项目成功实施后，友成基金会积极开展医疗扶贫项目，并于 2019 年启动了"基层医疗人才培训项目"。项目分为三个阶段，通过"线上远程教学+线下集中实训+专家陪同咨询"相结合的方式，[①]为雷山县乡镇卫生院和村卫生室（站）从事临床医疗、公共卫生、护理以及村卫生室服务的专业卫生技术人员提供中医诊疗技术、院前急救及社区减防灾应急救援等专业知识技能培训，以提高农村卫生服务能力，帮助贫困村民解决医疗问题。除了在线培训，友成基金会还聘请了雷山县医院 6 名资深医疗救援专家和骨干专家，演示心肺复苏、人工呼吸、急救包扎和骨折固定、防灾减灾、多发病和常见病治疗，以及中医药适宜技术等操作。

友成基金会的扶贫实践表明，利用互联网技术可以把中国大城市的资源传输到中国最贫困的西部山区，从而使大城市的教育和医疗资源能够惠及偏远乡村。电商扶贫实践说明，农民也可以学会利用信息技术和电商平台，他们也可以借助互联网实现脱贫致富，缺少的是培训、孵化、金融支持和跟踪服务。通过社会创新，完全可以让农民搭上信息化的快车，跟上信息时代的步伐。除了友成基金会，近年来阿里公益基金会、腾讯公益基金会等企业基金会也利用信息技术开展了乡村建设和扶贫，在中国脱贫攻坚的事业中贡献了社会组织的力量。

---

① 《友成动态 | 为村医"扶智"让百姓受益：友成在雷山县开展医疗扶贫》，https：// www.sohu.com/a/356991013_ 415781.，最后访问日期：2022 年 11 月 30 日。

（二）四川海惠助贫服务中心的扶贫实践

四川海惠助贫服务中心（以下简称"四川海惠"）一直致力于减贫和乡村发展的实践探索。2008 年，四川海惠助贫服务中心成立，主要与国际小母牛组织合作，开展小母牛项目的推广。截至 2020 年，小母牛项目在全国 15 个省、自治区、直辖市的 116 个县实施扶贫项目，共捐赠礼品牲畜130 万头（只），帮助超过 8 万个贫困农村家庭。四川海惠从参与扶贫到乡村振兴的实践，经历了从小母牛造血式扶贫到"乡村共渔"一体化发展的四个阶段（详见表 4-1）。2015 年，海惠获得了中国消除贫困奖的提名奖。接下来我们将以四川海惠在广东恩平市开展的扶贫项目为案例具体介绍其扶贫实践。

表 4-1 四川海惠团队从扶贫到乡村振兴的实践探索发展历程

日期	版本	主要发展方向	具体措施
1985~2006 年	1.0 版	畜牧发展	提供良种，培训技术，发展生产，增加收入，授人以渔
2007~2012 年	2.0 版	社区综合发展	建立互助，提振精神，支持物质，提升能力，产业脱贫，建设和谐
2013~2017 年	3.0 版	助贫创富价值链	社区建设，互助合作，产业规模，商业价值链，精准扶贫
2018~2021 年	4.0 版	乡村共渔	聚焦乡村产业，人才组织并举，整合多种资源，发展集体经济，共建共享"渔场"

资料来源：陈太勇：《从产业振兴到人才和组织振兴：海惠在乡村振兴中的探索与实践》，2021年 6 月 9 日，内部文稿。

从 2016 年开始，四川海惠在广东恩平开展"贫困农村生态农业扶贫项目"（以下简称"恩平项目"）。广东恩平地处粤西南地区，农村青壮年人口以外出务工为主，村庄有特色养殖和种植，但是农户之间缺乏合作，对接市场能力不足，且基础设施建设有待完善，是东部发达地区中相对贫困和落后的区域。该项目从"开展以价值为基础的社区综合发展、促进价值链增收、生态农业发展"三方面着手实施，经第三方机构评估达成了项目目标，这也是海惠扶贫 4.0 版"乡村共渔"发展方向的典型探索。

在恩平项目中，面对农民增收、农村基层组织与集体经济薄弱、文化场所等基础性公共设施修缮的多元需求，四川海惠首先通过对农产品价值链及合作社培育发展等干预方式，实现农户的组织化和项目农户的脱贫增收。同时鼓励并促进项目农户进行环境友好型农业的实践，合理利用当地自然资源，帮助村民实现了从粗放型生态养殖向集约型养殖的发展，对农户在施肥用药方面进行培训，当化肥农药等使用结构优化后，水质、土壤、空气等生态环境也得到极大改善。最后是通过募集社区公共基金助力文化楼、塘基等设施的修建，这在很大程度上改善了村容村貌。

根据第三方评估机构的结果，该项目实现了经济、社会和生态维度上的预期目标。如从经济目标来看，通过改进畜牧养殖技术、合作社建设以及商业服务中心的运作模式，1600 户项目农户农业年人均收入增加 100%。从社会目标来看，项目采用的社区综合发展模式，有效促进了社区团结和谐，这表现为社区人际信任程度较高、村民积极参与社区公共事务，[①] 同时女性参与率也有显著提升。从生态目标来看，全部项目农户通过实践生态农业生产、采用家畜圈养的方式提升了社区卫生管理水平，有助于项目社区环境的改善。因此，社会组织作为社会资源再分配的中介，通过资源筹集与使用、监测与评估，将社会资源的效用最大化，最终提升项目实施所在地村民的福利供给水平。

在项目实施的过程中，开展互助组建设是关键的举措。恩平项目通过互助组建设，以及"礼品金"模式对村民互助合作意识进行培育和赋能，改变项目受益农户的生计模式，注重社区凝聚力的营造，乃至整个社区的综合发展。这是四川海惠扶贫项目的"核心竞争力"。

在恩平项目中，13 个村共成立了 21 个互动组，共计有 1093 个农户加入互助组，并逐步建立起了完整的组织架构，农户共同参与制定了规章制度。通过互助组在项目社区开展小组活动、培训等能力建设，实现社区凝聚力的提升和团结和谐。在项目推进过程中，实际上有 420 户初始户获得了礼品金和项目培训，他们通过发展种植业和养殖业实现了增收。其中，有 69 户将"礼品金"传递给了第二批农户，且截至 2021 年 4 月，在到期应回

---

① 罗江：《社区营造视角下的乡村社区社会组织培育策略研究》，《大众标准化》2021 年第 14 期，第 247~249 页。

收礼品金的 400 户中，实际回收了 347 户，占比达到 86.75%。总之，通过为项目初始户发放礼品金，以及后期礼品金传递的方式，解决了在农业生产价值链前端的农户生产启动和运营资金短缺的问题。其中，互助组的培育及组长在此起到了核心作用，通过组长的带头示范，在社区内形成比学帮的效应，也确保了资源分配的公平。

在扶贫的方式上，四川海惠注重以社区为本推动可持续发展，将参与式发展的理念转变为培养自我发展能力，从个体帮扶转向社区建设，重视扶贫对象的参与，调动受助对象的能动性和积极性，让他们自己寻找贫困原因和解决方式，参与发展过程，使贫困人口成为解决贫困问题的人。

恩平项目采用参与式社区综合发展的理念，动员当地民众主动参与项目的实施，通过自治组织将自上而下的资源与农民的需求偏好在村庄对接，提升了农户自我组织、服务和管理的水平，激发村民自我发展的意识。如该项目中设立了公共发展基金，用于支持村民自主参与村级公益事业，改善村民的生活条件和乡村环境。在项目周期内共计有 240 万元的公共基金，实施了包括文化楼、篮球场、牌楼、合作社环境改造等 21 个基础设施建设工程项目，对于村庄人居环境的改善起到了一定的作用。以古楼村文化馆的建设为例，公共发展基金提供 6.75 万元的资助，通过互助组动员村民筹集了 4.93 万元。同时，项目在实施过程中特别纳入生态环保、灾害管理、性别平等的视野，例如，注重通过农户牲畜圈养的改造，提高养殖的集约化程度；推广绿色种植，打造有机农产品品牌；针对项目执行人员和农户，开展"灾害风险、环境保护及社区突发应急管理机制"培训；在互助组中女性骨干或组长占比达到 23%。总之，村民的广泛参与有助于社区形成一套可持续发展的机制。

三 社会组织参与疫情防控

社会组织在抗击疫情的过程中做出了非常大的贡献，主要体现在以下几个方面。

第一，社会组织成为参与动员和信息传递的平台。在突发公共卫生事件的应急管理中，枢纽型的社会组织具有较强的权威性和动员能力。例如，深圳市社会组织总会在疫情防控初期，连发 3 份行业动员倡议，联合深圳市 22 家社会组织发布联合倡议，号召全市社会组织及时整合自身资源，立足自身专业优势，依法有序参与疫情防控工作。① 各类行业协会通过组织官网、微信公众号等平台及时统计并公布社会组织的募捐数据，截至 2020 年 4 月 2 日，深圳市社会组织总会官网共公布了 41 期《深圳抗疫：社会组织在行动》信息公报；社会组织成为政府与群众之间的信息沟通桥梁，通过开设抗疫宣传专栏，实时向社会传达政府的相关抗疫政策，引导民众不信谣不传谣，通过开展网络座谈会，收集社情民意，并及时向政府建言献策。

第二，社会组织成为防疫物资与抗疫需求的对接桥梁。社会组织在防疫需求收集、医疗物资捐赠、抗疫物资运送等方面发挥了积极作用。一是及时收集各类抗疫需求的信息。社会组织充分开展线上网络调查，了解抗疫情况与需求，搭建需求平台协助对接抗疫资源，制定全国疫情信息和物资需求清单，标记需求较大的物资类型和地区。而且特别关注物资送达困难、防控任务同样严峻的偏远农村的抗疫需求，同时也充分考虑女性医护人员及志愿者的特殊需求。二是发挥领域特长，寻找紧缺物资。社会组织发挥各自平台优势和区域组织的枢纽作用，主动与企业对接捐赠需求，通过线上、线下多个公共平台开展筹款工作，在全球范围内寻找口罩、防护服、护目镜、消毒液等防疫紧缺物资。如深圳壹基金公益基金会利用覆盖全国多地的救援联盟优势，与民政部指定的多家互联网平台合作，在全国多个省、自治区、直辖市筹集善款将近 2000 万元，并完成十批防疫捐赠物资的采购和转运工作。三是保证物资供求的精准对接。积极构建基金会防疫协作网络，例如，深圳市基金会发展促进会与 420 多家基金会共同组建深圳基金会驰援武汉抗击新冠疫情的联合行动小组，通过发起"基金会抗肺炎疫情联合行动"的方式，为全市参与抗击疫情的基金会提供经核实确认的全国疫情信息、湖北地区物资需求信息以及各类物资供应商信息，每天推出《深圳基金会抗肺炎疫情联合行动信息专报》，及时更新抗击疫情供需信息，从而保证物资供求的精准对接。四是确保物资运送精准高效。武汉物流协会联合武汉现代物流研究院、壹米滴答等大型物流企业及热心货车车主组建防疫志愿货车车队和志愿私家车车队，积极向市红十字会、武汉

---

① 《从首例确诊到"零增长"，这一个月，深圳人共同经历了什么？》深圳新闻网，http：//www.sznews.com/news/content/2020-2/19/content_22880971_0.htm，最后访问日期：2022 年 12 月 10 日。

雷神山和火神山医院、省人民医院、协会医院、同济医院等单位运输保障物资。截至 2020 年 1 月 27 日，志愿货车车队合计承运口罩 120 万余只、防护服 200 余箱、保障食品饮料 2000 余箱、水暖建材 100 多立方米。为保证物资快速送达防疫前线，社会组织将互联网的高效与精准嵌入救援体系，对跨境物资的运送，实行先过关后补办手续的举措，如基金会联合银行开通运输配送救援物资的绿色通道，简化善款拨付手续，开通了救援物资免费公益运输通道，为防疫物资提供包装、运输、仓储等绿色通道服务。

第三，社会组织积极筹集社会资源，与政府资源协同配合。自疫情发生以来，武汉当地的社会组织第一时间响应，迅速调动各类资源。武汉市保安行业协会，全力协助公安机关做好疫情防控和社会稳定工作，积极配合卫生部门加强疫情联防联控、群防群治工作。调动会员单位，如武汉纵横保安公司派出保安员 1916 人次配合做好火车站、地铁站、学校、变电站等疫情防控和值班值守工作；会员单位武汉保安集团、湖北融信押运加强金融网点巡查，确保金融系统安全；会员单位武汉昌安、中保华安每天出动 211 人次，做好武汉大学人民医院等发热病人定点诊疗医院和省博物馆、黄鹤楼等景点的疫情防控工作。武汉建设监理与咨询行业协会、武汉物流协会、武汉建筑装饰协会、武汉市安全技术防范行业协会等利用行业优势，动员会员单位组织施工人员、调度施工材料等进行紧急施工，全力配合武汉火神山、雷神山医院等疫情应急设施的建设及其他定点医院的安全防治改扩建工程。武汉市工商联动员商会组织会员企业捐款捐物，武汉黄冈商会、武汉市福清商会、武汉市莆田商会、武汉市杭州商会、武汉市瑞安商会、武汉市台州商会等多家商会发出倡议，募集资金，各商会会员企业纷纷响应，积极捐款并迅速采购一线紧缺的医疗防护物资、监测设备等支援抗击疫情。

在疫情期间，全国各地的社会组织承接了大量社会捐赠，并在全球范围内寻找医疗用品。例如，中国红十字会便收到社会捐赠的款物共计 210 亿元，湖北省慈善总会收到的有关疫情防控的捐款物资高达 75.6 亿元，腾讯公益慈善基金会共筹集 15 亿元开展疫情防控。还有很多地方型的社会组织、团体也开始进行物资捐赠活动，如浙江嘉兴市湖北商会第一时间发出紧急动员令，号召会员不返乡，同时募集到近百万元资金用于采购医疗防护物资，发往各地进行支援。① 以北京市社会组织的捐赠为例，北京市慈善协会累计接收捐赠款物总折合 1 亿余元。韩红爱心慈善基金会第一时间发起筹款，公开募集总额 3.29 亿元，向湖北省捐赠了负压救护车、ECMO 心肺流转系统、呼吸机等大量急需的医疗物资。北京新阳光慈善基金会先后募集7000 多万元资金向湖北省提供医疗物资援助，并为当地社会组织开展志愿服务提供资助。北京春苗慈善基金会募集 6000 万元资金用于向湖北提供医用防疫物资和设备以及社区防疫物资。北京市企业家环保基金会不仅募集800 多万元抗疫援助资金，而且充分发挥自身平台优势，组织企业家会员协调渠道采购近 7 亿元急需物资。截至 2020 年 8 月 31 日，据不完全统计，北京市共有 189 家社会组织开展善款筹募，148 家慈善组织开展防疫物资募集，接收疫情防控捐赠资金 164976.89 万元、捐赠物资 2935.27 万件，捐赠资金支出使用率超过 80%，捐赠物资拨付使用率超过 97%。② 社会组织的大量筹集救助资源，极大地缓解了行政资源紧缺的状况。

第四，社会组织尤其是社区服务类组织成为基层防控与救助的专业力量。在 2020 年初武汉抗击疫情期间，武汉市逸飞社会工作服务中心、武汉博雅社会工作服务中心、武汉市星慈社会工作服务中心等社工机构积极动员社会工作者参与抗击疫情行动，通过线上心理疏导和疾病知识答疑等方式，提供医务常识和心理情感支持，帮助社区新冠肺炎疑似患者平复情绪。深圳市共有 61 家社工服务机构的 7603 名服务人员参与疫情防控工作，设立1255 个基层抗疫服务项目点，开设 152 条心理咨询热线，服务总量达 185.2万人次。在疫情防控过程中，社工服务机构主要开展了如下几方面工作。一是提供社区专业服务。社会服务机构的专业社工扎根街道与社区，集中开展物资筹集、资源链接、防疫排查、防疫宣传、隔离安置、心理辅导等各项专业服务。二是开展社工、志愿者关爱计划。为保障前线的社工及志愿者持续开展服务，深圳市社会服务机构明确了 34 位应急响应负责人，准确、及时收集员工动态信息及疫情防控数据，建立机构疫情服务数据库，及时掌握并统计一线社工和志愿者的健康情况；同时提供专业培训与心理辅导。三是创新重点群体的防控服务方式。针对妇女儿童、福利院老人、

① 谢梦骑：《嘉兴社会组织助力疫情防控》，《嘉兴日报》2020 年 2 月 3 日，第 1 版。
② 金可：《积极动员社会力量 助力首都疫情防控》，《北京日报》2020 年 9 月 6 日，第 1 版。

困境未成年人、医院患者与家属、社区矫正人员、退伍军人、精神障碍患者等特殊群体，社会服务机构组织社工分别开展针对性较强的疫情防控服务，社工为残疾、孤寡老人等特殊困难群体提供线上援助、情绪疏导、心理咨询、个体危机干预等专业服务。[①] 此外，社会组织通过组织、招募志愿者的方式对人力资源进行扩大与整合，将召集来的志愿者安排在防疫宣传、物资发放等一线抗疫工作中，大大减轻了一线防疫人员的压力。如深圳市在 2020 年 2 月底动员参与社区联防联控志愿服务的志愿者总计达 98580 人次。其中深圳市的志愿深圳信息平台精确统计共有 391 个社区发布志愿服务10264 项。北京市的 2300 多家社区社会组织动员大量志愿者参与疫情防控工作。

　　第五，社会组织的精细化服务为疫情防控整体工作提供了有益的补充。以北京市为例。北京感恩公益基金会开展"守护者后盾行动"，为所有参加抗疫工作人员提供生活补助、治疗补助、未成年子女教育支持、特别抚恤、赡养支持和特别贡献支持。北京新阳光慈善基金会发起"社区卫士保障计划"，向因参与疫情防控工作而牺牲的社区工作者、志愿者及社工的家庭发放抚恤金。北京知行公益基金会设立"知行援助——抗击新冠肺炎"项目，向一线医护工作者提供成人纸尿裤、女性经期裤等物资。北京玖富公益基金会设立专项基金，为深入湖北省抗击疫情一线报道的新闻工作者提供报道奖金。北京白求恩公益基金会为一线医护人员提供日需品，联合中关村精准医学基金会为血浆捐献者进行爱心补助，并组建白求恩血液透析医疗队驰援武汉以解决当地病人无法透析的困境。北京病痛挑战公益基金会开展"新冠病毒防控期间罕见病患者用药援助"项目，收集罕见病患者紧急用药需求并协调社会资源保障患者在非常时期的持续药物治疗。北京共仁公益基金会发起"百村防疫、群防群治"头雁战疫行动，协助乡村开展防疫工作，支持乡村疫情防护体系建设。北京仁爱慈善基金会在疫情严重的时期联合春雨医生开通线上义诊平台，为不敢或难以去医院的患者提供帮助。北京美新路公益基金会发起"倾听一小时"公益服务项目，由心理学专业志愿者向隔离期的社会公众免费提供情绪疏导服务。北京社工心理志

---

① 曾凯：《深圳市以"最高配备"为疫情工作提供"最强保障"》，《中国社会报》2022 年 2月 12 日，第 1 版。

愿服务"平台为市民、一线医护工作者和基层社区干部提供心理疏导和危机干预指导等服务,服务时长累计达 106671 小时。北京慈善组织积极参与疫后恢复工作,针对受疫情影响较大的特殊群体或困难群体开展慈善帮扶项目。北京春苗基金会发起"公益 1+1——困境儿童抗疫关爱服务项目",对因疫情陷入生活困境的儿童提供帮扶。北京泰康溢彩公益基金会开展"溢彩心晴"项目,向全国 1300 家养老机构捐赠防疫用品,并资助支持武汉市养老机构的疫后心理关爱疏导工作。北京爱的分贝公益基金会开展"守护湖北听障儿童"项目为湖北地区听障儿童提供一对一线上语言康复训练课程。

第三节　社会组织的筹资

一　社会组织筹资概况

中国社会组织的资金来源主要包括三个方面,分别是政府、企业和个人。其中社会组织的筹资主要是面向企业和个人进行。筹资是社会组织发展的关键,在"三次分配"的背景下,来自企业和个人的捐赠将成为社会组织资金来源的主要渠道,政府的经费支持将主要起引导作用。在筹资管理工作中,"资"不仅指组织获取的资金,也包括各种可以被组织吸纳利用的社会资源。社会组织由于其不以营利为目的的性质,决定了其在取得合法地位后,为保证组织正常运转,第一位的工作就是要筹集活动资金。因此,政府对社会组织的管理,首先是指向社会组织的筹资活动,以保证其规范化、合法化、制度化。①

2020 年,中国各类社会组织接收捐赠数额有所上升,为 1059.1 亿元,较 2019 年上升了 185.9 亿元,增幅为 21.29%。2019 年,慈善捐赠的三大主体依然是企业、个人及各类慈善社会组织。2019 年,我国企业捐赠共931.47 亿元,较 2018 年增长 4.56%,占社会捐赠总量的 61.71%。2019 年个人捐赠达 398.45 亿元,较 2018 年增长 10.54%,占社会捐赠总量的

---

① 王向南:《中国非营利组织发展的制度设计研究》,博士学位论文,东北师范大学,2014,第 86 页。

26.40%，个人捐赠呈现良好的增长势头。在社会捐赠的领域方面，教育、扶贫与发展和医疗健康依旧是 2019 年社会捐赠的三大领域，其中教育占社会捐赠总额的 29.17%，扶贫与发展占比为 25.11%，医疗健康占比为 18.04%，三者合计占比 70% 以上。此外，科学研究与倡导领域捐赠金额快速增长，相较 2018 年增幅为 60.23%。相比而言，在慈善行业发展、就业创业以及减灾与救灾领域的慈善捐助较少。

二 公众筹资概况

（一）公众筹资的相关规定与现状

《中华人民共和国慈善法》明确了定向募捐无须资格，公开募捐则需要许可证书，开展公开募捐需要事先备案，也就是说定向募捐面向特定对象展开，无须许可。但社会组织开展公开募捐，就需要事前审批和每次活动开展前的备案，以及相应的公开等。《慈善法》第 22 条对公开募捐资格的实体条件做出了原则性的规范，主要有三条：依法登记满两年；内部治理结构健全；运作规范。另外，《慈善法》之前的地方立法和《慈善法》之后的民政部配套规章，还引入了实体条件的分类管理。对于慈善组织评估等级较高的，直接推定其符合部分条件，其申请门槛与提交材料予以适度简化。此外，有部分社会组织，基于法律法规的明确规定，自登记之日起可以公开募捐，例如，《中华人民共和国红十字会法》赋予红十字会直接公开募捐的权利。《基金会管理条例》也有类似规则，该条例第 3 条规定，基金会分为面向公众募捐的基金会（以下简称公募基金会）和不得面向公众募捐的基金会（以下简称非公募基金会）。公募基金会按照募捐的地域范围，可分为全国性公募基金会和地方性公募基金会。对于申请公开募捐的社会组织，内部治理和运作规范需要符合《慈善法》的规定，例如应具备规范的章程，健全的组织框架，完善的选举任免制度，表决制度的实施规范，财务制度及运行规范，健全规范的决策、执行、监督制度并得到有效实施，人员管理运行规范，包括专职人员和志愿者两大类，公益事业捐赠票据规范，慈善组织的税务登记及依法纳税情况等。

信息技术的发展使得社会组织可以在更大的范围内把与公益主题相关的服务群体、捐赠群体和其他社会公益资源动员起来，使其能与组织活动达成情感沟通基础上的广泛共识，形成共频共振效应，更多地吸纳社会公益资源。近年来，中国社会组织公众筹资发展迅猛，社会组织不断加大对社会公众个人的筹资开发力度，在部门设置、人力投入、工作方法、技术设施等方面采取了多种措施，使公众筹资开发工作呈现具有活力、增长迅速、效果显著的亮点。

（二）公众筹资平台的建设

1. 公众筹资的基础性建设

（1）公众筹资开发团队的产生

组建专门承担公众筹资职能的公众捐赠部，将机构筹资开发工作细化。在机构的调整与细分中，诞生了一批具有公众筹资开发实战经验并且充满开拓创新精神的员工，由他们组建公众捐赠部。公众捐赠部运用移动互联网技术在手机微信和网络筹资方面大胆创新，有力地开拓公益捐赠市场，提高公众对机构的捐赠额度。

随着公众筹资开发新技术手段的应用和业务量的飞速增长，可以再将筹资和筹资使用两步工作进一步细分。机构将公众捐赠拆分为移动互联网和公众互动两个部门，其中移动互联网部可以运用互联网创新开展公众筹资方式；公众互动部则进一步动员社会公众用捐资支持公益项目的方式，参与公益事业。

公众筹资开发部门的调整与建设，产生了机构筹资开发的专业化团队，它与资源发展部的大客户筹资开发团队以及各项目部的筹资开发专职人员一起，构成了机构完善的筹资开发组织体系，将机构的筹资开发能力和效果提升到了新的水平。

（2）公众筹资开发策略和工作流程的建立

第一，公众筹资开发策略的确立。公众捐赠的行为偏重于感性化，即容易受到社会情绪的感染。因此，社会宣传与社会舆论对公益捐赠起到了重要的导向作用。正面的宣传和舆论会激发公众的捐赠热情，而负面的宣传和舆论会极大挫伤公众的捐赠热情。社会组织构建公众筹资开发体系的策略是：在加强机构公众筹资团队建设基础上，以大型活动提升机构的品牌号召力，激发公众捐赠的热情；搭建公众小额捐赠的平台，形成公众捐赠的畅通渠道。

第二，公众筹资开发工作流程的建立。公众捐赠部可以制订两项工作流程，即举办以提升品牌号召力为目标的大型活动和搭建便于公众小额捐赠的平台。在开展大型活动方面，是以提升机构的品牌号召力为目标，通过活动宣传和公益项目的展示，激发公众对公益产品的捐赠欲望，并通过这些公益项目故事的呈现和传播，进一步巩固公众的捐赠欲望，培育客户的黏度。在搭建公众捐赠平台方面，以形成畅通的公众捐赠渠道为目标，通过对机构原有的公众捐赠平台进行互联网技术整合的升级建设，创新互联网的利用方式，形成新的移动互联网捐赠平台，进一步体现公众捐赠的价值，提升公众应用该平台的兴趣，大范围拓展捐赠客户。

2. 大型公众筹资项目活动的开展

按照机构公众筹资策略策划、设计，实施了一系列旨在动员广大社会公众参加的爱心慈善捐赠项目。这些项目通过鲜明的公益慈善主题、丰富多彩的内容、简便易行的参与方式，吸引了众多社会公众参与，有力提升了机构的品牌号召力，也带来了公众筹资额度的增加。比如开展大型筹资晚会活动，在发生引起社会大众关注的重大自然灾害时，举办大型筹资晚会是动员广大公众、获得社会捐赠的最有力的方式；通过在社会高端人群中开展公益慈善宣传推广活动，社会各界人士通过慈善拍卖和认捐表达对公益事业的支持，也能够达到筹集公益捐赠资金的效果。

3. 公众筹资平台建设

公众筹资平台建设，即构建以移动互联网为基础的公众筹资新平台。2011年，微信出现以后，推动中国进入了"移动互联网时代"。微信可应用于机构管理、对外宣传、项目管理以及筹资开发等领域。在机构信息化系统建设工程中，应用移动互联网技术，对机构原有的各公众捐赠平台进行了整合、升级，形成了以移动互联网为基础的新的公众筹资体系和平台。

（1）用微信整合原有的公众捐赠平台

用微信整合、改造、升级机构原有的公众捐赠平台，将手机微信与银行月捐、手机月捐、手机短信捐、计算机网络捐连接在一起，实现了通过手机微信即可完成捐赠这一革命性的变革。这一变革满足了社会公众向公益组织捐赠不设门槛、方式便捷、信息透明、互动性强等要求，有力地提升了机构的公信力，极大地促进了机构公益捐赠额度的增长。

（2）移动互联网捐赠新平台

机构通过对原有公众捐赠平台的改造，构建以移动互联网技术为基础的新的公众捐赠平台体系。新平台应该是集公益捐赠、查询、活动信息、资讯等功能为一体的，构建这个新的公众捐赠平台既是对机构原有公众捐赠平台的整合与升级，也是对公众捐赠方法和手段的创新。通过该平台，社会组织可以通过更方便、更快捷的方式将公益与广大的社会公众联系起来，让公众与公益的距离不再遥远，该平台可以实现如下功能：公益捐赠功能，公众可以通过包括每月捐赠和单次捐赠等多种捐赠方式来实现公益捐赠；捐款查询功能，公众可以随时随地查询捐赠情况；活动参与功能，公众可以了解和参加各种公益活动；资讯分享功能，公众可以实时看到项目的进展以及捐款是否能切实有效地帮助到受助对象。

（3）与第三方网络捐赠平台的合作

社会组织与腾讯网、新浪网、阿里巴巴、支付宝、网店及阿里系平台返利网以及易宝支付、百付宝、快钱、网易，京东、苏宁，优酷等第三方网络进行合作创新，通过合作增加了公众捐赠平台数量，扩大了机构的品牌影响力。比如，其与支付宝的合作，开通了社会公众应用移动互联网捐赠的便捷通道。

（三）互联网筹款模式

人均收入的提高促使个人捐赠比例持续稳定增长，加之互联网的日益发展，网络捐赠的方式受到年轻人的青睐。中国社会组织积极利用"互联网+"理念开展网上宣传，通过线上的方式解决筹资难的问题。[①] 充分利用互联网筹资的优势，加快"去行政化"进程，注重公众筹款，将有爱心的网友、企业和机构聚集在一个平台上，形成闭环。

近年来，社会组织的互联网融资额逐年增加。自 2018 年以来，通过互联网募集的捐款每年增长都超过了 20%。2019 年，募集资金超过 54 亿元，比上年增长了 68%。在疫情防控背景下，互联网筹款发挥了更大作用。2020 年，腾讯启动疫情基金项目，一天内筹集到了 3000 万元；芒果 V 基金

---

① 王利敏：《当前我国非营利组织筹资困境与对策》，《中国农业会计》2020 年第 8 期，第10~12 页。

筹集到 1000 万元；授渔计划在互联网筹集到 8000 万元；中国社会福利基金会 30%的资金来自企业，70%的筹款来自互联网。

中国社会组织在互联网筹款方面的每一次成功都离不开与各大互联网平台进行的战略合作，通过大型活动的组织，打通线上到线下的渠道。在这种战略合作中，对于互联网募捐平台来说，最重要的挑战就是如何唤醒公众的捐款意识和如何调动公众的捐款意愿，这些是基于平台方运营策略的。比如，平台方可以利用后台数据分析公众有什么样的捐款习惯，什么人群更爱捐款，即互联网募捐平台可以通过运营策略帮助公益组织进行筹款。[1] 简而言之，互联网募捐平台给公益组织提供工具和方法，并通过互联网运营的方式来聚集公众。互联网筹款的发展过程就是在相关平台积累更多用户，让公众养成捐款习惯，这是中国互联网募捐平台多年来一直在做的尝试。本章将中华少年儿童慈善救助基金会作为互联网筹款的案例，具体介绍社会组织互联网筹款的发展历程。

中华少年儿童慈善救助基金会（以下简称儿慈会）于 2010 年成立，成立时的启动资金主要靠企业捐赠，2011 年至 2012 年，儿慈会的企业捐款和公众捐款基本保持均衡，各占一半，从 2013 年开始，公众捐款大幅提升，超过企业捐款，最主要的原因是儿慈会走出了一条独特的互联网筹款之路。

1. 儿慈会互联网筹款的起步（2011~2012 年）

儿慈会最早尝试互联网筹款是在 2011 年与搜狐公益牵手筹款，起源于著名主持人崔永元发起的"给孩子加个菜"公益项目。2011 年 5 月 4 日，为了使活动符合公共筹款的条件，志愿者团队代表与儿慈会签署了"给孩子加个菜"公益项目协议书。崔永元在搜狐微博上公布了儿慈会的捐款账号，并每天更新筹集捐款的情况。截至 2011 年 5 月 17 日，"为孩子加个菜"公益项目仅在两周内就收到了 168716.36 元的公众汇款。这在当时已是一笔不小的公众捐款，因为尚没有便捷的移动客户端网上支付方式，公众主要是通过儿慈会官网捐款。当年该项目共筹到 100 万元人民币，这对儿慈会的发展意义重大。此外，该项目一直延续至今。

2012 年，儿慈会通过各种形式，大力宣传儿童救助项目，让大众了解

---

[1] 韩俊魁、邓锁、马剑银：《中国公众捐款：谁在捐，怎么捐，捐给谁》，社会科学文献出版社，2021，第 43 页。

儿慈会的救助需求，其在腾讯、搜狐、新浪等门户网站和支付宝公益等各类新媒体上搭建多样化的募捐平台，收到了良好效果。2012 年儿慈会共收到 54226 次捐款，其中个人达 53410 人次，企业 816 次，个人捐款成为儿慈会的一项重要善款来源。通过与社会化媒体的合作，儿慈会成为第一个与各大公益类社会化媒体全面合作的全国性公募基金会、第一个与腾讯建立微救助平台的全国性公募基金会、第一个与搜狐合作开发"一对一捐助平台"的全国性公募基金会。这些捐款平台在 2012 年为儿慈会的救助项目募集 600 多万元善款，占当年筹款总额的 8.00%。

2. "小数点事件"推动儿慈会整改（2013~2014 年）

2012 年 12 月，在儿慈会创办的第三年，有媒体工作者质疑儿慈会 2011 年年报中的财务报表编辑错误是"洗钱"，引发了"小数点事件"。遭到质疑后，尚处于起步阶段的儿慈会经受了极大的考验，在 2012 年末到 2013 年接受了大大小小十几次财务审计，最后的结论是未发现"洗钱""侵吞善款"等违法违规问题，但存在内部管理疏漏和信息公开不规范问题。

在"小数点事件"逐渐平息后，儿慈会成立了以理事长为首、秘书处班子全体人员参加的领导小组，全面展开了内部治理，查找纠正本身存在的问题，回应媒体和公众对儿慈会的关心。这一内部治理工作从 2013 年初到 2014 年历时近两年。内部治理包括理事会改选、秘书处结构调整和重新审定以及完善了各种规章制度，建立了秘书长办公会议制度。经过近两年的内部治理，儿慈会的工作在规范化方面有了很大改观，职责更加清晰，目标更为明确，内部治理措施对儿慈会后续的互联网筹款起到了极大的促进作用。

2013~2014 年近两年的整改，为儿慈会互联网筹款铺平了道路，工作成效开始显现。在"小数点事件"后的第二年，儿慈会募款总额为 7886.49 万元，比风波前的 2012 年度减少了 574 万元。募款的 41.00% 来自企业，59.00% 来自个人，虽然企业的捐款额有所减少，但公众依旧保持了很高的捐款热情。①

2013 年儿慈会个人捐款能够首次超过企业捐款，除了公众信任，主要原因还在于儿慈会继续深化与多样化筹款平台的合作，特别是新浪微公益

---

① 何培忠：《中华儿慈会"0"失误后的内部治理》，《中国社会组织》2015 年第 10 期，第 103 页。

平台，当年新浪微公益募集捐款 1129.17 万元，成为儿慈会第一个达到千万级捐款的平台。与腾讯的合作也渐入佳境，当年共筹集 818.26 万元善款。

组织内部治理后，2014 年度募集资金总额达到 9465.35 万元，比上年度增加了 1578.86 万元，创下儿慈会成立以来募款的新纪录。其中 44.00% 的资金来自企业，56.00% 来自个人，与 2013 年相比，企业和个人捐款分别增长 29.00% 和 14.00%，均超出了风波前的水平。2014 年，儿慈会位居"中国公募基金会榜"第 10 名。

此外，2013 年 9 月 22 日，儿慈会启动了"童缘联合劝募计划"，这是中国儿童公益领域首个全国性联合劝募计划。该计划将利用儿慈会童缘公益联盟的现有资源，为民间公益组织搭建起募捐平台，提供媒体宣传、企业合作、公众参与、网络平台支持，组织各类公益募款活动，共同募集资金。

3. 儿慈会互联网筹款进入快速增长期（2015 年至今）

2015 年是儿慈会发展的一个重要节点。这一年其全年捐款收入第一次过亿，募集善款约 19067.21 万元，同比上年增长 101.44%。其中个人捐款 15065.83 万元，占捐款总额的 79.01%，企业捐款 4001.37 万元，占捐款总额的 21.00%。

2015 年，儿慈会在互联网筹款领域实现了多个突破：2015 年腾讯"99公益日"期间，儿慈会筹集善款加配捐款总计超过 3300 万元，排名基金会第一；互联网筹款第一次超过其他渠道，占比达到 61.36%，且 2015 年互联网筹款总额比 2014 年增加了 305.97%（参见表 4-2）。

表 4-2　儿慈会历年互联网筹资统计

单位：万元，%

年份	互联网筹资	占筹资总额比例
2012	618	8.00
2013	1553	21.00
2014	2882	30.00
2015	11700	62.00
2016	17400	67.00
2017	39000	64.00
2018	32000	61.00

2016～2018年，儿慈会的个人捐款比例均保持在 60.00% 以上。儿慈会的公众捐款能够在总捐款收入中占据较大比重，说明儿慈会成立九年来具有了广泛的群众基础。以 2018 年为例，儿慈会年度筹款总额约 5.23 亿元，其中线上募款占比 61.00%。各网络平台筹款占比，腾讯公益以 66.80% 的绝对优势在各平台筹款占比中排名第一，水滴公益为 8.80%，蚂蚁金服公益为 8.80%，阿里巴巴公益为 7.90%。

2018 年，儿慈会在腾讯公益平台共上线 3044 个项目，共计捐款超 900 万人次，年度筹款总额 2.1 亿元。项目覆盖了全国 31 个省（区、市），受益儿童超过 90 万人。

在 2018 年腾讯"99 公益日"的三天活动期间，儿慈会的筹款数据再创新高，上线 321 个项目，共有超过 364 万人次捐款，筹款 1.43 亿元（含项目自筹、腾讯配捐、企业配捐、1 亿非限定激励、线下捐款码激励、线下补贴），第四次蝉联"99 公益日"筹款加配捐冠军。该筹款收入约占儿慈会在腾讯公益平台 2018 年度筹款收入的 67.00%，约占儿慈会年度筹款总额的 27.00%，可见"99 公益日"在儿慈会筹款工作中的分量，且值得关注的是，儿慈会在 2017 年腾讯"99 公益日"的捐款人次约为 100 万，而在 2018 年腾讯"99 公益日"的捐款人次达 364 万，增长了两倍多。

除腾讯以外，2018 年，儿慈会与蚂蚁金服公益平台的合作也不断深入，在该公益平台共集结 30923640 人次的爱心捐款，筹款总额约 3026.45 万元。项目覆盖了全国 31 个省（区、市），直接受益儿童超过 17 万人。值得一提的是，儿慈会首次通过蚂蚁金服公益平台尝试上线两个区块链项目，累计募款 40 多万元。这一新的募捐方式让用户能追溯善款，对公益项目更加信任，而且均获得平台的首页推荐支持，筹款速度很快。儿慈会在运用互联网最新技术方面敢于尝试。2018 年，儿慈会在阿里巴巴公益平台的年度筹款总额约 2282.58 万元，其中淘宝公益店的筹款总额约 536.64 万元，占比约为 23.51%；"公益宝贝计划"的筹款总额约 1745.94 万元，占比约为 76.49%。

2016 年《中华人民共和国慈善法》出台后，对互联网筹款进行了规范。在腾讯公益等平台正式成为民政部指定的首批互联网募捐平台之后，儿慈会逐步更正规地开展互联网筹款，并和这些平台有了更加深入的对接。截至 2019 年 8 月，儿慈会已成为腾讯公益、水滴公益、支付宝公益、淘宝公益、轻松公益、新华公益、新浪微公益、京东公益等 14 家互联网募捐平台的战略合作伙伴。

三　大客户筹资发展状况与开发战略

（一）大客户筹资的发展现状

大客户是为了与公众个人客户相区别而被提出的。凡是不属于针对公众个人的筹资，包括企业、机构、组织的筹资，均属于大客户筹资范畴。企业家或社会名人以个人名义向机构捐赠的大额捐款，原则上也属于大客户捐赠。

在社会组织中的社会资源捐赠一直是以大客户捐赠为基础的。在 2000 年前，机构的捐赠几乎都是源于大客户。公众筹资方式只在机构筹资中占了微小的比重。此后，公众筹资的力度不断提高，筹资额度逐年提高。但同期，大客户筹资的效果更加明显。近年来，虽然公众筹资额度和比重在不断提高，大客户融资比重在逐年下降，但在机构的捐赠额度中大客户捐赠始终占主要份额，大客户筹资开发也始终是机构最重要的工作。在中国扶贫基金会捐赠总额中，超大客户的捐赠往往会对机构的年度业绩产生更大的影响。[1] 譬如在 2010 年，曹德旺、曹晖父子的 2 亿元和加多宝集团的 1.3 亿元两笔捐款，就占据了中国扶贫基金会筹资总额（5.4 亿元）的 61.11%。

在中国扶贫基金会捐赠收入总额中，大客户捐赠收入占据了 60.00%~80.00%的比重。如在大客户捐赠收入占机构收入总额比重最小的 2015 年，大客户捐赠额仍达到 27795 万元，占当年机构捐赠总额（49034 万元）的 56.68%。因此大客户捐赠是机构捐赠收入的基础，对机构的稳定和可持续发展起着举足轻重的作用。做好大客户筹资开发是保证机构获得稳定的捐赠资源，以及开展业务活动的基础性工作。

（二）大客户筹资开发的战略

根据公益筹资市场发展变化的新形势，筹资机构建立了针对重点企业

---

[1]　何道峰主编《中国扶贫基金会改革发展简史（1989~2015）》（中册），社会科学文献出版社，2018。

的大客户筹资开发新模式和工作流程。新的模式以对大客户提供个性化、定制式的深化服务为核心。新的流程以行业细分—策略研究—提供个性化服务—提供项目创新支持—提供宣传活动支持—培养客户黏性为基本表现形式。

1. 行业细分和策略研究

根据中国国家统计局和美国国家标准行业划分标准，中国划分了 10 大类行业，分别是：食品饮料行业、金融行业、服装行业、汽车行业、制造行业、地产家装行业、信息与通信技术行业、日化医药化工行业、烟酒行业、旅游餐饮行业。在行业细分的基础上，中国社会组织分别收集、整理、分析各个行业企业及行业主管部门、行业协会、行业媒体等参与社会公益活动的信息，并分别进行有针对性的开发策略研究。通过对行业捐赠大客户的分析研究，机构的筹资工作逐步走向科学化和专业化。

2. 提供个性化、定制式服务

社会组织在深入了解大客户的特点和需求的情况下，精准定位方式策划、设计出客户满意的行动方案并与大客户一同开展活动，为其提供定制式服务。这种定制式服务和内容包括为捐赠大客户配备服务支持专员，担任该客户品牌传播、活动执行和财务等相关工作的项目经理，从项目宣传活动策划、项目反馈到相关宣传活动执行提供全方位支持，有效提升企业的公信力。加多宝集团是中国扶贫基金会的重点大客户。2011 年在其发生纠纷和受到舆论波及的背景下，中国扶贫基金参加加多宝 2011 年年报、年度宣传片策划制作，协助发表《社会责任白皮书》，参与策划组织 2012 年"加多宝欢乐大家庭"活动等，对加多宝集团参与公益慈善事业的行动进行了有力的宣传和支持。这种在大客户有困难之时提供公益品牌支持的行动，极大提高了社会组织与企业大客户之间的信任度，有助于长期稳定合作。

3. 提供宣传活动支持

中国社会组织为捐赠大客户搭建具有多重效应的企业参与公益活动与传播的平台，这是机构为提升企业品牌和社会影响力提供的重要服务手段。

首先是举办行业和企业的社会责任论坛。例如，2012 年中国扶贫基金会举办"21 世纪扶贫与发展论坛"，邀请中国工商银行等金融机构分享扶贫工作案例，发起"锦绣—贫困县之重新发现"系列报道项目，以此吸引更多的中央企业参与社会扶贫事业。邀请金融企业分享扶贫工作案例，联合相关单位发起相关贫困系列专题报道项目，以此为切入点开发更多中央企业参与社会扶贫事业。

其次是开展企业公益展示活动。中国扶贫基金会在参展企业搭建的企业公益展示平台上，介绍相关公益活动和公益项目，全面展示企业在公益方面所做出的贡献。

再次是搭建企业公益新闻传播平台。中国扶贫基金会与央视新闻频道搭建企业新闻传播平台，直接推动多家企业大规模捐赠；与杂志社搭建公益广告传播平台，为企业捐赠提供持久的传播支持。

中国社会组织通过一系列的大客户筹资开发措施，培育了一批对机构的项目充满信任、信心和热情的捐赠企业。这些捐赠企业对机构的宗旨和使命有着一定程度的理解和认同，对机构的工作精神、工作能力有着良好的认知与评价。机构也对这些大客户的社会责任理念和企业文化有着认同感，对他们的行为给予支持和协助。因此，形成了双方互相理解、互相尊重、互相帮助、密切合作的伙伴关系。这些客户对机构的忠诚度高，捐赠额度大，续捐能力强，是机构生存和发展的市场资源基础。

第四节　社会组织的考核激励与人才培养

一　社会组织的考核激励

（一）社会组织的内部考核

社会组织的考核工作是为了落实精细化管理的要求，进一步实现薪酬的精细化分配，激发职工积极履行职责、争创一流的工作积极性和主动性，营造注重绩效、比较贡献的文化氛围，全面推进社会组织的优质高效运行和科学管理。内部考核和奖惩制度关系到社会组织的活力能否被充分激发。中国社会组织主要以目标为导向招聘工作人员和志愿者，在此基础上较为重视对员工价值取向与专业技能的双重考核。

以南都公益基金会为例：基金会的考核评估由同事民主测评、上级评估和自我评估三大部分组成，实行360度全面的考核。其中，上级考核占50%；同事民主测评占30%；自我评估占20%。考核内容涉及如下几点：关键工作业绩，通常指基金会工作计划中各项任务的执行结果；基础工作业绩，指根据机构各部门所描述的职能职责要求完成的基础工作的执行结果；内部沟通与合作，指在本部门内部合作，跨部门合作中的态度和表现，以及在沟通合作方面的具体行动、所建立的制度机制；创新成果，指在工作中通过采用新思想、新方法、新技术，以及采用新的项目设计和系统设计所取得的创新成果，同时也包括了对组织发展所做出的贡献；胜任能力，指公益理念和价值观、职业素养、专业能力、执行或管理能力、个人发展潜力。

（二）社会组织的内部激励

激励有助于组织形成凝聚力，不仅能保留现有人才，更能吸引优秀人才，强化组织的核心竞争力，还有助于激发员工的工作热情和潜能，保持良好的工作绩效和工作状态，从而高效率和低成本地实现组织目标。中国社会组织的内部激励现阶段以薪酬激励为主、非物质激励为辅。

首先是创建科学合理的薪酬体系。社会组织薪酬体系的建立有三个步骤。第一，参考行业标准，调整薪酬政策。社会组织薪酬政策的制定要考虑社会组织自身特点、所在行业薪酬水平、所属区域社会平均工资以及内部岗位的价值。[①] 第二，通过工作分析，梳理职位说明书，建立职位管理体系。调整社会组织的内部结构，理清部门和岗位职责，对岗位进行分类管理，根据职位体系设定薪酬体系。第三，通过绩效管理评估工作贡献，用绩效体现薪酬的公平性。建立以绩效为导向的薪酬体系，将绩效考核结果与薪酬水平直接挂钩，此外，部分社会组织在薪酬结构中增设了个人特殊贡献奖，对于在社会组织中发挥关键作用的个人给予奖励。

社会组织享有内部薪酬分配的自主权。其员工主要实行岗位绩效工资制度。工资一般由基本工资、绩效工资、津贴和补贴组成。基本工资是员工的年或月基本收入，主要根据社会组织的发展、所从事的业务领域以及所在地区的经济发展水平来确定。绩效工资与个人绩效紧密挂钩，科学评价不同岗位员工的贡献，合理拉开收入分配的差距。津贴和补贴是社会组织为补偿员工额外的劳动力消耗和其他特殊原因而支付的补充工资，以及

---

① 王爱敏、董志超：《社会组织人才薪酬激励政策研究》，《第一资源》2014年第2期，第79~87页。

为确保员工工资不受物价波动影响而支付的生活津贴。对市场化选聘和管理的社会组织负责人、引进的急需紧缺人才，结合社会组织发展实际，其薪酬水平可由双方协商确定。[①]

其次是以弹性福利丰富非物质激励。第一，保障法定福利，增设组织福利。组织福利是组织根据自身管理理念和条件，在法定福利之外自行设计的福利项目，以更好地吸引和激励员工。尤其是弹性福利计划是目前组织福利计划的重要发展趋势。第二，中国社会组织近年来一直探索丰富非物质激励内容。例如，强化使命感和责任感激励；增加工作预期激励；提供培训机会或设立培训基金会激励；用自我尊重或自我价值实现的形式进行激励。

案例一： 天津市鹤童老年公益基金会由鹤童老年福利协会、鹤童民办非企业系列单位、鹤童老年公益基金会共同组成，鹤童是典型的非营利机构法人组织，是由民间发起、投资运作的民间组织。鹤童非常重视对内部人员的管理，员工和志愿者可以在基金会设立的培训学校进行培训；有完整的奖励制度，包括带薪休假、年终双薪、季度奖、全年奖、组织季节性旅游等，以激发员工的工作热情，并有一套完善的绩效考核机制。[②]

案例二： 各地红十字会建立全面的志愿服务激励机制，其中最为典型的是志愿者星级评定，该制度对志愿者进行了不同级别的星级评定，一星级至三星级的志愿者由县级红十字会评定，四星级志愿者由地市级红十字会负责评定，五星级志愿者由省级红十字会负责评定。各级红十字会应当根据实际情况对志愿者进行奖励，表彰和奖励优秀红十字志愿者和志愿服务组织，并为他们授予荣誉称号；为优秀红十字志愿者和志愿服务组织代表安排优先参加红十字会的培训、会议等重要活动，当选为各级红十字会会员代表大会代表和理事会成员，推荐参加"道德模范"评选表彰等相关活动；对红十字会志愿者的访问和慰问被纳入"红十字博爱送万家"活动。红十字会总会定期对做出突出贡献的志愿者和服务组织进行评选和表彰，并将表彰激励与事迹宣传相结合，大力宣传红十字志愿服务工作的进展和成效，进一步挖掘红十字志愿服务先进典型。

[①] 《规范薪酬管理　提升能力水平——民政部印发〈关于加强和改进社会组织薪酬管理的指导意见〉》，《中国民政》2016 年第 15 期，第 38~39 页。

[②] 郭婵：《我国慈善基金会人员的价值取向及激励问题研究》，博士学位论文，天津商业大学，2010，第 25~28 页。

二　社会组织的人才培养

教育培训和晋升机会是组织吸引人才的重要手段。全国各高校广泛开展了社会学、社会工作、公共管理等学科的研究与教学工作，这些相关专业的毕业生为社会组织的发展提供了丰富的人才资源。同时，网络技术的飞速发展在一定程度上改变了传统的培训方式和内容。① 近年来，社会组织加强了对互联网的运用，建立 App 平台和培训数据库，广泛开展在线培训。这在一定程度上节约了培训成本，也为员工提供了更方便、更优质的培训。同时，一些行业性社会组织也承担着为中国公益慈善事业培养人才的使命。

案例一：中国扶贫基金会"扶贫新农人"项目培训班

2019 年 7 月 13 日，中国扶贫基金会在中国农业大学东校区举办了"聚焦主战场全力助攻坚"中国扶贫基金会扶贫新农人项目启动暨扶贫新农人能力建设第一期培训班。② 项目主要培养热爱农业、懂农业、善于管理经营的本土人才队伍，通过系统的培训和完善、项目的支持和社会资源的整合，支持人才投身乡村这片广阔的热土，投身于新时期脱贫攻坚和乡村振兴的探索和实践，为乡村的可持续发展培育新动力。该项目是中国扶贫基金会在新形势下对乡村发展探索实践的延续，项目从新农人能力培训、创新创业实践陪伴和项目配套支持三个方面提供综合支持。同时，整合社会资源，为新农人在农村扎根，成长、成才提供资源和平台。三天的培训结束后，中国扶贫基金会副理事长兼秘书长刘文奎，联合国粮食及农业组织驻华代表处减贫与创新官员董乐博士，农业农村部农村经济研究中心研究员张照新、副研究员彭超，农业农村部干部管理学院合作社中心主任于占海、教授邵科，中国农业大学农学院副教授王小芬等专家将分别在新形势下农业农村发展、规范合作社组织建设、如何带动小农户参与生态农业实践、如何在新形势下发挥新农人作用等方面，开展系列培训和案例分析，以拓宽学员视野、提高学员能力。

---

① 陈诗璇：《社会组织人力资源管理的困境及对策研究》，《学理论》2020 年第 9 期，第 63~64 页。

② 李慧：《中国扶贫基金会举办"扶贫新农人"项目培训班》，《中国日报网》2019 年 7 月 16 日，第 1 版。

案例二：宋庆龄公益慈善教育中心

上海宋庆龄基金会是以"宋庆龄"命名的基金会，肩负着培养优秀公益人才的使命。基金会成立了"公益慈善教育中心"，负责为行业培养和输送公益人才，并对专业人才进行培训教育，从而提升公益行业整体专业水平、促进职业化管理，增强公益行业对优秀人才的吸引力。"宋庆龄公益慈善教育中心"是我国在大学本科设立公益慈善专业方向的首例，它也开创了我国通过高等院校为社会培养公益慈善专业人才的先河。该课程主张理论和实际相结合，借鉴国外先进教学理念，大力引进国内外优秀的教师和教材，同时还定期邀请经验丰富的公益届和商界精英为学生开展讲座。该教育中心采取"走出去，引进来"的先进教育模式，学习发达国家的经验设计专业课程、引进国外优秀的原版教材、聘请知名公益慈善领域的专家任教、开设国际短期课程等，例如，引入美国印第安纳大学慈善学院的授课体系，推进该专业领域的国际合作办学，探索适合中国公益慈善人才培养的路径。

案例三：中国红十字基金会人才培训项目

中国红十字基金会在开展自身公益慈善事业的同时，也承担起了为整个公益行业培养人才的任务。在 2019 年 6 月 30 日，中国红十字会、苏州大学、中国红十字基金会三方在北京签署联合创办红十字国际学院合作协议。挂牌"中国红十字运动研究院"的红十字国际学院，成为全球首个专门致力于红十字运动研究、人才培养、文化传播、学术交流等的教学科研机构。[1] 2020 年下半年，红十字国际学院举办的各类培训班、研修班陆续开班启动，截至 2021 年上半年，已累计举办各类培训班 15 期，培训学员 878 名。接受培训的有省市级红十字会新任职领导干部、全国红十字系统的专职干部、青年人道骨干、政府官员、高校教师以及国外红十字组织的人道工作者。

人道教育致力于培养红十字事业专门人才，人才培养是红十字事业的百年大计。红十字国际学院为全体红十字人以及公益慈善行业从业者提供了共享人道教育的资源平台。[2] 2021 年 4 月 17 日，微专业课程正式开班教

---

① 严阳：《"传播国际人道法"的规范阐释与机制完善》，《国际法研究》2021 年第 5 期，第 114~128 页。

② 贺晔：《共建国际学院 共享人道教育》，《中国红十字报》2021 年 8 月 31 日，第 1 版。

学。春季学期共开设"红十字人道事务""应急管理与人道救援""国际人道组织及其工作"等三个方面的教学课程。该课程为期一年，共计216学时，招生对象为苏州大学本科二年级以上在校生。

第五节 社会组织的信息披露

一 信息披露的政策规定

社会组织信息披露的主要目标是向受托者提供有助于评价和监督受托责任的信息。社会组织得以运行的资金通常来自社会捐赠，受托人在捐赠后便失去了对资金的控制权和剩余资金分配的权利。相比较企业而言，企业所有者在委托经营者管理公司的同时，企业所取得的剩余利润要分配给企业的所有者，这就决定了委托人对于社会组织和企业的期许完全不同。资金捐赠者更加注重社会组织开展项目的内容与活动的实施效果以及资金运行的效率，同时还会关注社会组织内部管理的规范性和制度化程度。此外，由于社会组织的公益性特点，不仅要接受捐赠者的监督，同时还要受到社会舆论与大众的监督。因此，社会组织的信息披露的结果直接影响到社会组织的可持续发展。在信息披露的理论基础方面，信息披露的产生和发展与经济学和管理学的很多重要理论有密切的关系，被普遍认可的理论基础有：信息不对称理论、受托责任理论、利益相关者理论、委托代理理论等。

中国社会组织的信息披露还处于初级发展阶段，现阶段社会组织多采取自愿原则进行信息披露，这些被披露的信息通常包括组织的基本情况、组织的理念、长远规划、财务信息、组织活动信息、社会评价信息等，具体的披露方式和信息的披露程度往往取决于非营利组织自身。关于社会组织信息披露的相关政策文件规定主要有以下几项：2011年8月23日民政部网站发布的《公益慈善捐助信息披露指引（征求意见稿）》，对基金会的信息披露工作提出了明确要求：列明了信息披露的范围，包括接受捐赠机构信息以及机构的财务信息。2012年7月10日，民政部正式出台的《关于规范基金会行为的若干规定（试行）》对非营利公益组织的相关信息公开披露工作提出了更高的要求：慈善基金会通过举办公益项目演出、拍卖等公益活动形式进行公益募捐时，应当提前向全体社会大众公布其他相关详细信息，如有关募捐活动资金的详细收入和使用管理计划、开展活动的具体成本支出预算等，在募捐资金收入使用管理过程中临时需要调整计划的，要及时向社会公众公开阐明；该规定还对发生自然灾害等社会突发事件时接受的公益善款捐赠方式做出了详细规范，指出慈善基金会在接收到所有来自捐赠人的公益捐款后，应在慈善组织官网以及其他新闻媒体官方网站上及时公布详细的资金收入和成本支出预算情况。此外，基金会的上一年度募捐工作统计报告不仅需要接受新闻媒体和公众监督，同时还需要接受所有捐赠人的监督。2014 年 11 月 24 日，《国务院关于促进慈善事业健康发展的指导意见》对慈善组织的相关信息公开披露事项做出了详细规定，对慈善组织相关信息披露需要公开的事项内容、何时公开、以何种渠道公开都做出了明确规定。① 此外，每年出版的各类有关社会组织的蓝皮书，例如，中国慈善发展报告、中国社会组织报告、中国志愿服务发展报告等，也起到了一定程度的信息披露与监督作用。

二　信息披露的内容标准

（一）财务信息披露

民政部网站发布的《公益慈善捐助信息披露指引（征求意见稿）》，对社会组织的信息披露内容进行了细化，强调了财务信息披露的重要性。强制公开披露捐赠信息主要内容包括以下几类：关于接受公众捐赠组织机构的具体业务信息、开展公众募捐捐赠活动的具体信息、募捐活动所得到的款物实际使用情况信息、处理公众投诉补偿问题的用户联系方式、机构的财务信息等。② 该指引明确指出了审计机构的年度财务会计信息的主要内容，包括机构年度财务会计报告（资产负债表、现金收入流量表、会计报表、财务决算情况表及说明书）以及年度审计报告等，由此可见，财务报告单独披露的重要性，而不仅仅局限于年度工作报告中的信息披露。

---

① 张康庄：《广东省加强华侨港澳同胞捐赠公益事业立法的思考》，《八桂侨刊》2015 年第 2 期，第 60~65+77 页。

② 靳燕娟：《非营利组织会计信息披露——以中国扶贫基金会为例》，《现代企业》2016 年第 3 期，第 79~80 页。

财务信息披露体现了社会组织信息的透明化程度，对于社会组织的发展至关重要，其掌握的资源多来源于公众的慷慨捐赠，因此财务信息披露也应满足公众的知情权。一方面，清晰明确的财务信息披露，为社会组织内部成员了解财务信息提供了有效可靠的渠道；另一方面，清晰明确的财务信息披露可以帮助社会公众了解其捐赠钱款的去向，提高了组织的公信力，也有利于吸引更多的捐赠人。[①]

（二）非财务信息披露

非财务信息披露主要包括以下几个方面：第一是背景信息，包括社会组织的发展历史和运营的总体规划以及战略目标，对组织运营状况变化的原因及未来发展趋势做出分析；第二是人力资源信息，如社会组织成员构成情况信息、成员培训、相关福利待遇等；第三是核心竞争力，社会组织的创新能力与持续发展能力，组织的获奖情况，民众的认可程度等都可以作为非财务信息披露的内容。

（三）强制性信息披露标准

根据《基金会信息公布办法》条款规定：公益基金会需向我国大众媒体公布其上一年度财务工作报告；日常公益募捐资助活动的实际捐款金额数目的详细信息；公益基金资助活动项目的受益人、项目运作等信息。在民政部出台的《关于规范基金会行为的若干规定（试行）》中，指出基金会财务信息为强制性信息披露的内容，如基金会在发生地震等自然灾害中募捐到的资金，基金会应及时通过相应渠道对外公布。[②]

（四）自愿性信息披露

《基金会信息公布办法》指出，基金会可以在遵循本办法规定的基础上，自行决定公布更多的信息。尽管伴随着非营利社会组织的快速发展，信息公开披露方式分为许多种，但各类自愿性组织信息公开披露仍然成为

---

① 耿玮：《非营利组织财务报告及信息披露问题研究》博士学位论文，东北财经大学，2011，第12页。
② 蒋利亚：《我国民间非营利组织会计信息披露研究》，博士学位论文，华北电力大学，2017，第19页。

社会组织的首选。为了有效克服各类自愿性组织信息公开披露的局限性，相关主管部门必须对非营利社会组织的各类自愿性组织信息公开披露工作加以严格规范：一是通过一定的专业技术指标规范予以指导，如需要制定一套相应的技术指标体系用于规范组织信息公开披露；二是强调自愿披露的信息应根据不同的组织形式而有所侧重；三是建立相应的责任机制，并通过审计等方式保证披露信息的质量。

三　中国现有信息披露评价体系

（一）"中国民间公益透明指数"（GTI）

中国民间公益透明指数[①]由中国壹基金与 USDO 自律吧联合推出。壹基金是一家支持性的民间公益组织，以倡导人人公益为目标，旨在推动整个行业的发展与进步。USDO 自律吧成立于 2009 年，是由全国上百家公益机构联合发起的独立公益网络平台。平台内全体成员通过签署《USDO 社会组织自律准则》，并承诺共同努力促进行业自律性，提升行业在民众心中的公信力。[②]

GTI 关注的对象主要是民间草根公益组织，而非传统大型公益组织。它一般代表着一个民间社会公益事业组织的透明程度，其数值计算分析方法主要如下：将其中一系列能够反映一个民间社会公益组织业务透明度的主要指标进行加权平均运算，由此得到了一个能够综合反映民间社会公益事业组织透明程度的数值。GTI 由 4 个一级作用指标、20 个二级作用指标和58 个三级作用指标综合构成，其数值范围一般介于 0 ~ 100 分之间，当一个组织能够获得越高的作用指数，就表明该组织的透明化程度越高。中国民间公益透明指数鼓励各基金会能够主动在平台上披露相关信息，并通过第三方机构对信息进行收集和分析。民间公益组织的官方网站、微博、博客等都可以视为自主信息平台。

中国民间公益透明指数主要由四个部分构成。一是组织的基本信息，如组织联系方式、人力资源信息、组织基础信息等；二是治理与管理的信息，

---

① 中国民间公益透明指数官网，http：//www.chinagti.org/，最后访问日期：2022 年 11 月 30 日。

② 宋胜菊、胡波、刘学华：《中国公益基金会信息披露问题研究》，社会科学文献出版社，2016，第 33 页。

如组织结构框架、规章制度、年度报告等；三是业务或项目信息，如重要的业务或项目、开展项目可能带来的影响与效益、项目透明所需的信息化条件；四是财务信息，如组织的收支明细、法定报表、与捐赠相关的信息等。

（二）中民慈善捐助信息中心"中国慈善透明指数"

中国慈善透明指数于 2011 年末正式对外发布。该指数主要用于评估慈善组织信息公开情况是否符合标准。这一指数涵盖了慈善会、红十字会、社会公益团体、基金会、民办非企业单位五种社会组织类型。中国慈善透明指数总分为 100 分，包含 71 个主要指标，按照信息的完整性、及时性、易得性三个主要维度分别进行综合分析；并从慈善机构的基本业务情况信息、治理情况信息、财务情况信息三个方面着手，对慈善组织的透明程度进行评估。

从完整性来看，主要评估慈善组织对外公开信息的完整程度，对于慈善组织的治理水平以及专业能力的体现情况。从及时性来看，主要评估慈善组织进行信息披露是否及时，能在短时间内使公众获取关键信息，其中关键信息主要包括：理事会商讨得出的重大决策、捐赠所得的具体信息、用于项目资金的使用情况、机构的年度财务报告及工作报告。从易得性来看，主要用于分析考察慈善机构组织网站对外公开的相关信息能否被民众用简单方便的手段方式及时获得，是否能够提供多种传播渠道方式用于方便民众获取信息，具体的测评重点集中在慈善机构网站、纸质媒体以及有线电视和广播媒体四个传播渠道的实际使用情况如何。

中国慈善透明指数主要以当前我国具有法律效力的相关规范性文件为依据，在参考行业内规范以及国际相关法律法规的基础上对慈善组织进行评估。该评估体系主要采取量化指标打分的机制，根据不同的指标权重，计算得出各协会组织的年度透明指数，[①] 选取 1000 家最具代表性的公益慈善组织作为该年度的"透明度指标组织"，主要计算以下几种专项指数：年度基金会透明指数、年度慈善会透明指数、年度社会团体透明指数等。[②]

---

① 程昔武、纪纲、范青云：《财务信息披露影响捐赠收入吗——基于中国公益基金会的经验证据》，《财贸研究》2018 年第 4 期，第 102~110 页。
② 江劲松、刘韬：《我国非营利组织会计信息披露》，《大众投资指南》2019 年第 7 期，第 53~54 页。

（三）"中基透明指数"（FTI）

中基透明指数是由中国基金会信息中心网自主开发，经由清华大学廉政与治理研究中心等多个知名专家机构共同参与完善形成的。FTI 是一套对基金会主要采取何种信息公开披露渠道、综合各项评价指标、信息披露完整度等多个参数，以月度排名榜的形式进行呈现的透明度标准评价系统。排名越靠前，表明基金会的透明和信用程度越高。

FTI 将所有评价指标和计算方法向公众公开，这样的做法不仅有利于基金会提高透明度，还有利于公众加深对透明指数含义的理解。中基透明指数从指数、权重、信息披露渠道、信息完整性四个方面来反映基金会的透明程度。该指数的计算处理方法是如果有公募基金会以公司官网渠道为基金信息公开披露的渠道，该公募基金会就有机会获得更高的中基透明指数得分，这种评分管理机制也正好体现其倡导基金会通过公司官网渠道进行信息公开披露，增强信息披露的权威性和真实性。

（四）福布斯中文版"中国慈善基金榜"

中国慈善基金榜的具体评价体系没有对外公开披露。[①] 根据目前国内已有信息可知，该排行榜的综合评分考核指标主要由以下几项信息构成：基本业务信息、基金会近期筹款情况信息、信息安全披露渠道、项目执行管理情况报告信息、年度审计财务数据汇总情况信息、机构日常经营事项信息披露。

"基本业务信息"内容包括了该机构正式成立的日期、机构注册地址及人员联系方式、相关部门管理人员、薪酬及福利待遇等。该项目共计 20 分。"基金会近期筹款情况信息"内容包括筹款数目、对外公开声明是否具有成为免税人的资格、筹款所得的费用、筹款资金用于支持哪些项目等。该项目共计 20 分。"项目执行管理情况报告信息"包括主要的公益项目以及项目执行情况、受捐赠者的申请审批流程、项目的总结评估报告等。该项目共计 26 分。"年度审计财务数据汇总情况信息"报告包括社会组织审计报告事项全部内容的真实披露与否，报告内容中的资产负债表相关信息是否

---

① 根据 http：//www.forbeschina.com/review/list/002108.shtml 整理。

完整和规范。该项目共计 9 分。"机构日常经营事项信息披露"包括组织内部人员变动情况、项目招标采购情况、基金会的最新动态等。该项目共计 12 分。2014 年,该榜单首次增加了"信息安全披露渠道",主要包括基金会信息披露更新的频率,披露的渠道的方式等。该项目共计 13 分。

(五)"中国非公募基金会信息披露指南"

《中国非公募基金会信息披露指南》是由"第二届中国非公募基金会发展论坛"于 2010 年 10 月 28 日发布的,(以下简称《指南》)。研究人员根据《指南》对 2010 年我国非公募基金的信息披露状况进行了调研分析。[①]调研主要通过收集问卷、现场访谈、对已有公开信息的统计分析三种方式进行。调研对象主要包括民政部登记主管的 43 家非公募基金会、由非公募基金会专业论坛组织发起以及主办的 12 家基金会、其他 16 家地方性的非公募基金会。此次专题调研以披露年报信息为主,通过对 57 家基金机构近期披露的年报信息数据进行分析汇总,将年报信息细分为基本的年报信息、管理的年报信息、项目的年报信息、财务的年报信息等。

综合来看,中国民间公益透明指数、中基透明指数等以及相关的评价体系具有共同点,也存在一定的不同之处。就共同点来说,这四组榜单均从机构的基本情况、治理情况、项目情况、财务情况四个方面对其信息披露的实际状况进行综合性的评价与分析。而不同之处在于,GTI 更侧重于对民间草根公益组织的评价,从该指数的发起人和设计者来看,GTI 不鼓励其他基金会参与评选,避免其与现有的评价体系无效重复。中国民间公益透明指数强调通过自主平台对外发布信息,同时鼓励公益组织建立自己专门的披露渠道,使民众获取信息更加方便,此外,它也强调披露机构的治理信息和项目相关的信息。FTI 则针对基金会的信息披露情况做出评价,按照机构每月公布的信息进行排名,主张对机构的人事情况、财务情况以及项目情况的信息进行披露。中国慈善透明指数数据是由中民慈善捐助信息中心网站发布的,起步最早,以 1000 家样本组织为重点检测对象。其中各样本公益组织覆盖面较广,涵盖了不同方面的社会组织,如慈善公益组织、

---

① 刘亚莉、王新、魏倩:《慈善组织财务信息披露质量的影响因素与后果研究》,《会计研究》2013 年第 1 期,第 76~83 页。

基金会、民办非企业单位、红十字会等，时间跨度较大，可比性较强。福布斯中文版的"中国慈善基金榜"主要关注完善基金会财务信息公开披露的管理机制、渠道、频率以及相关内容，并且密切关注基金会项目运转的新动态，如网络化的运营模式，但其评价体系及权重并不对外公开，这样在很大程度上能够避免评价结果的非人为因素调整，客观性较强。

四　中国社会组织信息披露的特征

（1）与其他类型的基金会相比，由个人发起、国内多家专业机构联合发起的非公募基金会信息公开披露情况较好。在信息披露的内容和及时性方面，由个人和多所学校联合发起的 35 家专业机构的信息披露远远好于由多家企业和多所学校联合发起的 30 家专业机构。主要原因是，目前由个人发起和多机构联合发起的非公募基金会在一定程度上面临着来自社会筹资市场的巨大压力。因此，非公募基金会需要使信息尽可能公开透明，这也有利于其获得更多的公益资源。

（2）在民政部正式登记注册的非公募基金会的信息披露状况较好。研究人员发现，民政部正式注册的 43 家非公募基金会按照国家相关法律法规及时发布了年报信息，其中只有一家机构没有及时发布相关财务年报信息，两家私募机构未能及时发布相关项目的年报信息。

（3）政府主管机构的严格审查是非公募基金会信息公开披露的主要动力。研究人员调查发现，政府主管部门的、在民政部登记注册的非公募基金会财务信息公开披露审查状况良好，主要是为了通过政府主管部门的审核。年检通常与冻结机构银行账户或取消税收优惠政策等处罚措施挂钩，因而非公募组织有必要也更有动力履行信息披露义务。

（4）信息披露对象主要针对政府和捐赠者。为了能通过政府年检，获得捐赠人的各项捐赠补助资金，非公募基金会往往可以及时完整地向政府和捐赠者披露捐赠信息。然而，其他利益相关者披露捐赠信息的热情并不高，88.00% 的机构仍然选择了披露一些或根本不披露信息，剩余 12.00% 的机构尽管认为应将相关信息披露给所有媒体，但在实践中执行力度不足。研究人员通过调查还发现，目前大多数非公募基金会的信息披露渠道较为分散，没有统一集中的披露渠道。在参与调查的 65 家机构中，39 家机构通过当地政府官方网站公开披露信息，占比 60.00%。在其余的 40.00% 中，除 4 家由国有企业独立发起的并在民政部网站注册登记的机构外，其他在民政部门或是地方的民政部门均未查询到其年检报告、年度汇总报告的相关信息。

（5）部分枢纽型社会组织或行业社会组织也承担了信息披露的相关工作和职能。如中关村社会组织联合会，建立了科创型社会组织的诚信评价体系，对联合会的会员社会组织进行规范和能力方面的评估、评级，成为政府部门和企业选择社会组织作为合作方的重要参考依据。

第六节　社会组织的社会支持

一　社会组织与企业合作概况

社会组织的发展需要企业的支持和合作，企业履行社会责任也需要社会组织的合作和支持，近年来，两者之间的跨部门合作与支持以及由此产生的相互准入趋势逐渐成为中国一些社会组织和企业的共识，并呈现可喜的趋势。[①]

在公共生活中存在着大量的公益与商业跨部门合作的案例。最典型的是在较大的自然灾害发生后，较有影响力的人道组织和基金会等社会组织都会收到来自企业界的捐款捐物，或者企业通过社会组织对灾区进行援助和救济。譬如 2021 年的郑州暴雨灾害发生后，阿里基金会捐赠资金 1 亿元，马云公益基金会捐赠 5000 万元，鸿星尔克通过郑州慈善总会、壹基金捐赠 5000 万元，美团公益基金会捐赠 1 亿元并联合中国红十字基金会，优先为受灾群众提供生活安置、灾后卫生防疫等服务。[②] 自然灾害发生后企业通过基金会对灾区进行捐款，这种捐赠活动看似简单，但是将捐赠方、企业和接收方、社会组织连接起来并不是件容易的事。社会组织利用获得的捐赠，开展相应的救援，帮助企业达成了参与公益活动的目的。除了公益捐赠外，企业和社会组织也会联合开展营销活动及跨部门合作，企业从营销中抽取

---

① 王名、廖雪飞、阴晓涛：《中国非营利组织的发展与企业公益活动》，《经济界》2008 年第 1 期，第 49~52 页。

② 张培奇、范亚旭、王帅杰：《社会各界纷纷捐款捐物驰援河南》，《农民日报》2021 年 7 月 29 日，第 1 版。

一定比例捐给社会组织。

　　从诸如企业更加重视社会责任，企业与社会组织联合开展公益项目，企业与社会组织联合举办和推动大型会议，鼓励企业员工积极参与志愿服务等方面，我们可以看到出现在中国社会转型中的社会组织和企业相互合作、共谋公益的案例。这表明，虽然中国的企业总体上公益意识不强，企业捐赠比例不高，企业和企业家的社会责任意识还远未普及，但中国的企业已经逐渐成为推动社会公益和社会组织发展的积极力量，这也说明中国的企业和企业家是有能力、有意愿承担社会责任的。随着我国法律政策环境的不断完善，中国社会组织的发展空间将更加宽广，中国企业和社会组织的合作渠道将更加多样化。

　　社会组织与企业之间的合作，根据合作持续时间的长短、合作的密切程度以及双方互动程度的不同，可分为四种模式，由低到高分别是慈善捐赠型合作模式、交易型合作模式、互动型合作模式和一体化管理联盟型合作模式。①

（一）慈善捐赠型合作模式

　　慈善捐赠型合作模式是四种模式中合作紧密程度最低的。在这一模式下双方合作的同时也要保持相互独立的关系，不会因为合作而丧失了组织自身的独立性。相较于后三种合作模式，企业和社会组织间的慈善捐赠型合作是一种单向、短期的合作方式，甚至从严格意义上来讲都不能称之为"合作"，这是一种浅层次的一般性的资源交换。

　　慈善捐赠型合作具有单向性和短期性，在社会组织与企业的慈善捐赠型合作中，社会组织在筹集到善款后，会对捐赠的企业表示感谢，但这之后并不会有深入的联系，只是一种短期的行为。慈善捐赠型合作也具有偶然性，慈善捐赠只是一种偶然行为，并不是企业长远规划的一部分。除此之外，慈善捐赠型合作模式是一种社会组织与企业间互相利用和互动程度非常有限的合作方式，因为企业与社会组织对慈善捐赠的预期和收入有限，双方参与慈善捐赠的员工比较少，对双方的影响也比较小。

---

　　① 黄晟：《公益项目中企业对非营利组织援助作用研究》，博士学位论文，上海交通大学，2019，第24页。

慈善捐赠型合作模式在实践活动中主要包括两种形式。

一是企业直接对社会组织的慈善捐赠，捐赠内容主要有资金和实物等，在这个过程中，社会组织是资金或物品的受益方。企业对社会组织进行资金和物品捐赠，社会组织利用所得资源开展慈善活动，并对捐赠企业表示感谢。

在2008年"5·12"汶川地震救援中，企业界的响应速度和捐款金额是近年之最。例如肯德基以及必胜客母公司（百胜餐饮集团）及其员工的捐款达到2100万元。其中，百胜餐饮集团通过中国扶贫基金会捐款1000万元；通过中华慈善总会捐款300万元；通过中国红十字基金会捐款280万元。可口可乐在汶川大地震当天通过美国红十字会向四川捐赠910万元，支持当地震后重建；随后又通过中国青少年发展基金会续捐8100多万元。2020年，著名企业家曹德旺通过其创办的河仁基金会向福建、湖北、贵州三省捐赠14亿元，用于扶贫、救灾、医疗、教育等项目，其中福建省9亿元、湖北省3亿元、贵州省2亿元。截至2020年底，曹德旺当年累计捐款达15.4亿元。

二是企业通过社会组织向某个对象的捐助，在这个过程中，社会组织只是起到中介和桥梁的作用。除了公众所熟悉的慈善捐款，企业还会进行"人力资源的捐赠"，鼓励员工义务参与社会组织的活动，企业对社会组织进行"人力资源捐赠"的典型例子包括：德士古公司提供管理人员，培训其在发展中国家环境保护方面的合作伙伴。

从理论上讲，企业可以向任何一个社会组织捐赠，社会组织也可以选择性地接受捐赠。社会组织通过企业的捐赠获得新的资金来源，同时起到宣传自身的效果，接触到更多的潜在合作伙伴，提升公众对组织的认识。企业对社会组织的公益捐赠已不仅仅是单纯的彰显爱心的行为，同时也是有效的竞争策略。随着企业之间日益同质化和市场竞争的加剧，良好的企业形象对企业的重要性不言而喻。

（二）交易型合作模式

社会组织和企业产生交易型合作的基础是双方在组织使命和价值追求上的一致性。交易型合作是指社会组织和企业都必然在合作中付出一定的东西用于交换。社会组织会将自身品牌和形象与合作企业联系在一起，虽然这种联系是有一定的风险；企业会根据合作情况相应地进行捐赠。通过合作，双方都从该交易中获益。相较于慈善型合作的单向性和偶然性，企业和社会组织之间的交易型合作具有交互性和长期性。在这种合作中，价值流动是双向的，企业的捐赠也不是无偿的，而是有回报的。

捐赠数额与产品销售额的关联性是这类公益推广最根本的特征，其中包含双赢的共识和目标：企业把商品销售与慈善事业和公共问题相结合，在筹集相关公益资金、解决社会问题的同时，也达到了增进产品销量、扩大公司收益、优化公司形象、提升品牌和声誉的目的。

交易型合作的主要方式有公益事业关联营销、社会组织允许企业使用其品牌和标志、公益活动的赞助和企业购买社会组织的社会服务等。

其中，公益事业关联营销是社会组织与企业合作时最常采用的一种方式。在公益事业关联营销活动中，企业对社会组织做出承诺，按照销售额的一定比例向社会组织捐款、捐物或捐赠一些设备，捐献可以是实际数额的现金（比如每办一张信用卡就捐出 1 元），也可以是一定比例的销售额（比如把某些产品零售额的 20.00% 捐献给特定的社会公益组织）。一般地，公益事业关联营销有一个专门的有效时间段，并且活动只适用于特定的产品，捐赠只针对特定的社会组织，捐赠的比例通常是有一定上限的。20 世纪 90 年代末，杭州著名饮料制造商农夫山泉公司与中国青少年发展基金会合作，在其广告中宣传承诺："每喝一瓶农夫山泉矿泉水，就为希望工程捐出一分钱。"中国青少年发展基金会由此获得了对失学儿童救助项目的更多捐赠，农夫山泉也通过公益获得了良好的营销口碑。

（三）互动型合作模式

首先，企业与社会组织虽然在组织宗旨、使命和运行原则等方面存在不同，但两者之间也存在着很多互补性，这为两者互动型的跨部门合作提供了可能，互补性促使两者的合作不仅仅停留在"交易"上，而是迈向了更深层次的互动型合作。一方面，社会组织运营动机是公益的、慈善的，但其也会利用与企业之间的合作伙伴关系来推动社会变革或成为更有影响力的团体行动者；从企业引入新的组织管理理念；需要企业员工加入志愿服务，为社会组织的发展提供人员保障。另一方面，从企业的角度来看，企业寄希望于通过与社会组织的合作来提升自身形象，增加社会资本，维持现有的关系网络，扩大产品销售及吸引新员工、留住老员工；同时也希望企业员工参加志愿者服务，以提升员工的道德修养和品行。

其次，社会组织与企业的互补性还体现在社会组织的目标受众对企业是否有价值。企业更愿意与能给自身带来大量客户的社会组织开展跨部门合作。社会组织的目标受众包含企业的大批潜在客户，企业会倾向于与之合作。例如，专注于儿童残疾救助的社会组织更倾向于与儿童玩具公司建立合作关系。

最后，社会组织能否影响与企业业务相关的重要中间人也关系到互动型合作模式的建立。社会组织能够帮助企业接触影响顾客购买意见的人。例如，医疗合作领域的社会组织非常受医生的敬重，这类社会组织就是制药企业的理想合作伙伴。社会组织能够帮助制药企业接触医生，制药企业靠医生开包含药物在内的处方来维持生存。

社会组织与企业互动型合作的主要方式是社会组织与企业共同成立相关专业性组织；社会组织从专业角度对企业的商业实践和经营活动做出认证；企业对特定非营利项目的深入支持；企业参与致力于提升公益观念和开展公益教育的活动。在互动型合作中，有了企业方面的支持，社会组织积极开展研究、出版学术报告、开展公益培训、教育项目等。

（四）一体化管理联盟型合作模式

社会组织始终在找寻相较于慈善捐赠型合作模式、交易型和互动型合作模式更为紧密和正式的合作，在这种合作中，希望公益与商业的联盟能从根本上影响到企业的产品生产和内部管理，使得诸如环境污染等问题能够在发生前得到解决，帮助企业解决内部涉及企业社会责任的管理问题。这样，社会组织与企业的一体化管理联盟应运而生。

一体化管理联盟型合作是一种无边界的合作，虽然社会组织与企业仍是独立的组织，但是当他们合作去完成某项活动时，他们便会成为一个整体，双方之间的合作不仅仅停留在双方资源的互补与交换上，而是发展到共同价值创造，即通过双方资源和能力的结合而共同生产产品或提供服务，在这个过程中，社会组织和企业共同冒险，也代表着双方进入跨部门合作整合度最高的阶段。

社会组织和企业的一体化主要体现在以下几点。首先，在该管理联盟中，企业一方的高管通常会无条件地为社会组织提供服务，如成立社会组织董事会的成员，参加社会组织日常的运作。其次，合作中的组织文化会相互影响，在经历过合作后，志愿性的社区服务会被纳入该企业的日常活动和组织建设。最后，建立联盟后，企业会为社会组织扩大资金来源和介绍新的合作伙伴。

二　社会组织孵化器发展概况

"孵化"一词最早出现在生物学，后来被应用于社会科学，它出现在管理学、经济学和社会学等不同学科体系中，在管理学中，"孵化"是指孕育新的企业组织，有培育、培养、发展的含义，"孵化"侧重于"孵"的过程，需要向企业投入各种要素和资源。社会组织孵化器是指提供特定的场所和空间，通过资金支持、服务提供和能力提升等方式，培育和扶持初创期社会组织的支持系统。

（一）我国社会组织孵化器的发展现状

1998 年我国第一家专门从事社会组织能力建设的机构——NPO 信息咨询中心——创建。2001 年，该中心改组后成立北京恩玖信息咨询中心，在工商部门登记注册，定位于中国第三部门的服务性机构。2002 年我国第一家政府成立的枢纽型社区社会组织——上海普陀区长寿路街道民间组织服务中心——成立。2004 年我国第一家民政注册的能力建设机构——上海映绿公益事业发展中心——成立。恩玖、映绿等能力机构的出现，促使草根组织更加关注自身能力建设问题，"能力建设"被更多社会组织所接受，定位于培育草根组织的社会组织孵化器正好满足了该方面的需求，其产生有了历史的必然性。

我国社会组织孵化器有两条线索。一是民间自发探索和地方政府互动合作。2006 年 1 月，我国第一家社会组织孵化机构——浦东非营利组织发展中心（NPI）——在浦东登记注册。2006 年 5 月，公益组织孵化器方案设计完成，创新了社会组织培育模式。2007 年 4 月，孵化器正式进入运作阶段。2008 年苏州团市委成立"苏州青年自组织孵化基地"，苏州市小红帽义工协会等六家机构入驻。二是高层的支持引导。2009 年，民政部提出"要探索建立社会组织孵化基地，为社会组织提供综合性培育场所"。① 从 2009 年起，社会组织孵化器不再仅局限于上海，进入了全国开花的阶段。2009 年 12 月，成都恩派公益组织发展中心成立。2009 年 10 月，南京市政府与爱德基金会联合举办的"爱德社会组织培育中心"成立。② 2011 年 8 月，七个社区社会组织入驻太原市社区社会组织服务中心公益孵化器。2011 年底，佛山市南海区和东莞相继建立社会组织孵化基地。③

在我国社会组织孵化器快速发展的过程中，首创公益组织孵化器模式的上海恩派（NPI）发挥着重要的榜样示范和推手作用。恩派（NPI）已经成功孵化了包括上海新途社区健康促进社、雷励（中国）、手牵手生命关爱发展中心、青翼社会工作人才服务中心、上海欣耕、西部老年联合会等几十家优秀的创新型公益组织，积累了大量培育和扶持公益组织发展的实务经验。在孵化大批公益组织的同时，恩派（NPI）自身也快速发展。在短短几年内，由几人发展成为上百人的工作团队，并在深圳、北京、成都等地设立了专门的项目办公室，与多个地方政府和单位合作，托管了数个公益项目和公益服务设施，恩派（NPI）已经成为以公益组织孵化器项目为核心的、初具规模的综合性支持组织体系，是我国社会组织孵化器发展的成功典型。

随着孵化模式日渐成熟，国内涌现出越来越多的社会组织孵化器。各地社会组织孵化器功能相似，但称谓有些不同，如"孵化园"、"孵化基地"、"培育中心"和"培育基地"等。④ 在 2012 年，我国社会组织孵化器的数量仅有不到 50 个，到 2017 年底，全国已建成 1400 个社会组织孵化器。⑤

2016 年 8 月，中共中央办公厅、国务院办公厅发布《关于改革社会组

---

① 《民政部召开推动学习实践活动深入开展　建立社会组织科学发展长效机制工作交流会》，《社团管理研究》2010 年第 1 期，第 4 页。

② 孙燕：《社会组织孵化器——实现公益事业可持续发展的助推器》，《社团管理研究》2011 年第 6 期，第 48~51 页。

③ 马蕾、邓敏、盛夏：《公益创投与地方政府社会管理创新——以昆山为例》，《南京理工大学学报》（社会科学版）2016 年第 1 期，第 53~59 页。

④ 刘春湘、姜耀辉：《社会组织参与养老服务的逻辑框架：制度环境·主体类型·实践方式》，《吉首大学学报》（社会科学版）2020 年第 5 期，第 37~47 页。

⑤ 苏晓慧、杨艳花：《近十年来我国社会组织发展及演变趋势研究》，《新西部》2018 年第 27 期，第 22~23、26 页。

织管理制度促进社会组织健康有序发展的意见》（中办发〔2016〕46号），提出"有条件的地方可探索建立社区社会组织孵化器机制，设立孵化培育资金，建设孵化基地"。这就从国家层面肯定了社会组织孵化器的发展。[①]

（二）我国社会组织孵化器的发展模式

以主办和运营的主体为标准，我国社会组织孵化器的发展模式可以分为三种。

第一，政府主办-民间运营模式。一般来说，政府提供场地和资金，由民间专业孵化机构为孵化培育提供专业人员和专业服务，即政府投资并委托民间专业团队进行运营的模式。这一模式在上海、北京、深圳比较常见，这一模式的优点在于：可以充分发挥双方的优势，既能体现政府的资源优势，又依托专业机构的人才经验，从而实现既有政府的支持，其又不过分干预孵化器的运转，以实现多方共赢。

第二，政府主办-政府运营模式。为打造服务民间组织的公共平台，培育社会所需的民间组织，政府投资建立社会组织孵化器，由下属事业单位或自己举办的民间组织运行，政府在孵化过程中发挥着完全的主导作用。[②]广州、太原、东莞等地政府先后建立了社会组织孵化器，许多地方正在规划和建立这种模式的孵化器。这一模式的优点如下两点：一是政府可以方便地为民间组织提供政策信息和项目资源，并在注册上给予指导和帮助；二是对于政府而言，有利于向社会宣传政府政策导向，引导民间公益事业的发展。

第三，民间主办-民间运营模式。这是由基金会、企业和科研机构等主办的，长沙"滴水恩"就是依托高校设立的典范，设立孵化器的目标是由中国青基会等提出的。与政府主办模式相比，这一模式具有以下优势：一是基于社会组织的独立性和非政府性，政府主办会造成过多的行政干预，而民间主办可以更突出独立性的特点；二是基金会主办的孵化器有稳定的财务保障，他们还可以通过向社会募捐，提高各界对公益事业的关注，企

---

① 易宇、武小莉、丁艺：《我国行业协会开展内部审计的现状与改进》，《中国内部审计》2016年第1期，第28~32页。
② 黄江松：《大力发展支持型社会组织推进首都社会治理体系现代化》，《城市管理与科技》2015年第6期，第19~23页。

业主办的孵化器有利于更好地融合企业精神、技术和公益目标。[①] 目前民间主办-民间运营模式还比较少，但随着培育支持民间组织成为政府管理体系的重要内容，民间主办-民间运营模式不但会快速发展，还会出现新的民间主办-政府补贴模式，政府对民间主办的孵化器项目给予资助和补贴，帮助民间组织发展。

第七节　社会组织的社会动员

政府拥有行政力量，企业具有市场资源，社会组织要想实现自身的发展目标，很大程度上要依靠自身所拥有的公信度和动员能力，打造自身的动员能力是社会组织的主要任务之一。改革开放之前公民个人对国家和单位组织具有高度的依附性，国家和单位掌握着各种资源的所有权和支配权，要想获得资源，必须成为一种单位人，依附于国家权力延伸的单位组织，社会组织缺少流动资源，也就无从动员，这是改革开放前社会组织发展缓慢的主要原因之一。随着单位制的逐步解体，政府垄断的资源被释放出来，个体获得了极高的自主性和流动性，这为社会组织的社会动员提供了土壤和基础。近一二十年来，政府逐渐"简政放权"，倡导"服务型政府"，让渡出部分公共空间。在公共物品的提供上，企业强调经济利益的最大化，不能均衡的增进社会福利，存在"市场失灵"。社会组织弥补了政府和市场之外的空间，其动员机制也在这个公共空间中得以运行。按照动员对象来划分，社会组织的动员有三个方向，分别是行政、市场和民众。

一　行政动员

在社会治理创新的格局下，政府向社会组织购买服务、培育社会组织的发展已经成为一种趋势，这似乎已经成为衡量政府治理创新的标准之一。然而，政府在资源分配中始终处于强势地位，在选择合作伙伴和制定合作内容等方面具有更多的决策权和能动性，政府与社会组织的地位不对等，可以将

---

① 吴津、毛力熊：《公益组织培育新机制——公益组织孵化器研究》，《兰州学刊》2011年第6期，第46~53页。

这种现象称为一种"不对称的赋权",[①] 没有得到政府部门支持的社会组织,即没有"赋权"的社会组织,由于缺乏合法性和资源,可能会影响社区动员的能力和效果。如果社会组织缺乏与政府部门的深入合作,将带来诸多不便,影响服务开展的效果和辐射范围,还可能会面临合法性问题。

因此,中国社会组织的一项重要任务是加强与政府的沟通和联系,而不是置身于政府的活动范围之外,社会组织可以依靠政府的行政动员力量,提高项目工作效率和服务开展效果。如 2018 年 8 月,鲁县微公益协会举办了年度"爱心答谢会",不仅改变了召开日期,还邀请了县委书记参加。精心准备的答谢会对随后的"配捐"产生了积极影响,迅速激活了政府的组织动员力量。这也体现在教育系统的捐款数据中,2018 年,政府各系统 120 多万元的募款中,50 多万元来自教育系统,与 2017 年仅有几所学校参加捐款相比,2018 年全县所有乡镇街道学校都参与了募捐,募捐金额增加了近 10 倍。教育系统不仅在政府系统中组织化程度高,而且具有广泛的网络覆盖。由教育局-学校-班级-家庭组成的网络是由一个点发散出去的伞状网络,这种网络结构在政府动员之下效率非常高。[②]

政府部门也有开展社会治理创新的需求,但通常缺少抓手与合作者。社会组织能够推动政府开展相关的公共服务项目。如南京市鼓楼区心贴心服务中心,主要为老年人提供生活照料、精神慰藉、医疗护理等服务,积累了大量项目经验和社会资源。在当地老年学会和学界专家的帮助下,心贴心服务中心制订了"心贴心家庭养老服务网络组建计划书",并将此计划书递交到鼓楼区民政局。当时民政局和老龄委等部门也在筹划开展援助独居、高龄困难老人的项目,心贴心服务中心的计划正好与此项目合拍,经过与民政局多次磋商交流,双方达成了合作,心贴心服务中心参与鼓楼区政府购买居家养老服务项目正式启动。

二　市场动员

社会组织开展服务同样需要借助市场的力量,公共服务与市场在很多

---

① 徐旭初:《农民合作社发展中政府行为逻辑:基于赋权理论的讨论》,《农业经济问题》2014 年第 1 期,第 19~29+110 页。

② 袁泉、黄鑫:《募捐模式、组织化动员与社会组织的资源依赖——以鲁县微公益协会参与"配捐"的实践为例》,《福建论坛》(人文社会科学版) 2019 年第 12 期,第 98~105 页。

情况下处于一种互惠关系，企业需要通过公共项目建立良好形象和口碑，开展宣传，同时满足企业社会责任的诉求，社会组织则是企业实施公共行为的最佳合作者，企业也是社会组织链接社会资源的主要对象之一。

北京石景山区鲁谷义工协会主要开展老年人服务活动，动员了辖区内十多个单位签订了为老服务协议，其中，庆丰包子铺等16家餐馆为老年人提供老年餐桌服务；150家居家养老服务商为老年人提供全面多样的服务；上百家社区爱心超市为贫困老人发放"爱心代金券"，其中爱心超市的货物主要来源于辖区内的单位和群众的免费捐赠；医疗相关企业每季度组织志愿者为老年人提供医疗健康、科学膳食、科学运动等方面的咨询指导活动。在石景山区发布老年餐桌服务的指示后，鲁谷义工协会迅速动员辖区餐饮企业积极参与。已经有日月潭、永和大王、庆丰包子铺等十多家餐馆和鲁谷多个社区签订了协议，成为老年餐桌的服务商。现在老年人不仅可以去餐馆内就餐，还可以预约订餐，解决了独居、孤寡老年人的就餐问题。

北京西城区月坛街道汽南社区建设协会同样关注养老问题，提出建立"无围墙敬老院"，与社会各单位和企业积极开展合作。先后有40多家企事业单位参与"无围墙敬老院"为老服务项目，采用"会员制"以及企业独立运作的合作模式，与北京市回龙观医院、北京娘家人家政服务公司、北京恒润达市电子科技有限公司、珍奥集团北京分公司、北京金色时光老龄陪护服务公司、北京市天天绿洁物流中心等企事业单位结盟共建，互惠互利、共同发展、争取双赢的原则，签订协议，开展了丰富多彩的活动，深受社区居民的欢迎。"无围墙敬老院"与企业建立密切联系，充分利用企业的资源，扩大社会影响，鼓励企业捐赠。当时，老年人吃饭问题是一直以来困扰社区的难题，社区建设协会与周边一所大学积极协商，将大学食堂的部分资源拿出来专门成立一个老年饭桌，为老年人提供餐饮。此外，社区建设协会还动员社区周边的饭店和婚庆公司为老人举办"钻石婚"庆典活动。[①]

三　社会动员

近几年来，中国志愿者服务发展迅猛，经过2020年新冠疫情防控工作，

---

① 尹银：《无围墙敬老院：优势、问题及建议——基于北京市汽南社区试点的观察和思考》，《人口与发展》2009年第2期，第93~97、92页。

中国志愿服务发展达到了一个新的高度：志愿者总数为 2.31 亿人，其中有 8649 万名活跃志愿者通过 79 万家志愿服务组织提供志愿服务，所提供志愿服务的时长为 37.19 亿小时，贡献人工成本价值 1620 亿元。[①] 根据国务院发布的《抗击新冠肺炎疫情的中国行动》，截至 5 月 31 日，疫情防控相关的志愿服务项目超过 46 万个，共计约有 2300 万名中国志愿者为疫情防控贡献志愿服务时长为 7.59 亿小时，相当于无偿提供 94.9 万名全日制抗疫工作者。[②] 志愿者是社会组织开展各项活动最重要的帮手，志愿服务已经成为社会组织开展公益活动的重要社会资源，基于志愿精神的志愿者已经成为社会组织不可缺少的组成部分。中国社会组织在发展过程中吸引了相当数量的志愿者，而且根据具体国情和文化，形成了一套行之有效的社会动员机制，对此，本书以友成志愿者驿站和通城县"小红帽"志愿者协会作为案例进行介绍。

（一）友成志愿者驿站

友成基金会是 2007 年经国务院批准，在民政部注册的全国性非营利社会组织。友成基金会在社会创新领域是国内领先的倡导者与实践者，成立伊始，就提出了"新公益"的理念。截至 2016 年，友成基金会自主研发了社会价值投资联盟、友成志愿者驿站、友成小鹰计划、友成常青义教、友成创业咖啡、公益路人甲等平台项目 16 个。[③] 其中，友成扶贫志愿者驿站是友成基金会成立后开发的第一个关键项目，驿站后来演变为社会创新项目和实践平台，发挥着价值中枢的作用，可以说是友成基金会建立的社会公益的基础设施。志愿者驿站是建立在以贫困地区为主的城乡地区的社会资源协调平台；是发现和支持"新公益"领袖的实践基地和社会企业家的孵化器。[④]

2007~2016 年，友成企业家扶贫基金会已在 18 个省（区、市）搭建了

① 翟雁、辛华、张杨：《2020 年中国志愿服务发展指数报告》，载于杨团、朱健刚主编《中国慈善发展报告（2021）》，社会科学文献出版社，2021。
② 国务院：《抗击新冠肺炎疫情的中国行动》白皮书，2020 年 6 月 7 日。
③ 程楠：《社会创新+社会企业家+社会资本=社会巨大进步》，《中国社会组织》2017 年第 12 期，第 38~39 页。
④ 《友成志愿者支持中心》，https：//baike.baidu.com/item/友成志愿者支持中心/3071311？fr=aladdin，最后访问日期：2022 年 12 月 5 日。

130 个各级志愿者驿站，每年组织各类志愿者 3000 余人，为贫困地区提供超过 15 万小时的志愿服务，服务当地人群 130 万余人次。[1] 十年共投入资金 5370 多万元，通过志愿者驿站为贫困地区和灾区募集物资折合近 2.73 亿元。[2] 表 4-3 是志愿者驿站建设和发展的历程展现。

表 4-3　2007~2016 年友成志愿者驿站发展历程

年份	驿站的定位	成果	主要项目活动
2007	项目调研试点论证		
2008	项目启动；友成基金会第一个战略品牌项目	6 家驿站；1280 余名专业志愿者；志愿服务近 2 万小时；搭建志愿者驿站组织管理体系	汶川救灾；广西天等、隆安自建型驿站试点；湖北建始县合作型驿站试点；友成扶贫志愿者行动计划启动仪式
2009	志愿者及社会组织的支持平台	11 家驿站；720 余名长短期志愿者；志愿服务近 1 万小时；驿站管理体系；志愿者管理体系建设；志在天下网络平台	嵌入式驿站启动：彭州、仪陇、呼和浩特、长春，新增南宁驿站
2010	社会组织的支持服务平台及志愿服务项目沟通平台	14 家驿站；560 余名长短期志愿者；志愿服务近 1 万小时；调研区分驿站类别，完善友成志愿者支持系统	西南赈旱；玉树救灾；新公益嘉年华志愿服务论坛
2011	动员社会力量，整合社会资源开展社会化扶贫	58 家驿站；3200 余名长短期志愿者；志愿服务近 15 万小时；开发市、县、乡三级驿站服务体系	统筹友成志愿者扶贫项目；筹备成立友成大学；驿站站长为培训对象的新公益学院；常青义教高级研修班
2012	扶贫资源的高速路，扶贫人才的孵化器	5 家枢纽型驿站；2000 余名长短期志愿者；志愿服务近 8 万小时；完成《驿站管理参考手册》及相关指标体系、流程控制工具建设	扶贫开发人才建设三个专项实施规划；友成基金会五周年战略规划
2013	打造社会扶贫"最后一公里"	5 家枢纽型驿站；1200 余名长短期志愿者；志愿服务近 5 万小时	清源计划启动；第四届贫困地区可持续发展战略论坛会议扶贫经验交流会；雅安地震重建；TOMS 鞋发放

---

[1]　张明敏：《社会创新：发现更多社会需求的"瞭望器"》，《公益时报》2018 年 5 月 28 日，第 1 版。

[2]　赵宇新：《友成企业家扶贫基金会依托五大扶贫板块践行初心使命》，《中国社会组织》2020 第 3 期，第 123 页。

年份	驿站的定位	成果	主要项目活动
2014	打造社会扶贫"最后一公里"	8家枢纽型驿站，650余名长短期志愿者；志愿服务近6万小时	调研筹建"包商＆松下"扶贫志愿者驿站，全国友成扶贫志愿者驿站志愿者能力建设培训会
2015	打造社会扶贫"最后一公里"	9家枢纽型驿站；1200余名长短期志愿者；志愿者服务近11万小时；驿站引入教育、电商、医疗、金融等扶贫项目	友成志愿者驿站全面引入双师教学、常青公益大讲堂、乡村教育创新计划等教育扶贫项目；友成扶贫志愿者驿站全国经验交流会；鲁甸地震重建；TOMS鞋发放
2016	打造社会扶贫"最后一公里"	9家枢纽型驿站；1100余名长短期志愿者；志愿者服务近10万小时；驿站引入教育、电商、医疗、金融等扶贫项目	建立电商扶贫MOOc平台；提出消费志愿者理念并启动行动；打造"3＋2＋6"电商扶贫培训模式

从2007年至今友成基金会对志愿者驿站的定位更加清晰、也更加综合，从最初的面向社会组织的服务和沟通平台逐步演变为解决扶贫"最后一公里"问题的终端平台。这个平台不仅可以服务于社会组织，而且可以加强志愿者与扶贫对象的交流互动，促进各类扶贫项目落地。立足于志愿者驿站，友成基金会进行了丰富的实践，探索赈灾模式（绵竹/西宁等）、产业扶贫模式（阿坝/呼和浩特等）、农村社区综合发展模式（建始/黔江等）、退休教师支教模式（南宁/呼和浩特等）、信息化扶贫模式（滦平/围场等）。通过十年的探索，基于志愿者驿站开展的扶贫志愿者行动已经成为构建三位一体大扶贫格局的重要组成部分。友成基金会的"扶贫志愿者行动"计划已经被写进《中国农村扶贫开发纲要（2011—2020年）》。友成基金会正基于国家"精准扶贫"的政策和规划，进而继续建设志愿者驿站，促进"扶贫志愿者行动计划"的落实，打造"中国扶贫志愿者"品牌。

（二）通城县"小红帽"志愿者协会

通城县"小红帽"志愿者协会原名通城县爱护城乡环境卫生志愿者协会，于2014年9月成立，2016年1月在通城县民政局登记注册，并正式更名为通城县"小红帽"志愿者协会。"小红帽"志愿者协会作为一个地地道道的没有任何官方背景的民间草根志愿者组织，不存在行政化色彩浓厚、独立性不强、过度依附等问题，自我管理水平较高。协会是由通城县热爱从事社会公益事业的爱心人士自愿组成的县级社会组织，服务范围具体明确，不存在"铺摊子""画大饼"的情况。以"留住温暖、传递感动、奉献爱心"为精神，以"同志、同愿、同行"为宗旨，以"小红帽"为品牌，采取"互联网+公益+项目"的模式，践行社会主义核心价值观，提供公共服务。协会通过倡导和带动更多社会爱心人士、团体融入通城公益事业建设，为通城县精神文明的创建做出了重要贡献。

公众可以通过主动加入与宣传报名等多种方式参与协会组织的志愿活动。业务范围既包括社会工作专业服务，也包括与其他社会组织之间的交流活动，主要有城乡环境卫生爱护；助残；社区服务；社区矫正；关爱留守老人；妇女和儿童等"三留守"；定期开展专业培训和各种公益宣传活动。"小红帽"志愿者协会与通城县民政局等六个机关单位合作成立本单位的服务队。另外的十七个企业会员单位，由成立之初的 50 名会员发展到截至 2018 年 12 月的 1089 名会员，大部分会员年龄在 40~55 岁，还有小部分是小学生志愿者。

协会每周会提供不同类型的志愿服务和公共服务，每季度会组织策划一次大型志愿活动，并举行启动仪式，邀请县委领导出席。协会由四个板块志愿者构成，分别为爱卫志愿者、助残志愿者、巾帼知心妈妈志愿者和社区志愿者。按照服务内容的多样化，这四个板块分别提供专业化公共服务，这四类志愿者提供的公共服务已经成为"小红帽"的品牌活动。

其中爱卫志愿者主要提供城乡环境卫生爱护服务，负责城乡环境卫生的监管、维护和清扫，宣传推广普及环保知识。近年来通城县人民的母亲河隽水河受工业化进程的影响，河水水质变差，水资源污染严重，河面漂浮物增多。为了保护母亲河，通城县"小红帽"志愿者协会组建爱卫志愿者，义务开展森林公园和两河四岸的环境卫生、乱丢乱贴乱搭广告、漂浮物打捞等的清理工作，累计开展 100 人以上环保公益行动 6 次，年清理垃圾100 多吨，清理"牛皮癣"1000 余处。此外，该协会还组织了身有残疾的志愿者参与"护河行动"，志愿者们每天准时清理河床垃圾，年清理垃圾 16吨。为了提高群众的"护河"意识，深入社区、学校、企业发放"护河"

宣传单 10000 余份，总计 10000 余人次参与"护河"公益行动。① 在隽水河、秀水河、百丈潭等地志愿者们头戴小红帽服务的身影，已经成为一道靓丽的风景。

社区志愿者的服务包括社区服务、社区矫正和定期提供专业培训的服务。"小红帽"志愿者协会通过探索新的公共服务领域，创新"社区矫正+服刑人员+志愿服务"公益模式，与通城县司法局、县检察院合作组织 30 多名矫正人员定期开展"一山一园二广场"环境卫生保护；主动参与政法部门、团县委正在实施的"老兵+公益"橄榄绿志愿行动、"司法+劳动教育"的"关护帮教基地"服务和"青少年帮教"示范项目服务，促进帮扶对象健康成长，践行社会主义核心价值观。

巾帼知心妈妈志愿者帮扶的对象主要是特困留守儿童，100 位妈妈牵手 100 位儿童。巾帼知心妈妈志愿者协会协助通城县机关工委、县创建办、县民政局、县教育局、县妇联、团县委、县残联开展《助残扶贫·温暖行动》《知心妈妈大家访》《冬暖关爱"暖童心"》等公益活动近 30 场次，连续三年开展"留守儿童特困残疾家庭冬暖关爱行动"。自协会成立以来，巾帼知心妈妈队伍已经发展壮大至 200 多人，为留守儿童、贫困家庭募集爱心物资累计 50 多万元，2018 年累计服务时长为 8 万小时，年服务 23071 人次，年受益 3 万余人次。

四 动员的方式与途径

改革开放之前，中国社会组织发展缓慢，有官方背景的社会组织占据主导地位，这一时期的动员方式主要是"组织化动员"，采用政府的行政力量自上而下开展动员。从改革开放到 20 世纪末，国家逐步放松了对社会的高度管控，社会大众的自主性大大提高，资源的流动也相对灵活。政府对公益组织的管控仍然存在，但已逐步放松。公益组织可以在挂靠政府的同时，面向社会进行动员。动员的资源也不限于体制内的资源，还包括体制外的资源，这一时期的动员方式可以被称为"准组织化动员"。进入 21 世纪，政府开始进行职能转变，社会组织承接了更多的社会治理职能，自主

① 杜徐琪：《湖北省通城县非营利组织公共服务供给研究》，博士学位论文，华中科技大学，2019，第 9 页。

性显著增强。民间社会组织如雨后春笋迅速发展壮大,加上互联网技术的蓬勃发展,信息传递加快,社会交流更加便捷,动员的对象主要为广大公众、媒体和企业。在新媒体兴起的背景下,民众的意识得到显著增强,社会自治水平也逐步提高,民间社会组织的独立性和自主性也大大提升。通过对 QQ、微信、微博、短视频等新媒体的运用,民间社会组织的动员管理能力增强,动员效率得到很大的提升,社会动员的成本也大大降低。为了更有效地获取资源,民间公益组织需要针对不同的动员对象采取不同的社会动员策略,体现为一种更加开放、自由和平等的动员方式。具体来看,中国社会组织动员的方式包括以下几种。

第一,社会化动员,通过社会网络、社会关系、社会资本等体制外非官方渠道进行动员的方式。动员主体在动员活动中直接面对匿名的大众群体,动员主体为动员客体提供某种共同认可的价值信念,通过价值塑造信任,进而建立动员网络和规范。被动员者具有相当大的自由度,不会遭受具有强迫意味的场景,也不会因为拒绝参与而遭受不可预料的损失。

第二,市场化动员,即利用市场的基本规律开展动员。虽然市场机制并不完全适用于社会组织开展活动,但也是社会组织发展壮大的重要资源,关键是如何恰当运用市场资源。例如,可以通过社会组织的公益品牌,与企业合作,提高双方的公信力和知名度,帮助企业塑造良好的社会形象;通过免税等优惠措施激励相关企业实体参与社会组织的项目服务;在社会组织内部管理方面,可以采取竞争性的激励手段,如评估、奖惩等方式激励员工,提高工作效率。

第三,传媒化动员,主要是运用媒体及互联网等传播媒介进行的动员。在自媒体高度发展的现代社会,传播动员已经发展成为最重要的社会动员形式。科技的发展加快了社会交流,扩大了交流的空间,个人在一定程度上获得了更大的自由,同时也在更大程度上受到社会的影响,更加依附于社会环境。近十年来,明星、媒体与公益的多赢组合成为一个社会热点话题和潮流,明星能够提升个人的知名度和美誉度,媒体获得更多的关注与流量,明星以其强大的号召力可以动员庞大粉丝群体参与公益活动,已经成为社会化媒体上公益传播的主导力量。2014 年,一项以为肌肉萎缩性侧索硬化症患者(ALS)筹措慈善基金为初衷的公益活动"冰桶挑战"风靡中国,在微博上,娱乐明星和企业界、文化界名人都纷纷加入进来,让这股挑战之风愈演愈盛。"冰桶挑战"利用名人效应让"渐冻人"这一罕见群体受到更多人的关注，为"病痛挑战"相关的公募基金会获得了大量的社会关注和募捐，持续为 ALS 等罕见病患者群体提供服务。2020 年武汉抗击疫情期间，韩红爱心慈善基金会筹集善款 3.29 亿元，为湖北全省 230 家医疗机构发放 17 批捐赠物资，具有非常强的社会动员力量。通过传播动员可以引导舆论，达成社会共识，提高社会动员的效率和影响力，建立社会公益协调行动的机制。

第四，精英式动员，主要是通过吸纳精英，让精英利用自身权威开展动员的一种方式。文化体育明星、社会知名人士、网红博主等在某些领域具有一定影响力的典型人物作为动员主体，以其实际行动为民众做出表率和示范，带动民众积极响应和广泛参与动员。同时，有些社会组织的负责人在某些领域人脉广泛，这种特殊个体之间的关系网络能够帮助社会组织在不同行业、不同组织中有选择地进行资源动员，扩大资源动员范围。这种基于个人关系网络向外界延伸的过程，表现出来的是一种弱联结的特点。这种弱联结下的水平关系网络，让社会组织搭建起广泛的信息网络，增进资源在网络中的流动，进而提高资源动员的可能性。但也需要注意，这种关系网络并不是基于组织的，而是基于个人的水平网络，社会组织的资源动员能力并不稳定，很大程度上受到领导人的影响。从短期来看，领导人广泛的关系网络能大大增强组织的动员能力。但从长期来看，当动员能力与组织领导人紧紧捆绑在一起时，就会陷入萨拉蒙所说的"家长主义"，可能产生"志愿失灵"现象。[①]

【本章要点】

1. 第一节中国社会组织的内部运行。首先，社会组织产权结构表现为所有权、控制权和受益权的"三权分离"，因此内部管理的基础比公司管理更具复杂性，产生了多重委托-代理关系。其次，社会组织内部运行机制中最重要的两个部分是理事会和执行层。

2. 第二节中国社会组织的服务与实践。首先，社会组织需要制定系统

[①]　张舒恺：《枢纽型社会组织资源动员模式比较研究—以 H 市 Y 区为例》，博士学位论文，华东师范大学，2019，第 42 页。

的项目化策略，主要体现在组织战略规划、项目开发设计和项目运作管理这三个方面。其次，在社会组织参与扶贫实践中，以友成企业家扶贫基金会和四川海惠助贫服务中心为案例进行具体介绍。最后，在社会组织参与疫情防控中，社会组织成为参与动员和信息传递的平台、成为防疫物资与抗疫需求的对接桥梁、社会组织积极筹集社会资源，与政府资源协同配合、社会组织尤其是社区服务类组织成为基层防控与救助的专业力量、社会组织的精细化服务为疫情防控整体工作提供了有益的补充。

3. 第三节社会组织的筹资。中国社会组织的资金来源主要包括三个方面，分别是政府、企业和个人。其中社会组织的筹资主要是面向企业和个人进行的。文章在这一节中分别介绍了公众筹资相关规定和现状，以及公众筹资平台建设、中国儿慈会独特的互联网筹款模式和大客户筹资战略与发展状况。

4. 第四节社会组织的考核激励与人才培养。首先，在社会组织的考核激励方面，社会组织的考核激励分为社会组织的内部考核和内部激励。其次，在社会组织的人才培养方面。近年来，社会组织加强了对互联网的运用，建立 App 平台和培训数据库，广泛开展在线培训。同时，一些行业性社会组织也承担着为中国公益慈善事业培养人才的使命。

5. 第五节社会组织的信息披露。首先，社会组织信息披露的主要目标是向受托者提供有助于评价和监督受托责任的信息。其次，信息披露的内容标准可以分为财务信息披露、非财务信息披露、强制性信息披露和自愿性信息披露。最后，介绍了中国社会组织信息披露的评价体系和基本特征。

6. 第六节社会组织的社会支持。首先，社会组织与企业之间的合作，根据合作持续时间的长短、合作的密切程度以及双方互动程度的不同，可分为四种模式，由低到高分别是慈善捐赠型合作模式、交易合作型合作模式、互动型合作模式和一体化管理联盟型合作模式。其次，我国社会组织孵化器的发展模式可以分为三种：政府主办-民间运营模式、政府主办-政府运营模式和民间主办-民间运营模式。

7. 第七节社会组织的社会动员。按照动员对象来划分，社会组织的动员有三个方向，分别是行政、市场和民众。第一，行政动员：社会组织可以依靠政府的行政动员力量，提高项目工作效率和服务开展效果。第二，市场动员：社会组织开展服务同样需要借助市场的力量，公共服务与市场在很多情况下处于一种互惠关系。第三，社会动员：友成志愿者驿站和通城县"小红帽"志愿者协会都具备了一套行之有效的社会动员机制。第四，中国社会组织动员的方式包括以下几种：社会化动员、市场化动员、传媒化动员和精英式动员。

【关键概念】

三权分离；项目化运作；筹资模式；信息披露；社会动员

【思考题】

1. 为什么社会组织会采用"三权分离"的运行方式？

2. 社会组织的项目化运作有哪些优势和不足？

3. 应该如何拓宽社会组织的筹资渠道？

4. 社会组织应该如何吸引人才、留住人才？

5. 社会组织如何能够更好地获得企业的支持？

6. 在移动互联网和自媒体时代，社会组织应该如何创新社会动员方式？

【推荐阅读文献】

王名：《中国民间组织 30 年：走向公民社会（1978—2008）》，社会科学文献出版社，2008。

王名：《清华发展研究报告 2003：中国非政府公共部门》，清华大学出版社，2004。

周秋光、曾桂林：《中国慈善简史》，人民出版社，2006。

韩俊魁、邓锁、马剑银等：《中国公众捐款》，社会科学文献出版社，2020。

徐家良主编《中国第三部门研究（第 17 卷）》，社会科学文献出版社，2019 年。

郑秉文、施德容：《新时代慈善十大热点》，社会科学文献出版社，2018。

卓高生：《当代中国公益精神及培育研究》，社会科学文献出版社，2018。

〔美〕莱斯特·M. 萨拉蒙编著《慈善新前沿》，深圳国际公益学院译，社会科学文献出版社，2019。

第五章　社会团体

社会团体，英文为 Association，是公民自愿参与并以会员的形式组建的非营利性社会组织。1998 年颁布实施的《社会团体登记管理条例》对社会团体的定义是：中国公民自愿组成，为实现会员共同意愿，按照其章程开展活动的非营利性社会组织。[①] 社会团体最重要的特点是会员制，会员是社会团体存在的基础和根本，会员的来源具有复杂多样性。

"社会团体"也有狭义和广义之分。狭义的"社会团体"是指要到登记管理机关登记的团体；广义的"社会团体"包括中华全国总工会、中国共产主义青年团、中华全国妇女联合会、中国科学技术协会、中华全国归国华侨联合会、中华全国台湾同胞联谊会、中华全国青年联合会、中华全国工商业联合会；机关、团体、企事业内部经本单位批准成立，在本单位内部活动的团体；经国务院批准免于登记的团体；以及要到登记管理机关登记的团体。从性质来看，社会团体具有萨拉蒙所述社会组织的非营利性、组织性、民间性、自治性以及志愿性等几个特点。

本章由五个小节组成。第一节是中国社会团体发展史，通过 5 个时期的划分，全面了解社会团体的发展历程。第二节是社会团体分类，虽然当前没有有关社会团体的统一划分标准，但是依然可以结合多样化特征进行划分。第三节是中国社会团体的发展现状，即通过最新的数据对社会团体进行全面介绍。第四节是中国社会团体的发展特点，在中国社会环境中，社会团体表现出独特性，对其进行分析有助于深入了解中国特色社会团体。第五节是中国社会团体的发展困局与优化路径。虽然中国社会团体发展较为迅速，但是依然存在多样化发展困境，需要学者深入分析，才能推进中国社会团体的健康发展。

---

① 王名：《社会组织与社会治理》，社会科学文献出版社，2014，第 212 页。

第一节 中国社会团体发展史

在中国社会发展的历史长河中，虽然无法基于当代社团的定义和范围衡量古代社团的做法，但是中国古代社会土壤中滋生了诸多社会团体，并对社会发展产生了重要影响。有学者对中国古代社会团体展开系统研究，认为古代社会团体具有原始性、分散性、不平衡性、封建性等特征，并且具有自身萌生、成长的规律，走过了一条从兴起、发展、繁荣到衰败的独特道路。①从中国社会社团的发展历程来看，可将其划分为五个发展阶段。

一 秦汉至明清时期的古代社会团体

先秦两汉时期是中国古代社团兴起时期。春秋以后，随着以宗法制和贵族等级制所维系的旧制度的崩溃、新的封建生产关系的萌生与发展，在封建社会的建立和初步发展过程中，带有社团性质的政治团体、学术团体、秘密宗教会社等先后兴起，外部宗教开始传入，民间的结社活动也从春秋两次定期的祭祀活动演变为相对固定的进行经常互助合作的社团活动。

从魏晋南北朝经隋唐到宋元时期，随着中国封建社会进一步发展，并经过顶峰走向下坡，中国古代社团经历了长期的发展过程，并趋于成熟。在此阶段，以工商业行会为代表的经济社团、以民间自发组成的武装团体为特征的军事社团、以文人结社形式为主的学术社团、与秘密宗教会社和佛教相关的宗教团体，以及外来宗教与中国文化相融合的新型宗教社团和其他民间社团等开始大量出现和发展，表现出丰富的内容。

明清时期中国古代社团从繁荣走向衰落。经济社团在普遍存在的工商业行会基础上又产生了遍及全国各地的商帮、行帮、会馆等类型的社团；秘密宗教会社进一步发展壮大，文人结社活动空前繁荣，朝廷的朋党分化组合，佃农、奴仆也为了反抗压迫而组织自己的社团，其他军事社团、宗教社团及外来宗教等都急需生存和发展。但是，进入清朝后，文人结社活动逐步被禁止，民间结社活动也日渐减少，社团开始出现衰败的迹象。

---

① 王世刚主编《中国社团史》，安徽人民出版社，1994，第1~11页。

二 鸦片战争至中华人民共和国成立前的近代社会团体

鸦片战争至中华人民共和国成立前，中国社会团体历经了两个不同阶段。

（一）鸦片战争至五四运动的社会团体

以 1840 年鸦片战争为标志，中国沦为半封建、半殖民地的社会，帝国主义与中华民族的矛盾、封建主义与人民大众之间的矛盾成为中国的两大社会基本矛盾。在长期的反帝、反封建斗争中，中国社会团体也出现了转型发展。

一方面，中国古代社会延续发展的天地会、封建行会等社团在新的历史条件下，发挥了一定的作用；另一方面，为适应中国社会近代化过程和资产阶级革命斗争需要，出现了强学会、保国会、华兴会、光复会、兴中会以及各地的商会、各地方自治团体、立宪团体乃至民国初年兴起的大量社团。从社团的性质来看，有政治社团、军事社团、经济社团、民间群众团体、文化学术社团、教育社团、社会公益类社团、改良风俗类社团以及宗教社团等多样化类型。

伴随近代社会的发展，人们的民主意识提高，结社活动逐渐踊跃，社团的发展也较为迅速。在维新运动中，以康有为、梁启超为首的维新派在全国组建了以强学会、保国会为代表的维新团体，创办报刊，扩大宣传，发动群众，不仅壮大维新派的力量，也促进了近代社团在全国的兴起。中法战争后，全国各地秘密结社开始反洋教斗争，甲午战争后相关秘密会社越来越多。然而，近代社会团体仍然存在自身的局限性，随着义和团运动的失败而走向衰落。20 世纪初华兴会、光复会等革命团体逐渐发展，孙中山先生领导的资产阶级革命运动借助这类社会团体得到了强化推进。尤其是中国同盟会的成立，不仅在国内外普遍设立分支机构和外围组织，而且在发动、组织人民进行推翻清王朝、建立中华民国的斗争中发挥了极其重要的作用。一些未加入同盟会的革命党人也纷纷在全国建立了不少革命团体。一方面，这一时期革命团体不仅数量多，而且组织上更为完善，活动内容更加广泛，斗争态度更加坚定，质量比以前的社团更高。另一方面，这个时期国内大量具有资产阶级思想的新知识分子逐渐登上了政治舞台，诸如励志会、中国教育会、爱国学社、青年会等新知识分子社团大量涌现，配合资产阶级革命派的斗争。与此同时，随着工商业资产阶级实力增长，为维护其自身的政治经济利益，他们纷纷在各地建立商会、公所等社团活跃在全国的政治舞台。不仅如此，这一时期也有诸如抵制美货团体、收回利权团体、地方自治团体、立宪团体等各种社团，以及社会各界人士所创立的教育团体、文化团体、学生团体、学术团体、妇女团体、宗教团体等，为谋求社会良好的发展而参与社会运动，这在一定程度上反映了社团的近代化程度。

辛亥革命推翻了清王朝，建立了中华民国，《中华民国临时约法》规定了人民应该享受的各项"自由权"，其中包括"人民言论、著作、刊行及集会、结社"之自由，建立社团不仅合法，而且一时成为时尚。各种政治势力都利用社团集结力量，谋求发展；部分政坛人物把组建社团作为扩大个人影响力，捞取政治资本，实现其特殊目的的筹码，这导致民国初年成了近代中国社团发展的鼎盛时期。

从1912年元旦中华民国成立到1919年五四运动爆发前，这一时期社团多且庞杂，某些社团兼有多重性质，既反映了各界人士国民意识的提高，也反映了民国初年社会的复杂程度。民初社团逐步成为人们参加政治活动的主要组织方式，并且日益广泛地介入了当时的社会生活。

（二）五四运动至1949年的社会团体

以五四运动为标志，中国革命由旧民主主义革命阶段转入新民主主义革命时期。革命的主要任务是推翻帝国主义、封建主义和官僚资本主义三座大山，建立人民民主专政的中国。

随着五四运动的爆发，各种新学术、新思想得到了广泛的宣传，一大批新的青年学生团体和群众团体随之而起，其成员努力宣传各种新思潮，反对专制，要求民主，积极投身反帝爱国运动，在社会上产生了较大影响。五四运动后，各种新兴的社团大量涌现，除了上述各类团体得到快速发展，互助工读团体、无政府主义团体、合作主义团体、各种文艺团体等雨后春笋般出现，由此出现了中国社团发展史上的又一次高潮。

随着马克思主义与工人运动相结合，一批具有初步共产主义思想的知识分子在全国不少地方组织建立共产主义小组，并成立了中国共产党。中国共产党成立后，致力于以工农大众为主体的社团发展工作，努力创建革命的统一战线，领导、吸引越来越多的社团带领各界、各阶层民众共同进行革命斗争。

1924 年 1 月，国民党第一次全国代表大会召开，国共两党开始第一次合作。在此背景下一批进步社团日益发展，为国民革命发挥了重要的作用。与此同时，社会上又有一批反动势力组建的右派团体，与革命力量相对抗，坚持反共、反对国共合作，敌视工农运动，阻碍国民革命。随着国民革命的失败，社会上的进步社团遭受摧残。为了反抗国民党反动派的白色恐怖政策，广大进步人士顶住压力，重组社团使一度沉寂的社团活动得以复苏，但是效果不太明显。

"九一八"事变后，在民族存亡的紧要时刻，各阶层爱国人士纷纷组织成立各种抗日救亡团体，用各种形式开展斗争，反对投降卖国，推动了抗日爱国运动的发展。全面抗战开始后，更多的社团投入抗日救国的行列，发动各阶层民众反抗日本帝国主义的侵略，组织人力、财力、物力支援前线的战争和抗日根据地的建设，为抗日战争的胜利做出了不可磨灭的贡献。其他进步社团也根据各自的宗旨，在团结抗战的大旗下，努力发展民族工业，促进学术文化事业的发展。在解放战争中，作为革命力量一部分的进步社团参与以中国共产党为主体的统一战线，积极开展反饥饿、反内战、反独裁的爱国民主运动，配合解放军正面战场的军事进攻，为解放战争的胜利做出了突出贡献。

综合来看，这一时期适应社会发展的各类现代意义的社团日益发展，而传统的秘密结社、帮会、行会等团体逐渐衰落，退出历史舞台。这一时期，由中国共产党领导的人民民主统一战线的社团及其所联系的、所影响的社团成为该时期社团发展的主流。这一时期，民主知识分子大力提倡民主与科学，反对封建专制，掀起新文化运动，使人们的思想获得了前所未有的大解放。他们纷纷组织起以学术研究、增进平民知识为宗旨的各种青年团体、学术团体和教育团体，通过编辑、出版进步书刊，或讨论学术问题，或评论时政，宣传爱国思想，启发民众觉悟，唤醒了人民大众，推动了新文化运动的深入，为五四运动做了思想上、组织上的准备。

三　1949 年至改革开放前现代社团的形成和曲折发展

1949 年中华人民共和国成立，中国的社团进入了新的发展时期。中华人民共和国成立至改革开放前，中国社会组织经历了一个曲折的发展过程，当时国家对各种资源实行统一管理和分配，社会组织的活动空间和发挥的作用十分有限，但是具有发展传统的社会团体通过改组扩大解放区已有社团、清理整顿旧中国遗留社团、组建新的社团三种途径，在 1966 年之前得到了快速发展。根据民政部的统计，建国初期，全国性社团只有 44 个；到1965 年，全国性社团接近 100 个，地方性社团有 6000 个左右。[①] 这一时期中国共产党和人民政府有关社团的政策和法规原则形成，当代中国社团的基本结构和特点也形成了。

中华人民共和国成立之初，一方面原有社会团体出现了转型，另一方面政府自上而下进行了清理和整顿。社会团体转型有如下几点。第一，一些原来政治上追随国民党政权，与人民为敌的社团，如青帮组织随着国民党政权的垮台，自然解散或瓦解；其他追随中国共产党的爱国民主群众团体，新中国成立后其自身使命已经达成，继而停止相关活动，如中国人民救国会是抗日战争前成立的各界人民群众的抗日救亡组织，中华人民共和国成立后，该会认为其政治主张已经实现，1949 年 12 月 10 日在北京宣告结束。第二，原先以中国共产党领导的解放区各人民群众团体为基础，团结原国民党统治区广大爱国民主群众团体，在新中国成立前夕，成立的人民团体，如中华全国总工会、中华全国民主妇女联合会、中华全国民主青年联合总会、中华全国文学艺术界联合会等。第三，原为国民党统治时期国统区的社会团体，国民党政权垮台后，被新中国接管，并经过改组成立的社会团体。这类社团多为科学、教育、文化、卫生体育类，如，中华全国自然科学专门学会联合会、中华全国科学技术普及协会、中国红十字会、中华全国体育总会等。第四，为适应革命和建设的需要而新成立的社团，如中国人民外交学会、中国文字改革协会、中国少年儿童队等。第五，一

---

① 《民政部负责同志就〈关于铲除非法社会组织滋生土壤净化社会组织生态空间的通知〉有关问题答记者问》，https://www.mca.gov.cn/article/xw/mzyw/202103/20210300032723.shtml，最后访问日期：2022 年 6 月 27 日。

些新中国成立前曾比较反动的封建帮会组织，国民党政权垮台后，人民政府鉴于其有比较广泛的群众基础，其内部情况一时尚未摸清，故暂未取缔。第六，旧中国遗留下来的各种宗教团体。社会团体呈现大分化、大改组的局面。

由于社团是民间社会组织，广泛地联系着各个阶层以及各种职业的群众，其政治动向对政权的巩固和社会秩序的安定具有重要的影响。因此，党和政府十分重视社团工作。具体来看，针对社团的不同情况采取了不同对策：对于一切反动团体予以取缔，并镇压其一切反革命活动；对于政治上没有什么问题的各种旧中国遗留团体，进行整顿改组，予以保留；对于积极拥护新中国的各种团体，则大力扶持。1949 年 9 月 29 日，中国人民政治协商会议第一届全体会议通过了具有宪法性质的《中国人民政治协商会议共同纲领》，其中明确了言论、出版、集会等多方面的自由权，也明确了必须镇压一切反革命活动，严厉惩罚一切勾结帝国主义等的组织。在对社会团体整顿方面，1950 年 9 月 29 日，中央人民政府政务院第 52 次政务会议通过《社会团体登记暂行办法》；1951 年 3 月 23 日，内务部又制定了《社会团体登记暂行办法实施细则》。从这时开始，政府逐步确立了社会组织（社会团体）"分级登记"的管理体制与原则，登记管理机关集社会组织审批权和管理权于一体，开启了以"清理整顿"为政策性目标导向的社会组织治理。① 此外，新的法律法规确立了应对人民群众团体、社会公益团体、文艺工作团体、学术研究团体、宗教团体进行依法登记的原则，明确了其法律地位。另外，在规范登记的同时，国家重点对一大批旧社会组织进行清理取缔，比如，旧有的互益组织、慈善机构、宗教组织、带有政治色彩的反动组织等相继快速被改造、整顿。②

在社会团体转型和自上而下清理整顿背景下，新中国成立初的社会团体表现出四个特征。③ 一是中国共产党对各级、各类社团的有效领导；二是

① 丁惠平：《依附、发轫与同构：当代中国社会组织发展历程》，《学习与探索》2019 年第 10 期，第 30~37、191 页。
② 李友梅、梁波：《中国社会组织政策：历史变迁、制度逻辑及创新方向》，《社会政策研究》2017 年第 1 期，第 61~71 页。
③ 王世刚主编《中国社团史》，安徽人民出版社，1994，第 453~456 页。

社会团体具有统一战线性质，它是在中国共产党和人民政府的领导下，在爱国民主和拥护社会主义的基础上团结社会各界、各阶层人民的一种组织形式；三是它具有承前启后的特征，旧中国的许多社团，经过清理整顿后保留下来，以崭新的面貌活跃在新中国的各条战线上；四是在建国初期的特殊环境下各类社团在对外交流、民族团结以及学术研究等方面做出了重要的贡献。

四　改革开放至党的十八大的快速发展时期

自中国改革开放至党的十八大的召开历经了 30 多年的时间，其间社会团体进入了快速发展时期可分为社会团体复苏（1978～1990 年）和社会团体法治化、社会化（1990～2012 年）两个发展阶段。

（一）社会团体复苏阶段（1978～1990 年）

1978 年 12 月中共十一届三中全会召开，标志着中国进入新的转型时期。改革开放初期的社会背景为社会团体的复苏发展提供了良好的契机。

首先，中共十一届三中全会后，中国社会各项事业的全面发展，对社团建设提出了客观需要。从中共十一届三中全会开始，中国共产党放弃了以阶级斗争为纲的指导思想，把党的工作重点放到经济建设上来。而经济建设在客观上要求大量的自然科学、社会科学人才，这又推动了文化、教育、卫生事业的迅速发展。随着经济、科技、文化、教育、卫生等各项事业的发展，经济部门的同一行业或不同行业之间，科技、文化、教育的同一专业和不同专业之间，更需要互通信息、交流经验、开展学术讨论。而这些交流或讨论往往又是跨地区、跨部门、跨单位的，因此由政府或者行政事业单位出面召集、组织显然是不方便的，有时也是不适宜的。所以，组织民间社团来承担这些任务，就成了最合适的选择。在这种背景下，中国工商行业性社团和各种学术研究团体大量涌现，构成了该时期中国社团最显著的特色之一。随着中国经济的发展，人民的物质生活水平有了很大提高，在这种条件下，人民对文化体育娱乐以及各种社会公益事业的要求也越来越高，而这些都通过社会团体得以实现。

其次，中国社会政治生活的正常化，民主与法制不断完善，为社团的发展提供了良好的社会保障。中共十一届三中全会以后，中国共产党重新确定了实事求是的思想路线，提出解放思想，将实践作为检验真理的唯一标准，开始全面系统地拨乱反正，逐步破除了长期束缚人们头脑的各种"左"倾思想，使国家政治生活正常化，并进一步进行政治体制改革，加强民主与法制建设，使宪法所载的包括公民结社自由等各项民主权利落到实处。正是在这样一种良好社会政治环境保障下，为适应中国以经济建设为中心，以及科学、教育、文化、卫生、社会公益事业全面发展的客观要求，原有的社团重新开始活动，各种各样的社团以前所未有的速度纷纷成立，形成了中国社团史上空前繁荣的局面。同时，人民群众的民主意识空前增强，这是社团迅速发展和空前活跃的主观动因。

在上述背景下，社会团体表现出不仅原有社团会员大量增加，而且各种新的社团大量涌现的特征。从种类上看，在原有社团格局之内以及各类社团快速增加的基础上，社团的种类突破原有格局，新类型的社团大量涌现。其中，以学术研究类和社会公益类社团增加最多。无论是自然科学还是社会科学领域，几乎每一个学科都成立了自己的学术研究团体，继而迅速发展。以基金会为首的公益类社团不断成立和发展，其工作领域不仅涵盖社会救助，而且推动了各项事业的延伸发展。工商行业性社团在此期间得到快速发展，工商行业的各个门类几乎也都建立了自己的社团，除此之外，随着个体经济的迅速发展，还出现了个体劳动者协会。这些社团无论是在数量上，还是在开展的活动质量上都在整个社团中占据着十分重要的地位。

（二）社会团体法治化、社会化阶段（1990～2012 年）

到 20 世纪 90 年代以后，国家对社会团体的管理开始进入法治化阶段，政府制定不同的法律法规以及设置管理机构来推动内地各类型社会组织的正规化和合法化。[①] 1990 年 6 月，《国务院办公厅转发民政部关于清理整顿社会团体的请示的通知》发布，由此开始了全国范围内第一次社会团体的清理整顿工作；1997 年 4 月，《国务院办公厅转发民政部

---

① 李友梅、梁波：《中国社会组织政策：历史变迁、制度逻辑及创新方向》，《社会政策研究》2017 年第 1 期，第 61～71 页。

关于清理整顿社会团体意见的通知》的发布开始了全国范围内第二次社会团体清理整顿工作，此次清理整顿一直延续到 1999 年 10 月，经过清理整顿，社会团体、基金会和民办非企业单位被纳入统一的登记管理体系。①

　　党中央和国务院历来高度重视社会团体的发展，1997 年党的十五大报告提出培育和发展社会中介组织；1998 年 2 月，中共中央组织部、民政部联合发出了《关于在社会团体中建立党组织有关问题的通知》，通知明确了社会团体建立党的基层组织的要求；1998 年 9 月，国务院修订了《社会团体登记管理条例》，明确了社团的概念、规定了社会团体申请成立的条件、明确了登记管理机关和业务主管单位的范围、强化了双重管理体制。此外，1999 年中共中央组织部下发《关于审批中央管理的干部兼任社会团体领导职务有关问题的通知》，进一步推动了社会团体的民间化。在管理部门方面，1997 年民政部社团管理司更名为社会团体和民办非企业单位管理司；1998 年国务院再次进行机构改革，社团和民办非企业单位管理司更名为民间组织管理局。

　　进入 21 世纪以来，随着市场化改革的推进以及社会结构的转型，中国一方面着力加强对社会组织的管理，另一方面积极鼓励社会组织发展，并为社会组织的发展出台了一系列决定与政策，由此社会组织进入了稳步发展的新阶段。② 2004 年，国务院在 1988 年颁布的《基金会管理办法》的基础上制定了《基金会管理条例》，由此形成了以《社会团体登记管理暂行条例》（1998）、《民办非企业单位登记管理条例》（1998）、《基金会管理条例》（2004）为主的社会组织政策体系。在此背景下社会团体开始了法制化建设。

　　2008 年，中国社会发生了两个重大事件，即汶川大地震和北京奥运会。这一年被学界称为"中国慈善元年"和"中国志愿者元年"，在灾害发生第一时间社会各界以多样化行动参与灾害救助、灾害重建等工作，无论是社会捐赠还是社会组织参与，都空前高涨，2007 年中国的社会捐赠总额为 309

---

① 王名：《我国社会组织体制的历史演进及其问题》，载王名主编《社会组织与社会治理》，社会科学文献出版社，2014，第 1~35 页。

② 李友梅、梁波：《中国社会组织政策：历史变迁、制度逻辑及创新方向》，《社会政策研究》2017 年第 1 期，第 61~71 页。

亿元，而 2008 年则猛增到 1070 亿元。① 社会组织数量从 2007 年的 386910 个增长到 413660 个。从奥运会对中国志愿服务以及社会组织的推动层面来说，奥运会是世界体育盛会，也是志愿者的盛会。从 2008 年北京奥运会起，中国奥运会、亚运会等体育赛事以及各类国际活动中志愿者的身影随处可见，体育赛事志愿服务逐渐成熟规范，促进了专业志愿服务组织的发展。2008 年，北京奥运会志愿者工作书写了奥运志愿服务的历史，成为现代奥运会志愿服务的里程碑。北京奥运志愿者总数 170 万，其中赛会志愿者 10 万，城市志愿者 40 万，社会志愿者 100 万，啦啦队志愿者 20 万。② 2010 年 12 月，《社会组织评估管理办法》正式颁布，成为中国社会组织登记管理的一项重大改革举措。伴随一系列改革，社会组织迈向高质量、健康、有序发展，同时也成为国家治理实践的参与者。

五 新时代社会团体的全面提升时期

自党的十八大以来，以习近平同志为核心的党中央对社会组织改革发展工作给予了高度重视，国家对社会组织的发展采取了一些新的举措，推动社会组织改革迈入了新时代。习近平总书记在党的十八届三中全会中指出："创新社会治理，必须着眼于维护最广大人民根本利益，最大限度增加和谐因素，增强社会发展活力，提高社会治理水平，维护国家安全，确保人民安居乐业、社会安定有序。要改进社会治理方式，激发社会组织活力，创新有效预防和化解社会矛盾体制，健全公共安全体系。"自此，社会组织不仅是社会治理参与的组成部分，而且成为社会治理的重要参与主体。2018 年，习近平总书记同中华全国总工会新一届领导班子成员集体谈话时指出："我国工运事业是党的事业的重要组成部分，工会工作是党治国理政的一项经常性、基础性工作。要坚持党对工会工作的领导，团结动员亿万职工积极建功新时代，加强对职工的思想政治引领，加大对职工群众的维权服务力度，深入推进工会改革创新，勇于担当、锐意进取、积极作为、真抓实干，开创新时代我国工运事业和工会工作新局面。"2019

---

① 王名：《从社会组织到慈善组织：国家—社会关系的演变》，载王名主编《中国社会组织（1978—2018）》，社会科学文献出版社，2010，第 10 页。

② 《北京奥运共有 170 万志愿者参与 志愿服务 2 亿小时》，http：//sports. sina. com. cn/o/2008-10-03/09323986100. shtml，最后访问日期：2022 年 11 月 12 日。

年，习近平总书记看望了参加全国政协十三届二次会议的文化艺术界、社会科学界委员，并参加联组会，提出："人心是最大的政治，共识是奋进的动力，实现"两个一百年"奋斗目标，实现中华民族伟大复兴的中国梦，需要汇集全民族的智慧和力量，需要广泛凝聚共识，不断增进团结。要坚定文化自信，把握时代脉搏，聆听时代声音。诚如其然，中国特色社会主义进入新时代，文艺工作、哲学社会科学工作，是时代前进的号角，最能代表一个时代的风貌，最能引领一个时代的风气。"2022 年 5 月，习近平总书记在庆祝中国共产主义青年团成立 100 周年大会上提出："第一，坚持为党育人，始终成为引领中国青年思想进步的政治学校；第二，自觉担当尽责，始终成为组织中国青年永久奋斗的先锋力量；第三，心系广大青年，始终成为党联系青年最为牢固的桥梁纽带；第四，勇于自我革命，始终成为紧跟党走在时代前列的先进组织。"在党的二十大报告中，习近平总书记指出："江山就是人民，人民就是江山。中国共产党领导人民打江山、守江山，守的是人民的心。治国有常，利民为本。"习近平总书记在党的二十大报告中强调："引导、支持有意愿有能力的企业、社会组织和个人积极参与公益慈善事业。"由此，社会组织参与公益慈善，参与社会治理是新时代社会组织发展的重要特点。这一时期，可以从社会团体管理和社会团体发展两个视角进行观察。

在管理层面，2012 年民政部在国家宏观政策指导中提出了社会组织直接登记制度并在全国范围内推广使用。2013 年，十八届三中全会颁布的《中共中央关于全面深化改革若干重大问题的决定》明确提出：重点培育和优先发展行业协会商会类、科技类、公益慈善类、城乡社区服务类社会组织，成立时直接依法申请登记。与此同时，民政部和财政部联合出台了《关于加快推进社区社会工作服务的意见》，该意见提出探索建立以社区为平台、社会组织为载体、社会工作专业人才为支撑的新型社区服务管理机制。2016 年，中共中央办公厅、国务院办公厅印发《关于改革社会组织管理制度促进社会组织健康有序发展的意见》，提出了积极扶持发展、增强服务功能、降低准入门槛三方面要求，首次在中央文件中明确要建立社区社会组织与社会工作、社区发展联动机制，促进资源共享、优势互补。2016 年，民政部等多部门联合印发《城乡社区服务体系建设规划（2016—2020 年）》，明确"三社（社区、社会组织、社会工作）联动"

机制的具体内容。2017 年，中共中央、国务院《关于加强和完善城乡社区治理的意见》进一步强调加强"三社联动"机制建设，这些政策为建立健全"三社联动"机制指明了方向。2019 年，国务院把《社会组织登记管理条例》纳入立法工作计划。2020 年 4 月 2 日，民政部办公厅为了有效应对疫情，加快发布了《关于调整优化有关监管措施支持全国性社会组织有效应对疫情平稳健康运行的通知》。在此背景下，以社会团体为首的多样化社会组织获得快速发展机遇，在政策推动下得到法治化、专业化、全面化的发展。

在社会团体自身发展层面，社会团体数量从 2012 年的 20.11 万个增长到 2021 年的 37.47 万个，实现了飞速增长。与此同时，社会团体种类繁多，《2017 年社会服务发展统计公报》显示，社会团体主要分布在工商服务、科技、教育、卫生、社会服务、文化、体育、生态环境、法律、宗教、农业等领域，表明中国社会团体涉及的领域众多、行业广泛，呈现了门类齐全、覆盖面广等特点。其中，学会和行业协会商会是社会团体中占比较高的社会团体类型，全国社会组织信用信息公示平台显示，学会共有 24435 家，行业协会商会共有 19005 家。① 不仅如此，学会和行业协会商会还在就业、人才培育、GDP 等方面具有较大的贡献，是中国社会团体重要的组成部分。当前，基于"地缘"关系而形成的社会团体数量较多、影响面较广、活动频繁，但是当前学者对这类组织的关注较少，缺乏具体统计数据。

综上所述，在历史发展视角下审视中国社会团体的发展，可将其划分为 5 个不同的发展时期。值得注意的是，由于新中国成立前社会团体组织较为繁杂，且有诸多未获得合法性的组织，所以组织类型划分以及发展脉络的分析较为笼统。整体来看，中国社会团体发展历史悠久，且类型多样化，并与中国政权的更替和社会管理背景具有重要的关联。新中国成立后，在中国共产党的领导下，社会团体历经了清理、整顿、优化阶段，现在已经步入法治化、专业化的全面发展时期，成为参与社会治理的重要主体。

---

① 《全国社会组织信用信息公示平台》，https://xxgs.chinanpo.mca.gov.cn/gsxt/newList，最后访问日期：2022 年 7 月 6 日。

第二节　社会团体分类

中国社会组织不仅数量突破 90 万个，在种类上也具有多样化特点。其中作为社会组织重要的组成部分，社会团体的种类也具有多样化特征，但是至今没有统一的划分标准。

按照联合国的产业分类标准（ISIC），非营利组织可以划分为教育类、医疗和社会工作类、其他社会和个人服务类 3 个大类，15 个小类。康晓光、韩恒则从组织集体行动的能力和提供公共产品的差异出发关注工会、行业协会和商会、城市居委会、宗教组织、官办 NGO、"草根" NGO、非正式组织及政治反对组织八类组织形式。[①] 俞可平曾对第三部门、民间组织、非政府组织、非营利组织、中介组织、群众团体、社会团体、人民团体等概念进行辨析，认为当前中国的民间组织从学术研究的角度可以根据其本质特征划分为行业组织、慈善性机构、学术团体、政治团体、社区组织、社会服务组织、公民互助组织、同人组织、非营利性咨询服务组织九类，从行政管理的角度则可划分为人民团体、自治团体、行业团体、学术团体、社区团体、社会团体、公益性基金会七类。[②] 王名区分了狭义、广义的民间组织概念，认为民间组织的主体包括社会团体、基金会、民办非企业单位、商会、社区基层组织、农村专业协会、工商注册非营利组织、境外在华NGO 八类，并认为人民团体、事业单位、社会企业也可归属于广义民间组织。[③] 李友梅则关注社会组织与体制之间的关系，将社会组织划分为体制内、准体制内、体制外三种类型。[④] 由此看来，有学者将社会团体和行业协会商会分开研究，有些学者基于体制之间的关系，又将社会团体划分为体制内、准体制内和体制外组织，还有学者基于社会团体功能，将其划分为政治团体、慈善团体等，划分标准的差异导致类型的多元化。

---

① 康晓光、韩恒：《分类控制：当前中国大陆国家与社会关系研究》，《社会学研究》2005 年第 6 期，第 73~89、243~244 页。

② 俞可平：《中国公民社会：概念、分类与制度环境》，《中国社会科学》2006 年第 1 期，第 109~122+207~208 页。

③ 王名：《中国民间组织 30 年：走向公民社会》，社会科学文献出版社，2008，第 231 页。

④ 李友梅：《新时期加强社会组织建设研究》，经济科学出版社，2016，第 70~73 页。

从类型来看，社会团体可分为学术交流、科学技术、环境保护、宗教、文化、艺术、慈善事业等多种类型。按照注册与否、登记属地以及资金投入等也可分为多种类型。学者认为，按照性质和任务，社会团体可分为学术类、行业类、专业类和联合类四种类型。[①] 学术类社会团体可分为自然科学类、社会科学类及自然科学与社会科学的交叉科学三种，一般以学会、研究会命名，设立时可按照国家制定的学科分类标准确定。行业类社会团体可分为农业类、工业类和商业类等，一般以协会命名，设立时可依照国家国民经济行业分类和代码的分类标准确定，如有特殊需要按大类或小类设立者必须经过充分论证。专业类社会团体，一般是非经济类的，主要由专业人员组成或以专业技术、专门资金为从事某项事业而成立的团体，多以协会、基金会命名。联合类社会团体区别于上述学术类、行业类和专业类社会团体，是多样化组织联合组建的，具有"社会团结性"的组织类型特征，主要是人群的联合体或学术性、行业性、专业性团体的联合体，一般以联合会、联谊会、促进会命名。

由于社会团体多种多样，没有明确的划分标准，为了更好地理解中国社会团体多样化类型，本书基于社会团体性质做出划分。其中"人民团体"为中国特有的社会组织类型，由此单独进行分析。整体而言，从社会团体的性质来看，除了上述学术类、行业类、专业类和联合类四种类型之外，结合政治功能可以将其划分为人民团体，结合经济类可将其划分为行业协会和商会，结合文娱性质可将其划分为文艺、体育等类型，结合社会服务性质可将其划分为志愿服务、学校社团等。

一　人民团体

人民团体是中国特有的一类社会组织，迄今为止，人民团体没有法律界定，但是1998年出台的《社会团体登记条例》中有关社会团体的概念和范围的界定，与人民团体的概念最为相近。因此，本书认为可以将人民团体作为一种特殊的社会团体类型。

人民团体又称群团组织，是党联系人民群众的纽带和桥梁，或者作为统一战线的组织形式留存至今。最主要的人民团体是指中国人民政治协商

---

① 王名：《社会组织与社会治理》，社会科学文献出版社，2014，第212~213页。

会议（全国政协）的组成单位，包括中华全国总工会、中国共产主义青年团、中华全国妇女联合会、中国科学技术协会、中华全国归国华侨联合会、中华全国台湾同胞联谊会、中华全国青年联合会、中华全国工商业联合会8个单位。此外，中国作家协会、中国文学艺术界联合会、中华新闻工作者协会、中国人民对外友好协会、中国人民外交学会、中国国际贸易促进委员会、中国残疾人联合会、中国宋庆龄基金会、中国法学会、中国红十字总会、中国思想政治工作研究会、欧美同学会（中国留学人员联谊会）、黄埔军校同学会、中华职业教育社等组织，均为经国务院批准免于登记的社会团体，有时也被视为人民团体。人民团体使用行政或事业编制，由国家财政拨款。人民团体的主要任务、机构编制和领导职数均由中央机构编制管理部门直接确定，它们虽然是非政府性的社会组织，但是在很大程度上行使着某种政治职能。

所有人民团体都呈现伞形组织结构，在全国各地建立了成千上万个分支机构和附属团体，拥有数以百万的会员。全国性人民团体的数量尽管只有二十几家，但都拥有数目巨大的下属组织。中华全国总工会、中国共产主义青年团、中华全国妇女联合会（通常简称为"工青妇"），是其中规模最为庞大，影响也最大的三类组织。人民团体被定位为党和国家与人民群众之间的双向的桥梁与纽带。一方面，人民团体协助执行党和国家的各项政策、命令，并向人民群众进行传达；另一方面，了解和收集人民群众的意见、观点和利益，并反馈给党和国家政策制定的有关部门。以中华全国青年联合会为例，中华全国青年联合会（简称全国青联）成立于1949年5月4日。全国青联是中国共产党领导下的基本人民团体之一，是以中国共产主义青年团为核心力量的各青年团体的联合组织，是各族各界青年广泛的爱国统一战线组织。其基本任务是，高举爱国主义、社会主义的旗帜，团结、教育各族各界青年；最广泛地代表和维护各族各界青年的合法权益；引导青年积极健康地参与社会生活，努力为各族各界青年健康成长、奋发成才服务；加强同台湾青年、港澳青年及国外青年侨胞的联系，发展同世界各国青年的友谊；巩固中国社会安定团结的局面，推进中国的改革开放和社会主义现代化建设等。

二 学术社团

学术社团是学术类社会团体的简称，按照学术性可将其划分为学会、专业委员会、研究会、社会科学联合会、科学技术协会、社会智库等多种类型。

（一）学会

学会是典型的学术类社会团体，由各类专业技术人员和研究工作者组成，并参与项目申请、学术研究、科研创新、学术规范与评奖、产学研融合等多种工作。学会的学术性表现在两个方面：一是会员来源和组成；二是活动领域和主要功能。就前者来说，学会主要是由各类专业技术人员和科学研究工作者组成；就后者而言，学会主要活跃在各种专业技术领域和科学研究领域。学会具有四大功能：一是汇聚人才；二是科学研究与科普；三是学术规范与奖评；四是产学研结合。[①] 学会的名称多种多样，包括研究会、协会、专业委员会、学科联合会等。同时，学会所覆盖的范围也有不同，例如有全国性的一级学会，也有省级的二级学会。学会里下设各专业委员会、工作委员会，会员有团体会员，也有个人会员。

以"中国社会学会"为例，中国社会学会是从事社会学教学、研究的工作者和实际工作者及有关单位自愿结成的全国性、学术性、非营利性社会组织。中国社会学会的业务范围有：组织协调会员分工协作，开展各种形式的学术活动；推动和协助各地区、部门开展社会调查研究，促进社会学事业的发展；普及社会学知识，提高我国社会学教学与研究的水平；出版社会学书刊，交流学术信息、资料；发展社会学队伍；代表中国社会学界组织和参加国内、国际学术研讨会或其他形式的学术交流活动。中国社会学会成立于1979年3月，第一届、第二届会长为费孝通教授，第三届会长为袁方教授，第四届会长为陆学艺研究员，第五届会长为陆学艺研究员、郑杭生教授，第六届会长为郑杭生教授；第七届会长为李培林研究员；第八届会长为宋林飞研究员；第九届会长为李强教授；第十届会长为李友梅教授。现任第十一届会长为陈光金研究员。

---

① 王名：《社会组织与社会治理》，社会科学文献出版社，2014，第215页。

（二）专业委员会

专业委员会，是指某一学科专业，根据研究、开发及应用的发展需要，由全国总学会设立的分支机构，是全国总学会开展学术活动和科技活动的主体。

以"中国社会学会"为例，中国社会学会下设 41 个社会学专业委员会（见表 5-1）。

表 5-1 中国社会学会专业委员会、地址及负责人一览表（2019）

1	农村社会学专业委员会	中国社会科学院社会学研究所（北京）	王春光
2	民族社会学专业委员会	北京大学社会学人类学所（北京）	于长江
3	青年社会学专业委员会	中国社会科学院社会学研究所（北京）、上海社会科学院社会学研究所	杨雄
4	社会发展与社会保障专业委员会	华中科技大学（武汉）	丁建定
5	环境社会学专业委员会	河海大学（南京）	陈阿江
6	教育社会学专业委员会	中国音乐学院（北京）	王旭东
7	体育社会学专业委员会	华南师范大学（广州）	邓星华
8	社会调查研究方法专业委员会	中南大学公共管理学院（长沙）	董海军
9	社会政策研究专业委员会	南开大学周恩来政府管理学院（天津）	关信平
10	城市社会学专业委员会	天津社会科学院社会学研究所（天津）	张宝义
11	妇女性别社会学专业委员会	北京大学社会学系（北京）	佟新
12	家庭社会学专业委员会	上海社会科学院社会学研究所（上海）	吴小英
13	社会网与社会资本研究专业委员会	西安交通大学实证社会科学研究所（西安）	李培林
14	社会思想史专业委员会	南开大学周恩来政府管理学院（天津）	王处辉
15	社会分层与流动专业委员会	中国社会科学院社会学研究所（北京）	刘欣
16	劳动社会学专业委员会	北京师范大学（北京）	赵炜
17	理论社会学专业委员会	南京大学社会学院（南京）	成伯清
18	移民社会学专业委员会	河海大学（南京）	陈绍军
19	社会福利研究专业委员会	南京大学社会学院（南京）	彭华民
20	法律社会学专业委员会	中国人民大学（北京）	赵旭东
21	生活方式研究专业委员会	黑龙江省社会科学院（哈尔滨）、哈尔滨工程大学（哈尔滨）	叶南客

22	经济社会学专业委员会	中央财经大学（北京）	李国武
23	犯罪社会学专业委员会	中国人民公安大学（北京）	王大为
24	社会建设研究专业委员会	北京工业大学（北京）	陈光金
25	海洋社会学专业委员会	中国海洋大学（青岛）	崔凤
26	工业社会学专业委员会	河海大学（南京）	施国庆
27	网络社会学专业委员会	华东政法大学（上海）	何明升
28	政治社会学专业委员会	复旦大学（上海）	刘欣
29	社会治理研究专业委员会	吉林大学（长春）	宋宝安
30	社区研究专业委员会	清华大学社会科学学院（北京）	李强
31	消费社会学专业委员会	中山大学（广州）	王宁
32	科学社会学专业委员会	南开大学周恩来政府管理学院（天津）	赵万里
33	中日社会学研究专业委员会	中国社会科学院社会学研究所（北京）	罗红光
34	宗教社会学专业委员会	华东师范大学社会发展学院（上海）	李向平
35	文化社会学专业委员会	复旦大学（上海）	周怡
36	老年社会学专业委员会	中国人民大学社会与人口学院（北京）	杜鹏
37	社会地理学专业委员会	同济大学社会学系（上海）	朱伟珏
38	发展社会学专业委员会	吉林大学哲学社会学院（长春）	田毅鹏
39	学术传播专业委员会	社会科学文献出版社（北京）	谢寿光
40	东亚社会研究专业委员会	吉林大学哲学社会学院（长春）	邴正
41	社会心理学专业委员会（筹）	南京大学社会学院（南京）	翟学伟

资料来源：中国社会学会分支机构及负责人（2019）－中国社会学会网（cass.cn）。

（三）研究会

研究会是发起人为特定目的设立的专门的研究机构，可以起到学术交流、决策咨询、课题合作研究等多方面的作用，有官办的、民办的，可以是营利组织，也可以是非营利组织，形式多样。例如：中华传统文化研究会、中国能源研究会等。

以中国能源研究会为例，中国能源研究会成立于1981年1月，是由从事能源科学技术的相关企事业单位、社会团体和科技工作者组成的全国性、学术性、非营利性社会组织。拥有单位会员500余家，个人会员43000余人，下设7个工作委员会、33个专业委员会和1个分会、18个办事机构及直属部门和 1 个杂志社。该研究会以"围绕中心，服务大局，研究、咨询、交流、服务"为宗旨，团结能源领域的科技工作者，发挥能源科技高端智库的作用，服务能源科技进步和体制机制创新，积极开展能源领域的决策咨询服务和重大政策及课题研究，以及能源科技评估、团体标准制定、科学普及等，推动国内外的学术交流与合作，是国家能源管理部门与企业联系的桥梁和纽带，是中国能源领域最具影响力的学术团体之一。

（四）社会科学联合会

社会科学联合会简称社科联，是在各省委、省人民政府的领导下建立的学术性社会团体的联合组织，是地方党委、政府通过联系所在学术社团服务于哲学社会科学工作者的枢纽型学术社团。社会科学联合会一般为全国、省和市级，较少有县级组织。

以北京市社会科学界联合会为例，北京市社会科学界联合会（简称北京市社科联）成立于 1983 年 7 月，是中共北京市委领导下的人民团体，是北京市社会科学界学术性社会团体的联合组织，是党和政府联系首都社会科学工作者的桥梁和纽带。经过多年的发展，北京市社科联已经成为拥有哲学、政治学、法学、经济学、史学、教育学、语言学、文学、社会学等113 个学会（协会、研究会）、31 家民办社科研究机构、9 家社科类基金会、10 多万会员的学术团体联合组织。

（五）科学技术协会

科学技术协会是中国科学技术工作者的群众组织，是中国共产党领导下的人民团体，是党和政府联系科学技术工作者的桥梁和纽带，是国家推动科学技术事业发展的重要力量，是地方党委、政府通过联系所在学术社团服务于科技工作者的枢纽型学术社团。

以中国科学技术协会（China Association for Science and Technology）为例，其成立于 1958 年 9 月，是中国科学技术工作者的群众组织，是中国共产党领导下的人民团体，是党和政府联系科学技术工作者的桥梁和纽带，是国家推动科学技术事业发展的重要力量，同时也是国家科教工作领导小组、中央精神文明建设指导委员会和中央人才工作协调小组的成员单位。中国科学技术协会由全国学会、协会、研究会，以及地方科学技术协会及基层组织组成；地方科学技术协会由同级学会和下一级科学技术协会及基层组织组成。

（六）社会智库

社会智库由境内社会力量举办，以战略问题和公共政策为主要研究对象，以服务党和政府科学民主依法决策为宗旨，采取社会团体、社会服务机构、基金会等组织形式，具有法人资格，是中国特色新型智库的重要组成部分。当前"社会智库"组织类型有社会团体、高校等多种形式，需要指出，并非所有社会智库都属于社会团体，本书也仅限介绍在国家和省市民政部门注册的，没有行政编制和经费预算的社会智库。据 2018 年《中国智库名录 3》统计，中国智库具有多样性，将企业、政府、高校、社会等多样化性质智库加在一起共有 1391 家，其中社会智库有 273 家。[①]

近年来，中国社会智库有了一定发展，在咨政建言、理论研究、社会服务、人才储备、国际交流等方面发挥了积极作用。但是，中国社会智库总体上还处于起步和探索阶段，面临不少困难和问题，主要表现在：扶持发展和规范管理社会智库的政策不健全，缺乏参与决策咨询的制度性安排，功能作用没有得到充分重视；社会智库自身发育不足，资金短缺，人才匮乏；一些社会智库行为不规范，对外交流合作监管不到位。规范和引导社会智库健康发展，优化政策环境，对加强中国特色新型智库建设、推动国家治理体系和治理能力现代化、提升国家软实力具有重要意义。[②]

以全球化智库为例，全球化智库（Center for China and Globalization，CCG）是中国领先的国际化智库，在全国社会智库中位于前列，具有典型性。CCG 秉承"国际化、影响力、建设性"的专业定位，坚持"以全球视野为中国建言，以中国智慧为全球献策"，致力于全球化、国际关系、全球治理，国际经贸与投资，国际移民、人才与企业全球化、中美关系与中美经贸、"一带一路"、智库发展等领域的研究。CCG 拥有专职智库研究

---

① 谢曙光、蔡继辉：《中国智库名录》，社会科学文献出版社，2018，483~487 页。
② 《社会智库的扶持发展政策——〈关于社会智库健康发展的若干意见〉解读》，https：//www.gov.cn/zhengce/2017-05/05/content_5191221.htm，最后访问日期：2022 年 7 月 25 日。

和专业人员近百人，是国内较大的社会智库，同时也是中联部"一带一路"智库联盟理事单位，中央人才工作协调小组全国人才理论研究基地，人社部中国人才研究会国际人才专业委员会所在地，财政部"美国研究智库联盟"创始理事单位，拥有国家授予的博士后科研工作站资质，还是中国公共关系协会副会长单位。CCG 在注重自身研究人员培养的同时，形成了由海内外杰出专家学者组成的国际研究网络，持续以国际化的研究视野，在中国与全球化发展相关研究领域开展领先研究。CCG 积极探索丰富多样的智库活动，每年举办多场极具国际视野、影响力和建设性的高端"品牌"论坛，同时，还举办百余场研讨会、圆桌会、午餐会、发布会和建言献策交流会等为政策制定者、专家学者、产业精英、国际组织人士等打造专业、高效、常态化的思想交流高地，持续为公共政策建言，为公共利益发声。

三　经济社团

经济社团是经济类社会团体的总称，本书主要介绍行业协会、商会类社会团体。

（一）行业协会

行业协会是在市场经济条件下，以行业等具有经济关联性的多数企业为主体，在自愿基础上结成的以保护和增进会员利益为目标的非政府社会组织。行业协会的英文一般是"Trade Promotion Association"或"Trade Association"。

行业协会是一种民间性组织，它不属于政府的管理机构序列，是政府与企业的桥梁和纽带。从行业协会的转型发展过程来看，行业协会脱钩政策实施以前，行业协会属于政府的一部分，具有行政性质和职能，但是近年来全面推行行业协会商会与行政机关脱钩改革，通过机构分离、职能分离、资产财务分离、人员管理分离、党建外事等事项分离，继而实现了行业协会商会的独立。

行业协会是经济领域的社会团体，是某行业内企业主体自愿参加、以保护和增进会员利益为目标的经济类社会团体，是社会团体的重要类型。目前行业协会的中文名称还有商会、同业协会等。行业协会具有市场性、行业性、会员性、非营利性、非政府性和互益性等性质。例如，中国律师协会、中国演出行业协会等。除了有行业协会等"业缘"关系形成的组织类型，还有诸多基于"地缘"关系形成的社会团体。并且，这类组织在全国甚至全球的活动较为频繁，活动影响较为广泛。在类型划分层面，按照经济关联性划分，行业协会可以分为业缘性组织、地缘性组织和身缘性组织；按照生成路径划分，行业协会可以分为官办协会与民间协会；按照组织功能划分，行业协会可以分为政策性协会、市场性协会和专业性协会；按照活动范围划分，行业协会可以分为全国性行业协会和地区性行业协会。① 截至 2022 年，全国行业协会共登记 19075 个，成为社会组织的重要部分，发挥着重要作用。②

以中国软件行业协会为例，中国软件行业协会（英文全称：China Software Industry Association，英文缩写：CSIA）成立于 1984 年 9 月 6 日，会员由从事软件研究开发、销售、培训、应用、信息系统集成、信息服务以及为软件产业提供咨询、市场调研、投融资服务和其他中介服务等的企事业单位与个人自愿结合而组成，在民政部注册登记，是唯一代表中国软件产业界并具有全国性一级社团法人资格的行业组织，还是民政部首批授予的 AAA 级行业组织。中国软件行业协会及分支机构会员单位共 3000 余家。会员单位以软件企业为主，在中国软件及信息服务业中排名前 100 的企业大多为协会会员单位。会员单位还包括研究机构、大专院校等，涉及与软件相关的各个领域。协会下设若干分支机构，包括分会和专业委员会。分支机构在软件行业中某一特定领域开展活动，进一步扩大了协会的影响力。协会自觉接受党和政府领导、行业主管部门指导，努力服务于软件企业和用户。协会深入研究软件产业的新形势、新趋势、新常态、新要求，通过市场调查、信息交流、咨询评估、行业自律、知识产权保护、评价认定、政策研究等方面的工作，加强全国软件行业的合作、联系和交流；开拓国内外软件市场，加速国民经济和社会信息化，软件开发工程化，软件产品商品化、集成化、服务化，软件经营企业化和软件企业集团化；在政府和

---

① 王名：《社会组织论纲》，社会科学文献出版社，2013，第 135~136 页。
② 《全国社会组织信用信息公示平台》，https://xxgs.chinanpo.mca.gov.cn/gsxt/newList，最后访问日期：2022 年 11 月 25 日。

企业之间发挥桥梁、纽带作用，遵守宪法及各项规章制度，遵守社会道德，促进软件产业的健康发展。协会的宗旨为"全心全意为会员服务、尽职尽责促产业发展"。

（二）商会

商会，一般是指商人依法组建的、以维护会员合法权益、促进工商业繁荣为宗旨的社会团体法人，是由同一行业的企业法人、相关的事业法人和其他组织依法自愿组成的、不以营利为目的的社会团体。其宗旨是加强同行业企业间的联系，沟通本行业企业与政府间的关系，协调同行业利益，维护会员企业的合法权益促进行业发展。

商会与行业协会性质较为相近，具体来看，行业协会具有专业性质，有的是国际性质的，但是商会是地域性质的，是地域性的从事经营商业活动的人组成的组织。目前，通常县一级也都有商会组织，且与当地政府具有较强的联系，成为地方政府与外界企业组织联系的桥梁，为地方发展发挥着重要作用。这类地域性商会，通常由某地区企业公司、公务人员、自由职业者和热心公益的公民自愿组成，由此，有人也将其称为"同乡会"。截至 2022 年，全国商会共登记 30015 个，成为社会组织的重要组成部分，发挥着重要作用。①

以浙商总会为例，浙商总会，即全球浙商总会，成立于 2015 年 10 月，是以浙商为主体、自愿组成的非营利性、联合性社会团体，着力服务浙商、引领浙商、凝聚浙商，致力于建设成浙商的"精神总部"和"温暖之家"。浙商总会第一届会长由阿里巴巴集团创始人马云担任。商会会员企业遍布全球，覆盖制造、金融、贸易、医药、教育、地产、高科技、互联网等各个行业。

四　文体社团

文体社团是文艺体育社会团体的简称，是按照文娱兴趣划分的社会团体，是公民按照个人的意愿、以会员的形式参与的社会团体。结合文娱兴趣划分，可分为体育组织、文学艺术组织、书法家协会、舞蹈协会、棋社

---

① 《全国社会组织信用信息公示平台》，http：//xxgs. chinanpo. mca. gov. cn/gsxt/newList，最后访问日期：2022 年 11 月 25 日。

等多种类型，为了明确组织类型，下文对体育协会和文艺社团分别进行介绍。

（一）体育协会

体育协会，简称"体协"。以体育运动为目的、按自愿原则建立的群众性业余体育组织，是体育社会团体的重要类别，也是实施体育管理的主要组织形式，具有民间性、非营利性、互赢性和同类相聚性等基本性质，如中国足球协会、中国篮球协会等。按照地域划分，体育协会可以划分为国家级体育协会和地方性体育协会，按照运动项目可以划分为足球协会、篮球协会、田径协会、滑冰协会、马术协会、自行车运动协会、击剑协会、铁人三项协会、皮划艇协会、跆拳道协会、摔跤协会、拳击协会、羽毛球协会、乒乓球协会、台球协会、网球协会、游泳协会等。除此之外，全国还有大量的专业性和业余性体育社团，它们活跃在全国各地，推动基层社会体育文化事业建设，为基层体育事业发展发挥着重要作用。

以中国足球协会为例，中国足球协会（Chinese Football Association），简称"中国足协"，是中华人民共和国从事足球运动的组织自愿结成的全国性、非营利性、体育类社团法人；是团结全国足球组织和个人共同发展足球事业、具有公益性质的社会组织，根据法律授权和政府委托管理全国足球事务；是中华全国体育总会和中国奥委会的会员单位；是唯一代表中国的国际足球联合会会员和亚洲足球联合会会员。

（二）文艺社团

文艺社团是指以文学艺术为目的、按照自愿原则建立起来的群众性社会组织。文艺社团的性质多样，根据地域可将其划分为全国性文艺社团和地域性文艺团体，根据专业程度可将其划分为专业性文艺社团和民间（草根）文艺社团。一些全国性的文艺团体具有人民团体性质，隶属政府部门，是国家与群众之间沟通的桥梁。

中国全国性国家级大型综合文艺表演团体的典型有"中国广播艺术团"。中国广播艺术团是中国广播电影电视系统的国家级大型综合文艺表演团体，成立于 1953 年，下设合唱团、民乐团、说唱团、电声乐团等分团，还有广播吉他乐团和广播之友合唱团两个业余团体。建团近 70 年来，广播艺术团立足于广播电视，直接反映社会生活，随时代而进，为生活而歌，不断地推出新人新作。

在地域性文艺团体方面，以内蒙古自治区"乌兰牧骑"文艺队伍为例，蒙古语意为红色嫩芽，引申为"红色文艺轻骑兵"或"红色文化工作队"。20世纪50年代，一方面牧区地广人稀、交通不便、公共文化资源相对匮乏，另一方面边疆牧区处于戍边、固边的战略位置，需要将党的先进思想宣传到户。针对此情况，在中央和自治区党委支持下，内蒙古自治区组建了文艺服务队伍，并将其称为"乌兰牧骑"，1957年6月17日，在苏尼特草原上内蒙古第一支乌兰牧骑宣告成立。直至今日，内蒙古乌兰牧骑事业不断发展壮大，在"演出、宣传、辅导、服务"的理念指引下，丰富牧区文化生活、宣传党的先进理念、提供多样志愿服务，得到了牧民的认可。截至2017年底，全区经自治区文化厅正式批准建立的乌兰牧骑共有75支，其中自治区直属1支、盟直属3支、旗县71支；队员3000余人，每年到基层演出超7000场。2017年11月21日，习近平总书记给苏尼特右旗乌兰牧骑队员们回信更是极大地激励了乌兰牧骑队员，为其创新发展指明了前进方向。

五　学生社团

学生社团是指学生在自愿基础上形成的各种群众性文化、艺术、学术团体。不分年级、系科甚至学校，由兴趣爱好相近的同学组成。在保证学生完成学习任务和不影响学校正常教学秩序的前提下开展各种活动。目的是活跃学校学习氛围，提高学生自治能力，丰富课余生活；交流思想，切磋技艺，互相启迪，增进友谊。种类很多，如各种学术、社会问题研究会、文艺社、棋艺社、影视评论社、摄影社、美工社、歌咏队、剧团、篮球队、足球队、信息社、动漫社等。

从学生社团的发展现状来看，它是中国社会组织最庞大的群体之一。随着中国高等教育的普及以及高校学生生活的丰富，各级各类学生社团，以及高校之间的联合社团等快速发展，丰富了学生的课余生活，为学生的全面发展提供平台。从注册类型看，除了有一些特殊的，对全国具有较大影响力的学生社团会在政府部门注册备案，其他很多社团都只限于在本校内部开展活动，受学校团委的统一管理，所有社会团体都会在学校或学院备案登记。

六 华人华侨社团

华人华侨是中华民族的重要组成部分，是独特的存在，据不完全统计全球有 6000 万华人华侨。华人华侨社团是指华人华侨在自愿基础上形成的群众性组织，一直以来华人华侨社团为华人华侨在不同国家扎根生活发挥着重要作用，其主要以同乡会、桥社、桥团的形式进行社会连接，它们既融入当地社会，同时也心系祖国，为祖国的发展事业做出了重要贡献。例如，第二次世界大战期间，华人华侨团体自发捐资捐物，以多样化形式表达爱国之情，并参与抗日战争为中国取得胜利发挥了重要作用。在新冠疫情发生时，全球各地华人华侨又大规模组织并参与捐赠物资等，在武汉市控制疫情中发挥了重要作用。

以上主要从学术、经济、政治、文化娱乐以及社会服务等层面梳理阐述，除此之外还有多样化社会团体类型，如宗教类、国际交流类等。通常社会团体与民办非企业单位以及其他社会组织具有交叉性，且有工作层面的互动，由此表现出多样化特征。

第三节 中国社会团体的发展现状

社会团体发展历史悠久，形式多样，是中国社会组织最重要、最庞大的一个组织类型。理解社会团体发展现状，可以从社会团体数量、社会团体的分布、社会团体的人才、社会团体的社会贡献等层面进行分析。

一 社会团体的数量

随着社会的发展，截至 2020 年全国社会团体总量呈现逐年上升的趋势。2019 年底，全国共有社会团体 37.16 万个，占社会组织总量的 42.90%，与 2018 年的 36.62 万个相比，总量增加了 0.54 万个。截至 2020 年底，全国共有社会团体 373771 个，占社会组织总量的 41.91%，与 2019 年数量相比，总量增长了 3133 个。截至 2021 年底，全国共有社会团体 374771 个，总量减少了 3661 个。[①]

---

① 徐明、赵文、胡雨薇：《2019 年社会团体发展报告》，载黄晓勇主编《中国社会组织报告（2019）》，社会科学文献出版社，2019，第 40~43 页。

从 1988 年统计社会团体数量起，人们能够清晰地了解迄今为止社会团
体数量的发展变化情况。图 5-1 为 1988 年至 2020 年社会团体数量的变化情
况，以及社会团体占社会组织总数量的对比图。由于 2001 年之前，基金会
数量包括在社会团体中，而其他类型的社会组织统计数据缺乏，所以能够
看到 2000 年之前社会团体几乎全部包括并替代了中国社会组织概貌。这也
表明，2000 年之前，虽然有多样化社会组织，但是都以社会团体的形式进
行统计和管理。

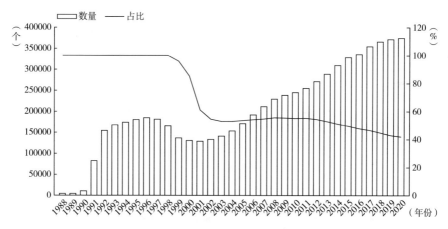

图 5-1　1988~2020 年社会团体数量

数据来源：根据历年《中国民政统计年鉴》数据，作者自制。

在社会团体数据层面，2000 年前后原先的社会团体被细分为基金会、
民办非企业单位等多样化组织，因此社会团体数量有所减少，但是从 2000
年起，社会团体数量一直处于增长态势，直到 2017 年之后才进入缓慢增长
的阶段。由此看来，中国社会团体一直是最重要的社会组织类型，且数量
上占据全部社会组织的 50.00% 左右。

二　社会团体的分布

一直以来，社会团体的发展呈现不平衡性，即城市发展多，农村发展
少；东部发达地区发展快，西部欠发达地区发展慢。但是，随着中国社会
的快速发展，历经"一带一路""西部大开发""脱贫攻坚""乡村振兴"
"共同富裕"等多样化政策，以及在快速城市化、市场化、网络化发展过程

中，东西部之间、城乡之间逐渐呈现融合发展趋势。在此过程中，社会团体也表现出多样化特征。

从当前社会团体在全国各省、自治区、直辖市的分布情况来看，各地社会团体的发展数据呈现较大差异。表5-2为2021年全国各省、自治区、直辖市社会团体的数量。从地域划分来看，社会团体数量最多的5个省份分别是江苏省、广东省、浙江省、四川省和山东省。整体来看，全国社会团体数量较多，但是各省份之间的差异较大，整体上沿海地区社会团体数量比内陆地区多，但内陆地区四川省的社会团体类型较为丰富。

表5-2 2021年全国各省、自治区、直辖市社会团体的数量

省份	数量	省份	数量	省份	数量	省份	数量
北京	4444	上海	4304	湖北	12339	云南	12890
天津	2494	江苏	34284	湖南	16448	西藏	560
河北	11937	浙江	26166	广东	312089	陕西	17114
山西	7762	安徽	15679	广西	13011	甘肃	14227
内蒙古	7777	福建	19249	海南	3506	青海	4096
辽宁	6630	江西	12752	重庆	8548	宁夏	2869
吉林	5723	山东	19274	四川	20793	新疆	4644
黑龙江	6911	河南	13384	贵州	7234		

数据来源：2022年《中国民政统计年鉴》。

按国家战略地区划分来看，基于2021年社会组织蓝皮书的分析，京津冀地区社会团体数量相比2007年虽然有所增长，但是从全国范围来看数量还是较少。相比较而言，粤港澳和长三角地区社会团体数量一直呈上升趋势，尤其是江苏省和浙江省的社会团体数量增速较快。就长江流域和黄河流域而言，长江经济带社会团体的数量比黄河流域地区的社会团体数量要多，且四川、重庆等长江上游地区社会团体也呈现增长趋势。[①]

与此同时，社会团体种类繁多。《2017年社会服务发展统计公报》显

---

① 徐明、赵文、胡雨薇：《2020年社会团体发展报告》，载黄晓勇主编《中国社会组织报告（2021）》，社会科学文献出版社，2021，第52~58页。

示，社会团体主要分布在工商服务、科技、教育、卫生、社会服务、文化、体育、生态环境、法律、宗教、农业等领域，表明中国社会团体涉及的领域众多、行业广泛，呈现门类齐全、覆盖面广等特点。其中，学会和行业协会商会是社会团体中占比较大的社会团体类型，全国社会组织信用信息公示平台显示，学会共有 24435 家，行业协会商会共有 19005 家。① 不仅如此，学会和行业协会商会还在就业、人才培育、GDP 贡献等方面具有较大的作用，是中国社会团体重要的组成部分。当前，基于"地缘"关系而形成的社会团体数量较多，影响较广，活动频繁，但是当前学者对这类组织的关注较少，缺乏具体统计数据。

从社会团体的登记管理行政机关层级分布情况，可以将社会团体划分为民政部登记管理社会团体、省级行政主管部门登记管理社会团体、地（市）级行政主管部门登记管理社会团体和县（区）级行政主管部门登记管理社会团体。自 2007 年以来，县（区）级行政主管部门登记管理的社会团体保持着稳定的增长趋势，是数量最多、所占比重最大的社会团体。2020年，县（区）级行政主管部门登记管理社会团体的总量为 250990 个，占社会团体总量的 66.97%。省级行政主管部门登记管理社会团体和地（市）级行政主管部门登记管理社会团体的增长趋势都较为平缓，增速较慢，2007~2020 年，省级行政主管部门登记管理社会团体和地（市）级行政主管部门登记管理社会团体均增长了 0.5 倍左右。民政部登记管理社会团体的数量相对较少，所占比重也最小，2007 年民政部登记管理社会团体仅有 1758 个，还不到社会团体总量的 1%，但其数量总体来说也在稳步增长，2020 年民政部登记管理社会团体的数量与 2007 年相比增长了 13%，未来仍有发展空间和发展潜能。

三　社会团体的人才

人才是社会组织的支撑力量，社会组织成员的素质也会影响社会组织的发展。整体来看，随着中国高等教育的普及，以及社会工作证书、心理咨询师证书等专业资格证书的普遍化，社会组织成员的整体素质的提高是

---

① 《全国社会组织信用信息公示平台》http://xxgs.chinanpo.mca.gov.cn/gsxt/newList，最后访问日期：2022 年 7 月 6 日。

有目共睹的。从 2008 年开始《中国民政统计年鉴》中有了关于社会团体职工受教育程度的统计数据。2008~2020 年虽然社会团体中受教育程度为大学专科的职工数量有变动，但是整体来看还是呈增长的态势。2021 年，社会团体中受教育程度为大学专科的职工共有 616456 人，相比 2008 年增长了 44.12%；社会团体中受教育程度为大学本科及以上的社会团体职工有 626623 人，相比 2008 年增长了 2.51 倍之多。整体来看，受过大学专科、大学本科及以上教育的职工在社会团体职工总数中所占的比例达到了 28.48%。[1]

与此同时，2021 年全国社会团体中共有 28857 名助理社会工作师，共有 23138 名获得社会工作师证书。随着中国社会工作专业的恢复和快速发展，社会工作专业毕业生逐渐成为全国社会组织重要的新生力量，与此同时，社会工作专业资格证书也逐渐成为社会组织成员所必备的专业资格证书。此外，社会工作专业资格证书的持证情况还可以体现社会团体中专业人才的情况以及社会团体成员的专业实践能力。

四 社会团体的社会贡献

社会团体的类型多样化，由此其社会贡献和功能也具有较大差异。但是，整体来看，社会团体一直都具有促进社会和平稳定发展，提供多样化社会服务，满足人民文化、娱乐、宗教需求等的特点。

从社会团体的整体功能来看，社会团体具有经济功能、促进就业的功能和提供社会服务的功能。虽然一直以来有关社会团体经济增长的统计较为零散，没有统一数据，但是从社会组织蓝皮书中的数据来看，社会团体 2015 年的增加值为 438.32 亿元，2016 年的增加值为 502.90 亿元，2017 年的增加值为 627.91 亿元，2018 年的增加值为 664.10 亿元，2019 年的增加值为 690.85 亿元，2020 年的增加值为 791.90 亿元，2021 年的增加值为 870.40 亿元。[2] 在解决社会就业方面，从 2012 年开始贡献率一直稳定在 0.50% 左右。由于社会团体数量多、种类繁杂，国

---

① 徐明、赵文、胡雨薇：《2020 年社会团体发展报告》，载黄晓勇主编《中国社会组织报告（2021）》，社会科学文献出版社，2021，第 64 页。

② 徐明、赵文、胡雨薇：《2020 年社会团体发展报告》，载黄晓勇主编《中国社会组织报告（2021）》，社会科学文献出版社，2021，第 66 页。

内统计数据还无法很好地呈现具体情况。但是，社会团体涉及的是服务行业，而随着社会的快速发展，未来社会团体在吸纳人才，提供就业层面具有较好的前景。

社会团体在服务层面，具有维护和平稳定、促进行业发展、促进科技进步、提供文化娱乐服务等多样化社会功能。对于"人民团体"这一准行政组织来说，它一直都是凝聚社会力量的组织，有助于社会的稳定与发展，有助于提供公共服务和准公共服务。对于行业协会商会等经济类社会团体来说，则主要发挥如下作用：在经济上，能够节约交易成本，提高资源的配置效率。行业协会本质上是市场上的交易主体（如企业）为了减少交易成本而达成的一系列合约安排，以协会内部的监督、管理的成本代替企业间反复出现的谈判、缔约交易成本。在社会上，可作为第五种社会制度与国家、市场、企业、社区这四种社会制度相互制衡和补充，使社会整体秩序更加健全完善。在政治上，作为利益集团之一参与公共决策，使政府政策的制定能够更加公开、公平和公正。在法律上，其自律性规则（如行规行约）可对国家法律起到补充、延伸、辅助以及初创等作用，从而提高法律制度的完整性和执行效率。[1] 而学会、研究会等社会团体则促进社会科学发展，促进学者之间的交流；文化娱乐社会团体则有助于为社会公众提供平台，参与文化娱乐体育活动。

第四节　中国社会团体的发展特点

中国社会团体在中国社会环境中孕育发展，与中国社会体制相融合，从而形塑了自身的发展特点。这些特点可以从两个视角进行审视，即社会体制和制度背景下的社会团体与社会团体自身的自主性、社会参与性。

一　党的领导和引领

从社会组织发展史的考察中可以了解到，中国社会组织的发展离不开中国共产党的领导和制度的支持。其中党的领导与政府制度建设为社会组织发展提供现实基础，社会组织法律法规的完善不断加强社会组织合法化

---

[1]　王名：《社会组织论纲》，社会科学文献出版社，2013，第145~146页。

建设，而多样化政府购买服务成为社会组织发展的资源保障。

以 1840 年鸦片战争为标志，中国沦为半封建、半殖民地的社会，帝国主义与中华民族的矛盾、封建主义与人民大众之间的矛盾成为中国的两大基本矛盾。在长期的反帝、反封建斗争中，社会团体发挥了积极作用。中国共产党自成立之日起，就与广大人民群众建立了统一战线，爱国人士和爱国人士组建的社会团体始终与中国共产党一同参与抗日战争和解放战争。新中国成立后，党和政府依然重视社会团体工作，给爱国人士组建的社会团体和具有半官办性质的社会团体合法性，促进了社会团体的发展。改革开放后，随着《社会团体管理办法》等政策文件的出台，以及随着"社会组织""创新社会治理"等概念的提出，以社会团体为首的社会组织成为社会治理的重要主体。

党的十八大以来，以习近平同志为核心的党中央统筹推进"五位一体"总体布局和协调推进"四个全面"战略布局，提出建构社会治理的新格局。党中央、国务院出台一系列重大改革举措，颁布一系列基础性法律法规，明确一系列重大顶层制度设计，对社会团体的改革发展做出一系列重大部署。党的十八大提出"加快形成政社分开、权责明确、依法自治的现代社会组织体制"，要改革社会团体登记管理制度、促进社会团体健康有序发展。2016 年，中办、国办印发《关于改革社会组织管理制度促进社会组织健康有序发展的意见》，明确提出"走中国特色社会组织发展之路"，社会组织各项改革措施出台，社会团体改革发展全面进入新时代。党的十九大报告对发挥社会组织积极作用、加强社会组织党的建设提出明确要求。党的十九届五中全会指出要准确把握新发展阶段，深入贯彻落实新发展理念，加快构建新发展格局，推动社会团体在"十四五"时期高质量发展，为全面建设社会主义现代化国家开好局、起好步。

"坚持党对一切工作的领导"是新时代坚持和发展中国特色社会主义的基本方略的第一条。党的十九大将"中国特色社会主义最本质的特征是中国共产党领导，中国特色社会主义制度的最大优势是中国共产党领导，党是最高政治领导力量"确立为习近平新时代中国特色社会主义思想的重要内容，同时把这一重大政治原则写入党章。党的全面领导实践，体现在不断完善坚持党的全面领导的制度，强化党的组织在同级组织中的领导地位，在国家机关、事业单位、群团组织、社会组织、企业和其他组织中设立党委（党组），做到党的工作建设到哪里，党的组织就覆盖到哪里。现在，党建工作已经成为社会组织建设的重要组成部分，且发挥着越来越重要的作用。由此，中国共产党对社会组织的领导不仅可行，而且具有多元化的实践路径。接受党的领导和引领是社会团体最重要的中国特色。

二　政府协同与支持

随着中国社会组织的发展以及结合中国政治、文化、社会建设的需要，党和政府转变以往的管控思维，加快推进政社分开，进一步促进了社会组织发展。党的十八届三中全会通过《中共中央关于全面深化改革若干重大问题的决定》，提出创新社会治理体制，改进社会治理方式，激发社会组织活力。党的十九届三中全会进一步提出按照共建共治共享要求，完善党委领导、政府负责、社会协同、公众参与、法治保障的社会治理体制，不仅为社会组织建设提供制度基础，还从立法、政策、资金等具体层面提供了保障。

政府的认同是社会团体发展的重要驱动力量。当前，政府通过多年的改革，规范社会组织和社会团体发展，相继颁布实施《中华人民共和国慈善法》《行业协会商会与行政机关脱钩总体方案》《境外非政府组织境内活动管理法》《中华人民共和国民法总则》《志愿服务条例》《中华人民共和国民法典》等重要的法律法规，进一步明确了社会团体为首的社会组织法人地位，为其发展提供了制度基础。与此同时，基于相关法律法规，整顿"僵尸社会组织""违法社会组织"等，规范了社会组织的建设。

政府多样化支持是社会团体发展的重要动力来源。上海从 1995 年开始探索政府向社会组织购买社区服务，并取得良好效果，之后政府购买服务成为政府与社会组织合作共治的重要方式。在制度层面，从 2012 年起，中央财政每年安排 2 亿元专项资金用于购买社会服务。2013 年 9 月，国务院办公厅发布《关于政府向社会力量购买服务的指导意见》；2016 年 12 月，财政部和民政部联合下发《关于通过政府购买服务支持社会组织培育发展的指导意见》；2020 年 3 月 1 日《政府购买服务管理办法》生效，为政府购买服务提供了制度基础。如图 5-2 所示，从财政部政府采购规模通报数据来看，2012 年政府服务类采购规模为 1214.00 亿元，占全国政府采购规模的比重为 8.70%。但是，到了 2020 年政府服务类采购规模达 10302.40 亿元，占全国政府采购规模的 27.90%。①

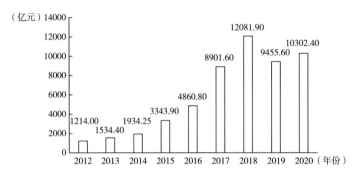

图 5-2　2012~2020 年政府购买服务类采购规模

数据来源：结合财政部数据，作者自制。

由此，在"政府购买服务"和多样化支持性社会政策背景下，社会团体得到党和政府广泛的支持，积极参与社会治理成为创新社会治理的重要主体。社会团体在经济发展、社会服务、科学研究和创新创造等多样化领域发挥着重要作用。

三　专业组织与管理

社会团体的发展离不开组织自身的建设与管理方法的优化。在政策支持和多年的社会探索过程中，社会团体实现了自身管理方式的转型与优化。

自 1949 年以来，国家为了规范社会团体为首的社会组织运行，提升其为社会服务的职能，出台了大量的规范性文件。根据统计，过去和现行的涉及社会组织的主要法律法规及规范性文件有 140 个，其中专门规范社会组织的文件有 77 个，含有规范社会组织专门条款的规范性文件 43 个。尽管这些法律法规及规范性文件还存在着位阶相对偏低、服务性不突出、可操作性不强等问题，但已基本上形成了社会组织管理的基础性法律体系。②

国家高度重视业务主管单位在社会组织管理中的作用。改革开放以来，

---

① 2020 年全国政府采购简要情况（mof. cn）。
② 王建敏、邱天利、陈鹏等：《新中国 70 年社会组织管理法治化制度建构分析报告（1949~2019）》，载黄晓勇主编《中国社会组织报告（2020）》，社会科学文献出版社，2020，第 236~254 页。

国家就社会组织管理工作出台系列文件，明确业务主管单位在社会组织管理工作中的职责，强调了业务主管单位在社会组织的思想政治工作、党的建设、财务和人事管理、研讨活动、对外交往、接收境外捐赠资助、按章程开展活动七个方面负有领导责任。特别是在 2016 年中办国办《关于改革社会组织管理制度促进社会组织健康有序发展的意见》中，进一步明确了业务主管单位的责任。由此来看，业务主管单位对社会组织的管理内容主要包括方向保证、规范管理和培育扶持。[1]

社会组织内部治理是新时代社会组织健康成长的客观要求和重要内容，中共中央办公厅、国务院办公厅印发的《关于改革社会组织管理制度促进社会组织健康有序发展的意见》对社会组织的内部治理提出了明确要求：社会组织要依照法规政策和章程建立健全法人治理结构和运行机制以及党组织参与社会组织重大问题决策等制度安排，完善会员大会（会员代表大会）、理事会、监事会制度，落实民主选举、民主决策和民主管理，健全内部监督机制，成为权责明确、运转协调、制衡有效的法人主体，独立承担法律责任。随着社会组织的蓬勃发展，内部治理已经成为一项系统工程，其主要包括社会组织的治理结构和制度体系。

在上述多样化政策支持下，社会团体外部管理和内部治理都得到了强化与优化。具体体现在，社会团体登记与注销方式进一步得到明确，为社会团体提供了合法性身份。社会团体财务与税务建设等层面得到强化，规范了社会团体行为。在治理结构方面，社会团体党的建设不断加强，社会团体党组织和党的工作逐步实现全面覆盖。在制度体系方面，理事会制度、监事会制度、信息公开制度、信息披露制度、财务管理制度、证书/印章/文件及档案管理制度、资产管理制度、重大事项报告制度以及党建工作、诚信自律准则等多项内部管理制度都得到了强化与优化，社会团体步入法治化、规范化发展时期。

四 社会服务与使命

中国特色社会组织建设体现在基层社会治理参与层面，即参与基层社

---

[1] 顾朝曦：《顾朝曦谈社会组织管理工作（摘要）》，《学会》2017 年第 10 期，第 22~23、32 期。

会治理是中国社会组织建设的重要特点。一方面,政策推动基层社会多样化社会组织建设;另一方面,社会组织参与基层社会治理成为创新社会治理的重要部分。社会团体作为社会组织类型之一,自始至终都在参与社会治理,以社会繁荣发展为使命。价值性是社会组织重要的特质之一。在政治理论视角下,社会组织不仅是服务提供者,还是潜在的公民养成的场所,是共同利益、共同价值表达的载体。[1] 在社会学理论视角下,社会组织既是公共物品提供方式的"非营利部门",还是参与者及行动者的"价值的所在",包含志愿精神、多元主义、利他主义和参与共享等价值理念。[2] 社会团体参与社会治理具有强烈的社会责任感,其以社会主义核心价值观为指引,致力于实现"富强、民主、文明、和谐"的目标。也正是因为社会组织与党和政府具有共同的价值理念,社会组织亦成为党和政府信任的伙伴。

基层治理是国家治理的基石。在"单位制"向"社区制"转型过程中,基层社会出现原子化、个体化风险,社区异质化、社区碎片化问题逐渐凸显,导致了基层治理风险。在此背景下,党和政府提出引导促进社会组织参与基层治理的创举,在城市社区建设"三社联动""五社联动"机制,在乡村支持创建经济类、文化类多样化农村社会组织,以促进基层治理优化。2022年民政部、国家乡村振兴局发布《关于动员引导社会组织参与乡村振兴工作的通知》,为社会组织参与乡村振兴提供强有力的支持。在此背景下,具有多样化类型的社会团体结合自身的组织特征和价值使命,广泛参与社会治理,促进了基层社会治理,实现了自身的价值使命。

综上所述,中国社会团体在多年的发展历程中与中国社会制度相融合,在中国共产党的引领下,在中国政府的支持下,不断优化组织结构和管理制度,在参与社会治理过程中实现自身的价值和使命,促进社会创新发展,体现出自身的发展特色。值得指出的是,由于社会团体类型的多样化,在

---

[1] Atack, l., "Four Criteria of Development NGO Legitimacy," *World Development*, Vol. 27, No. 5, 1999, pp. 860.

[2] Clemens, E. S., "The Constitution of Citizens: Political Theories of Nonprofit Organizations," in Powell, W. W. & Steinberg, R. (Eds.), *The Nonprofit Sector: A Research Handbook*, New Haven & London: Yale University Press, 2006, pp. 216.

与党和政府的协同合作中，以及参与社会治理等层面表现出不同的特点，在此只针对整体情况作简要总结，具体情况还需要学者们深入研究。

第五节　中国社会团体的发展困局与优化路径

通过对中国社会团体发展历史的阐述，以及对其发展现状和特点的分析能够理解中国社会团体的整体发展情况。虽然中国社会团体在中国共产党的引领和政府协同支持背景下，实现了快速发展。但是，不可否认，在社会转型发展，以及在风险社会、网络社会背景下，社会团体面临新的挑战，存在诸多发展困局。只有进一步反思存在的困局，才能提出相应的政策建议，促进社会团体的可持续、健康发展。

一　社会团体发展困局

（一）社会团体党的建设有待加强

党的十八大以来，《关于加强社会组织党的建设工作的意见（试行）》《关于改革社会组织管理制度促进社会组织健康有序发展的意见》《中共中央关于加强党的政治建设的意见》等政策文件相继出台，对加强社会组织党的建设提出明确要求和基本遵循，推动社会团体党的建设走向规范化轨道。但从整体来看，社会团体党建还存在几点问题。首先，社会团体党建的地区差异较为明显，省级以下地方人民政府民政部门登记的社会团体党组织覆盖率和工作覆盖率普遍不高。其次，一些社会团体对党建的认识不清，没有较好地组织和建设党组织、开展党组织活动，甚至有些社会团体出现党建工作与业务工作互不适应的情况。最后，有些社会团体自身的业务能力欠缺，从而导致过于依赖党组织，无法有效发挥"双带头人"的作用。

（二）社会团体法律法规有待完善

随着中国法律制度的健全，在社会组织领域，目前基本形成了以宪法为依据，以相关法律和行政法规为基础，以政策规章、地方性法规为配套的政策体系，如《中华人民共和国慈善法》《志愿服务条例》等全国性法律法规及政策条例的出台，为社会组织发展提供了法律依据。在社会团体法规政策体系层面，《社会团体登记管理条例》《关于改革社会组织管理制度促进社会组织健康有序发展的意见》《关于加强社会组织党的建设工作的意见（试行）》《关于加强社会团体党的建设工作的意见》等法律法规和政策规章的出台促进了社会团体的健康发展。与此同时还有一些问题存在，一方面针对社会团体的专门性法律欠缺，已有法规立法层次较低，法律效力较为有限，相关行业配套制度也不健全；另一方面全国性法律法规内容丰富，但是有些法规与地方适应性较弱，而地方却较少出台或没有出台相关政策文件，无法实现合理发展。除此之外，在对社会团体执法层面也还存在欠缺，对"僵尸型"组织的辨别力度不够，对社会团体违规违法行为缺乏有效监督。

（三）社会团体自主性发展有待提升

中国社会团体普遍面临的困境是自主性弱。结合社会团体与政府之间的关系可将其划分为官办社团、准官办社团和草根社团三种类型。一直以来，官办社团和准官办社团的数量较多，且表现出较高的行政化困境。在人事任免、经济资源、日常运营、制订发展计划、组织活动、成员间交流、选择立场等方方面面都会受到政府以及主管部门的影响，自主性较弱。对草根组织来说，最主要的困境在于合法性获得[①]和资源依赖[②]，为了获得合法性和多元化资源，草根组织依然会以自主性为代价。2015 年，中共中央办公厅、国务院办公厅印发了《行业协会商会与行政机关脱钩总体方案》，这为社会团体的独立运作提供了空间。但在实际中，许多社会团体在与行政机关脱钩之后，仍会将原本由行政机关或事业单位负责的行业标准制定与执行等权限据为己有，希望统领某个领域。同时，一些社会团体的业务范围主要还是政府职能的延伸，在自主运营、拓展资源等方面对政府及相关主管部门仍有一定程度的依赖。

[①] 崔月琴、沙艳：《社会组织的发育路径及其治理结构转型》，《福建论坛》（人文社会科学版）2015 年第 10 期，第 126~133 页。

[②] 崔月琴、王嘉渊、袁泉：《社会治理创新背景下社会组织的资源困局》，《学术研究》2015 年第 11 期，第 43~50 页。

二　社会团体优化路径

（一）社会团体要加强党的建设

"没有中国共产党，就没有新中国"，实践证明，只有接受中国共产党的领导，走中国特色社会主义道路，才能实现中华民族伟大复兴。社会团体不仅链接政府与社会，还能促进社会群众之间的交流互动。无论何种类型的社会团体，首要工作即是党的建设，要坚定社会组织立场，要始终做到组织在哪里建设，党的组织就建设在哪里，党的工作就开展到哪里。一方面，强化社会组织党建工作，可以为社会组织获得合法性，有助于社会组织的扎根落脚，获得群众信任和多方面的资源支持；另一方面，强化社会组织党建，能够激发党员的活力，通过基层联合党建等形式，链接多方资源，实现自身发展，更好地提供社会服务。在具体层面，立足于社会团体党的建设从"制度覆盖"到"工作覆盖"，从"有形覆盖"到"有效覆盖"这一目标任务，加强宣传与引导，充分发挥党组织的引领带动作用，推动社会团体与党政相互嵌入，促进党建与业务工作一体化发展，在实际工作中实现有机互动。同时，要完善"党建入章"，强化章程对社会团体党建的制度引领和规范作用，加强党对有关社会团体的"政治引领、示范带动、联系服务"，确保正确的发展方向；细化社会团体党建相关条款，创新社会团体党建领导方式和抓手，走彰显中国特色的社会团体发展道路。

（二）进一步完善相关法律法规

完善法律体系，优化现有规章制度有助于促进社会团体健康长期发展。现有法律法规体系对社会团体的组织性质及行动规范等进行了科学化界定，未来完善相关法律法规可以充分调动行业主管部门、登记管理机关和相关职能部门的积极性，将社会团体发展与国家宏观经济政策、产业政策及相关战略紧密结合，最大限度激发社会团体在社会治理中的活力，切实推动社会团体在服务、治理、协商、创新等方面的高质量发展。与此同时，要进一步加强对社会团体的执法监督体系，转变优化社会团体执法理念，完善由民政部牵头，公安部、国家安全部、税务总局等部门共同参与的社会团体联合执法机制，推动社会团体投诉举报受理与执法信息公开。加大执法力度，开展打击整治非法社会组织专项行动，合理建设预防和惩治社会团体违法违规行为的执法体系。不仅如此，未来还应该通过分类管理推动社会团体多元化发展。既要统筹促进各类社会团体健康有序发展，又要综合考虑国家战略布局，结合人民群众关切，重点培育一批能够促进改革创新、推动供给侧结构性改革、助力提升内需消费、服务保障民生、服务对外交往的社会团体，推动社会团体形成上下协调、布局合理、重点突出、高质量发展的新发展格局。

（三）社会团体要加强多元主体间的协同合作，提升社会服务能力

"协同治理"是当前国内外社会力量参与社会治理的重要理念，是促进多元主体平等、互助、协商、参与的重要方法。一方面，通过与党和政府之间的协同，可以有效链接制度资源，提供多样化公共服务；另一方面，通过与市场组织和其他社会组织之间的广泛合作，不仅进一步有效链接多方资源，又可以摆脱制度依附等自主性困境。与此同时，社会团体要始终与人民群众在一起，了解人民群众的需求，自下而上提供政策建议，还可以自上而下提供多元化社会服务。社会团体具有促进社会和平稳定、促进经济健康发展、创新科学研究、改善社会民生、改善社会环境，以及促进社会发展的责任和义务。自新中国成立以来，在70多年的建设历程中，中国特色社会主义市场体系已经形成，中国也已成为全球第二大经济体。但是，整体来看，东西部发展差异较大，城乡之间有待实现统筹发展。尤其，边疆民族地区由于自然条件艰苦，基础设施落后等还未实现快速发展，改善民生、发展基层仍是当前重要的任务。与此同时，城乡之间开放，有大量的城市流动人口，其社会融入、就业、教育等问题也逐渐凸显，逐渐成为城市基层社会治理难点。对此，社会团体作为重要的社会力量，可在链接政府资源的基础上，进一步发挥链接社会资源的能力，组织开展多样化社会服务活动，主动挖掘并尽力满足社会公众对公共产品及服务的需求，提升自身的组织凝聚力、公共服务提供能力、社会影响力等，从而在推进国家治理体系和治理现代化的过程中发挥出应有的作用。

(四) 社会团体要加强人才建设，提升专业化能力

人才是组织发展的核心因素。随着中国高等教育的普及和完善，每年有大量的多元专业背景的高校毕业生步入社会。对此，社会团体一方面应该积极招募优秀人才，进入组织，发展组织；另一方面应该给予组织内的人才丰厚的报酬，提升人员的薪资水平和福利待遇，以此留住人才。与此同时，社会团体还应该注重组织成员的培育和继续教育，提升员工的专业化参与能力，挖掘员工的潜力，以此实现社会团体更高质量、更具可持续性的发展。

【本章要点】

1. 社会团体，英文为 Association，是公民自愿参与并以会员的形式组建的非营利性社会组织，社会团体有狭义和广义之分。狭义的社会团体是指要到登记管理机关登记的团体；广义的社会团体包括中华全国总工会、中国共产主义青年团、中华全国妇女联合会、中国科学技术协会、中华全国归国华侨联合会、中华全国台湾同胞联谊会、中华全国青年联合会、中华全国工商业联合会；机关、团体、企事业内部经本单位批准成立，在本单位内部活动的团体；经国务院批准免于登记的团体；以及要到登记管理机关登记的团体。

2. 中国社会团体整体上历经了 5 个不同的发展时期：（1）秦汉至明清的古代社会团体；（2）鸦片战争至中华人民共和国成立前的近代社会团体；（3）1949 年至改革开放前现代社团的形成和曲折发展；（4）改革开放至党的十八大的快速发展时期；（5）新时代社会团体的全面提升时期。

3. 人民团体又称群团组织，是党联系人民群众的纽带和桥梁，或者作为统一战线的组织形式留存至今。最主要的人民团体是指中国人民政治协商会议（全国政协）的组成单位，包括中华全国总工会、中国共产主义青年团、中华全国妇女联合会、中国科学技术协会、中华全国归国华侨联合会、中华全国台湾同胞联谊会、中华全国青年联合会、中华全国工商业联合会八个单位。

4. 社会智库由境内社会力量举办，以战略问题和公共政策为主要研究对象，以服务党和政府科学民主依法决策为宗旨，采取社会团体、社会服

务机构、基金会等组织形式，具有法人资格，是中国特色新型智库的重要组成部分。

5. 行业协会是在市场经济条件下，以行业等具有经济关联性的多数企业为主体，在自愿基础上结成的以保护和增进会员利益为目标的非政府社会组织。行业协会的英文一般是"Trade Promotion Association"或"Trade Association"。

6. 商会，一般是指商人依法组建的、以维护会员合法权益、促进工商业繁荣为宗旨的社会团体法人。一种典型的商会是行业协会，是由同一行业的企业法人、相关的事业法人和其他组织依法自愿组成的、不以营利为目的的社会团体。

【关键概念】

社会团体；人民团体；学会；研究会；行业协会；商会；社会智库；志愿者社团

【思考题】

1. 如何理解社会团体的定义？
2. 如何理解中国社会团体发展历史？
3. 如何理解"人民团体"的性质和意义？
4. 如何理解社会团体的类型？
5. 如何理解社会团体的社会功能？
6. 如何阐述中国特色社会团体的特点？
7. 如何理解当前中国社会团体的发展困局？
8. 尝试提出中国社会团体优化发展的建议。

【推荐阅读文献】

崔月琴、沙艳：《社会组织的发育路径及其治理结构转型》，《福建论坛》（人文社会科学版）2015年第10期。

崔月琴、王嘉渊、袁泉：《社会治理创新背景下社会组织的资源困局》，《学术研究》2015年第11期。

丁惠平：《依附、发轫与同构：当代中国社会组织发展历程》，《学习与探索》2019 年第 10 期。

　　黄晓勇：《中国社会组织报告》，社会科学文献出版社，2020。

　　康晓光、韩恒：《分类控制：当前中国大陆国家与社会关系研究》，《社会学研究》2005 年第 6 期。

　　李友梅：《新时期加强社会组织建设研究》，经济科学出版社，2016。

　　王名：《社会组织论纲》，社会科学文献出版社，2013。

　　王名：《社会组织与社会治理》，社会科学文献出版社，2014。

　　王名：《中国社团改革：从政府选择到社会选择》，社会科学文献出版社，2001。

　　王世刚主编《中国社团史》，安徽人民出版社，1994。

第六章　社会服务机构

作为中国社会组织的重要组成部分，社会服务机构（民办非企业单位）自诞生以来就体现着典型的社会组织特性。这主要体现在其基数大、专业性强、涉及领域广等方面。可以毫不夸张地说，如果我们要全面认识中国社会组织，首先必须全面认识和理解社会服务机构（民办非企业单位），这是研究中国社会组织的基本着力点。通过对中国社会服务机构（民办非企业单位）的历史脉络、类型特征活动概况的学习，能够让我们全面理解中国社会服务机构（民办非企业单位）在中国社会组织发展进程中的重要作用。

第一节　中国社会服务机构的发展背景

一　中国社会服务机构的概念沿革

（一）社会服务

最早从学术上来定义"社会服务"的是英国教授理查德·蒂特姆斯（Richard Titmuss），其对"社会服务"的定义为"为了将创造国民收入的一部分的收入分配给值得同情和救济的另一部分人而进行的对普遍福利有贡献的一系列集体的干预行动"。① 就服务对象而言，世界卫生组织以同样的分析视角指出，"社会服务"是针对那些由于年龄、贫困、失业、健康状况恶化和残疾等，在购物、住房、交通、自我照料和其他照料方面需要公共援助的人，所提供的社会支持性的服务和项目。② 从我国的历史上来看，中

---

① 柴瑞章、任曦昱：《社会服务理论与实践发展脉络探析》，《社会福利》2013 年第 10 期，第 59 页。
② 倪明胜：《社会服务概念辨识与路径优化》，《江西社会科学》2012 年第 2 期，第 210 页。

国自古以来就有民间力量兴办教育、赈灾、开展福利事业的传统，古代有家族义学、义仓、育婴堂等民间组织，近代有教会主办的非营利医院、学校和福利院等。

在我国国内，官方对于"社会服务"的定义主要体现在民政部政策研究中心对于"社会服务"的定义，即"在现代化过程中，政府为了维护和保障全体公民，尤其是社会困难群体和特殊群体（如老年人、残疾人、儿童、失业者、贫穷者等）的生存发展权益和尊严生活需求，主导并实施向其家庭或个人提供必要的日常劳务帮助和照顾服务支持的一项政策体系和制度安排"。[①] 无独有偶，王思斌教授也认为"社会服务是现代国家的一项帮助困难群体、脆弱群体，解决其基本生活困难的服务活动。社会服务是一种服务，是针对个人的生活困境而提供的帮助"。[②] 由此看来，以上解释有两个共同特征：其一，社会服务都由政府或世界性组织来主导；其二，社会服务根据弱势群体的需求提供必要的帮助和支持。

我国著名社会学家郑杭生教授从广义和狭义两方面对"社会服务"做出阐释，他认为广义的"社会服务"是"由政府组织提供的公共服务，市场组织提供的有偿私人服务以及非政府组织（非营利性组织）提供的公益性服务构成"。狭义的"社会服务"是指"政府向公民提供的公共服务，或者是指市场组织提供的社会性的私人服务，或者是指社会组织提供的社会公益性服务，着重指这种公益性服务。这每一种都是狭义的特殊的社会服务"。[③] 具体来看，基本上是将广义的社会服务中的每一类，分别定为狭义的社会服务中的一类。区别于前述四种定义，郑杭生教授认为社会服务存在有偿服务，并且不一定是为弱者提供的服务，也可以是政府为普通民众提供的公共服务。

（二）社会服务机构

社会服务机构名称的由来与民办非企业单位紧密相关，社会服务机构名称的确定经历了从民办事业单位到民办非企业单位再到社会服务机构的

---

① 民政部政策研究中心课题组：《关于社会服务发展演进与概念定义的探析》，《中国民政》2011 年第 6 期，第 4~6 页。

② 王思斌：《社会服务的结构与社会工作的责任》，《东岳论丛》2014 年第 1 期，第 5~11 页。

③ 倪明胜：《社会服务概念辨识与路径优化》，《江西社会科学》2012 年第 2 期，第 211 页。

名称变革。① 早在 1997 年，我国开始使用"民办非企业单位"一词指代那些具有一定公益性质的社会服务机构，并在 1998 年正式颁布的《民办非企业单位登记管理暂行条例》中对民办非企业单位这一名称进行了界定。此后，我国政府改革、市场改革的进一步推进，以及社会服务体系改革和事业单位改革为民办非企业单位的发展创造了有利的环境，民办非企业单位的登记管理体制越来越完善，法律性质上的定位、作用和功能逐渐清晰，其作为社会服务提供者的身份得到确认，并且在以改革双重管理体制、实行统一直接登记为突破口的社会组织体制改革中，民办非企业单位的发展障碍逐步得以清除，购买服务、税收优惠等支持政策逐步完善，社会服务机构的名称也逐渐被人们认可和接受。

2016 年《中华人民共和国慈善法》首次将民办非企业单位的名称修改为社会服务机构，随后民政部发布的关于《民办非企业单位登记管理暂行条例（修订草案征求意见稿）》明确强调此次修订将"民办非企业单位"名称改为"社会服务机构"。由此而言，社会服务机构即是民办非企业单位的延续。2018 年 8 月 3 日，民政部公布了《社会组织登记管理条例（草案征求意见稿）》全文，"社会服务机构"正式取代"民办非企业单位"作为社会服务类社会组织的统称。

2000 年，民政系统开展了民办非企业单位复查登记，到 2001 年底共登记 8.2 万个。通过复查登记，民办非企业单位发展和管理进入法制化、规范化轨道。截至 2015 年底，在各级民政部门登记的社会组织共有661861 个，其中，民办非企业单位 329122 个，比上年增长约 12.6%，另外还有 4762 个基金会和 327977 个社会团体。民办非企业单位发展非常迅速，已经占据我国社会组织的半壁江山，成为我国社会主义现代化建设不可或缺的力量。② 准确理解和把握"社会服务机构"这一新名词的内涵和外延，是梳理和了解当前中国社会组织发展状况的必然要求和应然之义。

二 中国社会服务机构的发展阶段

中国社会服务机构（民办非企业单位）可以分为四个阶段。第一阶段：

---

① 王名：《社会组织与社会治理》，社会科学文献出版社，2014，第 244 页。
② 大鹏：《从"民办非企业单位"到"社会服务机构"——《慈善法》第八条之"社会服务机构"解读》，《中国民政》2016 年第 8 期，第 46~47 页。

起步阶段（1978~1989 年）；第二阶段：发展阶段（1990~1995 年）；第三阶段：规范管理阶段（1996~2015 年）；第四阶段：管理机制创新阶段（2016 年至今）。①

（一）起步阶段（1978~1989 年）

我国社会服务机构（民办非企业单位）的起步阶段为 1978 年到 1989年。伴随着市场经济的发展，中国经济比改革开放前有了较大进步。社会主义市场经济体系已逐渐取代计划经济体系，不断有企业与个人进入市场参与市场竞争，社会整体竞争氛围日渐浓厚、竞争压力增大。为了能够获得竞争优势，不少人都产生了再教育的需求，然而正规教育机构无法为这部分人群提供再教育服务，民办教育机构应运而生。② 因此，民办非企业单位首先在中介服务和教育相关领域出现。在这期间，因为市场需求的快速发展，社会竞争越演越烈，社会上出现了一批帮助人们提升业务技能和知识素养的企业，比如一些能提供信息、资料、咨询、服务等的民办机构与学校。此后，伴随着社会力量参与社会事业的深入发展，民办学校、民办医院、民办研究院大量涌现，代表了当时我国社会服务机构的最初形式。

（二）发展阶段（1990~1995 年）

社会服务机构（民办非企业单位）的发展阶段是 20 世纪 90 年代。20世纪 90 年代，党的十五大报告明确提出了发展非公有制经济的战略，要求政府在坚持公有制经济的主导地位的同时大力扶持非公有制经济的发展，努力实现多种所有制经济共同发展的良好局面。在这段时期，改革开放和市场经济深入人心，从理论和实践层面都取得了突破性进展，为民办非企业单位的发展创造了政策环境和政策资源，民办非企业单位得以快速发展。同时，党的十五大报告重点提出要促进教育、社会中介机构的发展，这为中国民办非企业单位的发展提供了良好的政策支持、营造了良好的社会氛围。伴随着我国在教育、科技、文化、卫生、养老、体育等领域相继开启

---

① 谢昌菊：《民办非企业单位发展困境与对策研究》，博士学位论文，华南理工大学，2017，第 44 页。
② 姜寒笑：《民办非企业单位的发展"瓶颈"及突破》，博士学位论文，复旦大学，2013，第 36 页。

体制改革，鼓励体制外的社会力量参与提供公共服务，社会上的大批民办学校、民办医院、民办研究所进一步发展，在当时这些机构被统称为"民办事业单位"。

然而，针对民办非企业单位的归口管理制度在当时并没有建立起来，分别由不同的业务主管部门管理负责，各部门之间缺乏沟通协作，往往各自为政，缺乏"审批"的统一标准，也缺乏相应的法律制度规范，管理比较混乱。

（三）规范管理阶段（1996~2015 年）

我国社会服务机构（民办非企业单位）的规范管理阶段起源于 1996 年。在社会服务机构（民办非企业单位）出现运行不规范、管理混乱的问题以后，国务院针对这一问题出台了具体的政策。1996 年，中央政治局常委会专题研究民间组织管理工作，将"民办事业单位"命名为"民办非企业单位"，归口为民政局并进行统一登记。1996 年 8 月，《关于加强社会团体和民办非企业单位管理工作的通知》印发，明确了社会团体和民办非企业单位统一登记、双重管理、分级负责的管理体制，要求民政管理部门对民间组织进行清理整顿。

1998 年 10 月，国务院出台了中国第一部针对民办非企业单位的管理条例《民办非企业单位登记管理暂行条例》。首次由官方对民办非企业组织进行了定义："企业事业单位、社会团体和其他社会力量以及公民个人利用非国有资产举办的，从事非营利性社会服务活动的社会组织。"此外，该文件中国务院对民办非企业单位的申请资格、申请手续以及登记手续都进行了具体的规定，要求符合条件的民办非企业单位必须按照该条例进行登记并接受工商部门对其的管理，民办非企业单位由民政部门统一归口登记，业务主管单位与登记管理机关实行双重负责的管理体制。2000 年至 2001 年，民政系统对民办非企业单位进行复查登记，扭转了之前政出多门、职责不清、管理无序的局面，截至 2014 年底，全国共登记民办非企业单位 29.2 万个。

（四）管理机制创新阶段（2016 年至今）

从 2016 年开始，我国社会服务机构（民办非企业单位）的管理机制进入创新阶段。从 2016 年施行《社会服务机构登记管理条例》起，1998 年 10 月 25 日国务院发布的《民办非企业单位登记管理暂行条例》被废止。全国人大常委会于 2016 年 3 月颁布了《中华人民共和国慈善法》，第二章的章名是"慈善组织"，其中第八条规定："慈善组织可以采取基金会、社会团体、社会服务机构等组织形式。"由此，民办非企业单位正式更名为"社会服务机构"。《社会服务机构登记管理条例》中对于社会服务机构的概念进行了定义，即社会服务机构是指自然人、法人或者其他组织为了提供社会服务，主要利用非国有资产设立的非营利性法人。

其实从民办非企业单位诞生开始，这一名称便广受争议。一方面，该名称内涵不清，不能准确反映其以提供社会服务为组织使命的特征；另一方面，"民非"是个否定式的命名，外延不清，从字面理解，容易让人们认为涵盖其他组织，例如，基金会、社会团体等社会组织，也都属于"民办"和"非企业"的范畴。同时，过于强调"民办"，与民办公助、公办民营以及推进有条件的事业单位转为社会组织等新的发展趋势不相适应。如今"社会服务机构"的称谓是比较准确的。一来"社会"二字表明其是来自社会部门的组织，界定了设立组织时的资产来源，即不同于自然人、法人或者其他组织利用国有资产设立的国家部门的组织。二来"社会"二字反映了这类组织的非营利性属性，不同于公司、合伙企业等市场部门的营利性组织。三来"服务"更清楚地彰显了组织的使命——提供社会服务。[1]

2018 年 8 月 3 日，民政部公布了《社会组织登记管理条例（草案征求意见稿）》。该意见稿进一步定义了社会服务机构是指自然人、法人或者其他组织为了公益目的，利用非国有资产捐助举办，按照其章程提供社会服务的非营利法人。

第二节　中国社会服务机构的类型及发展现状

一　社会服务机构的类型

（一）民办非企业单位

根据 1998 年国务院颁布的《民办非企业单位登记管理暂行条例》，民

---

① 赵青航：《从民办非企业单位到社会服务机构》，《中国社会组织》2017 年第 3 期，第 58~59 页。

办非企业单位是指企业事业单位、社会团体和其他社会力量以及公民个人利用非国有资产举办的，从事非营利性社会服务活动的社会组织。就历史发展而言，民办非企业单位是伴随改革开放涌现出的各种社会服务机构，包括民办的教育、卫生、科技、文化、体育、社会服务等各领域的服务实体。[①] 2016 年《中华人民共和国慈善法》首次将民办非企业单位的名称修改为社会服务机构，随后民政部发布的关于《民办非企业单位登记管理暂行条例（修订草案征求意见稿）》明确强调此次修订将"民办非企业单位"名称改为"社会服务机构"。由此而言，社会服务机构即是民办非企业单位的延续。2018 年 8 月 3 日，民政部公布了《社会组织登记管理条例（草案征求意见稿）》全文，"社会服务机构"正式取代"民办非企业单位"作为社会服务类社会组织的统称。

关于中国社会服务机构（民办非企业单位）的类型划分，本节一方面对 2016 年《社会服务机构登记管理条例》施行以前的民办非企业单位进行类型上的划分，并对其发展现状进行总结；另一方面对现在我国的社会服务机构（民办非企业单位）中的五大典型机构进行类型划分及发展现状总结。

1. 民办非企业单位的类型

在 2016 年以前，我国的社会服务机构被称为"民办非企业单位"，尽管现已更名为"社会服务机构"，但"民办非企业单位"在过去的三十多年中针对民生热点问题及公众的多元化需求所提供的专业服务及其自身的专业优势仍保留和发挥着巨大作用，因此有必要首先对传统定义上的"民办非企业单位"进行类型上的划分与说明。

按照行业分类，民办非企业单位可分为科技与研究、生态环境、教育、卫生、社会工作、文化、体育、商务服务、其他社会工作、居民服务、公共设施管理、其他居民服务 12 种行业类型。[②] 值得一提的是，近年来随着中国步入老龄化社会，提供老年服务的居民服务类民办非企业单位数量逐渐增多，成为提供居民服务的民办非企业单位的重要组成部分。具体到我国实际情况来看民办非企业单位主要包括如下九个类型。

---

① 王名：《社会组织与社会治理》，社会科学文献出版社，2014，第 245 页。
② 资料来源：《中国民政统计年鉴》。

（1）教育事业：如民办幼儿园，民办小学、中学、学校、学院、大学，民办专修（进修）学院或学校，民办培训（补习）学校或中心等。

（2）卫生事业：如民办门诊部（所）、医院、民办康复、保健、卫生、疗养院（所）等。

（3）文化事业：如民办艺术表演团体、文化馆（活动中心）、图书馆（室）、博物馆（院）、美术馆、画院、名人纪念馆、收藏馆、艺术研究院（所）等。

（4）科技事业：如民办科学研究院（所、中心），民办科技传播或普及中心、科技服务中心、技术评估所（中心）等。

（5）体育事业：如民办体育俱乐部，民办体育场（馆、院、社、学校等）。

（6）劳动事业：如民办职业培训学校或中心，民办职业介绍所等。

（7）民政事业：如民办福利院、敬老院、托老所、老年公寓，民办婚姻介绍所，民办社区服务中心（站）等。

（8）社会中介服务业：如民办评估咨询服务中心（所），民办信息咨询调查中心（所），民办人才交流中心等。

（9）法律服务业：如专注于法律公益服务的公益机构。

2. 民办非企业单位的发展现状

2021年民办非企业单位的总量保持增长趋势，全国民办非企业单位达到521883个，与2020年相比，增长了10914个，增速为2.14%，与2020年的增速相比，下降了2.76个百分点。①

表6-1是2021年全国各省、自治区、直辖市民办非企业单位数量。其中数量位于前列的省份依次为江苏省、浙江省、山东省、广东省和河南省。从数量来看，2021年全国有9个省份的民办非企业单位数量超过20000个，有19个省份的民办非企业单位数量超过10000个。但是，从地区分布来看，不同省份民办非企业数量分布不均，江苏、浙江等东南沿海地区民办非企业单位数量较多，而西藏、青海、宁夏、新疆等西部地区民办非企业单位数量较少，地区差异较大。

---

① 资料来源：《中国民政统计年鉴》（2021~2022年）。

表 6-1 2021 年全国各省、自治区、直辖市民办非企业单位数量

单位：个

省份	数量	省份	数量	省份	数量	省份	数量
北京	7642	江苏	54182	海南	5195	上海	12490
天津	3753	浙江	45755	重庆	9924	广西	16361
河北	24371	安徽	19747	四川	24547	新疆	3595
山西	10620	福建	15710	贵州	7441	湖南	21541
内蒙古	9345	江西	15460	云南	10014	广东	38363
辽宁	20157	山东	44129	西藏	51	青海	1868
吉林	7595	河南	36373	陕西	13917	宁夏	2123
黑龙江	13282	湖北	19003	甘肃	7237		

数据来源：2022 年《中国民政统计年鉴》。

与此同时，从性质来看，法人类民办非企业单位的数量有 466525 个，占民办非企业单位总数量的 89.39%；合伙类民办非企业单位有 6681 个，占民办非企业单位总数量的 1.28%，所占比重较小；个体类民办非企业单位有 48677 个，占民办非企业单位总数量的 9.33%。由此可知，法人类民办非企业单位已经逐渐成为民办非企业单位发展的主流。[①]

（二）社会工作服务机构

社会工作服务机构，是以社会工作者为主体，坚持"助人自助"的宗旨，开展困难救助、矛盾调处、权益维护、心理疏导、行为矫治、关系调适等服务工作的非企业单位。民办非企业单位的范围较广，社会工作服务机构是其重要的一种类型，也是近年来发展较快的一个组织类型。社会工作专业自西方传入中国，又在社会工作教育的推动下促使其专业实践快速发展，现已成为社会治理的重要主体。尤其是在基层，社会工作服务机构、社会工作者与志愿者和社区等全体协同合作成为"三社联动""五社联动"的重要推动力量，发挥着重要作用。社会工作服务机构对预防和解决当前社会发展中存在的各种矛盾和问题，推动政府职能转变，创新社会管理和公共服务方式具有重要作用。

[①] 徐明、魏朝阳、陈斯洁：《2020 年民办非企业单位发展报告》，载黄晓勇主编《中国社会组织报告（2021）》，社会科学文献出版社，2021，第 86~87 页。

专业社会工作起源于西方社会，与西方社会思想背景、社会环境、福利政策等具有重要相关性。在 19 世纪中叶发起的"睦邻组织运动"中形成的汤因比馆、赫尔馆等组织，加剧了社会工作专业化、组织化发展，现在西方社会工作法律法规、伦理守则等制度都较为完善，在帮助社会弱势群体方面发挥着重要作用。日本将基于生活保护法，关注身体残障者、儿童和老人等社会弱势群体，并给予其救助和服务的组织称为社会福祉法人。日本现有社会福祉相关法 8 部，分别为：生活保护法（1946）、儿童福祉法（1947）、身体障碍者福祉法（1949）、智能障碍者福祉法（1960）、老人福祉法（1963）、母子寡妇福祉法（1964）、老人保健法（1982）、社会福祉事业法（1951，2000 年改为社会福祉法）。

1. 社会工作服务机构的类型

根据当前中国社会工作机构的发展现状，可以将其总结为专业社会工作服务机构、单位内生型社会工作服务机构、社区工作服务机构、枢纽型（支持型）社会工作服务机构和乡镇（街道）社工站。①

（1）专业社会工作服务机构

专业社会工作服务机构，是指依据法律法规独立注册的，提供专业社会工作服务的机构类型。通常，专业社会工作服务机构具有完备的组织架构，且有专业督导、专业社会工作者等专业人员，提供多样化社会服务。

如，北京市协作者社会工作发展中心是典型专业社会工作服务机构。北京市协作者社会工作发展中心，成立于 2003 年，源起于几位年轻人开展的抗击"非典"（SARS）农民工紧急救援服务，办公室设于北京市东城区东四七条 46 号，是北京市民政局主管的民办非企业单位，是京城第一家支持性民办社会工作专业机构，是北京市 5A 级社会组织。北京协作者以社会工作者为主体，秉承"助人自助"的社会工作理念，在服务困难群体的同时，推动本土社会工作专业服务与社会组织发展模式创新。协作者的服务模式已被复制推广到长江三角洲地区和珠江三角洲地区，截至 2021 年 6 月 24 日，除北京外，南京（2007 年）、珠海（2008 年）、青岛（2016 年）、江西（2019 年）也设有协作者相应机构。2021 年 6 月北京协作者官网显示，北京协作者有 40 多名全职工作者，已经建立起由 60 多名专家构成的顾问团

---

① 笔者基于目前中国社会工作服务机构的发展现状进行的理想化分类。

队，已为近 116 万人次困境人群在内的各类群体提供了专业服务，并培育了 14579 名志愿者。

（2）单位内生型社会工作服务机构

"单位"是中国独有的名词，指的是提供公共服务的各类组织，其中单位更多表现出正式组织特征，如学校、医院、公共事业单位等。在早期社会工作教育中，有学者将在上述正式组织或公共服务单位提供的社会工作服务定义为"行政性社会工作"①。但是，随着社会工作的专业化发展，社会工作分支实践领域快速发展，学校社会工作、医务社会工作、老年社会工作、儿童社会工作等领域尤其受到重视，上述各类单位内部出现了内生型的社会工作服务机构。如果用行政性社会工作代以表述，则有所不适。因为这类社会工作服务机构，虽然隶属正式单位，但是组织内部有专业的社会工作者，并且在单位内部提供着专业社会工作服务，而不是简单的行政类工作。这类正式单位内生型社会工作服务机构逐渐在增多，且单位与社会工作服务机构之间的依附、博弈；合法性、自主性、专业性等问题②有待学者深入研究。例如，上海市儿童医院社工部成立于 2012 年，开展医务社工服务。经过多年的发展，社工部构建了"四叶草"服务模式，建立了"患儿成长支持""家长成长支持""志愿者成长支持""医护工作人员成长支持"四大医务社工服务体系。

（3）社区工作服务机构

社区是居民最基本的生活场域，也是社会问题出现最多的地方，因此也是社会工作服务提供的最重要的场域。随着国家对基层社会治理的强化，以及社会工作专业的快速发展，社会工作参与社区治理的（如"三社联动""五社联动"）模式得到加强。一方面，社会工作者可以通过考试成为居委会、党群服务中心的正式工作人员，提供行政性社会工作服务；另一方面，社会工作服务机构在社区扎根，与居委会合作参与社区治理，提供多样化社会工作服务。由此，社区工作服务机构，可以包括以社区和社区居民为服务对象的专业社会工作机构，也可包括社区自己孵化的社会工作服务机构。

---

① 王思斌：《社会工作概论（第三版）》，高等教育出版社，2021，第 34~35 页。
② 胡那苏图、刘国旺：《内生型医务社工的合法性、自主性与专业性——基于内蒙古 D 医院的个案研究》，《中国农村卫生事业管理》2022 年第 8 期，第 653~659 页。

（4）枢纽型（支持型）社会工作服务机构

随着中国社会工作服务机构的增多，以及人力、财力等问题导致的组织发展障碍，提供政策咨询、人才培育、组织孵化、财务支持等多样化服务的枢纽型或支持型社会工作服务机构逐渐壮大，成为社会工作服务机构的一种新的类型。这类组织主要将各类社会工作服务机构作为提供服务的对象，并为其提供政策咨询、人才培育等多样化支持性服务。通常这类组织背后有政府、基金会、高校或大型社会工作服务机构的支持，如恩派公益。恩派公益成立于2006年，是中国领先的支持性公益组织，以及民政部评定的5A级社会组织和"全国先进社会组织"，致力于公益孵化、能力建设、社区服务、政购评估、社会企业投资、社创空间运营等领域，合作伙伴遍及各级政府、基金会和全球五百强企业。秉承"助力社会创新，培育公益人才"的初始使命，恩派首创的"公益孵化器"模式成为社会建设领域的重要制度创新，迄今已孵化超过1000家社会组织及社会企业，其他各项业务资助及支持超过了3000家公益机构，培训公益人才数万人，涵盖养老、教育、环保、青少年发展、扶贫、助残、社区服务、社会工作等诸多领域。恩派扶植的多家机构，如"新途""手牵手""青翼""歌路营""乐龄""百特教育""瓷娃娃""雷励""爱有戏""益众""十方缘""绿主妇""益宝""翠竹园""益修"等已经成为中国公益领域的知名品牌。

（5）乡镇（街道）社工站

乡镇（街道）社工站是独具中国特色的一类社会工作服务机构。2021年的政府工作报告指出要"大力发展社会工作"。民政部作为社会工作人才队伍建设工作的行政主管部门，召开推进会，把乡镇（街道）社工站建设作为"十四五"期间社会工作人才队伍建设的核心内容，要求在"十四五"期间实现乡镇（街道）社工站全覆盖。自此，具有中国特色的乡镇（街道）社工站建设成为当前基层社会重要的任务。

乡镇（街道）社工站指的是基层政府在乡镇或街道一级建设社会工作服务站，以此为更多民政工作领域的困难群体、贫弱群体等提供专业化、多元化服务。建立社工站的做法主要是将社会工作服务集中到乡镇（街道）统一组织和安排，这是基层政府统一组织建立基层社工机构的体制。

目前，乡镇（街道）社工站模式主要有如下几种。一是广东"双百计划"模式，即强调相对独立的社会工作专业服务，坚持社会工作的专业性质；二是湖南模式，随之兴起的浙江、广西等地社工站的建设也属这类，主要协助基层部门做好社会救助、社会福利、社会事务以及相关社会治理等方面的工作，之后或可在有余力时开展专业社会工作。由此，乡镇（街道）社工站主要工作或任务是帮政府做一般行政性工作、做政府的与社会工作专业性质密切相关的工作以及让社工做更专业、更深入、更有效的社会服务工作。①

2. 社会工作服务机构的发展现状

社会工作服务机构包含在民办非企业单位里，我们缺少社会工作服务机构的具体数据，但是从民政事业单位中的统计数据以及社会工作者职业水平考试等数据中能够窥视社会工作服务机构的发展现状。

基于 2020 年民政事业发展统计公报数据，我们将社会工作服务划分为提供住宿的社会工作和不提供住宿的社会工作两种类型。

在提供住宿的社会工作方面，截至 2020 年底，全国注册登记提供住宿的各类民政服务机构中，注册登记为事业单位的有 1.8 万个，注册登记为民办非企业单位的有 1.8 万个。机构内床位 515.4 万张，年末抚养人员 235.6 万人，具体数据如表 6-2 所示。

表 6-2　2020 年提供住宿的民政服务机构情况

单位：个

名称	数量	名称	数量
养老机构	38158	社会福利院	1524
		特困人员救助供养机构	17153
		其他各类养老机构	19481
精神疾病服务	141	社会福利医院	141
儿童福利和救助保护机构	760	儿童福利机构	508
		未成年人救助保护机构	252
其他提供住宿机构	1793	流浪乞讨人员救助管理机构	1555
		其他提供住宿的机构	238

数据来源：2020 年民政事业发展统计公报。

---

① 王思斌、关信平：《镇（街）社工站怎么定位？怎么建？》，《中国社会工作》2020 年第 9 期，第 10~11 页。

在不提供住宿的社会工作方面，截至 2020 年底，全国共有 3853.7 万老年人享受老年人补贴，全国共支出老年福利经费 385.7 亿元、养老服务经费 131.3 亿元。截至 2020 年底，全国共有孤儿 19.3 万人，全国共支出儿童福利经费 68.2 亿元，全国共有儿童督导员 5.5 万人，儿童主任 66.7 万人。2020 年，全国共有困难残疾人生活补贴对象 1214 万人。①

在乡镇（街道）社工站建设方面，2020 年 10 月民政部在湖南长沙召开加强乡镇（街道）社会工作人才队伍建设推进会中提出，要围绕增强基层民政服务能力，加快建立健全乡镇（街道）社会工作人才制度体系，力争"十四五"末，实现乡镇（街道）都有社工站，村（社区）都有社会工作者提供服务的建设目标。② 2021 年，全国各地积极落实民政部社工站建设要求，以广东、湖南两省为例，2017 年，广东省民政厅以民政部加强基层民政能力建设为契机，率先启动实施了"双百计划"，分两批在全省 19 个地市、109 个县（区、市）、407 个乡镇（街道）建设社工站，开发 1737 个社会工作岗位；湖南省民政厅 2018 年 5 月 28 日印发了《湖南省乡镇（街道）社会工作服务站项目实施方案（试行）》，在全省范围内开展了"禾计划"项目，通过政府购买服务方式建设乡镇（街道）社会工作服务站 1938 个，实现乡镇（街道）全覆盖。③ 未来，乡镇（街道）社工站将在各地民政部门的支持下，在全国各地开枝散叶，成为中国特色社会主义社会工作的重要内容。

与此同时，2020 年全国共有 10.2 万人通过助理社会工作师考试，3.2 万人通过社会工作师考试。截至 2020 年底，全国持证社会工作者共计 66.9 万人，其中助理社会工作师 50.7 万人，社会工作师 16.1 万人。④ 2021 年全国社会工作者职业水平考试报名人数达 82.9 万人，全国社会工作专业人才达到 157 万人，其中 66 万人取得社会工作者职业资格证书，高级社工师已

---

① 《2020 年民政事业发展统计公报》，https：//imges3.mca.gov.cn/www 2017/file/202109/1631265147970.pdf，最后访问日期：2022 年 12 月 20 日。
② 《民政部办公厅关于加快乡镇（街道）社工站建设的通知》，https：//www.cnsw.info/policy/mz/210410.html，最后访问日期：2022 年 10 月 20 日。
③ 赵军雷：《新时期乡镇（街道）社工站建设策略初探》，《社会与公益》2020 年第 12 期，第 52~55 页。
④ 《2020 年民政事业发展统计公报》，https：//imges3.mca.gov.cn/www 2017/file/202109/1631265147970.pdf，最后访问日期：2022 年 12 月 20 日。

评出 238 名。①

在从"三社联动"到"五社联动"的转型过程中，中国社会工作嵌入社区开展专业服务较多，所以社会工作服务机构与社区社会组织数据有重复统计的情况。与此同时，由于各类社会工作服务机构与行政机构和社区自治组织有较强的关联，社会工作服务机构的数量难以统计，这导致部分数据缺失。

（三）社区社会组织

中国学界使用的"社区"一词最早出自德国学者滕尼斯，其在 1887 年《共同体与社会》一书中提出"Gemeinschaft"（社区），认为"社区"是指那些有着相同价值取向、人口同质性较强的社会共同体，其类型可能在自然形成的群体（家庭、宗族）、小的历史形成的联合体（村庄、城市）及思想的联合体（友谊、师徒关系等）里实现，血缘共同体、地缘共同体和宗教共同体是基本形式，他们是有机的整体。② 在我国，最早提出社区概念的是费孝通先生，他认为"社区是具体的，在一个地区上形成的群体"③。后来虽然学者们也曾多维度地分析社区概念，但是现在更多是使用官方定义的"社区是指聚居在一定地域范围内的主要以居民为主体的人们所组成的社会生活共同体"这一概念。需要指出的是，中国所述"社区"强调基层行政单元的"社区"而弱化"社会生活共同体"性质。

针对社区的相关研究，国内学界有"社区"研究取向和"社区研究"取向两种类型。前者主要是从本体论层面讨论，"社区"是否真实存在的问题，这也是对滕尼斯"社区"概念的一脉相承；而后者则从研究方法层面，分析从"社区研究"透视"社会"的可能性。④⑤ 在讨论社区社会组织问题时，本书倾向于将社区作为一个实体，分析在社区中成立的多样化社区社会组织。

---

① 闫威：《汇集慈善社工力量、推进民政"三基"服务—2021 年慈善、社会工作、志愿服务发展综述》，《中国社会报》2021 年 12 月 27 日，第 1 版。
② 滕尼斯：《共同体与社会》，林荣远译，商务印书馆，1999，第 52 页。
③ 汪大海、孔德宏：《世界范围内的社区发展》，中国社会出版社，2008，第 1 页。
④ 肖林：《"社区"研究与"社区研究"—近年来我国城市社区研究评述》，《社会学研究》2011 年第 4 期，第 185~208 页。
⑤ 王海宇：《从国家话语到日常实践》，《读书》2018 年第 4 期，第 47~55 页。

一直以来，社区社会组织概念较为宽泛，不同学者有不同的界定。综合来看，社区社会组织有广义和狭义的两种理解。广义的社区社会组织指活跃在社区内除政党、政府之外的各类民间组织。狭义的社区社会组织是以居民为成员、以社区地域为活动范围、以满足社区居民的不同需求为目的，由居民自发成立或参加，介于社区个体组织（社区党组织和社区居委会）和居民个体之间的组织。[①] 虽然中国社区居委会是居民自治组织，但实质上却是行政末梢组织，由此社区居委会并非包含于狭义定义中的社区社会组织类别。

从社区治理不同模式可见，美国社区居民具有高度自治能力，居民通过组织化参与主导社区治理，其中社会组织等第三方也发挥重要作用，而政府只起到辅助作用；在英国，社区治理具有较强的政策驱动性，并在此基础上形成了公共部门和私有部门，以及政府、营利组织与社会组织等主体之间的合作共治模式。[②] 日本社区中同样存在多样化组织。其一是"町内会"。"町内会"是指把居住在同一社区内的所有家庭户和企业组织起来，共同处理社区中发生的各种（共同的）问题，能够代表社区并参与社区（共同）管理的居民自治组织。[③] "町内会"于 1889 年开始萌芽、1940 年正式成立、1947 年被取消、1952 年恢复、1991 年获得法人资格，现在是居民自治的重要组织，也是居民与政府之间协商与互动的桥梁。与此同时，日本的社区中以"町内会"为基层自治组织代表，同时还存在多样化组织。例如，有基于生产关系而形成的劳动组织、水利组织、生活协同组织，有基于生活关系而形成的老人组织、儿童组织、妇女组织，也有基于兴趣爱好而形成的娱乐组织、志愿者组织。其中，生产、生活方面的组织发展历史悠久，与"町内会"和政府具有紧密关系，常被称为"地缘团体"或"地缘型组织"。从性质来看，町内会与中国社区居委会功能较为相似，而多样化地缘型组织与社区社会组织功能较为接近。[④]

---

① 王名：《社会组织论纲》，社会科学文献出版社，2013，第 171~172 页。
② 边防、吕斌：《基于比较视角的美国、英国及日本城市社区治理模式研究》，《国际城市规划》2018 年第 4 期，第 93~102 页。
③ 中田实：《日本的居民自治组织"町内会"的特点与研究的意义》，张萍译，《社会学研究》1997 年第 4 期，第 24~31 页。
④ 崔月琴、胡那苏图：《日本地域社会治理及社区志愿者组织发展的启示—以名古屋市"南生协"的社区参与为例》，《福建论坛》（人文社会科学版）2019 年第 12 期，第 82~90 页。

1. 社区社会组织的分类

我国社区社会组织的分类，可结合不同的标准，分类出多样化类型。如按照王名教授的分类标准，有如下几种划分方式。

（1）按照社区社会组织的群体特征和开展活动的内容进行区分

第一类是社区福利组织，如社区托儿所、社区托老所与敬老院、社区公共活动场馆、社区服务中心等。

第二类是社区文体组织，如社区老年大学、健身队、老年文艺表演队、艺术活动组、球类活动组等。

第三类是社区居民权益维护组织，如社区法律援助中心、社区妇女儿童保护协会、社区环境保护协会等。

第四类是志愿活动组织，如社区志愿者与义工组织。

第五类是为配合政府社会事务工作的组织，如计划生育协会、老年协会等。

第六类是为社区居民提供服务的组织，其中包括为社区残疾人、优抚对象、生活困难等特殊群体提供无偿服务的组织以及为社区普通居民生活提供低偿服务的便民利民组织，如社区卫生所、职介所、租售房介绍所等。

（2）按照社区社会组织的登记情况进行划分

第一类是经正式登记注册的有法人资格的民办非企业单位，如各类社区工作站、社区服务中心、民办养老机构、民办幼儿园等，它们大多从事便民利民的社会事务、家政、老年、医疗保健、再就业等服务性工作。

第二类是在市（县）区或街道备案的各级各类带有社团色彩的"准社团组织"，如老年协会、计生协会、妇儿协会、帮教协会、残疾人协会等。这类组织基本上都依附于社区居委会，协助社区居委会做相关的工作，开展一些活动。

第三类是既未登记，又未备案，但事实上存在并在社区开展各类活动，较为松散的、社区居民自发和自愿组成的各类社区自娱自乐组织，也即"草根组织"。

（3）按照街道办事处或居委会实际管理的社区社会组织的归属范畴进行划分

第一类是传统党群组织，包括工、青、妇、团、残、老等传统组织以及在社区建立的相应协会。

第二类是国家法规规定的各类社会组织，包括民办非企业单位、社会团体等。

第三类是两新组织，包括新社会组织、新经济组织，是政府部门为适应新形势而建立的各种起中介、桥梁作用的社会性组织。

第四类是社会体制改革过程中新产生的各类社会组织，如社区卫生服务站、民办学校、各种文体协会、宗教组织等。

（4）按照社区社会组织的人员构成进行划分

第一类是非居民参与型社区社会组织，它是由非社区居民成立的，成员是由社区外来人员组成的社区社会组织。非居民参与型社区社会组织的成员往往是由一些具备某一方面专业知识的人员构成，主要包括社会工作者、具有一定专业技能的人员及其他非居民成员。

第二类是居民参与型社区社会组织，它主要是指社区居民自发成立的，成员完全或者主要是社区居民的社区社会组织。在发达国家，居民参与型社区社会组织是社区服务体系建立与运行的主要力量。例如，德国各级行政部门数量不多，但各种各样的非政府组织、社团组织、非营利性机构、志愿者组织比比皆是。这些中介组织起到了政府与社会各种利益群体沟通的桥梁和纽带的作用，为公民需要提供多样、方便的服务。

除此之外，有些学者还根据组织目标与受益者之间的关系，将社区社会组织分为经营类组织、慈善类组织和互助类组织；根据开展服务的偿付性，将社区社会组织分为无偿型、抵偿型和有偿型三类；根据对应的不同社区类型，将社区社会组织划分为城市社区社会组织、城镇社区社会组织和农村社会组织三类。[①]

2. 社区社会组织的发展现状

社区社会组织数量庞大，但是2018年超过83.0%的社区社会组织实际没有登记注册，国内没有对社区社会组织的详细统计。2018年11月，民政部社会组织管理局负责人介绍，我国社区社会组织数量已达39.3万个，其中基层民政部门登记6.6万个，街道和社区管理32.7万个。[②]

---

① 王名：《社会组织论纲》，社会科学文献出版社，2013，第173~176页。

② 苗月霞：《社区社会组织参与构建基层社会治理共同体研究报告》，载黄晓勇主编《中国社会组织报告（2021）》，社会科学文献出版社，2021，第86~87页。

　　截至 2020 年底，全国基层群众性自治组织共计 61.5 万个，其中：村委会 50.2 万个、村民小组 376.1 万个、村委会成员 207.3 万人，居委会 11.3 万个、居民小组 123.6 万个、居委会成员 61.6 万人。截至 2020 年底，全国共有社区综合服务机构和设施 51.1 万个，社区养老服务机构和设施 29.1 万个。城市社区综合服务设施覆盖率 100.0%。农村社区综合服务设施覆盖率 65.7%。[①]

表 6-3　2020 年社区服务机构和设施情况

指标	单位	合计	城市	农村
社区综合服务机构和设施	万个	51.1	16.1	34.9
社区服务指导中心	个	503.0	496.0	7.0
社区服务中心	万个	2.8	1.6	1.2
社区服务站	万个	42.1	10.2	31.8
社区专项服务机构和设施	万个	6.2	4.3	1.9
社区养老服务机构和设施	万个	29.1	8.4	20.8
未登记的特困人员救助供养机构	万个	0.4	－	0.3
全托服务社区养老服务机构和设施	万个	2.0	1.1	1.0
日间照料社区养老服务机构和设施	万个	10.9	5.1	5.8
互助型社区养老服务设施	万个	14.7	1.5	13.3
其他社区养老服务机构和设施	万个	1.0	0.7	0.4

　　数据来源：2020 年民政事业发展统计公报。

　　值得一提的是，"五社联动"的推动、乡镇（街道）社工站的建设，以及新时代文明实践中心等多样化社会组织的推动建设，都为社区社会组织的发展提供了助力，与社区社会组织一同参与社区治理，服务社区。不仅如此，在乡村振兴以及创新基层社会治理等多样化体制背景下，基层社区公共空间得到激活，社区居民在社区开展多样化社区活动，虽然没有专门注册社区社会组织，但是存在种类多样、数量繁多的社区社会组织，这也为社区发展提供了源源不断的活力。

---

　　① 《2020 年民政事业发展统计公报》，https：//imges3.mca.gov.cn/www 2017/file/202109/1631265147970.pdf，最后访问日期：2022 年 12 月 20 日。

（四）志愿服务组织

联合国将公民所成立的地方性、全国性或国际性的非营利、志愿性组织统称为志愿服务组织。志愿服务组织具有广义和狭义之分，广义是指拥有组织形式、不以营利为目的、以志愿参与为特征、以公益产权为基础、主要开展公益性或互益性活动的社会组织。狭义定义主要指依法在民政部门登记注册、专门从事志愿服务的公益性社会团体。在中国《中华人民共和国慈善法》和《志愿服务条例》中对志愿服务也具有明确的界定。《中华人民共和国慈善法》中的志愿服务主要指"依法成立、符合本法规定，以面向社会开展慈善活动为宗旨的非营利性组织"。《志愿服务条例》中明确规定，"志愿服务组织是依法成立，以开展志愿服务为宗旨的非营利性组织"。

从西方国家志愿服务发展特征来看，整体上具有如下特征：公民积极参与志愿服务活动、组织化志愿服务参与、广泛的社会支持、政府制度化支持以及志愿服务法制健全等。这些特征导致英美等西方国家志愿服务组织较为活跃，志愿服务活动较为频繁，提供各种社会服务。以日本为例，日本在第二次世界大战失败之后，开始萌发现代志愿服务活动。日本于1951年创设社会福祉协议会，该协议会是日本最早开始促进志愿服务发展的社会组织。在社会福祉协议会建言下，日本先后制定了三项重要的志愿服务政策。一是1968年制定的《志愿服务者养成基本要领》，该政策包括以下五个主要章节：志愿服务的理念，志愿者养成的方向，志愿服务活动场地的提供与准备，志愿服务养成机构的机能，善意银行、志愿服务局的组织。二是1993年策划的《推动志愿服务活动七年计划》，该计划建立了志愿者督导制度。三是2001年制定的《第二次志愿服务市民活动推动的五年计划》。以上政策为日本志愿服务的发展创造了良好的制度环境。目前，日本促进志愿服务的主要法案有以下两部。一是1990年颁布的《志愿服务振兴法》。随着日本社会的老龄化，越来越多的健康老人想参加志愿服务，政府为此颁布《志愿服务振兴法》，以促进日本志愿服务的发展。二是1998年颁布的《特定非营利活动促进法》。此法在总则中明确规定，日本所指称的社会组织是指从事特定非营利活动的法人团体，以及人民基于志愿而进行社会贡献活动的团体，同时，这些团体必须以增进社会公益为目的。而这个法律也是目前日本判定哪些团体为社会组织，可以招募、使用志愿者的重要依据。[①]

1. 志愿服务组织的分类

对志愿服务类型的划分，根据不同的分类标准可以得出多元化的类型。

根据服务内容，可将志愿服务分为社会福利、文化娱乐、医疗卫生、环保等类型。根据组织程度，又可以将志愿服务分为有组织的志愿服务和个人的志愿服务。

以专业化程度为标准，志愿服务分为专业性较强的志愿服务和一般性质的志愿服务。[②] 与志愿服务多元化内容一样，志愿组织也存在多元化的特征。

根据志愿组织的活动领域，可将其划分为文化与休闲、教育与科研、健康、社会服务、环境、居住与发展、法律与政治、慈善、国际行动、宗教相关、专业组织等类型。

在构成形式上，根据《志愿服务条例》的内容，在符合法律法规的条件下，志愿服务组织可以有多种形式，如社会团体、社会服务机构、基金会等。就分类标准而言，在《中国志愿服务大辞典》收录的志愿服务组织中，根据区域、机构、专业程度和志愿服务范围几项标准，将志愿服务组织分为八类：全国性综合组织、全国性专业组织、高校及研究组织、地方性综合组织、地方性专业组织、企业志愿服务组织、港澳台地区组织和国际组织。[③]

新时代文明实践中心是中国特色志愿服务组织类型。2018 年，中央办公厅印发《关于建设新时代文明实践中心试点工作的指导意见》，中央宣传部和文明办开始推行建设全国范围内试点工作，新时代文明实践中心成为基层社会提供志愿服务的重要的正式组织。新时代文明实践中心是各地宣传部门和文明办自上而下推动的官办型社会组织。当前，全国各地推动新时代文明实践中心建设，以中心、所、站、点为四个维度，分别在市、县、镇、村（户）推广设立文明实践点，打造志愿服务平台，链接志愿服务资源，开展志愿服务活动，在基层社会治理、产业发展、乡风文明、生态保护、农牧民组织化等多个层面产生积极影响。在城乡融合发展视角下，新

---

① 魏娜：《志愿服务概论》，中国人民大学出版社，2018，第 20~22 页。
② 同上书，第 15 页。
③ 何祎金：《文明实践与当代志愿服务》，社会科学文献出版社，2020，第 73~75 页。

时代文明实践中心的建设，加强推进基层社会，尤其农牧区的文明实践建设，促进基层社会志愿服务的发展以及公共性建设。

2. 志愿服务组织的发展现状

在全国各党政部门政策与活动的支持下，我国志愿服务取得了长足发展。全国志愿服务信息系统中显示，截至 2021 年 10 月 30 日，我国志愿者总人数达到 2.17 亿人，平均每万人中就有 1544 人注册成为志愿者，约占总人口比例的 15.4%；志愿团体 113 万个，志愿项目 621 万个；累计志愿服务时长达到 16.14 亿小时，人均志愿服务时长为 7.44 小时。全社会参与志愿服务的热情高涨，无论是志愿者人数，还是志愿服务组织、志愿服务活动项目、参与志愿服务的日期，都已达到相当规模。我国注册志愿者人数从 2012 年的 292 万人增长到 2021 年的 2.17 亿人，在 10 年时间里志愿者人数稳定而快速地增长，增长了 73 倍之多。志愿者人数飞速增长，表明各地志愿服务事业发展进入新阶段，人民群众参与志愿服务的热情不断提高，为社会发展进步贡献自己的力量。同期，全国志愿服务团体数从 2 万个增长到 93 万个，志愿服务项目数从 1 万个增长到 541 万个，较 2012 年分别增长了 45.8 倍和 540 倍。[①]

表 6-4 是各省、自治区和直辖市志愿者团队、志愿者、志愿项目和服务时长的统计数据。其中有 21 个省份志愿服务组织超过了 1 万个，山东省和江苏省志愿服务最多，已经达到 10 万个，福建省有 9 万个，北京和河南各有 8 万个。从地区分布来看，东三省（辽宁、吉林和黑龙江）、西北地区（新疆、西藏、青海、内蒙古、宁夏）以及天津市等地志愿服务组织数量相对较少。从志愿者数量来看，有 9 个省份超过了 1000 万人，其中江苏稳居第一位置有 2203 万名志愿者，其次是山东省（1710 万人）、四川省（1503 万人）、河南省（1342 万人）、广东省（1290 万人）。与此同时，虽然浙江省志愿服务组织数量仅 5185 个，但是却有 950 万名志愿者。从志愿项目来看，志愿服务组织较多的 5 个省份中除山东省外，项目数量也依然较多，能够看出项目式志愿服务是其重要特点。其中，上海和安徽的志愿项目也较多，分别有 45 万个和 40 万个，位居 5 和 6。志愿项目最少的 5 个省份中，黑龙江省以 3426 个垫底，而天津市以 4462 个排在倒数第三，其他为西部欠

---

① 张翼主编《中国志愿服务发展报告（2021~2022）》，社会科学文献出版社，2022，第 9 页。

发达省份。在志愿服务时长层面，北京市服务时长最多有56513万小时，上海市以52617万小时位居第二，山东省以47206万小时位居第三。

表6-4 各省、自治区、直辖市志愿服务相关数据

地区	志愿服务组织（个）	志愿者（万人）	志愿项目（个）	服务时长（万小时）
山东	100000	1710	340000	47206
江苏	100000	2203	2520000	26730
福建	90000	679	900000	18808
河南	80000	1342	700000	22842
北京	80000	687	640000	56513
广东	60000	1290	160000	5563
四川	50000	1503	230000	9626
重庆	50000	666	230000	12576
湖北	50000	1075	220000	6335
安徽	50000	1256	400000	11614
河北	50000	1204	250000	13379
贵州	40000	703	270000	13466
云南	40000	682	310000	21403
广西	40000	1056	270000	14409
山西	40000	412	60000	2110
陕西	30000	340	240000	10206
甘肃	30000	283	110000	3642
上海	30000	564	450000	52617
辽宁	20000	708	40000	1175
内蒙古	20000	261	80000	3127
吉林	10000	288	30000	827
湖南	7989	345	10000	192
海南	7943	115	110000	2929
宁夏	6241	127	190000	6838
江西	6058	574	50000	4542
青海	5842	56	4224	237
浙江	5185	950	60000	692
西藏	3074	13	4576	106
黑龙江	3032	437	3426	140
新疆	2316	22	5755	262
天津	1499	204	4462	1525

数据来源：中国志愿服务网（mca.gov.cn）。

从 2019 年统计数据分析，志愿服务领域中公众热衷参与的十大领域依次是帮老助残、扶贫济困、社区服务、环境保护、大型社会活动、科普宣传、支教助学、志愿服务组织管理与运营、互联网志愿服务和社会调研。[①] 与此同时，随着 2018 年试点新时代文明实践中心，全国各地城市社区和乡村，开展多样化志愿服务活动，促进了基层社会志愿服务的发展。

（五）境外非政府组织

境外非政府组织是指在境外合法成立的社会团体、智库机构、基金会、非政府和非营利的社会组织，其在中国的教育、科技、经济、文化、体育、卫生、环保、济困、救灾等方面依法开展有利于公益事业发展的活动，是推动我国慈善事业发展的重要力量。[②] 2016 年 4 月 28 日，全国人民代表大会常务委员会第二十次会议通过《中华人民共和国境外非政府组织境内活动管理法》，该法认为境外非政府组织是指在境外合法成立的基金会、社会团体、智库机构等非营利、非政府的社会组织。

对中国来说，境外非政府组织是特指在外国以及中华人民共和国香港特别行政区、澳门特别行政区和台湾地区合法成立的社会组织类型。

1. 境外非政府组织的类型

从活动领域来看中国的境外非政府组织，其类型一般覆盖企业交流合作领域、扶贫帮困领域、抗灾救灾领域、医疗卫生领域、教育培训领域、文化传播领域、技术援助领域、公益慈善领域、环境保护领域、社会服务领域、法律政治领域、学术交流领域等。

从服务的人群范围来看，境外非政府组织主要分为公益性服务机构和互益性服务机构。公益性境外非政府组织是将公益产品输送给社会公众，不做差异化限制，不以自身获得利益为目的的组织，主要包括倡导动员类、宗教慈善类、援助支持类，如世界自然基金会、世界宣明会等。主要是通过提供资金、人力资源、专业技术支持甚至直接参与项目运作的形式与中

---

① 翟雁、辛华、张扬：《2019 年中国志愿服务发展指数报告》，载杨团主编《中国慈善发展报告（2020）》，社会科学文献出版社，2020，第 32 页。

② 杨团主编《中国慈善发展报告（2020）》，社会科学文献出版，2020，第 258 页。

国境内社会组织合作开展公益服务。

互益性境外非政府组织指面向特定的服务对象提供公益服务的境外非政府组织，如亚泰信息技术服务中心、国际大学协会等。互益性境外非政府组织可以进一步细分为经济互益型和社会互益型。经济互益型境外非政府组织是指由商业团体组成的非营利非政府组织，比如上海美国商会、中国欧盟商会等。社会互益型境外非政府组织主要指以文化、技术、教育、卫生交流为工作方向的境外非政府组织。

从组织形式来看，境外非政府组织主要分为外国商会、行业协会、互助协会、境外涉华基金会在华代表机构、公益咨询机构、项目执行机构、宗教慈善类组织、其他公益组织、智库类机构等。

2. 境外非政府组织的发展现状

2017 年 1 月 1 日《中华人民共和国境外非政府组织境内活动管理法》生效，优化了境外非政府组织在境内的发展环境。2021 年 "境外非政府组织办事服务平台" 的数据显示，截至 2021 年 12 月国内共有 594 个正常运行的境外非政府组织机构。从 2017 年至 2022 年 1 月，临时活动共有 4011 个。[1] 如图 6-1 所示，2017 年登记 285 个、2018 年登记 121 个、2019 年登记 81 个、2020 年登记 49 个、2021 年登记 54 个。与此同时，2017 年注销 20 个、2018 年注销 14 个、2019~2021 年每年注销 1 个。[2] 整体来看，境外非政府组织的数量较为稳定。

2020 年中国慈善发展报告显示，境外非政府组织分布在全国 29 个省（区、市），登记数量前 5 位的城市是：北京、上海、广东、云南和四川。[3] 从 2021 年新增的组织登记地来看，上海 20 个、北京 7 个、广东 7 个、湖北 6 个、重庆 5 个。[4] 从机构来源分布看，美国、日本、韩国、德国、英国等国和中国的香港、台湾、澳门等地区所占比例较高；从业务主管分布可以看出，商务领域占比较高。除此之外，教育、民政、卫生领域也是其主要

---

① 资料来源：境外非政府组织办事服务平台（mps. gov. cn）。
② 资料来源：笔者根据基于境外非政府组织办事服务平台（mps. gov. cn）数据整理。
③ 贾西津：《境外非政府组织境内活动发展报告》，载杨团主编《中国慈善发展报告（2020）》，社会科学文献出版社，2020，第 264 页。
④ 资料来源：笔者基于境外非政府组织办事服务平台（mps. gov. cn）数据整理。

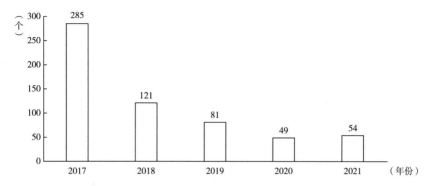

图 6-1　2017~2021 年境外非政府组织登记数量

活动领域。[1] 在新冠疫情防控背景下，包括中国在内的全球各国社会组织积极参与公共卫生治理行动，在医疗紧急援助与医疗服务培训、疾病的防治免疫与管理、健康环境与安全、健康促进以及健康医疗信息技术创新与研发等领域发挥了重要作用。[2]

（六）社会企业

针对社会企业的定义，最早由经合组织 OECD[3] 和欧洲社会企业研究网

---

① 贾西津：《境外非政府组织境内活动发展报告》，载杨团主编《中国慈善发展报告（2020）》，社会科学文献出版社，2020，第 264~271 页。

② 庄琦：《2020 年新冠肺炎疫情背景下社会组织参与全球公共卫生治理分析报告》，载黄晓勇主编《中国社会组织报告（2021）》，社会科学文献出版社，2021，第 34 页。

③ OECD 即 "经济合作与发展组织"，简称 "经合组织"。西方国家政府间的经济联合组织。1960 年 1 月在巴黎召开的大西洋经济会议决定，1961 年 9 月成立 "经合组织"，以代替欧洲经济合作组织。旨在稳定会员国的财政金融，促进经济增长，提高人民生活水平和扩大贸易。经济合作与发展组织，共有 38 个成员国。20 个 1961 年的创始成员国，它们是：美国、英国、法国、德国、意大利、加拿大、爱尔兰、荷兰、比利时、卢森堡、奥地利、瑞士、挪威、冰岛、丹麦、瑞典、西班牙、葡萄牙、希腊、土耳其。18 个后来加入的成员，它们是（括号内为入会年份）：日本（1964 年）、芬兰（1969 年）、澳大利亚（1971 年）、新西兰（1973 年）、墨西哥（1994 年）、捷克（1995 年）、匈牙利（1996 年）、波兰（1996 年）、韩国（1996 年）、斯洛伐克（2000 年）、智利（2010 年）、斯洛文尼亚（2010 年）、爱沙尼亚（2010 年）、以色列（2010 年）、拉脱维亚（2016 年）、立陶宛（2018 年）、哥伦比亚（2020 年）、哥斯达黎加（2021 年）。

EMES[①] 提出。经合组织 1994 年在一份报告中首次使用了社会企业的概念，认为社会企业是指既利用市场资源又利用非市场资源以使低技术工人重返工作岗位的组织。1999 年，其定义进一步被完善，认为社会企业包括任何为公共利益而进行的私人活动，它依据的是企业战略，但其目的不是利润最大化，而是实现一定的经济目标和社会目标，而且它具有一种为社会排挤和失业问题带来创新性解决办法的能力。同一时期，EMES 提出，社会企业是社会经济的转型，社会经济包括合作社和社团，因此社会企业包括合作社之非营利化和社团之企业化。[②]

英美是社会企业发源地，也是发展较快的地区。英国主要通过自上而下积极地制定推动社会企业发展的战略规划，建立社会企业发展的法律框架，促进民众对社会企业概念和价值的理解，提升了社会企业的组织能力和服务质量。在美国，社会企业的定义是多种多样的，曾经学术界认为社会企业包含了非营利组织和营利组织，但实务界认为社会企业仅仅指非营利组织，后来社会企业被越来越多地理解为由各种非营利和营利组织所构成的一个连续统一体。美国的社会企业充分利用了多种法律结构，包括社会组织、免税组织、营利公司和有限责任公司等形式。社会企业实践者可以选择其中的一种形式，也可以选择几种形式的结合。日本在 2000 年之前已经有了"市民事业""社区事业"等类似社会企业的概念，2000 年之后日本在融合美国和欧洲流派的社会企业概念的基础上，形成了新的流派。2013 年，日本政府提倡"建设互助社会"方针，并于 2015 年 3 月发布《我国社会企业活动规模调查报告》，首次在官方层面提出了"社会企业"概念，即"社会企业是指采用商业手段改善或解决社会问题的事业活动体"，并在此基础上制定了社会企业的官方判定标准。[③]

因此，社会企业是通过生产、销售、服务等经济手段来实现社会目的的新型经济主体，其宗旨是解决社会问题，并且利润的全部或大部分用于

---

① EMES 即"欧洲社会企业研究网络"，成立于 1996 年，是由欧洲 15 个国家的研究者成立的组织。

② 王名：《社会组织论纲》，社会科学文献出版社，2013，第 234 页。

③ 俞祖成：《日本社会企业：起源动因、内涵嬗变与行动框架》，《中国行政管理》2017 年第 5 期，第 139~143 页。

投资社会发展相关项目，从而达成社会和经济目标。[①] 社会企业具有两种重要的特性，即经济特性和社会特性。经济特性层面包含可持续地产生商品或服务、高度自治、有显著的经济风险和最少数的带薪雇员等；社会特性层面包含有一个共同体受益的明确目的、由一群公民发起行动、拥有不是基于资本所有权的决策权、多元利益相关者和有限的利润分配等。[②]

实际上从社会企业性质可以看出，中国民办非企业单位与社会企业具有较高的相似性。民办非企业单位是指企业事业单位、社会团体和其他社会力量以及公民个人利用非国有资产举办的，从事非营利性社会服务活动的社会组织，类型包括民办的教育、卫生、科技、文化、体育、社会服务等各领域的服务实体。一方面，社会企业虽然是新出现的社会组织类型，且相关研究逐渐在增多，但是从本土视角出发，关于民办非企业单位与社会企业之间关系的研究还较为欠缺。另一方面，可以看到随着社会企业的发展以及国家层面推动社会企业法或相关条例的发展，也会促进民办非企业单位向社会企业的转型以及合法化。从当前中国社会组织的发展现状来看，社区治理的深化以及物业公司的转型，有可能会朝着社会企业转型发展；医院、民办学校以及提供社会服务的各类事业单位或二级单位会朝着社会企业转型；各类养老机构也会朝着社会企业转型。

综上所述，社会企业是新型发展的社会组织类型，随着中国社会企业认证的推动以及政策条例的出台有助于社会企业的合法化建设。长期以来，中国有多样化民办非企业单位，这类组织与社会企业有着不解之缘，对民办非企业单位的了解有助于认识社会企业，而推动建设社会企业又有助于民办非企业单位的转型发展。

1. 社会企业的类型

当前不同国家和地区有着不同的定义，主要有非营利组织面向的定义、社会创业面向的定义和连续光谱面向的定义三类。

在非营利组织面向的定义中，欧洲国家倾向于将社会企业定义为第三部门的一个次部门。社会企业联盟对社会企业的定义为，非营利组织借由

---

① 金仁仙：《创新社会治理模式：中国社会企业 2019 年发展报告》，载黄晓勇主编《中国社会组织报告（2020）》，社会科学文献出版社，2020，第 34 页。

② 王名：《社会组织与社会治理》，社会科学文献出版社，2014，第 276~279 页。

从事任何赚取所得的事业或采取营收策略，以便获得经费所得来支持实践其公益慈善的宗旨，称之为社会企业。

在社会创业面向的定义中，由拉丁美洲商学院和哈佛大学商学院学者所创立的社会企业知识网络则认为由营利企业或政府部门所执行的具有社会价值的短期计划，即可被定义为社会企业。

在连续光谱面向的定义中，迪斯认为社会企业是一个基于"光谱"的概念，社会企业并非只为财务目标而存在，而是一种多元混合的综合体，他从组织动机、运营方式、企业目标以及主要利益相关者的角度，分析认为社会企业是处于纯慈善与纯营利之间的一种连续体。

2. 社会企业的发展现状

由于中国还没有实施官方的社会企业登记注册制度，对社会企业身份识别缺乏统一标准。本章主要基于 2021 年社会组织蓝皮书中的相关数据进行介绍。当前南都公益基金会联合发布的《中国社会企业与社会投资行业扫描调研报告 2019》成为 2021 社会组织蓝皮书以及其他相关研究的基础数据。依据此，社会组织蓝皮书中也基于上述报告划分标准，分别对"有自觉意识"、"无自觉意识"和"认证"三种社会企业进行了分析。按照蓝皮书中的统计，2019 年"有自觉意识"的社会企业数量为 1684 个，"无自觉意识"[①] 的社会企业为 205.53 万个，截至 2020 年，全国共有"认证"的社会企业 501 个。[②]

表 6-5 是 2020 年全国各地社会企业认证数据，具体来看，北京、广东、四川三个省（市）认证数量高于 100 个，位于全国乃至全球先列。依据相关数据分析，2020 年中国社会企业分布在多个领域，有 27.20% 的社会企业参与文化教育与就业培训领域，21.30% 的社会企业参与社区经济和社会支持服务，16.20% 的社会企业参与无障碍服务，如为残障人群提供教育培训、医疗健康服务、高新科技支持等业务。除此之外，有 11.4% 的社会企业参与农林牧渔与乡村发展，11.45% 的社会企业参与养老与医疗领域，适应乡

---

① 2021 年社会组织蓝皮书中将依法登记的农民合作社和民办非企业单位纳入"无自觉意识"的社会企业行列，认为是潜在的社会企业。

② 金仁仙、李羽洁：《2020 年中国社会企业发展报告》，载黄晓勇主编《中国社会组织报告（2021）》，社会科学文献出版社，2021，第 149~151 页。

村振兴战略和老龄化社会的宏观背景。[①]

表6-5　2020年各地社会企业认证数量分布

单位：个

地区	社会企业认证数量	地区	社会企业认证数量	地区	社会企业认证数量
北京	125	湖北	5	广西	1
广东	108	河南	5	安徽	1
四川	107	海南	3	青海	1
浙江	18	甘肃	3	江西	1
上海	15	陕西	3	宁夏	1
江苏	13	内蒙古	2	西藏	1
湖南	7	福建	2	贵州	1
云南	6	重庆	2	总计	438
山东	5	辽宁	2		

数据来源：2021年社会组织蓝皮书，第154~155页。

　　从中国当前的社会企业发展现状来看，广东、成都、北京等地成为社会企业发展的先驱地区。有学者将社会企业类型划分为市场助益型、政府引导型、社会创新型和组织衍生型四种。从中国社会企业发展现状来看，上述四种类型都有典型个案。[②]

　　市场助益型代表有深圳残友集团。深圳残友集团创立于1997年，由最初的一家复印小作坊发展到如今的以基金会、公益机构和企业三位一体协同推进的残友事业集团，其中核心的残友软件股份有限公司是一家以残障人士软件精英为主导的高科技软件企业。残友集团致力于促进残障人士等弱势群体的自我救助与可持续发展，推动残障人士在新知识经济时代的社会进程中成为卓越的发展力量。残友集团为拥有高知识技能水平的残障人士提供稳定的工作机会和优越的无障碍工作环境，在提供高服务价值平台的同时，帮助残友重塑人生价值。

　　政府引导型代表有北京慈善超市。北京慈善超市是政府力量推动公共组织向社会企业探索的重要代表。慈善超市由民政部门下设的社区救助站发展而来，采用民政局捐赠中心负责、超市管理协会统筹管理、爱心超市

[①]　金仁仙、李羽洁：《2020年中国社会企业发展报告》，载黄晓勇主编《中国社会组织报告（2021）》，社会科学文献出版社，2021，第156~158页。

[②]　崔月琴、金蓝青：《组织衍生型社会企业的实践逻辑及其反思——以长春心语协会的发展为例》，《学习与探索》2018年第8期，第44~51页。

发展有限公司市场化经营的方式，在各个街道设立慈善超市门店，直接为辖区居民提供各类公益服务。政府提供政策指导和资金支持，动员社会力量直接参与市场运作，并对企业的运行进行监督，将被动的救助模式转换成可持续发展的良性运营机制。

社会创新型的代表有贵州晟世锦绣民族文化投资有限公司。贵州晟世锦绣民族文化投资有限公司是一家 2010 年注册成立的以民族手工为核心的时尚消费品企业。晟世锦绣公司致力于研发、生产和销售民族刺绣、民族服饰等民族工艺品，通过社会企业的模式，将民族文化产业化，在传承民族文化的同时提高了当地妇女群体经济收入和社会地位。公司在成立之初就以文化保护为宗旨，不断挖掘文化资源，探索公司发展方向。随着民族手工艺品生活化和时尚化的发展方向的确立，该公司逐渐扩大规模，形成农户+合作社+企业的集培训、研发、生产、加工为一体的产业化链条。

组织衍生型代表有心语协会。心语协会是一家拥有二十多年公益历史的非营利组织，主要服务领域有助残、助学和心理援助。在助残项目的开展过程中，累计为 1200 名残障人士提供了技能培训和社会融入等服务，积累了丰富的助残经验。因此，组织在突破发展困境时选择将助残服务社会企业化，并于 2011 年注册了一家手工制品有限责任公司，试图通过市场化操作为组织带来更多资源活力。除此之外，当前广州、深圳、成都、北京等地社会企业具有快速发展趋势，社会企业认证也逐渐成熟和专业化。

二 社会服务机构总体发展现状

（一）社会服务机构的数量

2021 年社会服务机构的总量保持增长趋势，全国社会服务机构达到521883 个，与 2020 年相比，增长了 10914 个，增速为 2.14%，与 2020 年的增速相比，下降了 2.76 个百分点。[①]

由图 6-2 可知，自 2007 以来，社会服务机构的数量总体呈增长趋势，且其占社会组织总量的比例也呈上升趋势。但观其增长率的总体趋势，不难发现不同年份间的增长速率波动较大。究其原因：2010 年民政部修订了

---

① 徐明、魏朝阳、陈斯洁：《2021 年民办非企业单位发展报告》，载黄晓勇主编《中国社会组织报告（2022）》，社会科学文献出版社，2022，第 75 页。

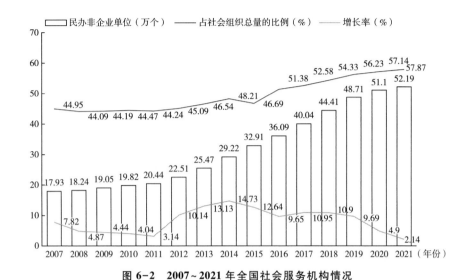

图 6-2 2007~2021 年全国社会服务机构情况

《民办非企业单位登记暂行办法》，对民办非企业单位的登记管理工作做了进一步规范，此后国家发布多项政策文件，支持民办非企业单位的发展，提高民办非企业单位提供公共服务的能力，引导民办非企业单位健康有序发展。在宏观背景的积极促进下，从 2011 年起，社会服务机构增长速率提升，但总体趋势较为平稳。因为在培育民办非企业单位发展的同时，国家也不断加大对民办非企业单位的监管力度，对非法组织给予严厉的打击和整治，进一步优化民办非企业单位的发展环境。[①] 从 2019 年末开始，受新冠疫情的影响，社会服务机构发展受到严重冲击，因此 2020 年社会服务机构的增长率较前一年大幅度降低，仅达到前一年的半数水平。但在党和国家的领导下，这一局面持续时间不长，社会服务机构的发展也逐渐恢复，从图中可以看出虽然增长率有所下滑，但总体数量和占社会组织总量的比例仍呈上升趋势。

（二）社会服务机构的分布

表 6-6 为 2021 年全国各省、自治区、直辖市社会服务机构的数量。

---

① 徐明、魏朝阳、陈斯洁：《2021 年民办非企业单位发展报告》，载黄晓勇主编《中国社会组织报告（2022）》，社会科学文献出版社，2022，第 75~76 页。

2021年，除港澳台地区以外，社会服务机构总量排名前10的省份为江苏省、浙江省、山东省、广东省、河南省、四川省、河北省、湖南省、辽宁省、安徽省。

表6-6 2021年全国各省、自治区、直辖市民办非企业单位数量

单位：个

省份	数量	省份	数量	省份	数量	省份	数量
北京	7642	江苏	54182	海南	5195	上海	12490
天津	3753	浙江	45755	重庆	9924	广西	16361
河北	24371	安徽	19747	四川	24547	新疆	3595
山西	10620	福建	15710	贵州	7441	湖南	21541
内蒙古	9345	江西	15460	云南	10014	广东	38363
辽宁	20157	山东	44129	西藏	51	青海	1868
吉林	7595	河南	36373	陕西	13917	宁夏	2123
黑龙江	13282	湖北	19003	甘肃	7237		

数据来源：2022年《中国民政统计年鉴》。

根据《中国民政统计年鉴》发布的数据，目前我国民办非企业单位发展的区域差异仍然较大，已有研究采用泰尔指数法来测算我国社会服务机构区域分布的空间差异情况，[①] 按东部地区、中部地区、东北地区、西部地区进行结构分解，以呈现我国民办非企业单位数量发展区域差距的结构性特征，了解四大经济区域之间以及各区域内部的民办非企业单位数量发展差距。结果表明，与2007年相比，2021年东部地区、中部地区、西部地区的民办非企业单位发展泰尔指数均有所降低，其中东部地区、西部地区的民办非企业单位发展差异相对较大，中部地区民办非企业单位的发展差异相对较小。虽然东北部地区民办非企业单位的发展差异相对较小，但与2007年相比，区域内民办非企业单位发展的差异有所扩大。[②]

---

① 泰尔指数是一种相对差距分析方法，最早用于测算各国之间的收入水平差异，后被广泛用于衡量国家间和地区间经济、人口、环境等方面的差异。

② 徐明、魏朝阳、陈斯洁：《2021年民办非企业单位发展报告》，载黄晓勇主编《中国社会组织报告（2022）》，社会科学文献出版社，2022，第81~83页。

（三）社会服务机构的成员

（1）年龄结构分布

截至 2021 年底，民办非企业单位年末职工人数共 6594300 人，其中，35 岁及以下的职工占全部职工的 47.35%；36~45 岁的职工占全部职工的 31.05%；46~55 岁的职工占全部职工的 15.57%；56 岁及以上的职工占全部职工的 6.03%。2008~2021 年，35 岁及以下职工占比整体呈上升趋势，36~45 岁的职工在全体职工中的占比有所下降，46~55 岁的职工和 56 岁及以上职工的占比均有所上升。截至 2021 年底，45 岁及以下的职工特别是青年职工已成为民办非企业单位的主要职工群体。[①]

（2）职业水平与受教育程度

人才是社会组织的支撑力量，社会组织成员的素质也会影响社会组织的发展。整体来看，随着中国高等教育的普及发展，以及社会工作证书、心理咨询师证书等专业资格证书的专业化和普遍化，社会组织成员的整体素质的提高是有目共睹的。从 2008 年开始《中国民政统计年鉴》中开始有了关于社会服务机构职工受教育程度的统计数据。2021 年，我国社会服务机构中受教育程度为大学专科的职工共有 1647498 人，受教育程度为大学本科及以上的职工共有 1505113 人。2008~2021 年，我国社会服务机构中受教育程度为大学专科、大学本科及以上的职工人数均呈现增长趋势，并且增长速度较快，2021 年受过大学专科、大学本科及以上教育的职工在社会服务机构职工总数中所占的比重已达到 47.81%。由此可见，我国社会服务机构职工的综合素质水平正在逐年提高，这为社会服务机构的持续发展提供了人才保障。

与此同时，2021 年全国社会服务机构中共有 82779 名助理社会工作师和 89225 名社会工作师。随着中国社会工作专业的恢复和快速发展，社会工作专业毕业生逐渐成为全国社会组织重要的新生力量，与此同时社会工作专业资格证书也逐渐成为社会组织成员所必备的专业资格证书。由此，社会工作专业资格证书的持证情况又可以体现社会服务机构中专业人才的情

---

① 徐明、魏朝阳、陈斯洁：《2020 年民办非企业单位发展报告》，载黄晓勇主编《中国社会组织报告（2020）》，社会科学文献出版社，2020，第 90~91 页。

况以及社会服务机构成员的专业实践能力。

（四）社会服务机构的社会贡献

社会服务机构的类型多元决定其社会贡献和功能具有较大差异。但从整体来看，社会服务机构一直以来具有促进经济发展，提供就业服务等多样化需求。

社会服务机构在促进经济发展、促进就业方面的作用无可厚非，即使没有官方统计的相关数据，单从社会组织蓝皮书中的分析数据也可以了解其重要性。2015 年社会服务机构的增加值为 2840.84 亿元，2016 年社会服务机构的增加值为 3427.37 亿元，2017 年社会服务机构的增加值为 4206.80亿元，2018 年社会服务机构的增加值为 4990.55 亿元，2019 年社会服务机构的增加值为 5310.12 亿元，2020 年社会服务机构的增加值为 6440.73 亿元，2021 年社会服务机构的增加值为 7198.24 亿元。在解决社会就业方面，2021 年，社会服务机构共有职工 6594330 人，解决就业占比达到 0.88%，就业人员占第三产业就业人员的比重达到 1.84%。[①] 由此可见，社会服务机构在促进经济发展和就业方面的巨大潜力。

第三节　社会服务机构的活动概况

社会服务机构由民办非企业单位更名而来，[②] 除传统定义上的民办非企业单位外，同时包括以下主要类型：社会工作服务机构、社区社会组织、志愿服务组织、境外非政府组织以及社会企业。本节对中国近 10 年参加评估并获得评估等级的社会服务机构进行系统化梳理，同时选取当前仍在有效期内的 3A 以上等级[③]的社会服务机构作为重点分析对象，以展现

---

① 徐明、魏朝阳、陈斯洁：《2020 年民办非企业单位发展报告》，载黄晓勇主编《中国社会组织报告（2020）》，社会科学文献出版社，2020，第 93~95 页。
② 徐家良：《社会服务机构评估专题分析》，载徐家良主编《中国社会组织评估发展报告（2019）》，社会科学文献出版社，2020，第 99 页。
③ 依据《全国性社会组织评估管理规定》，全国性社会组织评估结果分为 5 个等级，由高至低依次为 5A 级（AAAAA）、4A 级（AAAA）、3A 级（AAA）、2A 级（AA）、1A 级（A），其中，获得 3A 以上等级的全国性社会组织，在评估等级有效期内，可以按照有关规定，享受相关政策。

中国近 10 年各领域社会服务机构的实践与发展全貌，并对其有一定的客观认知。通过系统化梳理，可以发现共 13 个组织目前评级仍在 3A 及以上，表 6-7 中列举了各机构名称、成立日期、在何时被评何级以及所得评级的有效期。

表 6-7　中国近 10 年参加评估并始终获得 3A 及以上等级的社会服务机构

	社会服务机构名称	成立日期	评估等级	等级有效期	评估日期
1	中民养老规划院	2014 年	3A	2021~2026 年	2019 年
2	中民社会捐助发展中心	2015 年	3A	2019~2024 年	2018 年
3	现代工笔画院	2008 年	3A	2017~2022 年	2016 年
4	华坤女性消费指导中心	2004 年	3A	2017~2022 年	2016 年
5	积水潭骨科医学研究院	2014 年	3A	2019~2024 年	2018 年
6	德源希望教育救助中心	2016 年	3A	2021~2026 年	2019 年
7	新世纪国际课程研究和推广中心	2014 年	3A	2018~2023 年	2017 年
8	智惠乡村志愿服务中心	2016 年	3A	2021~2026 年	2019 年
9	世针针灸交流中心	2004 年	3A	2017~2022 年	2016 年
10	华坤女性生活调查中心	2002 年	3A	2017~2022 年	2016 年
11	东方银行业高级管理人员研修院	2013 年	4A	2017~2022 年	2016 年
12	长江商学院	2002 年	3A	2018~2023 年	2017 年
13	太湖世界文化论坛	2008 年	4A	2018~2023 年	2017 年

资料来源：中国社会组织政务服务平台社会组织评估等级（https://chinanpo.mca.gov.cn/pgdj）。

一　社会服务机构服务宗旨与项目分类

在 13 个 3A 级及以上社会服务机构中，机构性质大致分为养老、慈善、艺术、教育、医疗等。其服务宗旨主要围绕服务方向、服务对象、长远目标几个角度，项目分类涉及养老服务、慈善事业、教育事业、医学服务、文化服务等方面。

表 6-8　中国 13 个 3A 级及以上社会服务机构服务宗旨与实践方向

社会服务机构名称	服务宗旨	项目列举
中民养老规划院	推动中国养老服务业健康发展	养老服务设施专项规划调研；文旅康养项目；编制全国养老服务体系建设"十三五"规划专家稿；中英政府间养老服务质量评估制度和指标体系研究项目
中民社会捐助发展中心	创新公益慈善项目，完善社会捐助体系，做好捐赠物品的综合利用，传播公益慈善文化，助推慈善事业发展	"云苹果"收捐；"旧衣新生"
现代工笔画院	弘扬中国文化、繁荣中国工笔画创作、实现工笔画艺术的当代复兴、推动中国现代工笔画艺术走向世界	工笔画展、博览会；写生创作；出版内部刊物；举办培训班；组织艺术交流活动
华坤女性消费指导中心	充分了解城市女性及家庭的消费状况、消费预期	首届中国女性消费高层论坛、2019~2020 年女性及家庭消费状况调查
积水潭骨科医学研究院	借助北京积水潭骨科优质资源，建立一个以促进骨科领域发展为核心的学术与技术紧密相结合的交流平台，吸引国内外与骨科领域相关的学术性、技术性人才，加快推进骨科领域的理论创新、技术创新及其临床应用，从而使先进的骨科医疗技术尽可能运用于临床并惠及更多的患者	骨科医学理论研究与创新；骨科及其相关领域技术创新性研究、研发与临床推广；举办骨科及其相关领域的学术交流活动；先进医学
德源希望教育救助中心	让爱循环起来	2020 年度清丰县六一爱心助学中心资助金发放；"恒发弘爱"项目；"爱·行"轮椅培训捐赠项目
新世纪国际课程研究和推广中心	理论研究、学术交流、业务培训、国际合作，科技成果推广和转化	河北剑桥英语植入；剑桥国际课程的引进和推广
智惠乡村志愿服务中心	构建"党委领导、政府主导、专业服务、社会协同"的农村农业农民受益、多方合作共赢的中国特色乡村振兴专业志愿服务网络	"阳光使者在行动"志愿服务；"关爱儿童之家"公益项目；"寻探华夏"项目
世针针灸交流中心	充分发挥中心专家和技术优势，促进中国针灸在世界范围的传播与发展，为人类的健康事业服务	"中医志愿者千城千站健康工程"；基层中医药服务能力提升培训战略合作启动会
华坤女性生活调查中心	关心妇女，关注妇女生存与发展，推动女性事业的发展	中国女性生存状况调查、中国女性参政议政意愿和情况调查、中国女性消费状况调查、中国女性婚恋和家庭生活情况调查

社会服务机构名称	服务宗旨	项目列举
东方银行业高级管理人员研修院	面向全国银行业金融机构，实施高级管理人员的在职培训，搭建中国银行业高级人才的国际交流平台，为中国银行业适应复杂国际金融环境下的健康发展培养高级管理人才与专业技术人才，为深化中国金融体制改革、健全促进宏观经济稳定、支持实体经济发展的现代金融体系，提供坚强的人才保障和智力支持	"私人银行与资产管理"高级研修班；"利率市场化改革与应对高级研修班"
长江商学院	把握中国经济持续快速增长的大好机遇，通过"取势、明道、优术"的战略选择和"中西贯通"的办学理念，为中国打造一个享誉全球的商学院	长江商学院工商管理硕士项目（MBA）；企业家学者项目；新型国际合作项目
太湖世界文化论坛	立足中国，面向世界，致力于中华文化的历史传承和现代发展，促进中华文化与世界文化的交流和发展；为政府、企业和学术界提供一个共商文化问题的高层对话平台和机制，打造开放、多元、包容的国家级、国际化的文化论坛品牌；通过论坛与社会各界建立的工作网络，为会员与会员之间、会员与非会员之间日益扩大的文化交流与合作提供服务，努力提高全民族文化素质，建设一个更加繁荣多样、和谐共处的文化未来	安徽非遗项目；中华文化客厅项目；创意产业、时尚艺术、中医药、教育、电影等特色项目

可以看出，中国各类社会服务机构的服务宗旨和主办项目基本符合自身章程，社会服务机构开展项目具有以下特征。第一，社会服务机构开展项目不以营利为目的。它不是为了通过项目投资获得利润，而是为了完成组织的使命，即为真正有需要的人提供必要的帮助。第二，社会服务机构多以社会化、项目化的方式开展项目运作。机构的一系列重要管理活动，如策划、组织、人力调配、筹款、志愿者管理、财务管理等，都是围绕项目展开的。第三，社会服务机构开展项目以提供社会服务为主。如文旅康养项目、旧衣回收项目、爱心助学项目、轮椅培训捐赠项目、关爱儿童公益项目等。第四，社会服务机构开展的项目利益相关者数量众多，需求复杂。社会服务项目的利益相关者可分为服务使用者、捐款人、合作伙伴、政府相关部门等多种类型，它们的需求之间具有很大差异。第五，社会服务机构开展项目的资金来

源以外部资助为主。社会服务项目通常向外部组织申请，如各种基金会、支持机构、中介机构、国际组织、政府部门、企业等。

二 社会服务机构品牌性项目列举

整体而言，在 13 个 3A 级及以上社会服务机构中，其品牌性项目可以归纳为四类，主要包括科学研发类、教育服务类、艺术培养类、健康及养老类。

在科学研发类项目中，以积水潭骨科医学研究院 2017 年 7 月 21~23 日举办的 2017 创伤骨科新理念新进展研讨会、2017 年 9 月 15~16 日举办的北京积水潭医院脊柱外科成立 20 周年纪念暨全国脊柱外科学术会议、2018 年 8 月 30 日至 9 月 1 日举办的第四届积水潭儿童髋关节高峰论坛以及 2022 年 4 月 16~17 日举办的 2022 积水潭论坛等学术研讨活动最为典型。

在教育服务类项目中，以长江商学院最为典型，长江商学院创办于 2002 年 11 月 21 日，是由李嘉诚基金会捐资创办并获得中国政府正式批准，拥有独立法人资格的非营利性教育机构，为国际管理教育协会（AACSB）和欧洲管理发展基金会成员，是国务院学位委员会批准的"工商管理硕士授予单位"。学院致力于为中国企业以及社会培养一批具有全球视野与全球资源整合能力、人文关怀与社会担当以及创新精神的商业领导人、企业家。其典型项目为长江公益基金、红领巾书屋公益计划。

在艺术培养类项目中，超大规模的太湖世界文化论坛极为典型。太湖世界文化论坛是中国创立的一个高层次、非官方的国际文化论坛，其主要的工作方式是为促进中外文化交流提供一个开放、包容、多元的高端平台，诚邀全球各界人士共商不同文明对话与合作大计，共建和谐文化与和谐世界。截至 2018 年 10 月 18 日，该组织已举办五届年会，其中第五届年会在北京成功举办，以"文化对话：构建人类命运共同体"为主题，极大地促进了中外文化交流和世界文化发展。

健康及养老类项目以中民养老规划院为主要代表。其完成并执行的项目主要有如下几个。第一，编制全国养老服务体系建设"十三五"规划专家稿、编制山东省、海南省、深圳市、哈尔滨市、苏州市、珠海市、徐州市等地的养老服务业发展"十三五"规划专家稿。第二，研制新疆维吾尔自治区失智失能康复护理示范中心、深圳市养老服务综合体工程、内蒙古自治区通辽市养老综合体示范工程、北京金隅集团综合养生养老工程、深圳市养老改革实施方案、澳门新建业集团国际健康城工程、武汉楚月集团森林公园养生项目等的科研报告、战略策划书、工程设计等。第三，中英政府间养老服务质量评估制度和指标体系研究项目，与美国、德国、加拿大、澳大利亚、日本、新加坡以及中国港澳台地区的养老机构合作项目。第四，与相关机构开展的发达国家养老制度、模式、法规、标准比较研究、金融保险创新、养老服务信息化工程、失智失能干预和矫正、养老护理机构管理模式等研究项目。由上可得，中民养老规划院在中国养老服务方面贡献较为突出。

第四节　社会服务机构的发展特点

一　社会服务机构在社会组织中的数量占比最大

民政部2021年民政事业发展统计公报显示：截至2021年底，全国共有社会组织90.20万个，其中社会服务机构（民办非企业单位）数量为52.18万个。社会服务机构占当年全国社会组织数量的57.80%。可见当前我国社会服务机构的数量在社会组织中占据主体地位。其中一个基本的原因是社会团体是由公民自愿组成的会员制的组织，其成立具有一定的门槛和要求，组织结构相对松散，活动具有不定期性。与其相比，社会服务机构是面向社会开展服务工作的组织，其活动特点是连续的、经常的。[①] 基金会大多为资源支持性组织，其数量一般来讲会处于相对稳定的状态，社会服务机构（民办非企业单位）因其服务范围广、注册门槛相对宽松、适合不同服务方向的组织申请注册，在未来很长一段时间，社会服务机构（民办非企业单位）将是中国社会组织的主流。

二　社会服务机构的发展呈现地区不平衡性

与经济发展的不平衡一样，当前社会服务机构的发展也呈现地区间分布不平衡的特征，具体表现在数量分布、结构分布和贡献分布三方面。

第一，数量分布方面具体表现为省域分布和区域分布不平衡。从省域分布来看，截至2021年，全国除港澳台地区以外，社会服务机构总量排名

---

① 王思斌：《社会行政》，高等教育出版社，2012，第64页。

前 10 的省份为江苏省、浙江省、山东省、广东省、河南省、四川省、河北省、湖南省、辽宁省和安徽省，排名前三的江苏、浙江、山东分别拥有 54182、45755、44129 个社会服务机构，而排名位列后三位的宁夏、青海、西藏则分别拥有 2123、1868、51 个社会服务机构。单从数据上的悬殊差距即可看出不同省域间社会服务机构的发展状况存在较大差异，在国内整体上呈现东部优于西部、南部优于北部的特点。从区域分布来看，有学者通过泰尔指数①测算我国社会服务机构区域分布的空间差异情况。并按东部地区、中部地区、东北地区、西部地区进行结构分解，将总体差异设置为100.00%，在此基础上计算区域间差异及区域内差异的贡献度。从四大地理分区的社会服务机构发展的泰尔指数来看，2021 年社会服务机构泰尔指数最高的地区为东部地区，为 0.057，其余三个地区降序排列依次为西部地区（0.040）、中部地区（0.014）和东北地区（0.012）。2021 年我国社会服务机构发展的泰尔指数较往年有所上升，且从总体来看四大区域社会服务机构发展的泰尔指数差距有所缩小，但仍存在较大差距。未来各个区域应该发挥社会服务机构发展较为快速的省份的带头作用，进一步缩小区域内的社会服务机构的发展差距，促进社会服务机构协同发展。②

表 6-9　2021 年全国各省、自治区、直辖市社会服务机构数量排序

单位：个

省份	数量	省份	数量	省份	数量	省份	数量
江苏	54182	辽宁	20157	上海	12490	甘肃	7237
浙江	45755	安徽	19747	山西	10620	海南	5195
山东	44129	湖北	19003	云南	10014	天津	3753
广东	38363	广西	16361	重庆	9924	新疆	3595
河南	36373	福建	15710	内蒙古	9345	宁夏	2123
四川	24547	江西	15460	北京	7642	青海	1868
河北	24371	陕西	13917	吉林	7595	西藏	51
湖南	21541	黑龙江	13282	贵州	7441		

数据来源：2022 年《中国民政统计年鉴》。

---

① 泰尔指数（Theil index）是衡量个人之间或者地区间收入差距（或者称不平等度）的指标。
② 徐明、魏朝阳、陈斯洁：《2021 年民办非企业单位发展报告》，载黄晓勇主编《中国社会组织报告（2022）》，社会科学文献出版社，2022，第 81~83 页。

　　第二，结构分布方面具体表现为机构性质、行业、人员情况分布不平衡。在机构性质方面，2021 年，全国法人类社会服务机构拥有量为 466525个，合伙类社会服务机构拥有量为 6681 个，个体类社会服务机构拥有量为48677 个，即法人类社会服务机构已经逐渐成为社会服务机构发展的主流。在行业分布方面，2021 年，教育领域的社会服务机构数量最多，占社会服务机构总量的 51.98%；其次为社会服务领域的社会服务机构，占社会服务机构总量的 18.03%；卫生领域的社会服务机构占社会服务机构总量的6.75%；文化领域的社会服务机构占社会服务机构总量的 6.36%；体育领域的社会服务机构占社会服务机构总量的 4.20%；科技与研究领域的社会服务机构占社会服务机构总量的 2.54%。相较而言，生态环境、国际及涉外组织、宗教等领域的社会服务机构数量极少。由此可知，我国社会服务机构的数量在不同行业之间仍存在较大差异，我国社会服务机构的行业结构还有待进一步优化，行业协同发展程度仍有待提升。人员分布主要从年龄、职业水平和受教育程度三个方面进行考察。在年龄方面，35 岁及以下职工增长数量最多，青年职工（14~35 周岁）将逐渐成为社会服务机构的主要人力资源。在职业水平方面，用社会服务机构中社会工作师和助理社会工作师的数量来反映职工的职业水平，进而反映社会服务机构发展的专业化程度。截至 2021 底，全国社会服务机构中社会工作师和助理社会工作师数量为172004 名，相比 2020 年增长了 40.58%。虽然社会服务机构人才的专业水平有了较大的提升，社会工作师和助理社会工作师的数量差距有所缩减，但专业人才在社会服务机构职工中的占比仍然很低，仅占 2.61%。在受教育程度方面，2021 年在我国社会服务机构中共有 47.81%的职工受过大学专科、大学本科及以上教育，有 22.82%的职工受过大学本科及以上教育，近年间我国社会服务机构职工的受教育水平不断提升，综合素质水平有所提高，这有利于社会服务机构发展水平的提升，但同时需要注意的是仍有提升空间。

　　第三，贡献分布不均衡具体体现在就业方面上。2021 年，社会服务机构职工数达到 6594300 人，占全国就业人员的 0.88%，占第三产业就业人员的 1.84%。社会服务机构职工人数逐年增加，解决就业的比重逐年提升，社会服务机构将成为吸纳就业的重要力量，但是社会服务机构在解决就业方面仍存在不平衡现象，具体表现在分布到第一、第二和第三产业的职工比重不均衡。

三 政府主导公益性社会服务机构孵化模式占据主流

公益性社会服务机构是社会服务机构的类型之一，其主要强调公益性。社会服务机构虽具有非营利性特征，但并非全部具备公益性质。在社会服务机构当中存在一部分非公益性质的社会组织，比如民办学校，民办医疗单位等，它们可以收取服务费用并自行决定支出，以高收入来维持自身的发展和服务质量。因此，公益性社会服务机构是指满足公益性要求的社会服务机构，需具备四个条件：一是具有非营利性；二是服务对象为不特定的多数人；三是盈利收入不得超出机构总收入的50%；四是以社会公共利益为目的。公益性社会服务机构面向社会中急需帮助的困难人群，主要靠政府福利资源支持，其运作规范性要求更为严格，具有明显的公益性。其无法通过营利手段获取资源，因此需要给予外部支持，除了政策支持，还可以通过建立公益组织孵化器的方式，培育公益社会服务机构，通过培训、辅导、咨询、联合等方式协助社会服务机构完成自身使命。①

目前主流的公益社会服务机构孵化模式划分法是以孵化器承办和运作主体为标准的，主要有四种模式（见表6-10）。第一种，政府承办-政府运作模式，这一模式是传统体制下较常见的孵化模式。该模式的特点是政府不仅出资筹办孵化器，同时也负责管理和培育公益社会组织，主要领导层由政府人员担任，孵化对象主要以社区服务为主。第二种，民间主办-民间运作模式，该模式的特点是孵化器具有非政府性、独立性和专业性，主要领导层以外聘专业人员为主，孵化对象种类多样，政府仅提供政策支持和协助，不干预内部决策和运作。第三种，政社合作模式，这一模式是由政府和独立的社会组织（如企业、慈善组织等）合作成立公益组织孵化器，其特点是政府与社会组织双方都对孵化器拥有话语权，一般会出现权力制衡。第四种，政府主导-民间运作模式，在该模式中政府委托民间运营，设立专门的机构来承办和运作孵化器。②

---

① 刘灵子：《政府主导公益性社会服务机构孵化研究》，硕士学位论文，青岛大学，2017，第4~5页。
② 同上，第12页。

表6-10 公益社会组织孵化模式比较

	政府与民间关系	独立性	参与主体	资源渠道
政府承办-政府运作	不平等，政府为主	最弱	政府为主	政府
民间主办-民间运作	弱关系，民间为主	最强	民间为主	民间
政社合作	孵化器地位不平等，政府与社会组织权力制衡	较弱	政府、社会组织	政府、社会组织
政府主导-民间运作	关系相对平等	较强（但实质较弱）	政府、民间	政府为主、民间

现阶段公益社会服务机构的孵化有多种模式，但大多数孵化器的发展还离不开政府的扶持与监督，研究表明政府主导的孵化模式是公益社会组织孵化的主流形式，究其原因：首先，政府主导的孵化模式参与主体最为广泛，除政府以外，也包括企业、基金会等各类其他群体；其次，政府主导型的孵化模式，综合了政府支持和民间运作的双重优势，不仅有资源保障还有专业性保证，因此孵化工作启动更快；最后，政府主导型的公益社会服务机构孵化具有非营利性的特点，政府支持为主要的经费来源，因此资金来源更稳定，且不存在以营利为目的的培育方式和结果，筹集资金不用于内部再分配，因此公益性更有保证。[①]

四 社会服务机构的运行受非确定性因素影响较大

从目标、工具、过程及结果的逻辑递进顺序考虑，社会服务机构的不确定性具体表现在如下四个方面。第一，社会服务机构的目标不易清楚界定。社会服务机构的服务对象是人，但是受人及社会团体利益的多样性的影响，对于人的价值、规范、意识形态难以形成绝对共识。例如，社会服务机构的产出目标会以各种利益团体的最大公约数来界定，即组织为了避免利益团体间的冲突，会追求多元目标。而且就组织内部的具体成员而言，内部成员由于角度不同、地位差异，不一定能完全就社会服务机构的目标达成共识。第二，社会服务机构的服务技术是很难实现标准化并制定统一

[①] 刘灵子：《政府主导公益性社会服务机构孵化研究》，硕士学位论文，青岛大学，2017，第12~15页。

流程的。原因与上述相似，由于社会服务机构的服务对象是人，人的思维和行为极具个体化特征，而且不同个体间的行为稳定性以及因果逻辑关系也不易加以框定，导致技术层面的设定难以实现标准化。但并非对此毫无办法，有学者提出可以将某些案例类型化，或者发展精密的技术以吻合特殊服务对象的需求，以应对此类组织的特殊性质。[1] 第三，社会服务机构在开展服务的过程中极易受到内外部因素的影响。除上述内部员工与外部不同利益集团对目标制定的影响外，在具体实施过程中易受到外部环境变迁的影响也是社会服务机构的重要特征之一。如果将社会变迁比作双刃剑，那么消极的一面是带来的负面社会影响，积极的一面则在于复杂环境的不确定性为社会服务机构的发展带来了巨大的历史机遇。众所周知，社会服务机构的宗旨为回应社会问题、为服务对象谋求幸福和改善社会环境等，进而可以理解为社会环境变迁带来的社会问题及不确定性是社会服务机构发展的前提条件，社会服务机构通过提供服务解决此类问题以实现其宗旨及存在的目的。在此双重性的影响下，造就了社会服务机构易受到外部环境影响的特征。例如，经济环境的变迁会影响社会服务机构的发展，经济不景气会使政府减少社会福利的开支和资助，进而限制社会服务机构的发展，而经济好转便有更多的资源和机会推动社会福利的发展；政治环境的变迁则会影响政府制定社会福利政策的方向和内容，也会影响社会服务机构获取资源的可能性。社会服务机构深受社会、经济及政治环境的影响，也就是说思考社会服务机构的发展时，还需要在社会、经济及政治环境的变迁中理解与延伸。第四，就结果而言，社会服务机构的效果不易测定。因受目标不易界定的影响，社会服务机构的目标成效亦难以测量。从外部因素来看，测量工具的发展情况也是影响社会服务机构效果测量的重要影响因素。

【本章要点】

1. 中国社会服务机构的发展背景。通过全景化展现社会服务机构的发展脉络，能够让我们对中国社会服务机构有一个整体的形象认知。对社会服务机构（民办非企业单位）相关概念、发展阶段进行全面梳理，奠定我

---

[1] 王思斌：《社会行政》，高等教育出版社，2012，第 64~66 页。

们学习研究中国社会服务机构（民办非企业单位）的基础。

2. 中国社会服务机构的类型及发展现状。能够让我们明确中国社会服务机构的基本分类，从而客观准确地找到研究学习中国社会组织的部分基本元素。通过对社会工作服务机构、社区社会组织、志愿服务组织、境外非政府组织、社会企业的现状的学习，以及对整体社会服务机构（民办非企业单位）的数量、分布特征、从业人员分布、社会贡献等情况的分析，能够让我们对当下中国社会服务机构的组织发展进程产生最直接的行业感知。

3. 社会服务机构（民办非企业单位）的活动概况。本节根据民政部近10年有关社会组织评估成果进行研究，分析了13个3A级及以上社会组织的服务宗旨、项目分类及品牌性活动情况。从具体的实际服务层面展现我国社会服务机构（民办非企业单位）的良好风貌。

4. 中国社会服务机构的发展特点。在全面学习中国社会服务机构基本知识和行业发展实践的基础上，对其现阶段发展情况做特点总结，能够让我们从更高维度对中国社会服务机构发展产生基本的学术判断。当前，我国社会服务机构的发展特点主要有四个，社会服务机构在社会组织中的数量所占比重最大、社会服务机构的发展呈现地区不平衡性、政府主导公益性社会服务机构孵化模式占据主流、社会服务机构的运行受非确定性因素影响较大。

【关键概念】

社会服务机构；社会工作机构；社区社会组织；志愿组织；境外非政府组织；社会企业

【思考题】

1. 中国社会服务机构概念变革受到的影响因素有哪些？

2. 社会服务机构的数量大、实践活动多，在其中"项目制"扮演了什么角色？"项目制"是不是社会服务机构发展的完美支持形式？

3. 除了本书罗列的中国社会服务机构基本分类外，您觉得未来是否会出现其他类型的社会服务机构？

4. 结合我国实际，为什么政府主导公益性社会服务机构孵化模式占据主流？

【推荐阅读文献】

杨莹：《供给侧结构性改革视角下的社会组织 GDP 贡献研究》，《宏观经济管理》2017 年第 9 期。

金国坤：《论政府对社会组织管理的机制创新——"民办非企业单位"引发的行政法思考》，《行政法学研究》2011 年第 1 期。

王名、刘国翰、何建宇：《中国社团改革——从政府选择到社会选择》，社会科学文献出版社，2001。

杨文志：《现代科技社团概论》科学普及出版社，2006。

贾西津、沈恒超、胡文安等著《转型时期的行业协会》，社会科学文献出版社，2004。

王名：《中国民间组织 30 年——走向公民社会》，社会科学文献出版社，2008。

余晖等：《行业协会及其在中国的发展：理论与案例》，经济管理出版社，2002。

王名主编《中国非营利评论（第 4 卷）》，社会科学文献出版社，2009。

资中筠：《财富的归宿——美国现代公益基金会述评》，上海人民出版社，2006。

王名主编《中国非营利评论（第 2 卷）》，社会科学文献出版社，2008。

第七章　中国基金会

在中国社会组织的版图中，基金会是不可或缺的组成部分，在我国社会组织发展过程中扮演着"资源支持者"的角色。基金会虽然是中国社会组织三大类型当中数量最少的，但是其作为政府之外重要的资源支持方，在很大程度上推动着中国社会组织的发展进程。学习和了解中国基金会是研究中国社会组织的必要环节。

第一节　中国基金会的发展背景

自 1981 年我国第一家国家级公募基金会——中国儿童少年基金会——成立以来，中国基金会发展逐渐进入快车道。截至 2021 年，我国基金会总量达到 8877 个，占到当年 89.4 万个社会组织的约 0.98%。[1] 本书单独就中国基金会的发展状况进行研究分析，主要有以下三个方面的原因。

第一，中国基金会在中国社会组织事业中有不可替代的重要性。一方面，基金会是中国慈善组织的主要组成力量。慈善中国网显示，截至 2022 年 5 月 20 日，共有 11770 个慈善组织在官方进行了登记。其中有 6578 个慈善组织名称中带有"基金会"字样，占到了慈善组织总量的 55.89%。[2] 具有慈善组织认定资质的基金会已经占到基金会总数的 78.00%，相比于社会服务机构和社会团体，基金会认定为慈善组织的速度和规模都处于领先地位。另一方面，基金会是慈善资源调配的重要枢纽。社会捐赠总量、全国志愿服务贡献价值和彩票公益金三者之和共同构成我国社会公益资源总量。

---

[1] 《2020 年民政事业发展统计公报》http：//www.mca.gov.cn/article/sj/，最后访问日期：2022 年 5 月 23 日。

[2] 《慈善中国网》，https：//cszg.mca.gov.cn/，最后访问日期：2022 年 5 月 23 日。

而基金会募捐资金是社会捐赠总量的主要组成部分。相关资料显示，2020年全国社会公益资源总量约为4100亿元，较上年增长18.85%。其中社会捐赠总量为1520亿元，占到当年社会公益资源总量的37.07%。① 作为我国公益慈善领域的重要支持性组织，基金会依托捐献资金面向社会工作机构、社会服务机构、社会团体发布公益慈善项目，是除政府以外的慈善资源枢纽机构。

第二，中国基金会是中国社会组织规范发展的典型代表。相对于社会团体的发展历史来讲，中国基金会的出现时间较晚，但是其规范化程度较高、发展更为有序。通过吸收借鉴国际上有关基金会发展的先进经验，结合中国慈善事业发展的具体实际，拥有40年发展历史的中国的基金会在政府管理层面已经形成了较为完备的国家立法、行业法规、针对性的管理条例。在行业内部已经形成了有影响力的行业监督评估体系、规范有序的募资手段、完整丰富的基金会类型，是当前中国社会组织领域中的一支主导性力量。

第三，基金会容易与其他领域的基金概念产生混淆。在传统的资本市场领域，基金主要指用于商业投资行为的资金集合体，其主要目的是产生商业收益。或者是政府、企业等组织按照国家社会保障领域等相关规定设立的互益性基金，如单位公积金、社会保障资金等。这与基金会所指涉的内容存在很大差异。如果不加以明确区分，容易造成慈善事业发展领域的混乱。

一 中国基金会的概念沿革

（一）基金

Foundation 翻译成中文是基金、财团，并不是"基金会"。从广义上看，基金是指为了某种目的而设立的具有一定规模的资金。比如公积金、保险基金、投资基金、退休基金等。指有特定用途并单独进行核算的储备资金或专门拨款，目的是兴办、维持或发展某种事业。

投资基金主要是商业主体设立的以营利为目的的资金。这类商业基

①　杨团主编《中国慈善发展报告（2020）》，社会科学文献出版社，2020，第23页。

金的分类很多，如根据投资对象的不同，可分为股票基金、债券基金、货币基金和混合型基金等。根据基金单位是否可增加或赎回，可分为开放式基金和封闭式基金。根据投资风险与收益的不同，可分为成长型、收入型和平衡型基金等。根据组织形态的不同，可分为公司型基金和契约型基金。

公积金、社会保险基金、退休基金一般指由政府、个人、企业、集体共同参与的针对人民群众的健康医疗、生活保障、教育发展等事项设立的全民保障体系。

部分基金类型如保险基金、医疗基金等存在着两种性质。分为政府主导的社会保障类基金和商业主体建立的以预防风险和投资收益为目的商业性质基金。

（二）专项基金

专项基金一般指有政府、企业、社会组织针对某项公益事务专门设立的基金。比如 1950 年 4 月 14 日政务院在国家的正式文件——《关于举办全国救济失业工人运动和筹措救济失业工人基金办法的指示》——中首次出现"基金"。要求中华全国总工会举行一次全国救济失业工人运动、筹措一笔救济失业工人基金。于是，中华全国总工会发动了一场全国性救济失业工人的捐献运动，《人民日报》数据显示，截至 1950 年 7 月 7 日，该运动共募集捐款 312.854 亿元（旧币）。

1981 年 5 月，全国"自然科学基金"成立，其背景是由 89 位中国科学院学部委员提议设立，在邓小平等党和国家领导人的支持下，1982 年成立了中国科学院科学基金委员会。这是首个由国家财政预算拨款设立的国家自然科学基金会，开辟了中国科学基金制的先河。

专项基金的资金由来一般分为社会捐助、企业捐助、政府资助、自有资金等。专项基金一般设立在具有独立法人资格的组织下作为分支机构存在，不具有独立法人资格。

（三）基金会

中华人民共和国成立初期百废待兴，国家的经济、政治、社会需要发展。面对社会民生领域出现的各种风险，政府作为主导力量开展慈善服务是这一历史阶段的主要特点。比如 1950 年，《关于新中国福利救济事业的报告》中明确了党和政府对于民间慈善事业的方针政策，认为慈善事业"不再是少数热心人士的孤军奋斗，"而应"吸收个人和团体参加"。①

这一时期，基金会的概念并未被明确提出，但是从实践层面来看，政府对于基金会概念的理解是"捐献资金"。比如 1950 年 6 月 17 日，《救济失业工人暂行办法》指出："各界自愿捐助的救济金"是救济基金的三大来源之一。

政府对于基金会等慈善事业故有的认知一直持续到 20 世纪 80 年代初左右，随着改革开放，部分政府官员到欧美考察后带回重大发现："发达国家遍地都是基金会，原来在政府之外，也可以通过基金会筹资做社会事业。"由此，政府对于基金会的认知逐渐理性化。在社会救济方面，开始让社会力量做社会救济，允许发起成立公益组织。改革开放初期，在中国残疾人福利基金会筹备建立期间，"基金会"的叫法才开始产生并逐渐普及。到了 20 世纪 80 年代，基金会的叫法才开始普遍。②

1981 年 7 月 28 日，中国儿童少年基金会成立。主要由中华全国妇女联合会、共青团中央委员会等 17 个全国性社会团体和单位发起。作为中华人民共和国成立后的第一家国家级公募基金会，中国儿童少年基金会开启了中国慈善事业发展的新时代。

1988 年出台的《基金会管理办法》是我国第一次在官方文件中提出对基金会的定义。该办法认为基金会是指"对国内外社会团体和其他组织以及个人自愿捐赠资金进行管理的民间非营利性组织，是社会团体法人。基金会的活动宗旨是通过资金资助推进科学研究、文化教育、社会福利和其他公益事业的发展"。当时政府认为基金会属于金融机构，所以将其业务主管单位设置成人民银行。

随着对于基金会认知的逐渐深化，1999 年的《中华人民共和国公益事业捐赠法》中认为基金会属于依法成立的公益性社会团体。

2004 年《基金会管理条例》颁布，其中所称基金会，是指利用自然人、

---

① 《中国基金会 70 年大事记（1949—2019）》，http：//www.cfforum.org.cn/category/19，最后访问日期：2022 年 5 月 12 日。
② 王名：《重新理解基金会》，https：//3g.163.com/dy/article/GP73CKIR0512D03F.html，最后访问日期：2022 年 5 月 1 日。

法人或者其他组织捐赠的财产，以从事公益事业为目的，按照本条例的规定成立的非营利性法人。2008 年《中华人民共和国企业所得税法》及其实施条例，确立了基金会在内的非营利组织在税法上的纳税主体地位。这两个政策文件的出台使得中国基金会在慈善属性和法律主体地位上日渐规范。随着对于基金会的认知理解逐渐清晰，中国基金会的概念意涵也基本确定。

二　中国基金会的发展阶段

中国基金会可以分为三个发展阶段。第一阶段：起步发展期（1949～1988 年），规范管理期（1989～2012 年），创新发展期（2013 至今）。

（一）起步发展期（1949～1988 年）

1949 年中华人民共和国成立，为恢复和发展国民经济，政府实行社会主义计划经济体制。这一时期社会组织及基金会的发展空间非常小，基金会在中国的发展几乎处于"空白"状态。一直到 1981 年 7 月 28 日，中华人民共和国成立了第一家国家级公募基金会——中国儿童少年基金会，隶属于全国妇联。华侨茶业发展研究基金会、浙江省妇女儿童基金会以及山东省儿童少年福利基金会也于当年建立，是我国最早建立的一批基金会。随后的 1982 年，宋庆龄基金会成立。此时的基金会更多是由政府主导建立，不属于现代意义上基于全民慈善建立的基金会。

1984 年 3 月 15 日，国务院批准成立全国性公募基金会——中国残疾人福利基金会。此后一直到 1987 年 9 月，当时全国已经建立各种规模的基金会 214 个，其中全国性基金会 33 个，地方性基金会 181 个。值得注意的是，这一时期由于经济政策逐渐放开，在广大的乡镇政府或街道层面，出现了大量的冠以"基金会"名称的组织，据 1986 民政部的不完全统计调查，当时此类基金会就达到 6275 个，其中乡镇政府设立的有 5888 个。

鉴于 20 世纪 80 年代比较混乱的基金会发展态势，为鼓励基金会规范发展，国务院于 1988 年 9 月 27 日颁布了《基金会管理办法》，这是中国有关基金会的第一部行政法规。其中明确了基金会的定义："基金会是指对国内外社会团体和其他组织以及个人自愿捐赠资金进行管理的民间非营利性组织，是社会团体法人。"该办法认为基金会的活动宗旨是"通过资金资助推进科学研究、文化教育、社会福利和其他公益事业的发展"。但不包括"由国家拨款建立的资助科学研究的基金会和其他各种专项基金管理组织"。这在一定程度上规范了基金会的设立流程。但《基金会管理办法》并未对基金会的组织形式、内部决策程序、财务会计制度、资产使用管理、社会监督机制等问题进行规范,而且奉行的主要是控制和限制政策,比如根据《基金会管理办法》,基金会具有三重身份,分别是"非营利性组织"、"社会团体法人"和"非银行金融机构"。这就导致基金会要收到"三重管理体制"的管理,包括"三步批准登记制度"等要求表明了政府对基金会性质及认识的偏差。

总体而言,这一时期主要有两类基金会:一类是早期有很强政府名人背景的基金会,如宋庆龄基金会;① 另一类是农村和城市基层街道的基金会。缺乏基金会的登记机关和法律,基金会组织名目繁多、质量参差不齐,而且这一时期的官办基金会,名字虽然叫"基金会",但它们大部分是公益组织的性质。② 由个人和企业发起设立的基金会依然较少。

(二) 规范管理期 (1989~2012 年)

1989 年至 2012 年,我国基金会进入快速发展期。其中官办基金会进一步发展,团中央于 1989 年成立中国青少年发展基金会,发起我国慈善史上著名的"希望工程"公益事业。同年中国贫困地区发展基金会成立,开辟了扶贫资金来源和资金使用的新渠道,优化了以往单纯依靠国家财政拨款和银行贷款扶贫的模式。1990 年 8 月 31 日至 9 月 2 日,第一次全国性民间基金会经验交流与研讨会在河北省承德市召开,吴作人国际美术基金会、中国青少年发展基金会等 13 家全国性基金会及民政部社团管理司等机构的29 位代表参会。③ 1993 年,中国红十字会、中华环保基金会相继建立。截至 1996 年,全国注册基金会达到 1801 家,其中全国性基金会 69 家,地方基金会 1732 家。"希望工程""春蕾计划"等品牌性公益项目的实施,让广

---

① 王名等著《中国社会组织 (1978~2018) ——社会共治:正在生成的未来》,社会科学文献出版社,2018,第 165~173 页。

② 康晓光:《"保持清醒,坚守底线,做真正有价值的事"》,https://baijiahao.baidu.com/s?id=1717278141640104224,最后访问日期:2022 年 4 月 12 日。

③ 邓国胜:《迈上新征程的中国基金会,如何走得又好又快又稳"》,http://www.fubaore.com/loushi/2021/1203/122021_100652.html,最后访问日期:2022 年 3 月 11 日。

大民众增进了对于公益慈善的了解。

但是随着《基金会管理办法》的出台，特别是"三重管理体制"和"三步批准登记制度"要求的提出，实际上在一定程度上限制了基金会发展。特别是1996年，中共中央办公厅、国务院办公厅联合下发《关于加强社会团体和民办非企业单位管理工作的通知》，要求全党重视非营利组织发展过程存在的问题，开始对基金会进行清理、整顿，基金会发展处于停顿状态。1997年4月8日，国务院办公厅转发《民政部关于清理整顿社会团体意见的通知》，开始了全国范围内第二次社会团体清理整顿工作。此次清理整顿延续到1999年10月。经过清理整顿，社会团体、基金会和民办非企业单位被纳入统一的登记管理体系。经过三次整顿，全国基金会中有超过500家因为各种情况被注销或解散。

到1998年，民政部成立民间组织管理局，1999年国务院确定基金会的登记管理统一归口为民政部门，人民银行不再参与管理，基金会的管理日渐清晰化、规范化。

2004年，国务院颁布实施了《基金会管理条例》，该条例主要有八个方面的内容，包括明确基金会的公益性质、对基金会进行分类管理、将涉外基金会纳入国家法律管理、对基金保值增值方式进行规定、明确基金会各类支出标准、建立基金会内部的自律机制、确立了公开和透明原则、明确了基金会的税收优惠原则。《基金会管理条例》进一步明确了非公募基金会的概念并鼓励基金会登记注册，企业和个人名称也被允许可以用于命名非公募基金会。2004年7月7日，叶康松慈善基金会作为中国第一家民办的非公募慈善机构在浙江省民政厅注册。2005年6月14日，由香江集团捐资的香江社会救助基金会成立，它是《基金会管理条例》实施后，中国第一个国家级非公募慈善基金会，中国第一家注册资金在5000万元以上的全国性非公募基金会，标志着中国社会私人捐赠制度化的开始。2007年4月6日，"王振滔慈善基金会"成立，是第一个由中国民营企业家设立、以个人名字命名的非公募慈善基金会，其宗旨是宣传慈善事业、向社会贫困群体提供帮助、对为慈善事业做出贡献的人才进行奖励。2007年6月26日，腾讯公益慈善基金会在民政部登记成立，是中国第一家由互联网企业发起成立的基金会。2009年9月1日，中国第一家以社区命名的基金会——广东省千禾社区公益基金会——在广东省民政厅登记注册成立。2010 年 1 月 12 日，中国第一部未成年人保护法的主要起草人魏久明等共同创办中华少年儿童慈善救助基金会，该基金会由上海企业家袁祥先生捐赠 2000 万元，作为原始基金。一直到 2011 年底，非公募基金会数量占比达到 53.75%，首次超过公募基金会，成为慈善组织的中坚力量。

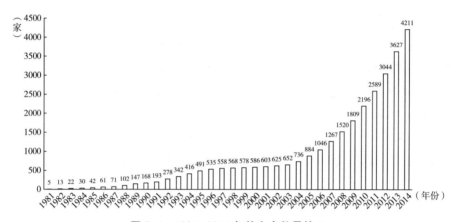

图 7-1　1981~2014 年基金会数量情况

资料来源：杨团主编《中国慈善发展报告（2015）》，社会科学文献出版社，2015。

这一时期，具有民间性和社会性特征的非公募基金会取得了飞速发展。非公募基金会从 2007 年的 436 家增加至 2017 年的 4629 家，十年间增加 9 倍有余。非公募基金会的放开发展，为个人、企业自主地进行公益投入和实现公益意愿开辟了广阔空间。

《基金会管理条例》对境外基金会在中国的登记管理工作做出了明确规定。第一次以官方行政文件的形式允许国际 NGO 在中国注册办公。《基金会管理条例》也对基金会的组织结构、财产管理与使用、政府社会监督管理、基金会的法律责任等事项进行了具体的规定。

随着基金会数量的增多和活动的日渐频繁，民政部发布《关于开展基金会评估工作的通知》，正式启动了基金会评估工作，先后对 62 家报送材料的基金会进行了评估。这是中国第一次按照政府主导、社会参与、独立运作的方式对社会组织进行的全方位评估。

2012 年 7 月 12 日，为进一步规范基金会接收和使用方式，民政部印发了《关于规范基金会行为的若干规定（试行）》，对基金会的交易、合作及保值增值行为，以及基金会的信息公开行为做出了具体性、针对性指导。

（三）创新发展期（2013 至今）

党的十八大以来，以习近平同志为核心的党中央高度重视社会组织发展工作，在习近平新时代中国特色社会主义思想指引下，我国的社会组织发展事业迈向创新发展阶段。广大基金会坚持以习近平新时代中国特色社会主义思想为指导，增强"四个意识"、坚定"四个自信"、做到"两个维护"，始终坚守政治底色、体现时代特色、彰显公益本色。基金会类社会组织在国家的政策支持领域、规范管理领域、实践创新领域都展现出了新面貌。

据不完全统计，在政策支持领域，自 2012 年以来，我国中央政府相关部门出台有关基金会规范发展的文件、政策意见就超过 50 项。如《慈善信托管理办法》《慈善组织公开募捐管理办法》《民政部关于进一步加强基金会专项基金管理工作的通知》等。此外，党和国家领导人对基金会的发展也大力支持。比如在中国宋庆龄基金会成立 40 周年之际，中共中央总书记、国家主席、中央军委主席习近平向基金会全体同志表示热烈的祝贺，希望中国宋庆龄基金会践行"和平·统一·未来"宗旨，把握时代主题，发挥特色优势，深化对外民间友好合作，致力于推动祖国和平统一，助力青少年成长成才，发展公益慈善事业，为促进海内外中华儿女大团结、实现中华民族伟大复兴的中国梦做出新的更大的贡献。这体现了党和国家对基金会发展事业的大力支持。

在基金会规范管理领域，以 2016 年 3 月 16 日通过的《中华人民共和国慈善法》最为典型。《中华人民共和国慈善法》的实施，为规范以基金会为典型代表的慈善活动有序运行、促进慈善事业健康发展提供了法治保障，为完善社会领域立法、全面推进依法治国提供了重要的制度规范；也成为中国慈善事业从传统向现代转型的重要分界线。作为中国慈善领域重要的基础性、综合性法律，《中华人民共和国慈善法》的出台，是中国慈善事业迈入法治化轨道的标志，使得公众增加了对慈善公益事业的了解与支持；"取消业务主管单位要求，可直接在民政部门注册"，使得基金会登记与注册更加便捷高效；相关条款的确立加强了行业自律和治理能力，这为营造中国慈善法律规范、政府监管、组织善治、行业自律、公众参与、社会监督、平等竞争、优胜劣汰的良好生态环境创造了制度条件。2016 年，《慈善组织公开募捐管理办法》、修订版《基金会管理条例》也相继出台，初步构成支持促进基金会发展的法律法规体系雏形。

在基金会自身的实践创新领域，不同类型的基金会注册数量稳步提升，类型日渐多样，公益方向更加多元。比如，近年来基金会通过利用互联网平台扩大募捐范围、提升和加强基金会购买公益服务的质量、构建受益者评估体系、整合多领域慈善力量等方式完善了基金会服务的各个环节，展现了新时代背景下中国基金会立足实际和创新发展的时代特色。

三　中国基金会的政策法规

中国基金会的发展离不开国家在政策领域的引导，以及在相关法律层面的不断完善。主要包括相关政府工作报告和国家决议，相关法律及法规、相关政府部门规章、规范性文件四个方面，体现出国家对基金会发展的规范引导与支持态度。

（一）相关政府工作报告与国家决议

如表 7-1 所示，自 2011 年以来，中国政府已经连续 11 年将社会组织写进政府工作报告。基金会作为社会组织的重要组成部分，也从 2003 年的954 个发展到 2021 年的 8877 个。

表 7-1　与基金会相关的政府工作报告

报告名称	具体内容	所属版块
《2011 年国务院政府工作报告》	"强化政府社会管理职能，广泛动员和组织群众依法参与社会管理，发挥社会组织的积极作用，完善社会管理格局"	加强和创新社会管理
《2012 年国务院政府工作报告》	"发挥社会组织在社会管理中的积极作用"	加强和创新社会管理

报告名称	具体内容	所属版块
《2013 年国务院政府工作报告》	"改革社会组织管理体制，引导社会组织健康有序发展"	加强和创新社会管理
《2014 年国务院政府工作报告》	"更好发挥社会组织在公共服务和社会治理中的作用"	推进社会治理创新
《2015 年国务院政府工作报告》	"支持群团组织依法参与社会治理，发展专业社会工作、志愿服务和慈善事业"	加强和创新社会治理
《2016 年国务院政府工作报告》	"依法规范发展社会组织，支持专业社会工作、志愿服务和慈善事业发展"	加强和创新社会治理
《2017 年国务院政府工作报告》	"改革完善社会组织管理制度，依法推进公益和慈善事业健康发展，促进专业社会工作、志愿服务发展"	推动社会治理创新
《2018 年国务院政府工作报告》	"促进社会组织、专业社会工作、志愿服务健康发展"	打造共建共治共享社会治理格局
《2019 年国务院政府工作报告》	"引导支持社会组织、人道救助、志愿服务和慈善事业健康发展"	加强和创新社会治理
《2020 年国务院政府工作报告》	"支持社会组织、人道救助、志愿服务、慈善事业等健康发展"	加强和创新社会治理
《2021 年国务院政府工作报告》	"大力发展社会工作，支持社会组织、人道救助、志愿服务、公益慈善发展"	加强和创新社会治理

　　除此之外，党的十八大以来，多次提出有关基金会在内的社会组织发展方向。

表 7-2　与基金会相关的国家决议

文件名称	具体内容	会议名称
《中共中央关于全面深化改革若干重大问题的决定》	"推进社会组织明确权责、依法自治、发挥作用。适合由社会组织提供的公共服务和解决的事项，交由社会组织承担。重点培育和优先发展行业协会商会类、科技类、公益慈善类、城乡社区服务类社会组织"	中国共产党第十八届中央委员会第三次全体会议

续表

文件名称	具体内容	会议名称
《中共中央关于全面推进依法治国若干重大问题的决定》	"加强社会组织立法，规范和引导各类社会组织健康发展"	中国共产党第十八届中央委员会第四次全体会议
《中国共产党第十九届中央委员会第三次全体会议公报》	"激发群团组织和社会组织活力"	中国共产党第十九届中央委员会第三次全体会议
《中共中央关于坚持和完善中国特色社会主义制度、推进国家治理体系和治理能力现代化若干重大问题的决定》	"发挥社会组织作用，实现政府治理和社会调节、居民自治良性互动，夯实基层社会治理基础""重视发挥第三次分配作用，发展慈善等社会公益事业"	中国共产党第十九届中央委员会第四次全体会议
《中共中央关于制定国民经济和社会发展第十四个五年规划和二〇三五年远景目标的建议》	"发挥群团组织和社会组织在社会治理中的作用""要发挥慈善等第三次分配作用，改善收入和财富分配格局"	中国共产党第十九届中央委员会第五次全体会议

（二）相关法律法规

在有关基金会的法律及行政法规层面，中国已经出台了包括《中华人民共和国民法典》《中华人民共和国慈善法》在内的法律法规 6 部。[①]

表 7-3 与基金会相关的法律法规（部分）

名称	法律/法规	施行日期
《中华人民共和国民法典》相关条款	法律	2021 年 1 月 1 日
《中华人民共和国境外非政府组织境内活动管理法》	法律	2017 年 1 月 1 日
《中华人民共和国红十字会法》	法律	2017 年 5 月 8 日
《中华人民共和国慈善法》	法律	2016 年 9 月 1 日
《基金会管理条例》	行政法规	2004 年 6 月 1 日
《中华人民共和国公益事业捐赠法》	法律	1999 年 9 月 1 日

---

① 北京致诚社会组织矛盾调处与研究中心：《慈善领域法律政策汇编（2021 版）》，第 4~282 页。http://www.cfforum.org.cn/Uploads/file/20210825/612609f6acd13，最后访问日期：2022 年 2 月 1 日。

（三）相关部门规章

在有关基金会的部门规章方面，中国多年来也出台了多项"规定"与"办法"。

表 7-4　与基金会相关的部门规章（部分）

名称	颁布部门	发布（通过）日期
《基金会名称管理规定》	民政部	2004 年 6 月 21 日
《基金会年度检查办法》	民政部	2005 年 12 月 27 日
《基金会信息公布办法》	民政部	2006 年 1 月 12 日
《救灾捐赠管理办法》	民政部	2008 年 4 月 28 日
《公益事业捐赠票据使用管理暂行办法》	财政部	2011 年 7 月 1 日
《关于规范基金会行为的若干规定（试行）》	民政部	2012 年 7 月 10 日
《公开募捐平台服务管理办法》	民政部、工业和信息化部、国家新闻出版广电总局、国家互联网信息办公室	2016 年 8 月 30 日
《慈善组织公开募捐管理办法》	民政部	2016 年 9 月 1 日
《慈善信托管理办法》	银监会、民政部	2017 年 7 月 26 日
《慈善组织信息公开办法》	民政部	2018 年 9 月 1 日
《慈善组织保值增值投资活动管理暂行办法》	民政部	2019 年 1 月 1 日

除上述有关基金会的部门规章外，民政部门近些年也陆续出台了《公开募捐违法案件管辖规定》《关于慈善组织开展慈善活动年度支出和管理费用的规定》《扶贫、慈善性捐赠物资免征进口税收暂行办法》等文件。部门规章根据基金会的最新发展实际，做到实时更新与调整，基本覆盖了基金会从注册、运行管理到项目评估的全流程，让中国基金会的发展有科学全面的政策依托，从而使得基金会的业务开展更加科学。

（四）规范性文件

在有关基金会发展的规范性文件层面，近年来也出台了相当数量的"通知"与"意见"，进一步就不同领域的基金会进行针对性、具体性的管理与引导。

表 7-5　与基金会相关的规范性文件（部分）

规范性文件名称	发布单位	发布日期
《关于促进慈善类民间组织发展的通知》	民政部	2005 年 11 月 20 日
《关于企业公益性捐赠股权有关财务问题的通知》	财政部	2009 年 10 月 20 日
《关于进一步加强和完善基金会注册会计师审计制度的通知》	财政部、民政部	2011 年 12 月 26 日
《关于鼓励实施慈善款物募用分离　充分发挥不同类型慈善组织积极作用的指导意见》	民政部	2015 年 10 月 14 日
《关于加强中央部门所属高校教育基金会财务管理的若干意见》	教育部、财政部、民政部	2014 年 9 月 18 日
《关于促进慈善事业健康发展的指导意见》	国务院	2014 年 11 月 24 日
《关于进一步加强基金会专项基金管理工作的通知》	民政部	2015 年 12 月 24 日
《关于做好慈善信托备案有关工作的通知》	民政部、银监会	2016 年 8 月 25 日
《关于慈善组织登记等有关问题的通知》	民政部	2016 年 8 月 29 日
《关于加强慈善医疗救助活动监管的通知》	民政部	2018 年 10 月 17 日

　　此外，包括《关于公益性捐赠税前扣除资格有关问题的补充通知》《关于进一步明确公益性社会组织申领公益事业捐赠票据有关问题的通知》在内的其他规范性文件也依然在中国基金会规范发展过程中起到政策引导作用。特别是 2021 年 5 月 24 日，民政部、国家发展和改革委员会关于印发的《"十四五"民政事业发展规划》，指出："优化完善慈善组织登记认定、年度报告、信息公开、公开募捐资格管理等制度，加强慈善活动监督，规范慈善主体行为，保障慈善财产合法使用。"2021 年 9 月 30 日，民政部发布《"十四五"社会组织发展规划》进一步对"十四五"时期，包括基金会在内的社会组织党建、登记监管、执法与专业能力建设工作进行了规范化要求。

第二节　基金会的类型

　　在中国基金会 40 年左右的发展历程中，其发展数量经历了从无到有，领办方式由以官办为主走向以民办为主，业务领域从单一走向多元。基金会的社会组织"民间性"特性日渐显现，净资产规模到 2018 年底已经达到 1592.3 亿元。[①] 一般而言，对于中国基金会的分类维度有五个，分别是基金会的业务领域、基金会的领办主体、基金会的注册方式、基金会的募资方式和基金会资金的使用方式。

一　不同业务领域下的基金会

截至 2021 年底，中国基金会数量为 8877 个。基金会数量的初具规模进一步促进了基金会在具体业务方向上的分化与多元发展。根据 EPS 数据平台中国民政数据库对于中国基金会业务方向的分类，中国基金会可以分为教育、职业及从业组织、文化、科技与研究、农业及农村发展、生态环境、体育、法律、卫生、社会服务、工商业服务、宗教、国际及涉外组织和其他 14 个类型。按照基金会中心网对于基金会业务领域的划分，基金会可以分为艺术、教育、环境、动物保护、卫生保健、心理健康、医疗救助、法律实施、就业、"三农"、科学研究、安全救灾、扶贫助困、公共服务、国际事务、公民人权、社区发展、志愿服务、公益行业发展、创业、体育、公共安全、侨务、公益投资、文化 25 个类型。

两种分类方式基本上覆盖了中国基金会的所有业务方向，只不过基金会中心网的分类方式更加细致，比如在环境保护领域，基金会中心网将"环境"和"动物保护"分开归类，但是中国民政数据库将两者合并为"生态环境"。

实际上，我们可以按照"专项"和"综合"的划分维度，将中国基金会分为以下两大方向。一是"专项基金会"，指的是该类型基金会属于特定领域的工作方向，业务方向仅限于本行业或某一个方向。二是"综合类基金会"，指的是该类型基金会涉及的业务领域至少为两个，服务方向比较多元，一般多为支持社会公共利益、整体慈善事业发展的基金会。

由于有不少领域方向的基金会数量不足 100 个（比如体育领域和法律领域等），其在中国基金会中的数量占比不足 1%，规模化效应尚未形成。所以可以整合划归为"其他"类。因此，如表 7-6 所示，我们可将中国基金会进行如下区分。

---

① 杨团主编《中国慈善发展报告（2020）》，社会科学文献出版社，2020，第 109 页。

表7-6　基金会业务方向分类

业务分类	类别	举例
专项业务基金会	教育	包括学校性质的基金会、教育救助类基金会等
	科技与研究	包括学术型、科技型基金会
	文艺体育	包括文化类、艺术类基金会
	环境保护	包括动物与生态环境保护类基金会
	卫生及健康服务	包括生理及心理健康服务类基金会
	应急救援	灾害预防与处置类基金会
	社会公益服务	包括社区基金会、志愿服务基金会、公益投资类基金会
	扶贫助困	包括农村扶贫类、技能培训等"三农"类基金会
	工商业服务	包括创业服务类基金会
	其他	包括宗教、侨务、法律类基金会
综合性业务基金会	官方背景基金会	如中国人口福利基金会
	民办基金会	如壹基金等

（一）专项业务基金会

按照上述分类标准，截至2019年，在中国专项业务基金会中，数量较多的基金会类别为：教育类、扶贫助困类、科技与研究类、文艺体育类，剩余的各类基金会数量相对较少。各业务领域较早成立的基金会情况如下。

在工商业服务领域，1981年9月8日，华侨茶业发展研究基金会在北京成立，由华侨爱国人士关奋发先生倡议发起成立。这是国务院批准、商务部主管、民政部注册的国家唯一的全国性茶业基金会。

在科学研究领域，1983年6月，为纪念中国经济学家孙冶方，55位经济学家发起"孙冶方经济科学奖励基金委员会"。从1984年起，开始颁发"孙冶方经济科学奖"，该奖被认为是中国经济学界最受关注、最具权威地位的经济学奖项，1995年，该会改称"孙冶方经济科学基金会"。

在社会公益领域，1984年3月15日，以弘扬人道、奉献爱心、全心全意为残疾人服务为宗旨的中国残疾人福利基金会成立。

在卫生及健康服务领域，1984年10月26日，中国癌症研究基金会在北京成立，该基金会是由一些科研单位和医药厂商共同倡议建立，旨在挖掘、动员各社会集团潜力，加速癌症研究步伐，为发展我国抗癌医药事业做出贡献。2017 年，中国癌症基金会以 606689 万元人民币名列全国基金会捐赠收入排行榜第一名。

在环境保护领域，1993 年 4 月 27 日，由环境保护部主管的中华环境保护基金会，在民政部登记注册成立，这是中国第一家专门从事环境保护事业的全国性公募基金会。根据 2019 年度中华人民共和国民政部全国性社会组织评估等级结果，专项业务方向基金会的评级等级结果如表 7-7 所示。

表 7-7　2019 年专项业务基金会评级结果一览

评级类别 基金会类别	5A 级	4A 级	3A 级
教育类	浙江大学教育基金会	四川大学教育基金会、北京理工大学教育基金会、中国教师发展基金会、西北农林科技大学教育发展基金会、中国华文教育基金会、中国下一代教育基金会、河南大学教育发展基金会	中国西部人才开发基金会、善小公益基金会、陶行知教育基金会
扶贫助困类	华润慈善基金会	中华思源工程扶贫基金会	余彭年慈善基金会、中华社会救助基金会、中华少年儿童慈善救助基金会、健坤慈善基金会、援助西藏发展基金会、中山博爱基金会
科技与研究类	—	—	中国生物多样性保护与绿色发展基金会、孙冶方经济科学基金会
文艺体育类	中国文学艺术基金会	中国少年儿童文化艺术基金会	中国文物保护基金会、中国足球发展基金会、中华社会文化发展基金会、中华文学基金会、中国民族文化艺术基金会

（二）综合性业务基金会

在综合性业务基金会中，官方背景的综合性基金会以二十世纪八九十年代建立的官办基金会为主，综合性业务方向的民办基金会数量多于官办基金会。

在官方成立的综合性业务基金会当中，中华全国妇女联合会、共青团中央委员会、中华全国总工会等 17 个全国性社会团体和单位于 1981 年 7 月 28 日联合发起成立了中国儿童少年基金会。这是中华人民共和国成立后的第一家全国性公募基金会，也是第一个以募集资金形式注册成立的全国性社会组织。其发起实施的"希望工程"是我国社会参与最广泛、最富影响的民间公益事业。截至 2018 年，全国希望工程累计接受捐款 150.23 亿元，资助困难学生 594.9 万名，援建希望小学 20110 所。

进入 21 世纪后，包括基金会在内的社会组织管理日渐规范。从 2011 年 3 月 1 日起施行的《社会组织评估管理办法》对不同领域的基金会进行评级考核。

表 7-8　2019 年综合性业务基金会评级一览

评级类别 基金会类别	5A 级	4A 级	3A 级
官方背景基金会	—	中国社会福利基金会	民福社会福利基金会、中国国际文化交流基金会
民办基金会	华润慈善基金会	阿里巴巴公益基金会	紫金矿业慈善基金会、黄奕聪慈善基金会、新华人寿保险公益基金会

二　不同领办主体下的基金会

基金会是慈善组织的重要类型之一，同时作为社会组织的重要组成部分，在我国社会发展领域的作用日渐突出。实际上，基金会的主要特征应该是民间性，即由公民通过自下而上的方式进行筹建。但是在中国，由于政治体制、历史国情的情况，基金会的领办主体有多种类别，主要包括官办基金会、个人基金会、社区型基金会、学校型基金会、企业型基金会和家族慈善基金会。

（一）官办基金会

官办基金会是由政府或具有政府背景的机构成立的基金会。包括由政府全额出资并全权管理运作的官办官助基金会，如宋庆龄基金会，和由政府提供创办基金会所需的启动资金，然后由基金会再向社会募集开展公益活动所需资金的官办民助基金会，如中国青少年发展基金会、中国人口福利基金会。

中国官办基金会主要诞生于二十世纪八九十年代，由共青团、民政、公安、教育、残联、老龄委、妇联等党政机关主导的"官办基金会"在相当长的一段日期内都是中国基金会的主流，其领导一般由政府部门任命和批准。基金会的原始资金、办公场地与费用都由政府提供。官办基金会实际上为中国基金会事业的发展奠定了基础。根据基金会中心网观测数据统计，我们通过对 6666 家基金会（截至 2019 年 12 月 31 日）进行信息分析发现，由官方背景机构发起的基金会共 2189 家，占比 32.84%，超过个人背景基金会成为数量最多的基金会类型。[1]

根据中国基金会中心网发布的中基透明指数（FTI）2021 榜单[2]，国家级官办基金会排名靠前的基金会如表 7-9 所示。

表 7-9　2021 年国家级官办基金会 FTI 情况

单位：分，万元

排名	基金会名称	2021 年 FTI	净资产
1	中国残疾人福利基金会	100	106601
2	中国出生缺陷干预救助基金会	100	7633
3	中国光华科技基金会	100	90462
4	中国妇女发展基金会	100	54549
5	中国儿童少年基金会	98.32	68417
6	中国扶贫基金会	98.32	158931
7	中国红十字基金会	98.32	78967
8	中国华侨公益基金会	98.32	25188
9	中国教育发展基金会	98.32	65866
10	中国初级卫生保健基金会	96.64	37732

随着国家进一步认识到基金会作为社会组织的独立性、民间性等规律特征，基金会规范化发展的系列政策文件、法律法规，以及多元主体领办基金会的可行性和政策依托日渐成熟。

---

① 杨团主编《中国慈善发展报告（2020）》，社会科学文献出版社，2020，第 106 页。
② FTI 指"中基透明指数"，由基金会中心网开发、清华大学廉政与治理研究中心提供咨询，一套综合指标、权重、信息披露渠道、完整度等参数，以排行榜单为呈现形式的基金会透明标准评价系统。

（二）个人基金会

个人基金会是指由个人或个人相关的企业等机构发起，理事会主要由发起人组建，社会人士参与治理的基金会，主要以是否代表了某个/某些人的公益意志为判断依据。中国真正意义上的个人基金会是 1984 年成立的潘天寿基金会，是由浙江省文化厅主管的用于资助美术学术研讨、交流、展览、创作的非公募基金会。

表 7-10　个人基金会列举（部分）

单位：分

	基金会名称	成立日期	主要发起人	2021 年 FTI
大型公募基金会	深圳壹基金公益基金会	2007 年	李连杰（名人）	100
	北京韩红爱心慈善基金会	2012 年	韩红（名人）	100
中小型公募基金会	北京屈正爱心基金会	2012 年	屈正（名人）	100
中小型非公募基金会	上海袁立公益基金会	2016 年	袁立（名人）	90.1
	江苏昌明教育基金会	2010 年	王海波（名人）	100
	北京成龙慈善基金会	2008 年	成龙（名人）	98.02
	北京阳光未来艺术教育基金会	2014 年	杨澜（名人）	72.56
	北京姚基金公益基金会	2018 年	姚明（名人）	93.07

在国务院发布《基金会管理条例》以前的 1984 年到 2004 年，中国个人基金会发展数量较少，仅有少量的爱国华侨、专家学者、艺术家等有识之士能够发起设立代表其个人公益意志的基金会。

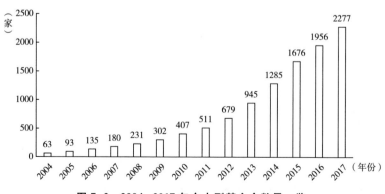

图 7-2　2004~2017 年个人型基金会数量一览

2004 年的《基金会管理条例》中明确了个人、企业、民间组织可以发起成立非公募基金会，此后个人背景的基金会增长速度逐渐加快，年增长率基本保持在 30% 以上。

（三）社区型基金会

社区型基金会是指围绕城乡社区公共事务和利益展开服务的在地化慈善组织，其功能为社区居民服务、促进社区可持续发展。其领办主体可以是企业、地区政府或社会组织从业人员及组织。

2008 年，深圳的地产企业家、爱心慈善家李爱君在自己的社区建立了桃源居公益基金会。这是中国首个从社区建设、社区文化角度关注民生的新型公益基金会。广东省千禾社区公益基金会是第一家以社区命名的中国基金会。2014 年，是中国社区基金会元年，在这一年，上海和深圳推出鼓励扶植社区基金会发展的相关政策，成为全国范围内社区基金会建设事业的标杆地区。

在中国，社区基金会与城乡社区治理事业密不可分。2017 年 6 月，《中共中央　国务院关于加强和完善城乡社区治理的意见》提出，鼓励通过慈善捐赠、设立社区基金会等方式，引导社会资金投向城乡社区治理领域。2017 年 12 月，《民政部关于大力培育发展社区社会组织的意见》提出，鼓励有条件的地方设立社区发展基金会，为城乡社区治理募集资金，为其他社区社会组织提供资助。2021 年 4 月 28 日，《中共中央　国务院关于加强基层治理体系和治理能力现代化建设的意见》中提出要"支持建立乡镇（街道）购买社会工作服务机制和设立社区基金会等协作载体"。国家及部委层面的政策文件为培育发展社区基金会提供了政策合法性依据。

表 7-11　2008~2019 年中国社区基金会数量

年份 省份	2008~2011	2011~2013	2013~2016	2016~2019
广东省	2	0	17	16
上海市	1	1	20	55
江苏省	1	0	3	13
浙江省	0	0	2	4
北京市	0	0	1	4
其他地区	0	0	3	10

资料来源：民政部全国社会组织查询汇总。

截至 2019 年 12 月 31 日，中国社区基金会共 181 家，占到当年全国基金会数量的 2.7%。虽然社区基金会的数量在全国社区基金会中的比例很低，但是国家的基层治理需要社区基金会为基层的社会治理提供政府财政资金以外的经济支撑，因此，社区基金会的发展潜力将会十分巨大。

（四）学校型基金会

学校型基金会是由捐赠人及学校发起成立的非营利组织。主要以捐赠资金和投资收益为主要筹资方式，为学校的教育事业发展提供资金支持。清华大学教育基金会于 1994 年成立，是民政部批准成立的全国性非公募基金会，也是中华人民共和国成立后最早成立的大学教育基金会，宗旨是推动我国教育事业的发展，弘扬清华大学的文化和理念，提高教育质量和学术水平，争取国内外组织和个人的支持和捐助。近年来，全国学校发起成立的基金会数量持续增长，截至 2019 年底已达 927 家。

值得注意的是，教育类基金会虽大多是非公募基金会，但是其净资产规模经常处于全国基金会前列。全国教育类基金会的净资产总量占非公募基金会净资产总量的一半左右。2020 年，中国 985 高校基金会净资产排名情况如表 7-12 所示。

表 7-12 2020 年基金会净资产规模

单位：万元

排名	基金会名称	净资产
1	清华大学教育基金会	1576548
2	北京大学教育基金会	701133
3	浙江大学教育基金会	403018
4	北京师范大学教育基金会	170072
5	上海交通大学教育发展基金会	163813
6	南京大学教育发展基金会	134279
7	上海复旦大学教育发展基金会	100306
8	北京市中国人民大学教育基金会	83484
9	中国科学技术大学教育基金会	82479
10	北京航空航天大学教育基金会	80458

　　从学校基金会的运作形式来看，主要有五种形式。以行政管理型为运作模式的浙江大学教育基金会，以市场运作型为运作模式的北京大学教育基金会和清华大学教育基金会，以发展委员会型为运作模式的南京大学教育发展基金，以海外拓展型为运作模式的上海交通大学教育发展基金会，以行业依靠型为运作模式的中国矿业大学，在资金募集和使用等方面越来越多样化，为基金会自身发展发挥了重要作用。[①]

表 7-13　教育基金会的五种运作模式

学校基金会类型	特点	代表
行政管理型	1. 承袭传统的行政管理手段，办公经费预算计入校长办公室总的办公经费； 2. 发挥自我优势，集中力量，做足校友工作	浙江大学教育基金会
市场运作型	1. 机构独立、自主管理； 2. 人员专业、配置科学、投入量大； 3. 拥有海外基金会，重视国际化发展； 4. 规模最大的基金会	北京大学教育基金会、清华大学教育基金会
发展委员会型	1. 基金会投资收益占比较大； 2. 发展委员会只管筹款，不负责基金增值运作； 3. 校董会负责基金会管理工作。董事的组成层次高、范围广、代表性强，主要是政界、企业界、科技界的知名人士	南京大学教育发展基金会
海外拓展型	1. 日常工作由基金会办公室负责，办公室是独立的处级机构； 2. 积极拓展海外市场	上海交通大学教育发展基金会
行业依靠型	依托校友企业争取社会捐赠	中国矿业大学教育发展基金会

　　捐赠收入、服务收入、投资收入、政府补助收入及其他收入是中国学校型基金会的主要收入来源，其中捐赠收入在基金会收入来源中所占的比重最大。

[①]　孟东军、张美凤、顾玉林：《我国高校社会捐赠管理比较研究》，《高等工程教育研究》2003 年第 2 期，第 52~54 页。

表 7-14　2020 年中国学校型基金会捐赠收入占比情况（部分）

单位：万元，%

高校名称	捐赠收入	基金会总收入	捐赠收入占基金会总收入比重
清华大学教育基金会	698658	799446	87.4
北京大学教育基金会	77366	120988	63.9
浙江大学教育基金会	113091	131553	86.0
北京师范大学教育基金会	60512	64967	93.1
上海交通大学教育发展基金会	17830	24773	72.0
南京大学教育发展基金会	13071	18997	68.8
上海复旦大学教育发展基金会	27496	30412	90.4
北京市中国人民大学教育基金会	14912	18131	82.2
中国科学技术大学教育基金会	16553	17398	95.1
北京航空航天大学教育基金会	9845	12711	77.5

可以看出，捐赠收入是中国一流大学建设高校教育基金会高度依赖的资金来源，通过投资、提供服务等渠道带动基金会收入增长的模式运用较少。整体而言，学校型基金会的投资主要是委托银行、券商、信托等机构，以购买短期理财产品为主的方式进行。[①]

（五）企业型基金会

企业型基金会是指由企业捐资设立的，以公益事业为目的的独立法人。中国企业型基金会分为国企基金会、民企基金会和外企基金会。企业型基金会是企业践行社会责任长期战略的重要举措。企业型基金会一般由企业本身、企业家个人、多个企业家联合发起。

根据 2019 年民政部基金会等级评估结果，企业型基金会等级评估结果如表 7-15 所示。

---

① 成刚、杜思慧：《一流大学教育基金会运作机制研究》，《决策参考》2021 年第 11 期，第 50~56 页。

表 7-15　2019 年中国企业型基金会评估结果

基金会评估等级	企业型基金会名称
5A 级	华润慈善基金会
4A 级	阿里巴巴公益基金会
3A 级	紫金矿业慈善基金会、新华人寿保险公益基金会、健坤慈善基金会
2A 级	巨人慈善基金会、润慈公益基金会

截至 2019 年底，中国企业型基金会，共 1315 家，占整体基金会数量的 19.70%。《中国慈善发展报告（2020）》显示："2018 年，在 589.56 亿元捐赠额样本采集数据中，企业捐赠比重为 61.89%。"2018 年度国有及国有控股企业、民营企业、港澳台资和侨资企业、外资（合资）企业四种企业类型分别占企业总体捐赠的比例为 34.90%、50.55%、5.71%、8.84%，其中国有企业和民营企业依然是捐赠主力军，国有企业捐赠占比比上年增加了 10 个百分点，虽然民营企业占比略有下降，但依然保持在 50.00% 以上。港澳台及侨资企业的捐赠保持增长，占比增加近 0.3 个百分点。

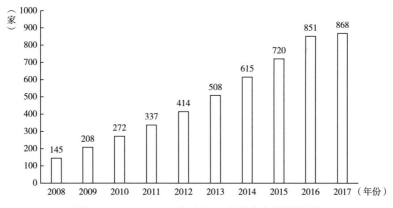

图 7-3　2008~2017 年中国企业基金会发展数量

中国企业型基金会的服务方向以教育、扶贫、公共服务领域为主。在基金会资产保值增值方面，企业基金会整体投资较为积极，投资资产分配中以短期投资为主。基金会中心网截至 2019 年 12 月 16 日关于企业基金会的调研报告显示：中国有投资行为的企业型基金会中，成立 8 年以下的占所有企业型基金会数量的 77.00%，国企基金会数量占到 17.00%，大型企业的基金会数量占到 12.00%。国企、金融性基金会的投资以短期投资为主，胡润财富榜 top200 企业的基金会在基金会长期股权投资方面资金量占比达到 81.00%，更倾向于长期高回报类投资。

（六）家族慈善基金会

家族慈善基金会是指由个人、家族或由个人、家族控股的非公有制企业出资成立，且个人或家族成员在基金会担任重要职务。家族慈善基金会最大的特点是家族间就该基金会运作进行代际传承，但其本质还是面向社会、服务社会。家族慈善基金会需要满足三个基本因素。第一，基金会的发起人或者出资人为个人或家族成员。第二，基金会的名称中一般都会含有家族名称，且家族慈善基金会一般都是非公募基金会。第三，家庭成员需要在基金会担任重要职位。

1986 年在福建省泉州市注册的贤銮福利基金会，是中国大陆第一家家族慈善基金会，由爱国华侨何瑶煌先生发起成立。该基金会用自有商业资产——"贤銮福利大厦"租金和其他资产收益——作为基金会的运作资金。何瑶煌和哥哥何瑶焜当时分别担任会长和永久会长，后由家族成员在基金会中担任重要职位并管理运营，以促进我国科学教育事业和福利事业发展为宗旨。1988 年，该基金会设立"贤銮奖"，用于资助教育事业发展。2018 年有 1174 名优秀学生获得"贤銮奖"，奖学助学支出 152.35 万元。[①]

截至 2018 年底，我国共有家族慈善基金会 268 家，占全国基金会总量的 4.00%，家族慈善基金会已成为我国公益慈善领域的重要力量之一。[②]

总体来看，早期的中国家族慈善基金会发起主体主要是爱国华侨、文化领域名人，如吴作人国际美术基金会、马海德基金会。从 2013 年起，名人创办家族慈善基金会的占比开始下降，2015 年非名人创立的家族慈善基金会在数量上首次超过名人创立的家族慈善基金会。

从注册资金来看，在截至 2018 年底统计的 268 家家族慈善基金会中，有 53.35% 的家族慈善基金会注册资金为 200 万元，这与 2004 年施行的《基

---

① 《家族慈善基金会成为我国公益慈善领域的重要力量》，http://www.bnu1.org/show_1241.html，最后访问日期：2022 年 3 月 21 日。

② 《家族慈善基金会成为我国公益慈善领域的重要力量》，http://www.bnu1.org/show_1357.html，最后访问日期：2022 年 5 月 21 日。

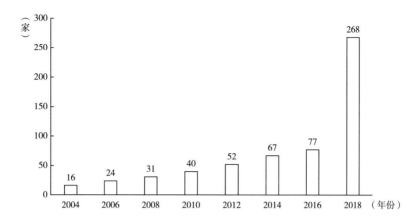

图 7-4　2004～2018 年中国家族慈善基金会数量情况

资料来源：《基金会绿皮书：中国基金会发展独立研究报告（2017）》。

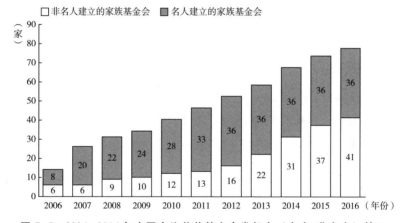

图 7-5　2006～2016 年中国家族慈善基金会发起人（名人/非名人）情况

金会管理条例》中规定"非公募基金会原始基金最低为 200 万元"规定有关。发起资金在 201 万元～500 万元、501 万元～1 亿元的家族慈善基金会各占 20.00%。其中，泛海基金会和江苏陶欣伯助学基金会发起资金为 2 亿元，是发起资金最高的家族慈善基金会。

从家族慈善基金会的运作情况来看，2017 年以前，我国 67.00% 的家族慈善基金会净资产小于 3000 万元，属于中小型家族慈善基金会。此外，净资产 3000 万元以上的有 40 家，净资产 1 亿元以上的有 13 家，10 亿元以上的有 2 家。

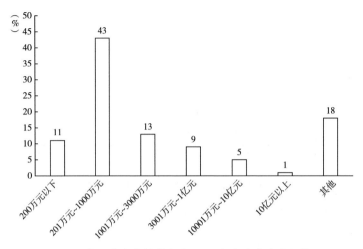

图 7-6　中国家族慈善基金会 2017 年末净资产数据情况

　　我国家族慈善基金会存在地域分布不均的情况。截至 2018 年底，广东（52 家）、北京（41 家）和福建（34 家）是我国各省份家族慈善基金会数量分布最多的前三个地区，全国半数家族慈善基金会分布在这三个地区。①中国家族慈善基金会从注册级别来看主要是在省级民政部门注册，以 2016 年为例，当年在省级民政部门注册的家族慈善基金会占到了当年家族慈善基金会总数的 68.80%。

表 7-16　2009~2016 年中国家族慈善基金会登记数量情况

单位：家

年份 登记部门	2009	2010	2011	2012	2013	2014	2015	2016
民政部	5	7	8	9	9	10	10	10
省级民政部门	29	33	38	43	47	49	52	53
市级民政部门	0	0	0	0	2	7	10	12
县级民政部门	0	0	0	0	0	1	1	2
合计	34	40	46	52	58	67	73	77

　　资料来源：基金会中心网，截至 2016 年 12 月 31 日。

---

① 《家族慈善基金会成为我国公益慈善领的重要力量》，http://www.bnu1.org/show_1241.html，最后访问日期：2022 年 3 月 21 日。

教育领域是中国家族慈善基金会主要的业务领域。此外，老年人服务、文化、社会发展也是家族慈善基金会的重要关注方向。《中国家族慈善基金会发展报告（2018）》显示：2017 年，家族慈善基金会的业务领域涉及教育的项目占比达到了当年所有家族慈善基金会支持项目的 60.00%，其中涉及基础教育的项目占比为 43.00%，关注高等教育领域的项目占比为 17.00%。关注文化领域的项目的比例为 9.00%，老年人服务项目占比为 5.00%，艺术类项目占比为 5.00%。

中国具有代表性的家族慈善基金会如表 7-17 所示，主要有老牛基金会、黄奕聪慈善基金会、王振滔慈善基金会、余彭年慈善基金会、浙江马云公益基金会、河仁慈善基金会等。

表 7-17　中国最早一批成立的家族慈善基金会

单位：万元

基金会名称 \ 基金会详情	成立日期	2020 年总资产	2020 年公益支出	发起人信息
老牛基金会	2004 年	72582	5024	蒙牛集团创始人牛根生
黄奕聪慈善基金会	2010 年	2124	4075	金光集团创始人黄奕聪之孙黄杰胜
王振滔慈善基金会	2006 年	2025	1020	浙江奥康鞋业股份有限公司董事长王振滔
余彭年慈善基金会	2010 年	2009	914	香港富得发展有限公司原董事长余彭年
浙江马云公益基金会	2014 年	161377	65303	阿里巴巴集团董事局主席马云
河仁慈善基金会	2011 年	317783	158677	福耀玻璃工业集团股份有限公司董事局主席曹德旺

三　不同注册级别下的基金会

按照基金会的注册级别进行划分，我国慈善基金会可以分为部级基金会、省级基金会、市县级基金会。根据基金会中心网数据，截至 2019 年 12 月 31 日，在 7913 个披露注册层级信息的基金会中，民政部注册的基金会共 211 家，占总数的 2.70%。省级民政部门注册的基金会共 5560 家，占总数的 70.30%。市县级民政部门注册的基金会共 2142 家，占总数的 27.10%。

（一）部级基金会

部级基金会一般指在国务院民政部门进行注册登记的基金会。根据2016年9月1日民政部颁布施行的新版《基金会管理条例》，部级基金会的设立需要满足以下几个条件。第一，需要满足新版《基金会管理条例》当中第八条第一款要求，即"以开展公益慈善活动为宗旨"。同时需满足第九条的相关规定，如"（一）注册资金不低于8000万元人民币；（二）面向全国以资助慈善组织和其他组织为主要活动方式；（三）发起人在有关领域内，具有全国范围内的广泛认知度和影响力"。需要注意的是，2004年6月1日颁布施行的《基金会管理条例》当中，对部级基金会的要求如下："（一）全国性公募基金会；（二）拟由非内地居民担任法定代表人的基金会；（三）原始基金超过2000万元，发起人向国务院民政部门提出设立申请的非公募基金会；（四）境外基金会在中国内地设立的代表机构。"

可以看出，2016年9月1日修订版《基金会管理条例》和2004年6月1日颁布的《基金会管理条例》对部级基金会的设立要求存在区别。主要反映在注册资金和运作模式要求方面。2016年9月1日修订版《基金会管理条例》在部级基金会的注册资金要求方面更高，同时更加鼓励设立全国性的资助型基金会。此外，境外基金会在华设立的代表机构不再归属部级基金会。

根据2020年度全国性社会组织评估等级公告，获得部级基金会评估等级情况如表7-18所示。

表7-18　2020年度获得部级基金会评估等级情况

基金会评估等级	基金会名称
5A	中国人口福利基金会、北京大学教育基金会、中国青年创业就业基金会
4A	中国健康促进会、爱佑慈善基金会、腾讯公益慈善基金会、友成企业家扶贫基金会、青山慈善基金会、顺丰公益基金会、万科公益基金会、中国友好和平发展基金会、中国马克思主义研究基金会、波司登公益基金会、中南大学教育基金会、中国留学人才发展基金会、南都公益基金会、中社社会工作发展基金会、中国人权发展基金会、中国人保公益慈善基金会、香江社会救助基金会

续表

基金会评估等级	基金会名称
3A	中国退役军人关爱基金会、中国法学交流基金会、周大福慈善基金会、中国华夏文化遗产基金会、思利及人公益基金会、中国和平发展基金会、安利公益基金会、中国老龄事业发展基金会、中国华侨公益基金会、张学良教育基金会、纺织之光科技教育基金会、中国人寿慈善基金会、中国古生物化石保护基金会、王振滔慈善基金会、萨马兰奇体育发展基金会、中兴通讯公益基金会、开明慈善基金会、凯风公益基金会、太平洋国际交流基金会、南航"十分"关爱基金会、中华同心温暖工程基金会、中国艺术节基金会、华鼎国学研究基金会

部级基金会在国际事务、行业发展、科学研究、救灾等领域的慈善实践较多，主要关注较为宏大的慈善主题。自 2012 年以来，在部级政府部门登记的基金会总数量基本保持在 200 个左右。截至 2019 年底，部级基金会的总数量为 211 家。

（二）省级基金会

省级基金会指在各省的民政厅进行登记注册的基金会。在省级部门登记注册的基金会数量相对较大，截至 2019 年底，已经达到 5560 家。省级基金会更关注与社会生活关系紧密的项目，如医疗救助、残疾人和老年人等弱势群体及见义勇为者。

如表 7-19 所示，截至 2021 年，除直辖市外，有四家省级基金会的 FTI 评分在近 10 年为满分，代表了中国省级基金会的规范化发展程度。[①]

表 7-19　近 10 年中国省级基金会 FTI 评分满分的基金会

单位：分

基金会名称	FTI 2021 年得分	注册部分	成立日期
江苏省妇女儿童福利基金会	100	江苏省民政厅	1984 年 11 月
山西省葵花公益基金会	100	山西省民政厅	2005 年 8 月
浙江省爱心事业基金会	100	浙江省民政厅	1995 年 6 月
浙江正泰公益基金会	100	浙江省民政厅	2009 年 12 月

[①] FTI 2021 连续 10 年 FTI 满分基金会透明度榜单由基金会中心网于 2021 年 12 月 15 日发布。本次评分以基金会 2020 年度工作报告及同年度相关信息为计算依据。该榜单包含 11 家连续 10 年 FTI 评分为满分的基金会；连续 10 年 FTI 满分的基金会的界定标准为，最近 10 年都参与 FTI 评分且获得满分。

（三）市县级基金会

自 2004 年《基金会管理条例》颁布以来，我国基金会发展开始进入快车道。特别是 2012 年初第十三次全国民政会议上民政部提出要下放非公募基金会的审批权、提升行政效能。

此外，随着公益慈善等四类社会组织实行直接登记制，这些政策进一步降低了基金会的注册门槛。其中最为典型的特征是市县级登记注册的基金会增长速度较快，已经由 2012 年的 100 家左右，增加到 2019 年底的 2142 家。近年来，市级和县级基金会对老年人、残疾人在内的弱势群体、社区发展及公益事业发展等议题关注度较高。

表 7-20　2012~2019 年中国不同注册级别基金会数量一览

单位：家

登记部门＼年份	2012 年	2013 年	2014 年	2015 年	2016 年	2019 年
部级	179	190	198	204	213	211
省级	2793	3262	3623	3978	4386	5560
市县级	71	177	417	417	946	2142
合计	3043	3629	4238	4599	5545	7913

资料来源：基金会中心网，数据中心、中基透明指数（FTI），截至 2019 年 12 月 31 日。

四　不同募资方式下的基金会

（一）公募基金会

根据 2004 年《基金会管理条例》总则第三条定义，中国基金会分为面向公众募捐的公募基金会和不得面向公众募捐的非公募基金会。这一定义是根据基金会的募资方式界定的。公募基金会分为全国性公募基金会和地方性公募基金会。相对于非公募基金会，公募基金会有着更高的公众参与度，可以向社会不特定多数人募捐。

值得注意的是，在《中华人民共和国慈善法》颁布之前，公募基金会和非公募基金会都不需要进行慈善组织认定。《中华人民共和国慈善法》颁布后，基金会、社会团体、社会服务机构被界定为慈善组织，且都必须进行慈善组织认定。这进一步显示出我国慈善事业的发展更加规范。截至2022年5月23日，慈善中国网显示，具有公开募捐资格的慈善基金会已有995家进行了慈善组织认定。

2005~2020年，中国公募基金会保持平缓增长，从2005年的771家发展到2020年的2136家。从数量上来看，2011年以前，中国的公募基金会数量一直高于非公募基金会。2011年，中国非公募基金会数量开始反超公募基金会数量。

根据基金会中心网数据，2021年中国大型公募基金会、中小型公募基金会FTI评分为100分且成立日期为前5名的基金会情况如表7-21所示：

表 7-21　中国较早一批成立的公募基金会

单位：分，万元

基金会类别	基金会名称	FTI 2021 得分	成立日期	原始资金
大型公募基金会	中国残疾人福利基金会	100	1984 年	50621
	江苏省妇女儿童福利基金会	100	1984 年	1400
	爱德基金会	100	1985 年	2500
	中国人口福利基金会	100	1987 年	1200
	中国妇女发展基金会	100	1988 年	100
中小型公募基金会	浙江省妇女儿童基金会	100	1981 年	400
	浙江省残疾人福利基金会	100	1985 年	400
	河北省残疾人福利基金会	100	1986 年	400
	中国职工发展基金会	100	1994 年	800
	中国听力医学发展基金会	100	1995 年	1100

（二）非公募基金会

非公募基金会，主要是依托发起人或组织在特定的群体或社会范围内，为实现公益目标而进行定向筹款的基金会。中国非公募基金数量增长速度较快，从2013年的2216家增长到2020年的6296家。

表 7-22 2013~2020 年中国公募/非公募基金会成立情况

单位：家

年份 募资方式	2013	2014	2015	2016	2017	2018	2019	2020
公募基金会	1431	1495	1557	1612	1629	1618	1618	2136
非公募基金会	2216	2772	3382	4156	4878	5590	6320	6296

　　基金会中心网 2021 年基金会透明度榜单显示，2021 年中国大型非公募基金会、中小型非公募基金会① FTI 评分为 100 分且成立日期为前 5 名的基金会情况如表 7-23 所示。

表 7-23 中国不同级别公募/非公募基金会列举

单位：分，万元

基金会类别	基金会名称	FTI 2021 得分	成立日期	原始资金
大型非公募 基金会	南都公益基金会	100	2007 年	10000
	腾讯公益慈善基金会	100	2007 年	2000
	招商局慈善基金会	100	2009 年	10000
	北京康盟慈善基金会	100	2010 年	200
	安利公益基金会	100	2011 年	5000
中小型非 公募基金会	北京市于若木慈善基金会	100	2005 年	200
	香江社会救助基金会	100	2005 年	2000
	山西省葵花公益基金会	100	2005 年	300
	北京光彩公益基金会	100	2006 年	200
	山西省葵花公益基金会	100	2005 年	300

---

① 大型公募基金会的界定标准为：2020 年净资产、捐赠收入或公益事业支出至少一项超过 1 亿元。中小型公募基金会的界定标准为：2020 年净资产、捐赠收入或公益事业支出均低于 1 亿元。大型非公募基金会的界定标准为：2020 年净资产、捐赠收入或公益事业支出至少一项超过 1 亿元。中小型非公募基金会的界定标准为：2020 年净资产、捐赠收入或公益事业支出均低于 1 亿元。

五　不同运行模式下的基金会

按照基金会的运行模式进行划分，中国基金会主要分为资助型基金会、运作型基金会，也有少量的基金会兼具资助和运作的特点。[①] 资助型基金会主要是通过整合慈善资源来资助和支持其他组织运作公益项目。运作型基金会是使用自己筹集到的资金来运作公益项目。并在项目完成之后向理事会、捐赠方、公众进行报告。

（一）资助型基金会

现在意义上的基金会，主要以"资源提供"进行角色定位，不直接参与公益服务，因此国际主流的慈善国家一般以资助型基金会为主。但是在当前中国 8432 家基金会中，资助型基金会数量很少，总体不超过 100 家，占比不超过 1.00%。如中华少年儿童慈善救助基金会、南都公益基金会、阿里巴巴公益基金会、友成企业家扶贫基金会、深圳壹基金公益基金会等。

资助方向涉及公益组织机构深度引导、公益人才能力培训、公益行业信息披露建设支持、公益慈善理论研究支持、公益领域科技创新支持及特殊公益方向支持等。在数量较少的资助型基金会当中，南都公益基金会成立之初就将自己定位为资助型基金会，是我国最早一批的资助型基金会。南都公益基金会于 2007 年成立，自成立以来，南都公益基金会资助了数以百计民间草根公益组织，并不断创新资助理念和手法，以在日新月异的行业变化中不断提高作为资助者的专业能力和引领能力。

（二）运作型基金会

运作型基金会是当前中国基金会的主流，占比超过 99.00%。运作型基金会简单来讲就是自筹的资金自己运作公益项目；指一般在筹集善款并运作完毕项目后，对理事会、捐赠方、公众进行报告，是基金会当中较为传统的类型。专业运作型基金会实际上是资源调动能力强的 NGO，运作型基金会自 20 世纪 80 年代开始到现在一直是中国基金会的主流。2004 年国家出台《基金会管理条例》使得基金会注册限制逐步放开，很多 NGO 依据该

---

① 陶传进、刘忠祥：《基金会导论》，中国社会出版社，2011，第 3~14 页。

政策登记注册为基金会。像"阿拉善""真爱梦想""爱佑""西部阳光"等都是非常优秀的运作型基金会。其中部分运作型基金会因为成绩出色，后来还从非公募基金会转型为公募基金会。

专业运作型基金会由于具备自己运作项目的经验并在某些议题方面长期深入研究，在开展资助时具备独特的专业优势。

（三）混合型基金会

值得注意的是，运作型基金会也逐渐发现仅靠自己的运作很难大规模地解决社会问题，也开始通过资助形式去开展公益活动，成为平台型或资助型基金会，可成为混合型基金会。比如 SEE 基金会就对民间环境公益组织和公益人提供资助，"西部阳光"2011 年开始推出桥畔计划资助教育领域的草根NGO，"爱佑"在 2013 年也推出"爱佑益+"资助民间公益组织。

中国扶贫基金会就是一个典型案例。中国扶贫基金会（2022 年 6 月已更名为中国乡村发展基金会）。1989 年成立，首先开始自筹资金进行项目运作与实施。发展到现在，已经成为中国规模最大、实力最强的专职扶贫公益机构。从 2005 年到 2012 年，中国扶贫基金会年投入资金约 5522 万元，资助了 133 个公益项目，同时提供项目管理等能力培训。此外，中国扶贫基金会与欧盟合作举办 4 期"促进公民社会发展——中国 NGO 能力建设项目"，56 家 NGO 的 102 人接受了培训。

南都公益基金会设立的"中国好公益平台"，推动公益生态发展，高效和大规模地解决社会问题，通过开放、共建、共享，促进优质公益产品在全国范围内进行规模化复制，体现着中国公益慈善基金会在模式上的持续创新。

第三节 各领域基金会的活动概况

公益项目是基金会开展公益实践的基本形式。本章对中国近 10 年基金会FTI 评分为满分的 11 个基金会进行重点分析，涉及大型公募基金会、中小型公募基金会、大型非公募基金会、中小型非公募基金会、大学基金会的公益项目及活动进行重点分析与描述，以展示中国基金会在公益实践领域的基本面貌，进而帮助读者形成对中国基金会在公益实践领域的客观认知。

表 7-24　中国典型基金会列举

单位：分

基金会名称	性质	成立日期	连续十年 FTI 评分
北京新阳光慈善基金会	大型公募基金会	2009 年	100
江苏省妇女儿童福利基金会		1984 年	100
深圳壹基金公益基金会		2010 年	100
中华思源工程扶贫基金会		2007 年	100
浙江省爱心事业基金会	中小型公募基金会	1995 年	100
中国西部人才开发基金会		2006 年	100
南都公益基金会	大型非公募基金会	2007 年	100
北京桂馨慈善基金会	中小型非公募基金会	2008 年	100
山西省葵花公益基金会		2005 年	100
浙江正泰公益基金会		2009 年	100
天津大学北洋教育发展基金会	大学基金会	1995 年	100

资料来源：基金会中心网资料汇总。

一　基金会项目宗旨与活动分类

在上述 11 个基金会当中，基金会宗旨基本涵盖了本组织在慈善事业中的服务方向、公益定位、服务群体等内容。活动分类涉及中国社会领域的多层次内容，主要涉及灾害公益服务、特殊人群助困与发展、区域发展、慈善行业服务、环境保护、教育服务等方面。

表 7-25　中国典型基金会活动宗旨与公益实践方向

基金会名称	宗旨	活动分类
北京新阳光慈善基金会	用爱自己的心去爱别人	赈灾及灾后重建、孤儿孤老孤残救助、医疗救助、教育支持、公益研究
江苏省妇女儿童福利基金会	服务妇女儿童，造福妇女儿童	资助妇女儿童事业
深圳壹基金公益基金会	传播人人参与的公益文化，搭建公信透明的、可持续发展的公益平台；充分发挥公益组织救灾与防灾的积极作用，为各种自然灾难提供人道主义援助；推动中国公益事业专业化和规范化的发展	资助慈善公益性项目；资助慈善推广活动；向社会需救助人群提供捐助；奖励慈善事业贡献者

基金会名称	宗旨	活动分类
中华思源工程扶贫基金会	资助以扶贫和社会公益事业为主的"思源工程"活动,帮助弱势群体解决生产生活困难,促进中国贫困地区经济和社会事业发展	引导、组织民建会员及爱心人士参与扶贫济困等公益事业,实施资助服务项目
浙江省爱心事业基金会	遵守宪法、法律、法规和国家政策,践行社会主义核心价值观,遵守社会道德风尚。在党和政府的支持下,依靠社会力量,推动我省爱心事业不断健康发展	开展弱势群体救助与服务、参与灾害和公共卫生突发事件预防与救助、扶植和培育优秀非营利组织和公益人才
中国西部人才开发基金会	服务西部大开发,支持西部地区和为西部地区服务的人才培养与培训,支持科学研究和政策咨询研究,为西部大开发提供人才和智力支持。基金会遵守宪法、法律、法规和国家政策,践行社会主义核心价值观,弘扬爱国主义精神,遵守社会道德风尚,自觉加强诚信自律建设	西部地区人才培养、西部地区发展咨询与服务、奖励西部大开发过程中的人才、支持开展国内外人才交流活动
南都公益基金会	关注转型期的中国社会问题,资助优秀公益项目,推动民间组织的社会创新,促进社会平等和谐;使社会平等和谐,人人怀有希望	专项资助、教育培训、国际合作、咨询服务
北京桂馨慈善基金会	改善贫困地区和灾区的教育条件	在贫困地区和灾区资助开展教育方面的公益项目,以及其他有助于改善当地民生的公益慈善项目
山西省葵花公益基金会	以开展慈善活动为宗旨,支持教育发展和社会服务,促进社会和谐进步	教育资助、社会服务、社会养老
浙江正泰公益基金会	关注转型期中国社会发展模式的变革,资助企业与个人自主创新,推动知识产权保护,提倡环保,促进节能减排;组织开展扶贫济困,减灾救灾,推动和谐社会的构建	知识产权保护、贫济困、防灾救灾、资助环保、倡导节能减排、资助青年人创业就业

基金会名称	宗旨	活动分类
天津大学北洋教育发展基金会	致力于推动我国和天津大学（原北洋大学）教育事业的发展，加强与国内外各界的联系与合作，依法争取多方支持与资助，增加教育经费来源，提高教育质量和办学水平	募集社会资金，增加天津大学教育经费来源，支持天津大学教育事业发展

可以看出，中国头部基金会的服务宗旨和活动分类基本符合章程中对自身的定位。综合型、枢纽型基金会（如南都公益基金会）的活动分类丰富，服务人群多样，为中国公益慈善事业整体发展起到了内部推动的作用，在社会服务的广度上展现风貌。而特定领域的专项基金会，通过长期开展特定领域的公益实践，使得中国的公益慈善事业在社会垂直领域展现了服务深度，从而为其他专项公益服务领域提供了引导与借鉴。

二　基金会公益项目数据

基金会的慈善实践主要通过开展公益性、专业性的服务项目与活动来展开。从基金会的公益活动数量与频次上来看，近十年FTI评分为满分的基金会，都持续性开展着符合自身宗旨的公益慈善活动。大多数基金会都有自己的品牌性、专业性服务方向。

表7-26　中国典型基金会开展大型活动情况列举

单位：家

基金会名称	大型公益项目数量					品牌性项目开展频次
	2016 年	2017 年	2018 年	2019 年	2020 年	
北京新阳光慈善基金会	11	11	10	10	4	每年开展
江苏省妇女儿童福利基金会	6	4	4	4	6	每年开展
深圳壹基金公益基金会	9	10	9	9	17	每年开展
中华思源工程扶贫基金会	9	12	14	19	39	每年开展
浙江省爱心事业基金会	3	3	4	14	9	每年开展
中国西部人才开发基金会	15	19	16	12	10	每年开展

基金会名称	大型公益项目数量					品牌性项目开展频次
	2016 年	2017 年	2018 年	2019 年	2020 年	
南都公益基金会	14	56	52	69	77	每年开展
北京桂馨慈善基金会	11	11	10	10	4	每年开展
山西省葵花公益基金会	1	1	1	1	2	每年开展
浙江正泰公益基金会	5	4	3	2	7	每年开展
天津大学北洋教育发展基金会	12	11	13	14	13	每年开展

基金会除了每年开展大型、品牌性服务公益项目，也会开展中小型公益服务项目，截至 2021 年 12 月，上述基金会累计实施公益项目如表 7-27 所示。

表 7-27 中国典型基金会开展中小型活动情况

基金会名称	累计实施公益项目数量	累计投入公益资金	累计服务机构/个人	服务对象
北京新阳光慈善基金会	超过 200 个	超过 1.4 亿元	超过 85000 人次	患病贫困儿童等人群
江苏省妇女儿童福利基金会	超过 90 个	超过 3 亿元	超过 30 万人次	妇女、儿童
深圳壹基金公益基金会	超过 52 个	4.7 亿元	1.02 亿人次	灾害救助、儿童关怀与发展、行业生态
中华思源工程扶贫基金会	超过 100 个	超过 15 亿元	1.4 亿人次	贫困地区群众
浙江省爱心事业基金会	超过 30 个	超过 5000 万元	—	特殊人群
中国西部人才开发基金会	超过 72 个	1.01 亿元	超过 50 万人次	西部地区人才培育
南都公益基金会	783 个	超过 2.5 亿元	超过 500 家机构	公益慈善机构
北京桂馨慈善基金会	772 个	8039 万元	超过 235 人次	贫困地区学生、教师

基金会名称	累计实施公益项目数量	累计投入公益资金	累计服务机构/个人	服务对象
山西省葵花公益基金会	超过 200 个	超过 1045 万元	超过 500 人次	高校贫困青少年
浙江正泰公益基金会	超过 21 个	超过 1075 万元	超过 1000 人次	青年创业及生态环境
天津大学北洋教育发展基金会	超过 63 个	超过 2.7 亿元	超过 10000 人次	高校青年

三　基金会品牌性项目列举

整体而言，在中国基金会 FTI 连续 10 年评分为满分的基金会中，其品牌性公益项目可以归为五类，主要包括公益助学类、疾病救助类、区域发展类、公益行业助力类和扶危济困类。

在公益助学类项目中，以北京桂馨慈善基金会的桂馨书屋、桂馨科学课、桂馨乡村教师支持系列项目最为典型。桂馨书屋开始于 2009 年，主要是为中西部地区信息闭塞、阅读资源匮乏的乡村学校捐赠优质图书，提供阅读支持，特别是培训乡村教师做阅读推广实践，鼓励和支持乡村师生在阅读中学习和成长。截至 2020 年 12 月 31 日，桂馨书屋项目实施区域有 15 个省（市）41 个县（区），覆盖学校 370 所，捐赠图书 90 万册，组织阅读培训 54 场，培训教师 3931 人次，参与志愿者 5048 人次，贡献志愿服务时长为 106 万个小时，惠及师生分别为 366 人和 627 人。

桂馨科学课公益项目致力于推动儿童科学教育发展。实施针对中国发展中地区乡村小学儿童科学教育的支持，致力于推动儿童良好科学素养的培养和科学教育的发展。从实践效果来看，截至 2020 年 12 月 31 日，桂馨科学课项目覆盖全国 6 个省和 37 个县，培训科学教师 8737 人次，组织科学教师培训 96 场，实施科学教师东西部交流计划 10 批次、桂馨科学名师西部行 36 次，桂馨科学课网络研修 66 期、组织开展桂馨科学夏令营 27 场，捐赠科学实验工具箱 1507 套（覆盖 874 所学校），捐建小科学家实验室 11 间，累计参与志愿者 1587 人次，贡献志愿服务时长约 13.7 万小时，编辑出版科学教育专著 2 本、支持出版科学教育专著 4 本，惠及师生超过 200 万人。

桂馨乡村教师支持系列项目中的核心项目——桂馨·南怀瑾乡村教师计划（简称"南师计划"），关注乡村教师群体，以弘扬师德精神和倡导有价值的教育为目标。是已故国学大师南怀瑾先生生前捐资发起的，2012 年 10 月由桂馨基金会与南怀瑾文教基金会设立。截至 2020 年 12 月 31 日，桂馨乡村教师支持项目累计受益乡村师生 40347 人。

在疾病救助类项目中，北京新阳光慈善基金会、江苏省妇女儿童福利基金会的疾病救助项目影响力最大。北京新阳光慈善基金会前身是 2002 年的北京大学阳光志愿者协会，2009 年正式在北京市民政局注册成立。该基金会历年来打造了针对重大疾病患者的系列公益品牌项目，主要包括经济资助、新阳光病房学校、联爱工程、阳光骨髓库、营养餐项目、异地就医暖阳计划、慢粒信息服务、乳癌信息服务等。主要涉及为患病的个人及家庭提供经济资助、就医期间持续教育、疾病信息服务等内容。比如该基金会 2012 年开始实施"新阳光病房学校"项目，通过建立医院内外的教学场所，为 3~14 岁长期因大病住院儿童提供陪伴式教育。运用小班课程、一对一辅导、主题活动等多样化的方法，帮助他们保持学习能力和社会适应能力。迄今为止，项目在全国的 15 个省市开设了 37 间病房学校教室，总计 28 位全职教师，共计服务 85970 名患儿。2020 年，患儿家长接受项目服务共计 1246 人次。在项目的实施过程中，还有 768 位爱心志愿者参与到病房学校的志愿服务中，给患儿带去知识和关爱。

江苏省妇女儿童福利基金会主要针对本省的妇女及儿童进行大病防御与治疗、妇女创就业服务和妇女儿童安全等。通过积极实施"少儿病残救助""女性两癌救助""春蕾圆梦工程""爱心储蓄罐 传承好家风"等妇儿慈善项目，精心打造了"我助妇儿康"妇儿慈善品牌。目前该基金会共募集善款 7 亿多元，使近 1200 万人次的困境妇女儿童受助。

在区域发展类项目中，中国西部人才开发基金会自 2006 年发起成立以来，开展了以"西部发展"为主题的多元化公益项目，主要涵盖了中国西部发展过程中的人才培育、儿童服务与教育、农民就业、经济建设、环境保护、文化产业发展等内容。其中儿童服务与教育项目已经惠及中国西部地区 40 多万人。以农民创就业为主题的"春雨工程"自 2007 年实施以来，先后开办 15 期培训班，直接受益农民 3 万余人，带动 20 万人增收。"春雨工程"主要针对非农技能和农业专业技术两个方面进行培训。非农技能培训主要对外出务工的农民进行水电、木工、电工、焊工等专业培训。农业专业技术培训对从事农业的农民进行花卉苗木、大棚蔬菜、生猪养殖、特色农产品生产与加工等专业技术培训，使受训农民掌握一门增收致富的农业专业技术。从 2007 年到 2019 年，在深圳市华顺数码科技有限公司等数十家爱心企业的支持下，先后有 12 家爱心企业累计向"春雨工程"项目捐赠1200 多万元，全部用于西部地区农民创就业服务。

在公益行业助力类项目中，南都公益基金会作为一个慈善领域的枢纽型组织，通过发起成立"景行计划""好公益平台""银杏伙伴计划"在中国慈善行业的发展中扮演了赋能者、"加油者"的角色。2010 年，南都基金会启动了投资于人的"银杏伙伴计划"，项目的资助对象为公益组织领导者或创始人，以及在公益领域具有影响力的学者、媒体人、个人行动者和未来的公益组织领导者。"银杏伙伴计划"为他们提供连续三年每年10 万元的资金支持、每年两次的集体活动和三年一次的海外考察。该计划还倡导社会各界一起支持公益人才、搭建公益人才成长的支持体系。截至 2016 年底，共入围 98 位银杏伙伴，实际资助 81 位，累积资助金额4149 万元。

2011 年，南都基金会启动了投资于机构的"景行计划"。项目资助具备引领性和支持性的机构，采用机构资助的方式，资金重点投入在核心业务的升级/转型、机构运营发展两大方面。"景行计划"为有潜力成为产生较大社会影响的公益机构提供包括 3~5 年不超过 150 万元的资金，以及能力建设、资源对接等非资金支持在内的深度机构支持，目的是促使公益机构更快地突破发展禁锢，扩大社会影响力。截至 2016 年底，该计划已经资助20 家机构，累积资助金额为 2164 万元。

2016 年，"中国好公益平台"由南都基金会联合多家机构发起成立。这是中国第一个将优质公益产品与社会需求进行有效对接的平台。该平台旨在为加速公益项目产品化和公益产品规模化，高效、精准地解决社会问题。截至 2020 年 4 月，平台产品共覆盖全国 31 个省（自治区、直辖市）的1600 个区县，累计直接受益人数达到 6546 万人次，累计志愿者参与超过 70万人次，累计筹集资金超过 9.2 亿元。共有 8607 家次社会组织、志愿者团队、事业单位和学校，在近 50000 个项目点落地开展这些优质公益项目。从该平台公益产品的发展情况来看，好公益平台累计签约优质公益产品 68 个，涵盖教育、安全健康、环保、助老、特需人群关爱、性别平等、社区发展等多个领域，签约各省市地区枢纽合作基地 38 家。

表 7-28 　中国典型基金会品牌性公益活动列举

公益项目类别	品牌性项目列举	所属基金会
公益助学类	桂馨书屋、桂馨科学课、桂馨乡村教师支持、南师计划	北京桂馨慈善基金会
	葵花奖学金计划、葵花社区计划	山西省葵花公益基金会
	新阳光病房学校	北京新阳光慈善基金会
	北洋励学金、学生国际交流基金	天津大学北洋教育发展基金会
	彩虹计划	浙江省爱心事业基金会
	上大学工程、西部彩虹 MBA	中国西部人才开发基金会
	思源助学、扬帆计划、教育移民班、美德漂流绘本馆、上善助学	中华思源工程扶贫基金会
疾病救助类	经济救助、联爱工程、联爱护心、阳光骨髓库、营养餐项目、异地就医暖阳计划、慢粒信息服务、乳癌信息服务	北京新阳光慈善基金会
	"少儿大病救助"项目、"女性'两癌'救助"项目、母婴健康守护行动、"女大学生青春期安全"项目、"儿童校外安全防护"项目、"女性伤害援（救）助"项目、"儿童伤残救助"项目、苏北农村留守儿童关爱行动、女性心理健康关爱行动	江苏省妇女儿童福利基金会
	思源骨髓、先心病救治、爱心分贝、思源救护	中华思源工程扶贫基金会
区域发展类	低碳行动计划	浙江正泰公益基金会
	"心系母亲河 养护三江源"、西部人才开发工程、彩烛工程、山村教师公益计划、彩虹图书室、暖春行动	中国西部人才开发基金会
	思源沼气、思源水窖、阳光计划	中华思源工程扶贫基金会
公益行业助力类	银杏伙伴计划、景行计划、灾害救援和灾后重建、好公益平台	南都公益基金会
	联合公益计划、公益支持与创新、壹基金为爱同行·公益健行活动	深圳壹基金公益基金会

公益项目类别	品牌性项目列举	所属基金会
扶危济困类	女性就业创业支持项目	江苏省妇女儿童福利基金会
	儿童平安计划、紧急救灾计划、温暖包计划、灾后重建计划	深圳壹基金公益基金会
	阳光行动	浙江省爱心事业基金会
	相守计划、泛海扬帆行动、方舟工程、春雨工程、东乡锦绣工程、九寨彩虹项目	中国西部人才开发基金会
	思源赈灾、爱心火炬、思源助老	中华思源工程扶贫基金会

在扶危济困类项目中，江苏省妇女儿童福利基金会发起的"春蕾圆梦工程"比较典型，主要是面向 18 岁以下的困境女童，帮助她们完成非义务教育阶段的中专和高中教育，通过实施捐资助学，帮助她们实现读书、就业的梦想。2018 年 9 月 13 日，民政部发布《关于表彰第十届"中华慈善奖"获得者的决定》（民发〔2018〕120 号），"春蕾圆梦工程"公益项目下的"春蕾圆梦巾帼团"入选第十届"中华慈善奖"表彰名单。

自 2007 年实施"春蕾圆梦工程"以来，该项目共募集资金近 3 亿元，省内及西部地区 50 万人次困境儿童得到了不同程度的资助。"春蕾计划""春蕾圆梦工程"项目已覆盖全省 105 个县（区、市），创建"春蕾学校"33 所、创办冠名"春蕾班"2688 个。该项目目前已经形成了以女性为主要成员的春蕾圆梦巾帼团队，即以省儿基会专业工作者和各级妇联为主体，以儿童慈善宣传员、爱心联络员、专家顾问组、春蕾班主任、春蕾志愿者、社会妈妈、文明家庭七支队伍和女性社会组织为两翼的近 3 万人的服务团队。他们为全国各地区的困境女童教育事业做出了巨大贡献。

第四节　基金会的发展特点

一　运作型、省级注册、非公募基金会占据主流

必须承认，中国目前的基金会发展仍处于初步阶段。主要体现在如下

三个方面。第一，相对于 2021 年民政部公布的全国社会组织数据，其中 8877 个基金会占社会组织总量的比重不到 1.00%。第二，用中国 8877 个基金会跟美国 180 万家免税组织和 10 万家左右的私人基金会相比，中国基金会数量较少。第三，2018 年底，全国基金会总资产 1527 亿元，即便与 2015 年全美基金会净资产总额 8600 亿美元相比，依然较小。

在这个行业背景下，在 2018 年 6500 多家基金会中，资助型基金会总量约 20~30 家，最多不超过 40 家。① 相较于美国 90.00%以上的基金会都是资助型基金会而言，中国当前的基金会发展阶段尚处于初级阶段。主要原因表现在三个方面。第一，2004 年《基金会管理条例》颁布前后，由于基金会的直接注册存在资金、管理条件方面的限制，相当部分的 NGO 借助已有的公益身份向基金会转型，导致很多新成立的基金会就是由草根 NGO 转化而来，天生具有公益项目运作的基因与能力。第二，在中国自 20 世纪 80 年代以来建立的基金会中，公募基金会占比约为 20.00%，掌握了较多的慈善资金，而且公募基金会当中有相当部分的基金会是"募用合一"，即同时开展募资和项目执行。这在很大程度上导致慈善资源更多地集中在少数官办公募基金会的手里，其他大量的运作型基金会只能通过承接资助型基金会或政府的项目发展。第三，政府层面对于基金会的准确定位也经历了一个逐渐规范的过程。因为到 2014 年 12 月 18 日，国务院《关于促进慈善事业发展的指导意见》才明确提出"募用分离"，2015 年 10 月 15 日，民政部下发《关于鼓励实施慈善款物募用分离　充分发挥不同类型慈善组织积极作用的指导意见》，促使更多的基金会开始向资助型基金会转型。②

中国基金会注册主要分为民政部注册、省级民政部门注册、市级民政部门注册、县级民政部门注册。国务院 2004 年颁布的《基金会管理条例》规定，基金会及基金会代表机构的登记管理工作由国务院民政部门负责，"省、自治区、直辖市人民政府民政部门负责本行政区域内地方性公募基金会和不属于前款规定情况的非公募基金会的登记管理工作"。所以自 2012

---

① 北京沃启公益基金会课题组：《资助的价值初探：资助型基金会案例述评》，知识产权出版社，2018，第 10~20 页。

② 杨义凤：《基金会如何向"资助型"转向——基于三个"能力建设"层次的解读》，《兰州学刊》2019 年第 3 期，第 140~145 页。

年以来，在省级民政部门注册的基金会数量增速持续加快，截至 2019 年 12 月 31 日，省级民政部门注册的基金会共 5560 家，占当时基金会总数的 70.00% 左右。

值得注意的是，近年来随着中国政府在社会组织发展领域逐渐优化管理政策，市县级注册的非公募基金会高速发展。比如在 2019 年新成立的 730 家基金会中，市县级基金会数量为 303 家，占当年新成立基金会的 41.51%。另外，非公募基金会从 2011 年的 25 家增加到 2015 年的 641 家，占到所有地县级基金会的 93.03%。[①] 从整体数量上来看，根据基金会中心网观测数据统计，截至 2019 年 12 月 31 日，中国非公募基金会共有 6320 家，占基金会总数的 79.60%，非公募基金会的数量约为公募基金会的 4 倍。

二　政府监管与社会监督引导基金会规范运行

基金会是慈善事业领域中的重要参与者。在过去超过 30 年的发展历史中，政府作为基金会规范发展的重要引导者，在其中扮演着重要角色。从改革开放之初的谨慎约束，引导官方基金会的有序建立，到 1988 年《基金会管理办法》的出台确立"三重管理体制"，再到 2004 年《基金会管理条例》施行，非公募基金会迎来注册热潮。中国慈善事业的变迁可划分为四个阶段：探索期、正名期、发展期、转型期。[②]

表 7-29　中国慈善事业变迁四阶段

	探索期 （1978~1993 年）	正名期 （1994~2003 年）	发展期 （2004~2015 年）	转型期 （2016 年至今）
组织形态	官办基金会出现	官方慈善兴起	官民慈善共生	民间化
参与主体	政府为主	海外为主	企业为主	大众化
政策体系	限制发展	个别优待	有限支持	全面支持

---

① 陈敏、邓国胜：《中国地县级基金会发展现状及原因》，载王名主编《中国非营利评论（第十九卷 2017 No.1）》2017，第 194~195 页。

② 陈斌：《改革开放以来慈善事业的发展与转型研究》，《社会保障评论》2018 年第 2 期，第 151~152 页。

据不完全统计，自 1978 年以来，中国各级政府针对基金会出台的政策意见、法律法规、规范性文件等已经超过 100 个。从基金会发展的申请、注册、管理、评估、注销等环节给予了全方位的政策引导，虽然也出现过政策监管影响基金会独立性发展的阶段，但是从整体上来看，政策措施的陆续出台确实使得中国基金会拥有了良好的发展环境。特别是 2014 年 11 月，国务院出台了《关于促进慈善事业健康发展的指导意见》，这是中华人民共和国成立以来，第一个以中央政府名义出台的促进慈善事业发展的文件。之后为保证《中华人民共和国慈善法》的顺利实施，国务院、民政部及相关部门又出台了诸多行政法规、规范性文件作为《中华人民共和国慈善法》的配套措施，内容涉及慈善组织认定登记、慈善募捐、网络募捐、慈善信托备案等。到 2016 年《中华人民共和国慈善法》法的出台，为我国基金会事业的独立性、全面发展提供了关键性的法律依托。

2010 年 12 月 27 日，民政部发布《社会组织评估管理办法》，将基金会等社会组织纳入官方评估体系。将社会组织评估结果分为 5 个等级，由高至低依次为 5A 级（AAAAA）、4A 级（AAAA）、3A 级（AAA）、2A 级（AA）、1A 级（A）。社会组织评估等级有效期为 5 年。根据评估结果对基金会等社会组织给予不同的政策和资源支持。

2021 年 12 月 2 日，民政部发布《全国性社会组织评估管理规定》，进一步强化了评估的主体责任、细化了评估工作程序、加强了评估专家管理、确定了针对社会组织的动态监管要求。①

在社会监督方面，中国慈善组织信用指数（CCI）、中基透明指数（FTI）作为基金会的社会监督评估工具应时而生。

表 7-30　中国基金会社会监督工具列举

基金会名称	发起单位	发起年份	评估指标
中基透明指数（FTI）	基金会中心网	2012 年	章程、项目进展、募捐进展等 38 个指标

---

① 《〈全国性社会组织评估管理规定〉的解读》，http：//xxgk.mca.gov.cn：8011/gdnps/content.jsp？id＝15201，最后访问日期：2021 年 12 月 1 日。

基金会名称	发起单位	发起年份	评估指标
中国慈善信用指数（CCI）	清华大学公益慈善研究院、北京易善信用管理有限公司	2018 年	信息公开、财务和团队能力、合作伙伴背景、合作风险、品牌知名度和美誉度。

基于科学性、系统性、基金会的发展阶段等因素考核，基金会监测指标已经形成常规化的监测机制。比如，中国慈善信用指数（CCI）以民政部"慈善中国"网站上公布的面向社会募捐的 4000 余家慈善组织为样本，综合分析了每个样本 2015~2017 年三年来公开在民政部门慈善组织信息公开平台、互联网媒体平台、中基透明指数平台上的数据，于 2018 年发布首个"中国慈善信用榜"，第一年有 60 家筹款型慈善机构、基金会上榜。2021年，有 2415 家基金会参与了基金会中心网的 FTI 评测，观测基金会共 2415家，占 2019 年基金会总数量的 28.00%，资产占 2019 年基金会净资产的72.00%。公募基金会 568 家，非公募基金会 1847 家。公募基金会 FTI 2021均值为 63.75 分，非公募基金会 FTI 2021 均值为 56.95 分，公募基金会信息公开程度整体高于非公募基金会。

三　基金会资产规模持续增加，创收能力亟待提高

中国基金会资产规模近年来呈现持续增长趋势，根据基金会中心网的调查数据，中国基金会的净资产总额每年保持正向增长。

表 7-31　中国基金会的净资产总额变化情况

单位：亿元,%

年份	2011	2012	2013	2014	2015	2016	2017	2018
净资产	685.9	813.7	943.5	1065.2	1208.8	1384.6	1583.9	1592.3
增长率	27.4	18.6	16	12.9	13.5	14.5	14.4	0.5

在基金会内部进行观察，通过随机抽样原则对 456 家基金会进行综合分析。其中 261 家公募基金会的平均资产、净资产和负债都高于非公基金会。通过对 3327 家净资产可查的基金会进行分析，基金会净资产规模低于 1000

万元的大约占到总数的 2/3，净资产超过 1 亿元的基金会只占到 6.00%。在公募基金会中，净资产低于 1000 万元的公募基金会占到公募基金会数量的 45.00%，而非公募基金会中该比例却高达 72%。净资产规模在 1000 万元至 1 亿元之间的公募基金会占比为 47%，但是非公募基金会仅有 23.00%。总体而言，非公募基金会净资产规模不及公募基金会的大，其总体资金实力也不如公募基金会强大。

此外，虽然中国基金会净资产规模呈现持续增长趋势，但是与发达国家的基金会资产规模相比，还存在不小的差距。

从基金会的收入结构来看，一般而言基金会收入由捐赠收入、投资收益、提供服务/商品收入、政府补助收入、其他收入共同构成。

表 7-32　2012~2014 年中国基金会收入结构

单位：亿元

收入类型 年份	捐赠收入	政府补助	投资收益	提供商品/服务	其他
2012	86.17	7.64	3.39	0.53	2.27
2013	83.54	6.55	4.13	0.59	5.19
2104	86.86	6.18	4.13	0.57	2.26

数据来源：笔者根据《中国基金会发展报告（2014~2016）》整理。

当前，捐赠收入是中国基金会的主要收入来源。以 2018 年为例，全国基金会捐赠在总收入中所占比例约为 84.50%。2018 年，民政部出台了《慈善组织保值增值投资活动管理暂行办法》，但是投资收入依然不是基金会的主要收入来源。主要原因在于以下几个方面。第一，中国基金会的公益属性较强且处于初步发展阶段，要求处于发展阶段的基金会像耶鲁大学基金会一样进行商业投资尚缺乏成熟的行业氛围。让现阶段的中国基金会向投资型公益基金会转向也需要一个经验积累的过程。第二，《慈善组织保值增值投资活动管理暂行办法》出台时间较短，基金会对该政策做出常规化、规模化的实践回应需要更多时间。第三，基金会内部缺乏规模化的投资型人才。第四，投资收益倾向于稳定性使得基金会投资收益不高。以中国基金会行业中在投资收入占比相对较大的基金会为例，教育基金会大多委托银行、券商、信托等机构，以购买短期理财产品为主的方式进行投资运作。

表 7-33　2018 年中国部分高校类基金会投资类型情况

单位：%

学校 投资类型	清华大学 教育基金会	北京大学 教育基金会	浙江大学 教育基金会	厦门大学 教育发展基金会	上海交通大学 教育发展基金会
货币基金	8.7	1.9	0.5	14.8	11.0
短期投资	32.7	43.0	66.7	85.2	30.3
长期投资	59.3	23.0	32.8	0.0	58.6

以短期投资稳健型理财为主要投资选择，这必然会造成资金投资收益相对较小，在现阶段难以成为中国基金会的主流收益方式。

四　"互联网+公益"成为基金会慈善实践的新方式

进入 21 世纪，随着中国互联网产业的发展，各行各业开始与互联网结合产生新的产品/服务。在中国的公益领域，"互联网+公益"应运而生。这在很大程度上促进了中国基金会行业的慈善实践。

2006 年 6 月，腾讯基金会利用互联网技术和网络平台，搭建了国内首个互联网公开募捐平台——"腾讯公益"网络募捐平台，正式开启了中国公益慈善事业的"互联网+"模式。[①] 通过该平台，拥有公开募捐资格的慈善组织可以便利地链接个人或组织捐献者，开展网络募捐等公益活动。这为传统意义上的慈善募捐提供了一个新的通道，从传播效果上来看，网络平台的使用使得募捐范围和数量得到了较大优化。"腾讯公益"网络募捐平台开创了"腾讯月捐""腾讯乐捐""益行家"等创新性互联网募捐项目，成功使亿万民众参与到公益中来，让广大网民成为公益主角。"腾讯公益"网络募捐平台培养了数亿网友的公益习惯，也得到了其他互联网企业以及社会的广泛响应，"互联网+公益"逐步成为公益慈善事业的潮流。网络募捐相关内容也被写入 2016 年颁布的《中华人民共和国慈善法》，"腾讯公益"在民政部根据慈善法认定的首批公开募捐平台中名列第一。2015 年，

---

① 陶宇等：《公益网络与民办社会工作服务机构的互嵌共生》，《社会建设》2019 年第 4 期，第 25 页。

"99 公益日"项目正式实施,首届"99 公益日",腾讯公益平台上共计有全国范围的 95 家公募基金会参与,2178 个公益项目参与在线筹款,涵盖疾病救助、助学、环保、文化传承、扶贫救灾、社会创新等各个领域,共计205.3 万人次网友参与捐款,共计捐赠善款 1.279 亿元,腾讯基金会捐赠9999 万元资金为网友的爱心进行配捐,活动期间累计为公益组织撬动爱心资金 2.279 亿元。2019 年第五届"99 公益日",在 4800 万人次的带动下,三天内共计捐赠善款 17.83 亿元。

整体来看,"互联网+公益"对于中国基金会的促进作用主要体现在以下三个方面。第一,为资助型基金会提供了一个信息传播和筹资渠道。比如当前中国基金会通过互联网平台发布各种慈善项目、筹集慈善资金已经成了常规化的组织行为。这高效地改善了传统意义上中国基金会的工作效率。第二,为运作型基金会及其他社会组织提供了多元化、便捷的项目申请渠道。比如,很多没有募捐资质的社会组织,在每年的"99 公益日",通过与具有募捐资质的基金会合作,可以在平台上发起公益项目,获得公益资金支持。第三,"互联网+公益"为公众的爱心捐献提供了一个监督平台,透明化、去中心化的捐献流程与监督机制使得捐献者能够放心的践行慈善意愿。互联网平台在很大程度上将公益慈善信息传播到个人层面,为全民慈善提供了高效的慈善信息触及渠道。另外,捐献者个人能够通过互联网平台清楚地知道自己的慈善资源捐献去处和效用,这会使得中国的基金会透明度更高,也在很大程度上鼓励和促进更多国民加入全民慈善事业。

第五节　境外基金会的中国实践

一　境外基金会在华基本情况

境外非政府组织是指在境外合法成立的社会团体、智库机构、基金会、非政府和非营利的社会组织,其在我国可以在教育、科技、经济、文化、体育、卫生、环保等领域和济困、救灾等方面依法开展有利于公益事业发展的活动，是推动我国慈善事业发展的重要力量。[1] 境外基金会是指在外国以及中华人民共和国香港特别行政区、澳门特别行政区和台湾地区合法成立的基金会。[2] 它们主要通过设立代表机构（办事处）的形式在中国内地开展活动。

最早有记录的如洛克菲勒基金会、福特基金会，1916 年建立的北京协和医学院就是由洛克菲勒基金会资助建成。后来，著名的中国乡村建设实验——"中国定县"实验——也是由洛克菲勒基金会支持建设的，该项目集燕京大学、金陵大学、南开大学、北京协和医学院等多所著名大学的研究和教育资源，致力于推动中国乡村公共卫生、农业经济、初级教育及地方行政的综合改造和发展。1979 年，福特基金会与中国社会科学院签署了学术研究合作协议，是改革开放以后国外基金会首次来华活动。1980 年中国改革开放后，洛克菲勒基金会再度进入中国，重新开启了针对中国的公益实践。

1988 年中国颁布施行《基金会管理办法》，内容中没有针对境外基金会的管理规定。2004 年，《基金会管理条例》施行，首次将境外基金会纳入中国社会组织管理范围。允许境外基金会在中国境内设立代表机构。此后国家陆续出台了多个配套性规章制度。截至 2013 年 9 月，在中国民政部登记的基金会代表机构为 24 个。

表 7-34 民政部登记的境外基金会列举

序号	名称	登记证号	业务主管单位	登记日期
1	WEF-世界经济论坛北京代表处	外基证字第 9501 号	国家发展和改革委员会	2006 年 6 月
2	B&MGF-比尔及梅琳达·盖茨基金会（美国）北京代表处	外基证字第 9502 号	国家卫生与计划生育委员会	2007 年 5 月
3	WJ.CF-威廉·杰斐逊·克林顿总统基金会北京代表处	外基证字第 9503 号	国家卫生与计划生育委员会	2007 年 5 月
4	CTF-唐仲英基金会（美国）江苏办事处	外基证字第 9504 号	国务院侨务办公室	2007 年 9 月

[1] 杨团主编《中国慈善发展报告（2020）》，社会科学文献出版社，2020，第 258 页。
[2] 陈晓春、施卓宏：《在华境外非政府组织的分类管理探析》，《中国行政管理》2014 年第 3 期，第 48~51 页。

续表

序号	名称	登记证号	业务主管单位	登记日期
5	C-MAP-中国—默沙东艾滋病基金会（美国）北京代表处	外基证字第9505号	民政部	2007年9月
6	HOPE-世界健康基金会（美国）北京代表处	外基证字第9506号	国家卫生与计划生育委员会	2007年9月
7	CCC-中华孤残儿童基金会（美国）北京办事处	外基证字第9507号	民政部	2007年9月
8	YSLF-应善良福利基金会（香港）上海办事处	外基证字第9508号	国务院侨务办公室	2007年9月
9	CKF-中华爱心基金会（香港）北京代表处	外基证字第9509号	国家民族事务委员会	2007年10月
10	WWF-世界自然基金会（瑞士）北京代表处	外基证字第9510号	国家林业局	2007年10月
11	LKSF-李嘉诚基金会（香港）北京办事处	外基证字第9511号	民政部	2007年11月
12	HTS-半边天基金会（美国）北京办事处	外基证字第9512号	民政部	2008年6月
13	梅里埃基金会（法国）北京办事处	外基证字第9513号	国家卫生与计划生育委员会	2008年11月
14	香港顺龙仁泽基金会顺德代表处	外基证字第9514号	民政部	2009年8月
15	EF-能源基金会（美国）北京办事处	外基证字第9515号	国家发展和改革委员会	2010年3月
16	HOLT-中华浩德国际基金会（美国）北京代表处	外基证字第9517号	民政部	2010年12月
17	CIF-保护国际基金会（美国）北京代表处	外基证字第9518号	国家林业局	2011年6月
18	NHF-新希望基金会（香港）北京代表处	外基证字第9519号	民政部	2011年7月
19	CMB-美国中华医学基金会北京代表处	外基证字第9520号	国家卫生与计划生育委员会	2011年11月
20	IPE-F 国际和平交流基金会（香港）深圳代表处	外基证字第9521号	民政部	2013年1月
21	SSEF-欣欣教育基金会（美国）北京代表处	外基证字第9522号	国务院侨务办公室	2013年1月
22	财团法人研华文教基金会（台湾）北京代表处	外基证字第9523号	国务院台湾事务办公室	2013年1月

序号	名称	登记证号	业务主管单位	登记日期
23	DF-达米恩基金会（比利时）北京代表处	外基证字第 9524 号	国家卫生与计划生育委员会	2013 年 1 月
24	SC-国际救助儿童会（英国）北京代表处	外基证字第 9525 号	民政部	2013 年 4 月

资料来源：《中国基金会发展报告（2013）》。

2017 年 1 月 1 日起，《境外非政府组织境内活动管理法》（简称《境外 NGO 法》）颁布执行。公安部门作为首次担任境外非政府组织登记管理机关的主管部门。截至 2021 年 12 月 30 日，按照《境外非政府组织境内活动管理法》注册登记在华活动的境外非政府组织代表机构共有 629 家，备案临时活动 1493 件。其中，注册登记在华活动的境外基金会共 92 个，已注销 7 个，正常运行的境外基金会共 85 个。截至 2021 年底，境外基金会代表机构已经在中国内地实施项目超过 2200 个，累计支出资金超过 54 亿元。

其中，注册地为北京的境外基金会最多，达到 35 个，占到了境外基金会数量的 41.18%。总部位于美国、中国香港、德国的基金会数量分别位列前三名，分别为 35 个、17 个、13 个。值得注意的是，2004 年《基金会管理条例》颁布施行后的 12 年只有 29 家境外基金会得以在华设立代表机构，但是 2017 年《境外非政府组织境内活动管理法》实施后 3~4 年内，境外基金会代表机构已经达到 85 个。

在 2017 年至今的境外基金会代表机构在华活动中，活动主题情况如表 7-35 所示。

表 7-35　2017~2021 年境外基金会活动主题情况

单位：次

活动主题	教育	基金资助	社区发展	疾病救助	文体科技	公益行业	弱势群体	其他
活动数量	144	107	98	71	71	63	60	435

资料来源：根据"境外非政府组织办事服务平台"网站整理。

二　境外基金会在华活动管理方式

第一，在设立条件上。在华境外基金会登记制度与国内基金会一致，需要挂靠一个业务主管部口，并在国务院民政部口登记。境外基金会设立在外代表机构，需要 5 个条件：（1）符合《基金会管理条例》规定的设立条件；（2）机构的活动内容符合国家公益事业要求；（3）不得在华境内进行募捐和接受捐赠；（4）依法办理税务登记；（5）负责人每年在中国内地居住 3 月以上；（6）境外基金会代表机构按规定接受年检。

第二，在注册流程上。在华境外基金会代表机构需要先向国务院相关业务主管部门进行非正式申请。因为不是正式的行政许可，所以没有明确的责任主体。比本土社会组织管理略清晰的是，公安部境外非政府组织办公室发布了《业务主管单位名录》，并不定期更新，给境外非政府组织寻找业务主管单位和相应政府部门履行职责圈定了范围。对于临时活动备案，则是由中方合作单位依相应规定获得批准文件。业务主管单位同意后，向登记管理机关提交材料。登记管理机关审核同意后，颁发其批准文件和登记证书。最后由境外基金会代表机构负责印刻公章、申请组织机构代码、办理税务登记、开设银行账户等工作。

第三，在活动开展方面施行活动预审制度。设立境外非政府组织代表机构的，每年在年底之前将下一年度的活动计划报业务主管单位批准，包含项目实施、资金使用等内容；如果在年中，对活动计划有调整，需要特殊报备；年后将年度工作报告交业务主管单位出具意见，再行年检。对于临时活动备案，要在活动前十五日获批并备案。活动结束后三十日内将活动情况、资金使用情况等书面报送登记管理机关。

2017 年至今，国外基金会在华开展社会活动的数量总共为 1490 起。各省份备案活动情况如表 7-36 所示。

表 7-36　2017~2021 年境外基金会活动地域情况

单位：次

活动开展地	北京	上海	贵州	广东	浙江	云南	四川	陕西	其他
活动数量	230	181	180	179	152	143	99	88	238

资料来源：根据"境外非政府组织办事服务平台"网站整理。

第四，联合监管模式。《境外 NGO 法》规定的监管部门包括四类：业务主管单位；登记管理机关，指国务院公安部门和省级人民政府公安机关；监督管理的执法主体，即县级以上人民政府公安机关；监管工作协调机制及其他有关部门，包括国家安全、海关、金融监督管理、税务、外交外事、财政、外国专家等部门，以及国务院反洗钱行政主管部门等。这与中国本土社会组织四级登记、四级监管的分层监管模式不同。

第五，双向责任体系。如果境外非政府组织未经两种合法途径而开展活动，那么该境外非政府组织以及与之合作的中方合作单位，均承担违法责任，并有相应处罚条款。

第六，港澳台地区与国外非政府组织，在《境外 NGO 法》中处于完全一样的法律地位。此前国外非政府组织在香港注册到内地开展活动的模式，不再具有可行性。[①]

三　境外基金会在中国的慈善实践列举

境外基金会代表机构在中国的慈善实践活动主要通过与国内相关组织合作完成，合作单位主要包括政府事业单位、社会组织、企业。我们通过对 2017 年至 2021 年 1493 个境外基金会代表机构在华备案活动情况进行分析，发现其慈善活动合作单位情况如表 7-37 所示。

表 7-37　2017～2021 年境外基金会活动合作主体情况

单位：个

国内合作单位	政府及事业单位	国内基金会	社会团体	其他社会组织	其他
数量	382	548	159	160	244

资料来源：根据"境外非政府组织办事服务平台"网站整理。

可以看出，政府及事业单位、国内基金会是境外基金会代表机构在华慈善活动的主要合作方。

在 85 个境外基金会代表机构中，李嘉诚基金会（香港）北京办事处在全国的捐助范围最广、公益投入资金量最大。自 1980 年以来，基金会秉承以布施为源，培育社会共济精神的理念，已累计投入 100 多亿元港币用于中国内地的教育助学、医疗、赈灾、"三农"等项目。1981 年，李嘉诚基金会捐资 80 亿元港币成立汕头大学，同时，为依托非营利机构推动国内教育事业发展，2002 年 11 月，李嘉诚基金会捐资成立具有独立法人资格的非营利教育机构——长江商学院，也是国务院学位委员会批准的"工商管理硕士授

---

① 杨团主编《中国慈善发展报告（2020）》，社会科学文献出版社，2020，第 260～261 页。

予单位"。

在医疗事业领域，兴建机构、捐献资金是该基金会介入医疗服务的主要实践方式。比如，李嘉诚基金会在1998年11月捐资成立汕头大学第一附属医院，兴建了全国首家宁养院，为贫困末期癌症病人提供免费镇痛治疗及家居服务。李嘉诚基金会于2001年1月，实施"全国宁养医疗服务计划"累计服务患者约11万人，每年捐资2000万元在全国20所重点医院设立宁养院，目前在该项目捐资已经超过6亿元港币，荣获第六届中华慈善奖"最具影响力的慈善项目"。自1984年以来，李嘉诚基金会联合中国残疾人联合会为内地残疾人士提供服务，累计捐款超过4亿元港币。

在农村发展方面，"启璞计划"——村"两委"女干部培训试点项目，由李嘉诚基金会出资、全国妇联组织实施，于2010年至2012年在广东、安徽、广西实施该试点项目。该项目旨在提高农村社区"两委"女干部综合素质，推动中国农村妇女发展进而推进农村经济社会全面发展。在"启璞计划"的基础上，从2013年到2016年，李嘉诚基金会发起成立"展璞计划"，并捐资2000万元人民币，民政部按比例进行配套。项目对广西、陕西、湖南、广东、新疆5个省区的3800名村"两委"正副职女干部和500名基层民政干部进行培训。依托资金支持，通过小额资助金形式资助约800个涉及教育、民生、扶贫、环保等领域的农村社区综合发展项目。

1988年，福特基金会经中国政府批准同意，在境内设立了办事处，这是中国第一家境外基金会在华办事处。也是《基金会管理条例》颁布前中国政府承认的唯一一家境外基金会。实际上早在1979年，福特基金会就受中国政府邀请来华开展工作，最早是在经济、法律和国际关系等社会科学领域开展合作。1988年，福特基金会开始关注中国的贫困问题，开展针对中国西部南部及少数民族贫困地区的工作。目前福特基金会在中国的公益服务主要集中在8个领域：治理与公共政策、教育改革与文化多样性、性与生殖健康、环境与发展、经济与发展金融、国际合作、法律和权利、公民社会。①

---

① 冯承柏：《中国与北美文化交流志》，上海人民出版社，1998，第299~310页。

表 7-38 福特基金会在华活动情况

	公益活动类型	金额	涉及的单位/区域
1988~1994 年	科研经费资助	超过 200 万美元	中国经济改革研究所、中国国务院经济、技术和社会发展研究中心、中国社会科学院、国家环保局、云南省社科院、国家统计局、北京大学、中国人民大学等
1990~2001 年	高等教育资助	超过 60 万美元	中国社会科学院、上海社科院，中国少数民族贫困地区等
1992~2002 年	民族文化保护	超过 90 万美元	中国科学院、云南省等
1981~2001 年	法律事业发展	超过 200 万美元	中国高级法官培训中心、中国政法大学、武汉大学、北京大学、中国基层政权部、中国社会科学院、全国人大法律事务委员会、中国高级法官培训中心、北京大学妇女法律和法律服务中心
1980~1999 年	国际事务发展	超过 250 万美元	中山大学、中国国际教育研究所、中国社会科学院、暨南大学、北京大学、上海国际问题研究所、中国现代国际关系研究所、香港岭南大学等
1992~2002 年	妇女权益保障	超过 200 万美元	云南、贵州地区，中国全国妇女联合会研究所、北京医科大学、云南省公共卫生局、昆明医学院、国家人口和计划生育委员会、卫生部、北京大学妇儿保健中心、河南妇女干部学校、中国国际女子学院等
1989~2001 年	环境保护	超过 250 万美元	云南省贫困地区经济发展领导小组、云南省森林局、中国科学院、国家环保局、中国林业科学研究院、四川省林业厅、昆明理工大学、西双版纳植物园等

比尔及梅琳达·盖茨基金会（美国）北京代表处除了在艾滋病项目、结核病项目和控烟项目继续投入资金外，还积极推动盖茨基金会拓展在华资助领域，支持中国农科院和中科院研究开发新型水稻品种，并与科技部签订了创历史纪录的 3 亿美元的战略合作备忘录，用于支持全球卫生和农业新产品的服务和研发。

在教育领域，香港沃土发展社是由香港大学中国教育小组创会成员在大学毕业后成立，于 2017 年在湖南设立代表处，主要业务是支持中国贫困地区的基础教育事业发展、相关政策研究等。自 2017 年以来，香港沃土发展社在湘西资助家庭困难学生上千人次，并多次组织香港爱国人士服务团到农村实地体验，在支持基础教育、健康教育等方面做了大量工作。

在医疗健康领域，弗雷德·霍洛基金会近些年在中国开展了大量的眼健康慈善实践。基金会已经在全球超过 25 个国家开展眼健康服务，覆盖了亚洲、非洲和大洋洲，协助 250 万人恢复了视力。基金会通过开展针对卫生、社区、学校工作者和公众的眼健康培训，提供相关医疗设备，资助研究和推广眼健康倡导活动，以期实现人人享有高质量眼健康服务的目标。自 2019 年以来，弗雷德·霍洛基金会在云南六个州市县陆续推出为期三年半的"探索儿童眼保健服务模式——云南学校眼健康项目"，项目为超过二十多万的学生提供帮助，目标是降低项目试点由屈光不正和其他常见儿童眼疾引起的视力损伤，为持续性推动儿童眼睛保护事业，该项目培训 12 名专业眼科医生和验光师，3000 余名学校老师、保健人员及社区卫生人员等，为试点项目地建立起长效的以屈光不正为主的儿童眼保健服务机制。

在环境保护领域，世界自然基金会（World Wide Fund for Nature，WWF）是全球最大的独立性非政府环保组织之一，总部位于瑞士格兰德。WWF 的使命是遏制地球自然环境的恶化，创造人类与自然和谐相处的美好未来。为此 WWF 致力于保护世界生物多样性，确保可再生自然资源的可持续利用，推动降低污染和减少浪费性消费的行动。WWF 在中国的工作始于1980 年，是第一个应中国政府邀请来华开展保护工作的国际非政府环保组织。项目的服务方向主要涉及淡水和海洋生态系统保护、气候变化与能源、野生动植物贸易、绿色经济和生态足迹、大熊猫及物种保护、森林保护与可持续经营等领域，该机构在中国环保事业上的资金投入已经超过 10 亿元人民币。过去 30 年，WWF 在长江流域开展了 100 多个保护项目，范围包括高原湿地、上游水源地、两湖地区、河口湿地、宏观政策等。

此外，与直接在中国境内设置办事处或代表机构不同，部分境外基金会也通过在华直接设立专项基金的形式支持中国境内的慈善事业发展。比如 1989 年 12 月，笹川日中友好基金设立。该项基金设立的目的是促进日中两国的永久和平与增进相互理解。截至 2019 年 12 月，基金项目投入总额超过 36 亿日元，实施开展的交流项目数超过 400 个，组织直接参加交流项目的中日两国人数超过 2 万人次。在具体的项目开展上，主要通过人才培养项目来实现其慈善目的。比如，自 1989 年以来，笹川日中友好基金已经支持了超过 3000 名中国医生到日本研学。这其中有很多人才学习完成后回到中国，在医学事业领域开启了卓有成就的专业实践。笹川日中友好基金与北京大学、吉林大学、内蒙古大学、南京大学、复旦大学、中山大学、新疆大学等 10 所大学设置了硕士和博士课程奖学金，获得过奖学金的毕业生已经达到 9000 人。为促进中国企业经营人才的专业化发展，笹川日中友好基金举办各种相关活动，比如在上海举办为国有企业民营化建言献策的研讨会、邀请中国各地的约 9000 名专家、女性领导及各行各业的人访问日本。

附录

境外非政府组织在中国境内活动领域和项目
目录业务主管单位名录（截至 2019 年 3 月）

领域	子领域	主要项目	业务主管单位
经济	宏观经济研究	经济社会发展研究、交流与合作	国家发展改革委、商务部、财政部及省级人民政府主管部门
		经济运行情况评估及预测	
		行业规范研究、交流与合作	
		经济政策决策、执行、监督等通用课题研究、交流与合作	
	经贸交流与投资合作	业务联络、产品介绍、市场调研、政策咨询、人才培训、技术交流	商务部及省级人民政府主管部门、中国国际贸易促进委员会及省级贸易促进机构
		多双边工商合作机制、经贸类国际组织相关活动及培训；会展业国际合作、交流与培训	
	金融、财税等研究、交流与合作	金融理论研究、交流与合作；涉及银行业金融机构以及其他金融机构的金融理论研究、交流与合作	中国人民银行、财政部、中国银保监会、中国证监会及省级人民政府主管部门
		国际会计审计理论研究、交流与合作	财政部、审计署及省级人民政府主管部门
		国际财税理论研究、交流与合作	财政部、国家税务总局及省级人民政府主管部门
		国际统计理论研究、交流与合作	国家统计局及省级人民政府主管部门

续表

领域	子领域	主要项目	业务主管单位
经济	工业和信息化	工业和信息化领域有关研究、交流与合作	工业和信息化部、国家互联网信息办公室及省级人民政府主管部门
	农业	农村公益性工程项目合作	农业农村部及省级人民政府主管部门
		农业技术推广试验及技能培养指导	
		粮食政策、信息、技术、市场开发、贸易、培训、交流与合作	国家粮食和物资储备局及省级人民政府主管部门
	能源	国际能源能效规划、政策、技术、标准、监管研究、交流与合作	国家发展改革委、国家能源局及省级人民政府主管部门
	水利	水资源保护与水土保持	水利部及省级人民政府主管部门
		水库大坝工程建设与管理	
		水文调查、监测与预报	
		流域综合管理	
	交通	城市公共交通管理研究、交流与合作	交通运输部及省级人民政府主管部门
	民用航空	民航领域交流与合作	中国民用航空局
	住房城乡建设	住房城乡建设管理的理论研究、交流与合作	住房城乡建设部及省级人民政府主管部门
	自然资源	海岸带规划、海洋规划的理论研究、合作与交流	自然资源部及省级人民政府主管部门
		地理信息领域的合作与交流	
		测绘政策、技术交流与合作	
	市场监管	反垄断、反不正当竞争和公平竞争审查政策评估、研究、交流与合作	国家市场监督管理总局及省级人民政府主管部门
		打击侵权假冒理论研究、交流和合作	
		工业品和消费品质量安全政策和合作交流，特种设备安全监管政策研究与合作交流	
	知识产权	国际知识产权理论研究、交流与合作	国家知识产权局及省级人民政府主管部门
	其他	冲突钻石和冲突矿产交流与合作	海关总署
		快递服务研究、交流与合作	国家邮政局及省级人民政府主管部门
		安全生产研究、交流与合作	应急管理部及省级人民政府主管部门

领域	子领域	主要项目	业务主管单位
教育	基础教育	助力教育政策的完善与实施	教育部及省级人民政府主管部门
		改善学校办学条件或资助家庭经济困难学生	
		支持地区和学校开展校外教育和创新教育活动	
		支持教师和教育管理人员能力建设	
		配合地区和学校丰富中外人文交流形式和内容	
		配合地区和学校开展拓展学生国际视野的教育活动	
		配合地区和学校实施教育信息化建设	
	职业教育和继续教育	支持开展校企合作	教育部、人力资源和社会保障部、科技部及省级人民政府主管部门
		协助地区和学校提升人才培养质量	
		配合地区和学校实施教育信息化建设	
		配合地区和学校丰富中外人文交流的形式和内容	
		合作开展相关政策研究	
		支持教师和教育管理人员能力建设	
	高等教育	配合地区和学校丰富中外人文交流形式和内容	教育部及省级人民政府主管部门
		推动扩大中外人员交流（不含高校专家交流）	
		助推中外双向留学	
		支持地区和高校提升高等教育质量	
		合作开展学术交流活动	
		开展联合研究项目	教育部及省级人民政府主管部门
		助力地区和高校开展与"一带一路"共建国家的合作交流	
		支持高校探索和建立学分转换和互认机制	
		配合高校组织实践教学活动	
	其他	公共教育、教育法律、教育政策研究与咨询及教育法律服务	教育部及省级人民政府主管部门
		公共教育基础设施维护	
		公共教育成果交流	
		国际教育考试及合作交流	
		国际职业资格认证考试及交流合作	人力资源和社会保障部、教育部、科技部、中国科学技术协会及省级人民政府主管部门和单位
		工程教育、工程师资格国际互认	
		专业技术人员继续教育活动	
		向境内教育机构推荐、派遣外国专业人才	
		博士后交流与合作	

领域	子领域	主要项目	业务主管单位
科技		基础研究项目	科技部、中国科学技术协会及省级人民政府主管部门和单位
		高新技术项目	
		社会发展科技项目	
		农村科技项目	
		公共科技服务理论研究	
		公民科学素质建设	
		科技服务平台建设	
		科技创新政策研究、科技发展趋势研究、宣传服务	
		科技创新发展及成果推广	
		创新驱动可持续发展研究	
		基础性科学人才再培训	
		科学技术交流与合作	
		科学技术知识的普及	
		科技创新管理与服务人才培训	
		社会科技奖励	
		引进外国人才发展规划、法律法规、政策研究、咨询服务、宣传教育	科技部及省级人民政府主管部门
		引进外国人才与智力交流合作及成果推广	
		因公出国（境）培训项目交流合作及成果推广	
		引进国外先进知识体系项目合作交流及成果推广	
	质量基础	质量、标准、计量、认证认可评估、统计、调查、研究、交流与合作	国家市场监督管理总局及省级人民政府主管部门
文化	文化艺术和旅游	文化艺术创作与表演	文化和旅游部、国家文物局及省级人民政府主管部门
		文化艺术教育和培训	
		公共文化服务（不含开办博物馆）	
		文物及非物质文化遗产保护（不含馆藏文物保护修复）	
		网络文化服务	
		文化创意和设计服务	
		文化娱乐休闲服务	
		文物、艺术品及相关服务	
		文化经纪代理	

领域	子领域	主要项目	业务主管单位
文化	文化艺术和旅游	文化出租服务	国家市场监督管理总局及省级人民政府主管部门
		文化会展服务	
		对外旅游研究、交流与合作	
		国际广告交流与合作	
	广播电视和网络视听	广播电视业务联络和网络视听节目服务业务联络	国家广播电视总局及省级人民政府主管部门
	电影	电影工作的交流与合作	国家新闻出版署、国家电影局及省级电影主管部门
	新闻出版	新闻出版领域行业组织的交流与合作	国家新闻出版署及省级新闻出版主管部门
	著作权	涉外著作权认证	国家版权局及省级版权主管部门
		有关著作权法律研究及宣传普及	
		著作权相关产业研究及合作	
		著作权人才培训和能力建设	
		著作权保护	
卫生	疾病防控	艾滋病、结核病等传染性疾病防治合作	国家卫生健康委员会及省级人民政府主管部门
		慢性非传染性疾病防治合作	
	公共卫生	公共卫生政策、规划、标准的研究和政策咨询	
	妇幼健康	妇幼健康、生殖健康领域的技术服务、政策咨询、宣传教育、人才培训	
	健康老龄化	健康老龄化政策咨询、服务体系、长期照护体系建设、健康宣传教育、人才培训	国家卫生健康委员会及省级人民政府主管部门
	疾病救助与能力提升	白内障、唇腭裂、儿童先天性心脏病等疾病的治疗、救助及人才培训、能力提升	
	医院管理	医院评审、医院信息化评级等涉及医疗机构的认证评价活动	
	医疗科技教育	卫生及人口领域科技创新	
		毕业后医学教育	
		继续医学教育有关人才培训	
	中医药	中医药相关交流、合作与开发	国家中医药管理局及省级人民政府主管部门

领域	子领域	主要项目	业务主管单位
卫生	药品管理	药品、医疗器械、化妆品监督管理的政策咨询和技术服务	国家药品监督管理局及省级人民政府主管部门
	食品	食品安全监管政策咨询与合作研究	国家市场监督管理总局及省级人民政府主管部门
体育		体育相关赛事及活动	国家体育总局及省级人民政府主管部门
		体育产业交流合作	
		体育文化及体育新闻交流合作	
		体育教育科研学术活动	
		反兴奋剂交流合作	
		学校体育赛事及活动	教育部及省级人民政府主管部门
		其他体育类事项	国家体育总局及省级人民政府主管部门
环保	气候变化	气候变化研究、交流与合作	生态环境部、自然资源部、中国气象局及省级人民政府主管部门
	生物多样性保护		生态环境部、住房和城乡建设部、国家林业和草原局、农业农村部、自然资源部及省级人民政府主管部门
	海洋保护	海洋环境保护	生态环境部及省级人民政府主管部门
		海洋保护相关科技	自然资源部、生态环境部及省级人民政府主管部门
		海洋防灾减灾	自然资源部及省级人民政府主管部门
	生态修复	山水林田湖草系统保护修复技术、标准、研究交流与合作	自然资源部及省级人民政府主管部门
		矿山生态修复技术、标准、研究交流与合作	
		海洋生态修复技术、标准、研究交流与合作	

领域	子领域	主要项目	业务主管单位
环保	林业发展	国土绿化	国家林业和草原局及省级人民政府主管部门
		林业和草原应对气候变化	
		林业走出去	
		林草科学技术合作与交流	
	林业改革	国有林区改革	
		国有林场改革	
		集体林权制度改革	
		国家公园体制改革	
		其他林业改革	
	林业产业发展	森林资源培育等第一产业	
		林产品加工等第二产业	
		森林旅游和森林康养等第三产业	
	草原生态保护	草原资源保护能力建设	
		草原可持续利用	
		草原资源修复技术推广及示范	
		草原宣传教育与公众参与	
	森林资源保护	国有林场森林资源经营理念与模式	
		国有林场森林资源监管	
		红树林保护与其生态系统功能的恢复与修复	
		森林可持续经营管理	
		中国森林认证标准应用与推广	
		森林生态系统及其生态系统功能评估	
		森林生态系统保护与修复管理	
	湿地保护	湿地保护政策、指南、规划的设计理念	
		湿地保护能力建设	
		湿地合理利用	
		湿地宣传教育与公众参与	
		湿地恢复技术推广及示范	

领域	子领域	主要项目	业务主管单位
环保	野生动植物及其栖息地保护	野生动植物救护与繁育	国家林业和草原局及省级人民政府主管部门
		野生动植物及其栖息地保护基层能力建设	
		野生动植物及其栖息地保护公共宣传和教育	
		打击野生动植物非法贸易能力建设、宣传教育、技术支持	
		提供科学咨询和政策建议	
	荒漠化防治	荒漠化监测与荒漠生态系统的调查评估	
		荒漠化防治的公共宣传与教育	
		荒漠化土地保护和修复领域的科学研究	
		国际荒漠化、土地退化防治与生态保护政策、指南、规划的宣传与推广	
		跨境沙尘暴监测、预警与治理的合作	
		沙区植被保护与利用的社区参与共建	
	保护区、国家公园、风景名胜区、森林公园、地质公园建设	自然保护区公众教育与社区共建	国家林业和草原局、生态环境部、住房和城乡建设部及省级人民政府主管部门
		自然保护区生态旅游	
		自然保护区科学研究（限实验区）	
		自然保护区监测巡护（限实验区）	
		风景名胜区保护和利用	
		风景名胜区规划、建设和管理	
		森林公园建设与管理、能力建设	
		国家公园社区共管与特许经营研究	
		国家公园宣传教育	
		国家公园立法研究	
		国家公园社会参与机制研究	
		国家公园规划管理	
		国家公园标准体系建设	
		自然遗产保护、规划、建设和管理	国家林业和草原局及省级人民政府主管部门
		海洋特别保护区（海洋公园）公众教育与社区共管	
		海洋特别保护区（海洋公园）生态旅游	
		海洋特别保护区（海洋公园）科学研究（限适度利用区）	
		海洋特别保护区（海洋公园）监测巡护（限适度利用区）	
		地质公园建设、管理、科研科普与可持续发展合作	

领域	子领域	主要项目	业务主管单位
环保	污染防治	水污染防治	生态环境部及省级人民政府主管部门
		大气污染防治	
		土壤污染防治	
		噪音和光污染防治	
		生态环境监测	
		生态环境立法和执法	
		突发生态环境事件应急	
		生态环境宣传教育	
	流域生态环境保护		
	气象业务和服务	气象观测、预报、服务、咨询交流与合作	中国气象局及省级人民政府主管部门
济困、救灾等方面	社会救助	社会救助政策研究及交流	民政部及省级人民政府主管部门
		社会救助对象个案救助	
		社会救助专业人才培训	
		社会救助的组织实施等辅助性工作	
	社会福利	社会福利政策研究、规划、咨询	
		慈善事业发展	
		养老服务业发展	
	社会事务及社会工作	社区治理与社区服务	
		社会工作	
		志愿服务	
		未成年人保护	
		儿童福利事业发展	
	防灾、减灾、救灾	防灾、减灾、救灾、知识宣传和技能培训	应急管理部及省级人民政府主管部门
		款物捐赠	
		国际交流与合作	
	扶贫减贫		国务院扶贫办、国家民族事务委员会及省级人民政府主管部门
	残疾人工作	残疾人康复	中国残疾人联合会、民政部、人力资源和社会保障部及省级人民政府主管部门和省级残联
		残疾人就业	
		残疾人扶贫	
		残疾人权益保障	
		残疾人教育	
		残疾人文化体育	

续表

领域	子领域	主要项目	业务主管单位
其他	法律工作交流	律师管理和能力提升	司法部及省级人民政府司法行政主管部门
		法律援助	
		人民调解	
		法治宣传教育服务	
	妇女发展和性别平等	性别平等	中华全国妇女联合会及省级妇联
		妇女发展	
	工会工作	工会研究交流合作活动	中华全国总工会及省级工会
	社会组织研究、交流与合作	社会组织管理研究	民政部及省级人民政府主管部门
		社会组织管理交流与合作	
	对外友好交流		中共中央对外联络部、中国人民对外友好协会
	侨务领域交流	在境内举办华侨华人国际性联谊活动	国务院侨办及省级人民政府主管部门
			中国侨联及省级侨联
	人力资源和社会保障	人力资源与社会保障政策研究	人力资源和社会保障部及省级人民政府主管部门
		公共就业规划和政策研究、咨询服务	
		自然人移动研究、交流与合作	

资料来源：https：//ngo. mps. gov. cn/ngo/portal/view. do？p＿articleId＝192153&p＿topmenu＝2&p＿leftmenu＝5，最后访问时间：2023 年 2 月 29 日。

【本章要点】

1. 中国基金会的发展背景。主要涉及中国基金会的相关概念、发展阶段及政策法规。概念的熟识能够让我们厘清中国基金会的基本内涵。对基金会发展阶段的学习是研究中国基金会的必要内容。政策法规对于基金会的影响是最直接、最突出的，这是影响其组织发展方向的主要因素。

2. 中国基金会的类型。本节按照不同的维度对中国基金会进行基本的类型划分，能够让我们清晰且全方位的理解基金会的基本构成。按照不同业务领域划分，基金会分为专项业务基金会、综合性业务基金会。按照不同领办主体进行划分，基金会分为官办基金会、个人基金会、社区型基金会、学校型基金会、企业型基金会、家族慈善基金会。按照不同注册级别进行划分，基金会分为部级基金会、省级基金会、市县级基金会。按照不同募资方式进行划分，基金会分为公募基金会、非公募基金会。按照不同运行模式进行划分，基金会分为资助型基金会、运作型基金会、混合型基金会。

3. 各领域基金会的活动概况。通过对中国典型基金会的实践活动、项目进行梳理总结，能让学习者对中国基金会业务有一个基本的认知。

4. 基金会的发展特点。在对基金会的基本概念、类型、概况与发展特点进行学习的基础上对基金会的实践活动进行特点总结，能够让学习者更加系统地认识到中国基金会的典型特征，准确把握中国基金会的基本走向。

5. 境外基金会的中国实践。主要涉及境外基金会在华设立办事处后开展的一系列公益活动。基金会活动不仅仅局限在某一区域，国际基金会在中国的公益实践已经拥有较长的历史。学习和研究中国基金会，需要特别留意境外基金会在中国的公益实践。

【关键概念】

慈善法；慈善组织认定；社区基金；资助型基金会；运作型基金会；境外基金会

【思考题】

1. 基金会、基金、专项基金之间的区别有哪些？
2. 中国基金会发展在历史中受到的政策变革影响主要有哪些？
3. 中国基金会作为资源枢纽及支持类组织，其资源主要有哪些？
4. 你认为中国基金会的现代化发展需要提升哪些方面的能力？
5. 我国基金会的公益实践主要通过哪些形式来展开？
6. 境外基金会在华公益实践如果需要更多的国内社会组织协助，你认为可以采取哪些形式来实现？

【推荐阅读文献】

何道峰、王行最、刘文奎、杨青海：《中国扶贫基金会经典案例》，社会科学文献出版社，2017。

卢玮静、朱照南、赵小平、陶传进：《基金会评估》，社会科学文献出版社，2014。

葛道顺、商玉生、杨团、马昕：《中国基金会发展解析》，社会科学文献出版社，2009。

李泳昕、曾祥霞：《中国式慈善基金会》，中信出版社，2018。

李小云：《公益的元问题》，中信出版社，2021。

〔英〕英德杰特·帕马：《以慈善的名义：美国崛起进程中的三大基金会》，北京大学出版社，2018。

第八章　中国社会组织的国际化

随着"一带一路"倡议的提出，中国政府、企业在国际治理体系中的作用日益凸显。然而，中国社会组织在国际治理体系中的作用却十分有限，尚缺乏影响力与话语权。目前，中国社会组织国际化程度较低，不仅与国际地位不符，也制约了中国在全球治理体系中的影响力。因此，有必要深入认识中国社会组织"走出去"的重要性，了解"走出去"的现状和面临的困难，了解"走出去"的主要合作领域、形式和行动路径，积极推动我国社会组织国际化，塑造生动全面的国家形象，消除误解与偏见，履行国际社会责任。

第一节　社会组织国际化的背景与政策

自改革开放以来，中国社会组织获得了长足发展，不仅在数量上快速增长，在内部治理、社会动员、公共服务和对外交流与合作等方面的能力也有显著提升。随着全球化程度的日益加深，国际社会经济、政治、文化等各个方面越来越联结为一个整体，"走出去"成为社会组织发展的重要战略方向。[①] 国内外对中国社会组织参与国际事务、促进多方合作的呼吁也越来越强烈。

中国在 2010 年就已经成为世界第二大经济体，走向国际舞台的中央。在外事活动中，除政府的公共外交、企业的商业活动外，还应该有第三部门的对外交流与活动，政府、市场、社会形成可持续的三角合力，是大势所趋。同时中国社会组织近年来发展迅猛，其规模实力、服务能力和治理水平显著提升，"走出去"的自身条件已经具备。中国社会组织"走出去"

---

① 王辉耀、苗绿主编《中国企业全球化报告（2016）》，社会科学文献出版社，2016。

无论是对于自身的发展成长还是国际社会的稳定都具有重要意义，是实现全球可持续发展目标的重要力量，有利于中国完善对外援助体系、参与全球治理、承担国际义务，是中国展现大国形象的重要方式。① 自 2013 年习近平总书记提出"一带一路"倡议以来，中国社会组织积极参与，取得了良好的效果，促进了"一带一路"共建国家社会慈善和公共事业的发展，② 增进了不同国家和民族的沟通和交流。中国共产党十九大报告明确提出"构建人类命运共同体"，中国社会组织的国际活动和援助，是构建人类命运共同体的组成部分，向全世界展现中国促进和平发展的努力和负责任的大国态度，同时也要让世界各国人民了解中国社会组织的历史、发展和使命。

近年来，中国政府积极推动国内社会组织"走出去"参与国际交流与合作。2016 年 8 月，中共中央办公厅、国务院办公厅发布了《关于改革社会组织管理制度促进社会组织健康有序发展的意见》，③ 第一次正式在政府政策体系中提出：引导社会组织有序开展对外交流，参加非政府国际组织，参与国际标准和规则制定，发挥社会组织在对外经济、文化、科技、体育、环保等交流中的辅助配合作用，以及在民间对外交往中的重要平台作用。④

2016 年 9 月，商务部就《南南合作援助基金项目申报与实施管理办法（试行）》征求意见，在这一管理办法中，已经明确地将社会组织纳入申请项目的主体。这是目前中国援外机制中的一次破冰尝试，社会组织第一次拥有了获得国家资源开展海外项目的身份和机会。

2017 年 2 月 6 日，习近平总书记主持中央深改委第 32 次会议，审议通过了《关于改革援外工作的实施意见》，强调优化对外援助战略布局，改进援外资金和项目管理，改革援外管理体制机制，提升对外援助综合效应。⑤

---

① 陈晓春、刘娅云：《我国非政府组织"走出去"战略研究》，《中国行政管理》2016 年第 2 期，第 77~82 页。
② 江睿：《我国非政府组织（NGO）参与全球治理研究》，博士学位论文，云南大学，2016，第 1 页。
③ 刘红春：《社会组织走出去参与人权治理的贡献、经验与风险防控》，《人权》2020 年第 1 期，第 77~85 页。
④ 《中办国办印发〈关于改革社会组织管理制度促进社会组织健康有序发展的意见〉》，《人民日报》2016 年 8 月 22 日，第 1 版。
⑤ 王永洁：《新时期对外发展援助：加拿大的实践及对中国的启示》，《开发研究》2018 年第 1 期，第 15~20 页。

2016 年 10 月，国务院国新办发布的《中国的减贫行动与人权进步》白皮书显示，中华人民共和国自成立以来共向 166 个国家和国际组织提供了近 4000 亿元人民币的援助。[①] 尤其是近年来，中国在对外援助规模上再度大幅提升。习近平主席在当年"一带一路"国际合作高峰论坛中提出，中国将在未来三年向参与"一带一路"建设的发展中国家和国际组织提供 600 亿元人民币援助，建设更多民生项目。[②]

2021 年 8 月 31 日，国家国际发展合作署、外交部、商务部联合发布了部门规章《对外援助管理办法》（国家国际发展合作署令 2021 年第 1 号），从 2021 年 10 月 1 日起施行。[③] 明确对外援助的概念、援助目标和援助原则，规范对外援助政策规划的管理和对外援助项目的立项原则和程序，完善了对外援助的监督制度和评估制度，为中国第三部门对外工作和项目的开展提供了清晰可遵循的执行办法。

随着中国"一带一路"倡议的推动，越来越多的社会组织积极参与国际事务，参与全球与区域治理活动的深度和广度不断加深与扩大，参与主体身份进一步多元化，[④] 涌现出一批示范性的国际化社会组织，为全球可持续发展贡献力量提供了重要的民间窗口。

第二节　社会组织"走出去"的历史与现状

一　"走出去"的历史阶段

改革开放前，中国社会组织的对外交流发展滞后，较少开展"走出去"的项目与活动，对外援助以官方为主导，集中在医疗和救灾领域。改革开放以后，中国社会组织迅猛发展，境外社会组织大量引入国内，在此基础

---

① 《发展权白皮书：中国向 166 个国家和国际组织提供近 4000 亿援助》，www.cankaoxiaoxi.com/china/20161201/1479814.shtml.，最后访问日期：2022 年 11 月 30 日。

② 张弘：《习近平首脑外交与中国白俄罗斯"一带一路"合作》，《俄罗斯学刊》2020 年第 1 期，第 5~21 页。

③ 郭凌威：《国际发展援助体系调整与南南合作发展——巴西的实践及对中国的启示》，《西南科技大学学报》（哲学社会科学版）2021 年第 5 期，第 9~15+61 页。

④ 蓝煜昕：《历程、话语与行动范式变迁：国际发展援助中的 NGO》，载王名主编《中国非营利评论（第二十一卷 2018 No.1）》2018，第 1~21 页。

上，国内社会组织也开始了有计划的对外交流与援助合作。随着"人类命运共同体"理念的提出和"一带一路"倡议的实施，中国社会组织在近几年来大量开展多种形式的对外交流项目，推动了中国和全世界公益事业的发展。从阶段划分上来看，中国社会组织"走出去"大体上可以划分为以下四个阶段。

（一）官方援助阶段（1949~1978年）

中华人民共和国成立初期，社会组织主要由政府发起并主导，所参与的对外援助和交流主要以官方渠道为主，基本没有"走出去"的民间社会组织。这一时期的对外活动主要以派出医疗队和捐赠为主。1963年，中国向阿尔及利亚派出第一支援非医疗队，[①]自此中国医疗队成为部分非洲国家主要的援助医疗队伍。此外，根据周恩来总理"给当地人民留下一支永远不走的医疗队"的指示，中国医疗队还给非洲当地培训了一批医助和医护人员。中国红十字会肩负起对外援助的重要使命，例如，1955年6月，希腊中部发生强烈地震，中国红十字会向希腊红十字会捐赠2万瑞士法郎用于救灾；8月，印度北部的比哈尔、西孟加拉和阿萨姆等省发生水灾，中国红十字会捐款10万元进行援助。改革开放的前10年左右，中国红十字会共向138个受灾国家的灾民提供了169次援助，物资总额达1亿多元，对亚洲、非洲、欧洲及拉丁美洲受灾的一些国家提供了必要而恰当的赈济与帮助。

（二）萌芽阶段（1978~2004年）

中国改革开放以后，社会组织逐渐出现，但改革开放的前20年，主要以经济发展为主，民间社会组织的发展较缓慢，绝大多数社会组织没有开展国际项目与合作的意愿和能力。此时社会组织的对外交流，主要是对接海外的捐赠和慈善资源，几乎没有将国内的资源和项目递送到海外的意识和行动。1979年，邓小平接见了时任联合国开发计划署署长布雷德福·莫尔斯（Bradford Morse）之后，中国与联合国开发计划署建立了合作。这意味着我们国家的对外接受援助政策发生了一个根本变化。1984年左右，当

---

① 杨欣慰：《在阿尔及利亚的日子——一个援非医疗队员的手记（之二）》，《中国民族》2013年第6期，第56~63页。

时联合国开发计划署的驻华代表孔雷飒（Kulessa）向中国政府提出建议，在接受联合国开发计划署援助项目的同时，也可以考虑和国际民间组织合作。经中央及各部门审议，1986年，外经贸部、外交部、财政部、国家宗教局、海关总署，提出了开展国际民间组织合作的建议，并得到了中央领导的批示。于是，在外经贸部下属事业单位"中国国际经济技术交流中心"成立了一个国际民间组织联络处（简称"民间处"），开展与国际社会组织的合作交流事宜，"民间处"即中国国际民间组织合作促进会的前身，为中国社会组织国际交流与合作提供了平台、做出了重要贡献。在20世纪80年代，民间社会组织也开始了与国际公益慈善领域的接触，有两个值得注意的事件。一是中国社会组织作为会员加入国际非政府组织。例如，1984年6月，中国残疾人福利基金会被接纳成为联合国国际康复会的正式成员。二是中国开始成立国际性民间社会组织，最早的案例是1987年世界针灸学会联合会的成立，该组织与世界卫生组织建立了A级联络关系。[①] 在此阶段，民间社会组织数量较少，力量较弱，尚不具备开展援外活动的能力。与此同时，很多国际社会组织进入中国，开展了一系列公益项目，客观上对中国社会组织的发展及国际化起到了一定的带动作用。

（三）探索尝试阶段（2004~2012年）

2004年《基金会管理条例》颁布，这是中国社会组织发展的里程碑事件之一。在此之后，中国社会组织发展迅猛，基金会崭露头角，开始尝试国际合作与交流。2005年10月，中国民间组织国际交流促进会（简称中促会）成立，中促会是具有独立法人资格的全国性非营利社会团体，推动了中国民间组织参与国际非政府组织的交流与合作，标志着中国民间社会组织国际参与的一种重要机制雏形的形成。2006年，中国儿童少年基金会首次探索在英国成立分支机构；2007年，中国扶贫基金会提出了组织国际化战略；2008年，企业家冯仑等在新加坡成立世界未来基金会，并开展相关的项目与合作；2011年，中国青少年发展基金会实施了"希望工程走进非洲"项目，获得了广泛的关注；2011年，华民慈善基金会在美国罗格斯大

① 黄奕然、李静、桑珍：《全球健康治理背景下中国参与中医药ISO国际标准制定的现状分析与启示》，《科技管理研究》2020年第15期，第193~198页。

学设立华民慈善研究中心。在这个阶段，中国的社会组织逐渐积累资源，开始尝试国际合作与交流，做了许多有益的探索，根据相关研究的不完全统计，截至 2014 年 8 月 31 日，中国以各种形式"走出去"的基金会共有 37 家。①

(四) 快速发展阶段 (2012 年至今)

党的十八大以来，中国社会组织发展迅猛。党的十八大报告明确提出："要倡导人类命运共同体意识，在追求本国利益时兼顾他国合理关切。" 2013 年，习近平主席提出"一带一路"的倡议蓝图，其中"民心相通"是重点工作之一，经济建设需要保护当地环境、关注人文沟通，通过公益慈善活动为企业建立良好的形象和口碑。"人类命运共同体"理念的提出和"一带一路"倡议的实施，为中国社会组织的国际化提出了要求，也大大增强了其"走出去"的动力。2015 年是中国社会组织"走出去"的关键一年。2015 年 4 月，尼泊尔发生 8.1 级大地震，损失惨重。随后中国社会组织迅速响应，包括中国扶贫基金会、壹基金、蓝天救援队在内的多家社会组织大范围地参与尼泊尔地震救灾，为当地的救灾救援和灾后重建做出了巨大贡献，取得了显著效果，赢得了国际救援和公益慈善领域的好评。灾情过后，中国扶贫基金会在尼泊尔成立国家办公室，这是中国社会组织"走出去"的一次重要尝试，越来越多的社会组织开始走出国门，积极参与国际公益项目与合作，掀起了民间社会组织"走出去"的热潮。在过去的几年时间里，中国社会组织国际化取得了一定的成效，如中国扶贫基金会已经在尼泊尔之后，相继于缅甸、埃塞俄比亚等国家设立了办公室，项目覆盖了苏丹、乌干达等十余个国家。2018 年 4 月，中国红十字援外医疗队赴阿富汗开展"一带一路"大病患儿人道救助行动，"天使之旅——'一带一路'人道救助计划"全面实施。② 中国民间组织国际交流促进会于 2018 年 5 月带领 20 家中国社会组织访问柬埔寨，与当地社会组织签署了一系列合作项目与互惠协议，2018 年 7 月，中促会与尼泊尔社会福

---

① 龚维斌主编《中国社会体制改革报告 (No.7·2019)》，社会科学文献出版社，2019，第 64~65 页。

② 聂勋：《中国医疗队受援国选择机制研究》，《区域与全球发展》2021 年第 6 期，第 134~ 153、160 页。

利委员会联合举办了中尼民间组织民生项目对接会，25 家中国社会组织与34 家尼泊尔民间组织就教育、扶贫等领域展开合作项目的洽谈。[①] 据不完全统计，仅 2018 年，关于中国社会组织国际化的研讨会及培训会就超过 20次。此外，在亚洲基金会的资助下，中国国际民间组织合作促进会、中国扶贫基金会、北京七悦社会公益服务中心等社会组织召集本领域内专家学者，撰写出台了《中国社会组织参与国际项目合作自律行为守则》和《中国民间组织走出去——尼泊尔国别操作手册》，详细具体地从实操角度支持中国社会组织的国际合作行动。

值得一提的是，中国民间组织国际交流促进会（简称"中促会"）在推动和协调国内社会组织"走出去"方面发挥了非常重要的作用。2008 年获得联合国经济及社会理事会全面咨商地位后，中促会开始广泛推动社会组织国际化，协调国内大量非政府组织参与联合国气候变化会议、人权理事会、新闻部非政府组织年会、可持续发展会议和联合国系统其他重要活动，并通过演讲、报告、主办边会和展览等方式向国际社会传递了中国非政府组织的声音，与联合国系统各机构和国际非政府组织建立广泛联系。中促会积极参加世界妇女峰会、亚欧人民论坛、世界社会论坛和其他重要的多边非政府组织活动。例如，中非民间论坛于2011 年启动，先后在中国和非洲举行了六次会议。2013 年，中国-东南亚民间高端对话启动，包括"跨喜马拉雅"中尼印民间对话、中缅民间交流圆桌会议、中蒙民间对话等双边和多边民间交流活动。2016 年 7月，中促会在山东青岛举办二十国集团民间社会（C20）会议，习近平主席致贺信，来自 54 个国家和地区的 210 多名民间社会代表与会，作为 G20 杭州峰会的重要配套活动，《C20 公报》中民间社会的部分意见和建议被《二十国集团领导人杭州峰会公报》吸纳。来自 72 个国家的352 个组织加入了由中促会牵头的"丝绸之路沿线非政府组织合作网络"。迄今为止，中促会共有 310 名集团成员（其中 25 名具有经社理事会咨商地位）和 200 多名个人理事。

---

① 刘红春：《社会组织走出去参与人权治理的贡献、经验与风险防控》，《人权》2020 年第 1期，第 75~87 页。

二 "走出去"的主要合作领域

(一) 扶贫开发

国内社会组织在政府对外扶贫援助项目中积极参与双边协作，例如，中国国际扶贫中心（IPRCC）是一个由中国政府与联合国开发计划署等国际组织于 2004 年联合发起、资助和成立的非营利性机构，[①] 其自成立以来，为消除贫困、提升贫困地区贫困人口的生存和发展能力，在开展培训、实施项目、加强管理、加强国际合作交流等方面做出了积极贡献。[②] 2001 年 10 月，中国扶贫基金会成功召开 "中国 NGO 扶贫国际会议"，共有 170 多个相关机构的 200 多名代表出席了大会，他们分别来自五大洲。2015 年，扶贫基金会在埃塞俄比亚和苏丹开展微笑儿童学校供餐项目。截至 2019 年底，该项目已经惠及 38164 人次。其中，埃塞俄比亚微笑儿童学校供餐项目通过妈妈团供餐的模式，已经连续 5 年为亚的斯亚贝巴市 40 多所公立小学贫困学生提供免费的早餐午餐，随后还将此模式推广到索马里州的难民营和欧罗米亚州等地。2019 年 10 月，埃塞俄比亚微笑儿童学校供餐项目被选为第一届 "全球减贫案例征集活动"（由世界银行等 7 家机构联合发起）的获奖案例。2020 年全球新冠疫情期间，国际微笑儿童项目（粮食发放）为埃塞俄比亚、尼泊尔、缅甸三国超过 14000 名贫困受饥儿童发放了粮食包，缓解了他们的饥饿问题。

(二) 医疗援助

1963 年，在国际红十字会协调下，中国组成第一支国际医疗队赴阿尔及利亚执行援外医疗任务，开始了自愿性、非营利性、公益性、组织性、涉外性鲜明的救死扶伤历程。此后，我国先后向亚洲、非洲、拉丁美洲和其他地区发展中国家多批次派遣医疗队。虽然这些援外行动都是由医疗行政部门出面组织的，但参加人员都是民办非企业单位的专业医务人员，这

[①] 资料来源：http://www.iprcc.org.cn/publish/page/；jsessionid = 6B5E98646E52D0D8057 87446FAF052C. 最后访问日期：2022 年 11 月 30 日。

[②] 王向南：《中国非营利组织发展的制度设计研究》，博士学位论文，东北师范大学，2014，第 2 页。

在很大程度上是社会组织成员的志愿服务行动，完全属于社会组织对外交流合作的内容。截至 2011 年，我国已累计向 69 个发展中国家派出医疗队 40 多个批次，医务人员 2.1 万人次，诊治受援国患者 2.6 亿人次。[①] 援外医疗服务的领域也在逐年扩大，由开始的巡回医疗诊治，到利用自身优势，侧重建设初级社会医疗保健体系。仅"十一五"期间，中国就为 28 个国家援建了 60 家医院，30 家疟疾与治疗中心；开展了 49 个培训项目；捐赠了价值 5000 万元人民币的医疗设备。2016 年 3 月，中国慈善联合会和中国公共外交协会联合发起"湄公河五国光明行"项目，联合国内的慈善组织和医疗机构，委派医疗队分赴越南、老挝、柬埔寨、缅甸、泰国，为 1000 名贫困白内障患者免费实施复明手术。2016 年 11 月启动的"健康快车斯里兰卡光明行"，是中华健康快车基金会首次在国外开展手术活动，在斯里兰卡共和国，医疗队用 40 天时间为当地 500 名贫困白内障患者实施免费治疗。

（三）文化与教育

随着中国经济对外交流合作的日益扩大，文化层面的交流也在不断深化，社会组织从民间合作的角度，在中外文化交流方面发挥着积极作用，做了大量卓有成效的工作。如近年来开展的"中俄文化年""中法文化年"活动，中非合作论坛等双边交流活动，为社会组织在教育文化交流方面创造了良好的宏观环境。孔子学院（Confucius Institute），是推广汉语和传播中国文化与国学的教育和文化交流机构，是一个非营利性的社会公益组织。援引 2012 年的数据，全球已有 358 所孔子学院，另有 500 多个孔子课堂，分布在 105 个国家和地区，成为推广汉语教学、传播中国文化及汉学的全球品牌和平台。[②] 2016 年，陈一丹基金会的发起人陈一丹，宣布捐赠 25 亿港元设立全球最具规模的教育奖项"一丹奖"；盛大创始人陈天桥宣布成立 10 亿美元基金支持脑科学研究，首批向加州理工学院捐款 1 亿美元，用于大脑基础生物学研究。重庆大学教育发展基金会不断拓展港澳台及国外的合作渠道，与唐仲英基金会、"赠与亚洲"等海外基金会以及友好人士共同筹资，先后设立了香港海鸥助学金、精进助学金、思源教育基金、轩辕种子

---

① 数据引自卫生部部长陈竺在"第二届中非卫生合作国际研讨会"上的讲话。

② 数据来源：http://baike.baidu.com/view/44373.htm. 最后访问日期：2022 年 11 月 30 日。

基金、韩国乐天奖学金等项目，加强了内地高校与港澳地区及国外基金会的合作与交流。

（四）妇女儿童权益维护

维护妇女儿童权益，是社会进步的重要标志。由于各国对妇女儿童权益的认识不同，相关法律法规也有所差异，越来越多的社会组织认识到了增进在这一领域的交流合作的必要性，因此，妇女儿童权益保护也是我国社会组织与外国同行开展国际合作的重点领域之一。[①] 最初的合作方式是中国社会组织参与由国际同类机构发起的相关公益项目。例如，始建于1975年的联合国妇女发展基金会（UNIFEM），于1946年12月创建的联合国儿童基金会（UNICEF），中国社会组织积极参与它们在全球开展的妇女儿童援助项目。近几年来随着中国社会组织的发展，妇女儿童援助成为社会组织走出去的重要援助方向。例如"希望工程走进非洲"项目，由世界杰出华商协会负责募集捐款，中国青少年发展基金会负责项目的运行和管理。[②] 2012年在坦桑尼亚、肯尼亚、布隆迪和卢旺达非洲4国新（扩）建22所希望小学。[③] 项目惠及26000名非洲儿童。2014年1月，海南成美慈善基金会启动尼泊尔妇女儿童健康项目。到2018年，共建设或翻新11个分娩中心及7个胎盘处理中心，并配套相应的医疗设施和器材，项目惠及了尼泊尔7个地区的居民总计247876人，其中女性有131061人，据估计怀孕妇女为6999人，新生儿数量为6404人。中国社会组织也积极与联合国相关组织合作，共同开展妇女儿童援助项目，例如中国南南合作援助基金助力联合国儿童基金会在尼日尔开展妇幼健康项目，2019年，通过儿童疾病社区综合管理方法，尼日尔社区医疗卫生工作者成功治疗了全国数千例疟疾、腹泻和肺炎病例。

---

① 王向南：《中国非营利组织发展的制度设计研究》，博士学位论文，东北师范大学，2014，第36页。

② 赵佳佳、韩广富：《中国社会组织"走出去"扶贫问题探析——以社会组织在非洲的扶贫活动为例》，《贵州师范大学学报》（社会科学版）2016年第4期，第34~42页。

③ 王逸舟、张硕：《中国民间社会组织参与国际公共产品供给：一种调研基础上的透视》，《当代世界》2017年第7期，第15~18页。

（五）农业合作

中外社会组织在农业领域的合作集中表现为国内外农业行业协会、科研机构、高等院校间的交流活动。所谓农业行业协会，指在农业中实行自我管理的社会组织，介于政府与农业企业之间，在农产品生产业与经营者间开展活动，并为其提供咨询、沟通、监督、协调服务的社会中介组织。我国的农业行业协会如中国蔬菜行业协会、中国农业废气物利用行业协会、中国生猪行业协会、中国奶业行业协会、中国种子行业协会、中国肉鸽行业协会、中国家禽行业协会、中国甜瓜行业协会、中国河蟹行业协会、中国饲料行业协会、中国特种养殖行业协会等。[①] 其中最具代表性的社会组织是 1999 年成立的中国农业国际交流协会（CAAIE），农业部为该协会的业务主管单位。该协会旨在农业领域积极推动中国和世界各国（地区）在科技、生产、贸易、人力、信息等方面的民间交流与合作，增进相互间的了解和友谊，为农业改革开放和农村经济发展提供服务，以更好地为我国"三农"建设贡献力量。我国杂交水稻之父袁隆平把超级水稻种植技术推向国际，通过联合国粮农组织与国外同类组织开展合作，先后在印度、越南、缅甸、菲律宾、孟加拉等国推广杂交水稻，举办十多期杂交水稻国际培训班，为 20 多个国家培训了 300 多名技术骨干，为这些国家在提高粮食单产、解决粮食危机方面做出了积极贡献。

（六）自然灾害救助

自然灾害是世界各国共同面临的重大问题之一，其严重影响经济、社会的可持续发展，生态危机和突发性自然灾难更是对人类生存与发展构成了严重威胁。[②] 近年来世界范围频发的重大自然灾害已引起国际社会的高度关注，重大自然灾害应急与救援工作的国际化已形成国际合作趋势，在这种趋势下，中外社会组织也在自然灾害救助这一领域与政府、企业、联合国等国际机构诸多部门协调配合、开展合作，并在多次区域性自然灾害发

① 吴中超、冯金丽：《四川成都市温江区民营经济发展的问题与对策》，《安徽农业科学》2012 年第 3 期，第 1822~1824 页。

② 阚凤敏：《联合国引领国际减灾三十年：从灾害管理到灾害风险管理（1990—2019 年）》，《中国减灾》2020 年第 5 期，第 54~59 页。

生时联合开展灾害救助及慈善捐赠等活动。以中国扶贫基金会为例，2005年1月，中国扶贫基金会和国际美慈组织将价值530万美元的药品捐赠给印尼海啸灾区，为灾区儿童提供人道主义援助；2010年1月，中国扶贫基金会与联合国世界粮食计划署联合为海地地震筹款256万元人民币，用于支持联合国世界粮食计划署在海地开展紧急救援工作；2011年3月，中国扶贫基金会与联合国世界粮食计划署联合为日本地震海啸筹款10万元人民币。[①]

（七）环境保护

环境问题和气候变化是近几年全球关注的热点议题，中国社会组织积极参与国际环境保护领域的各类合作与交流。2016年11月，第22届联合国气候变化大会在摩洛哥马拉喀什召开。此次气候变化大会特别设立有"中国角"，并举行17场主题边会，主题涉及气候变化与农村发展、全国碳市场展望、气候传播与公共意识、"南南合作"等多个方面。由中国绿色碳汇基金会参与主办的"生态治理提升人类福祉"主题边会和由阿拉善SEE生态协会主办的"应对气候变化、推进绿色供应链、共建生态文明"主题边会，都吸引了国际社会大量政府官员、企业经营者、社会组织参加。2020年11月，由联合国儿童基金会和中华全国青年联合会共同主办的2020年世界儿童日"气候变化·青春行动"主题活动在北京举行，会议聚焦污染防治重点领域，推动宣传"保护母亲河""三减一节"及垃圾分类等重点项目，已吸引80多万全世界青少年参与。此外，中国社会组织还在国际环境保护参与中扮演着规则制定者的角色。在2018年，自然之友共参与10项环境立法和公共政策的制定、修订过程；在《巴黎协定》的制定过程中，中国社会组织提交了国家自主贡献（INDC）目标以及减少碳排放的承诺，为其他国家减排方案提供了示范模型。在国际参与中，环保社会组织在国际上的发声，为世界环境问题的解决带来了中国理念，让世界看到中国开放治理和可持续治理中的新思路。

（八）公共卫生与疫情防控

2020年新冠疫情全球肆虐，公共卫生与疫情防控成为全世界最受关注

---

① 王向南：《中国非营利组织发展的制度设计研究》，博士学位论文，东北师范大学，2014，第146页。

的议题，在这个背景下，中国社会组织积极"走出去"参与全球抗疫。深圳市猛犸公益基金会在 2020 年 3 月，联合中国政府、私营部门、社会组织，并通过中国驻当地大使馆先后向日本、秘鲁（1000 份）、安哥拉（1000份）、菲律宾（1000 份）、塞尔维亚、文莱、贝宁（1500 份）、阿根廷（首批 1500 份）、非洲多国（包括乌干达、南非、埃塞俄比亚、突尼斯等）、马来西亚（5500 份）、中美洲各国（包括巴拿马、加勒比海岛国、特立尼达和多巴哥等）等捐赠由华大基因研制的新冠病毒检测试剂盒。马云公益基金会与阿里巴巴公益基金会自 2020 年 3 月初开始启动国际抗疫行动，先后向亚、非、欧、南美、北美五大洲至少 94 个国家捐赠口罩、检测试剂盒、防护服等医疗防疫物资，与非洲各国医疗机构合作，为其提供新冠病毒临床治疗的网上培训资料。发起了全球新冠肺炎实战共享平台（GMCC），旨在为世界各地的一线医生和护士提供抗疫实战经验分享，方便他们在线交流协作，并为医疗科研机构提供 AI 大数据和云计算的科技支撑，借助人工智能、大数据、云计算等技术，面向全球分享中国抗疫经验，以解其燃眉之急。中国红十字会联合恒大集团，由恒大集团捐资 1 亿元人民币，在中国红十字基金会设立"恒大国际抗疫援助基金"，主要用于向新冠疫情严重的国家和地区提供人道援助。

三　"走出去"的基本状况调查

北京师范大学国际 NGO 与基金会研究中心在 2020 年 10 月开展了一项针对中国社会组织国际化的调查。选取民政部登记的全国性社会组织、国际性社团、涉外基金会等丝绸之路合作网络的 152 家中方社会组织，中国气候变化行动网络的 33 家社会组织，以及"爱无疆——国际公益交流群""一带一路与 NGO 国际化"交流群中的合作社会组织进行调查。最终参与的社会组织有 124 家，包括 100 家社会团体、15 家基金会以及 9 家社会服务机构。于 2020 年 10 月中旬在线发放调查问卷，填写人主要为秘书长、副会长、秘书处工作人员、国际业务负责人等。在地域分布上，参与调查的社会组织来自 17 个省、自治区与直辖市，主要集中在北京，占比为 74.19%。山东和云南各有 4 家，广东 3 家，重庆、福建、甘肃、陕西、西藏、浙江各 2 家，贵州、黑龙江、江苏等 7省各 1 家。在资产规模上，27.42% 的组织资产规模在 1000 万元以上，

42.74%的组织处于 100 万元～1000 万元，29.84%的组织为 100 万元以下。①

结果显示，被调查的机构缺少涉外工作经历的人才，50.00%的组织是 0 人，23.39%的组织拥有 1～3 名，13.71%的组织拥有 4～6 名，12.91%的组织有 7 名及以上。仅 15.32%的组织拥有海外办公室。在国际项目开展方面，疫情发生前，有 52.23%的组织开展国际项目。疫情中，开展国际项目的组织占比下降至 28.23%。在疫情防控常态化后，开展国际合作的组织占比上升，达到 60.48%，相比疫前提升了 8.25 个百分点。在项目开展区域方面，主要以亚洲为主，亚洲占比 81.36%，欧洲占54.55%，非洲占 39.39%，疫情防控常态化之后，有 54.67%的社会组织调整了服务区域。在国际合作方式上，疫情防控常态化后，与国际非政府组织及其国际网络合作是最主要途径，占比 82.67%，其次是与政府及政府间国际组织合作占比为 70.67%，与跨国企业及跨国企业联盟合作占比为 49.33%，与学者、研究机构等合作占比为 45.33%。在援外经费来源方面，企业捐赠占据大部分，其次分别是政府援助、会员会费、营业收入和基金会捐赠，公众捐款所占的比重最小。在经费的稳定性方面，在疫情防控常态化后，56.00%的组织可以获得稳定资源支持，26.67%的组织经费减少，也有近 20.00%的组织经费存在变数。在合作领域方面，中国社会组织国际合作最多的领域为：教育、科技、扶贫减贫与社区发展、气候与环境、人道救援、行业支持、传播与交流和志愿促进。总体来说，中国社会组织的国际合作区域和国家的范围较广，且不断调整和增加，合作发展的势头良好。

四 企业私募基金会的海外援助状况

近几年来，中国企业成立的私募基金会在对外援助领域非常活跃，部分案例和事迹如表 8-1 所示。

---

① 杨丽、游斐：《中国社会组织国际化的问题与对策——基于 124 个社会组织调查分析》，载于龚维斌主编《中国社会体制改革报告（No.9·2021）》，社会科学文献出版社，2021，第 223～236 页。

表 8-1 中国企业成立的私募基金会对外援助情况

基金会名称	关联企业	海外援助事迹
国家电网公益基金会	国家电网有限公司	2019 年在巴西当地实施社会公益项目累计投资约 4000 万雷亚尔，履行环保责任投资近 1.2 亿雷亚尔。2020 年疫情期间捐赠价值 2496.8 万元物资，助力海外疫情防控
中国海洋发展基金会	中国海洋石油集团有限公司、中国石油化工集团有限公司、中国广核集团有限公司、中国华能集团有限公司、中国交通建设股份有限公司、中国石油天然气集团有限公司	2019 年 5 月承办北极圈论坛中国分论坛，论坛以"中国与北极"为主题，吸引来自 30 多个国家和地区 500 多名代表参加，会议就"海上丝绸之路"建设、北极可持续发展的跨区域合作、北极科学与创新、绿色能源等展开了讨论
阿里巴巴公益基金会	阿里巴巴集团控股有限公司	2010 年 1 月海地发生 7.0 级大地震，阿里公益通过国际红会组织捐赠 200 万元人民币用于当地救灾
		2011 年 4 月日本福岛大地震，阿里公益通过中国红十字会，捐赠 300 万元人民币用于当地救灾
		2015 年 4 月尼泊尔地震灾后过渡性安置房建设项目。阿里巴巴通过 Chaudhary Foundation（当地公益组织）建立捐赠与救援合作关系，为尼泊尔灾后过渡性安置房建设出资。阿里巴巴建立了 1000 个过渡性安置房，总金额 75 万美元
		2017 年 7 月，阿里巴巴公益基金会和桃花源生态保护基金会共同设立"非洲保护区巡护员奖励基金"，每年奖励 50 名一线巡护人员，每人奖金 3000 美元，项目将持续 10 年，以支持非洲动物保护工作，这是首个面向非洲野生动物巡护员的奖项
		2019 年 2 月阿里巴巴公益平台对"公益宝贝"支持的公益项目开始拓展国际化领域，联合中国扶贫基金会正式启动"国际爱心包裹"项目，截至 2019 年底，"国际爱心包裹"已覆盖缅甸、尼泊尔、埃塞俄比亚、柬埔寨、老挝、蒙古国、乌干达、纳米比亚、津巴布韦、巴基斯坦十国，受益人数达到 339107 人
腾讯公益慈善基金会	腾讯控股有限公司	2014 年 12 月召开"手护生命，抗击埃博拉"的新闻发布会，一同发起抗击埃博拉的公益行动。该基金会筹集资金通过联合国世界粮食计划署购买粮食发放给受埃博拉疫情影响的儿童及其家庭

基金会名称	关联企业	海外援助事迹
万科公益基金会	万科企业股份有限公司	2016 年联合国气候大会在摩洛哥马拉喀什市召开，万科公益基金会主办的"携手商业，迈向可持续城镇化新征程"企业边会在气候大会"中国角"上成功举办，包括政府官员、全球各大 NGO 组织代表、企业环保专家在内的来自 25 个国家的 524 位嘉宾出席会议
		2017 年 11 月《联合国气候变化框架公约》第 23 届缔约方大会在德国波恩召开，万科公益基金会作为中国角的协办方，组织主办"衣·食·住·行商业创享减排时代——中国企业应对气候变化在行动"中国企业日边会，邀请国内外在应对气候变化方面的著名机构、企业、人士，就应对气候变化的议题进行讨论
招商局慈善基金	招商局集团有限公司	2015 年 12 月在斯里兰卡发起"光明行"项目，第一批捐献人工晶体和手术材料共计 8400000 卢比，主要用于对贫困地区眼疾患者进行手术治疗。至今已累计资助 300 名眼疾患者接受了治疗
		2017 年捐助 11.3 万美元支持白俄罗斯明斯克小牛村修筑马路
		2017 年 5 月，斯里兰卡多地暴发洪水和山体滑坡，招商局慈善基金会（CMCF）携手招商国际科伦坡国际集装箱码头有限公司（CICT），向斯里兰卡灾难管理部转交价值 500 万卢比的救援物资，以帮助该国洪涝和山体滑坡地区灾民渡过难关
中远海运慈善基金会	中国远洋海运集团有限公司	2011 年，日本本州岛宫城县发生里氏 9.0 级特大地震，并引发特大海啸，通过日本红十字会向日本受灾地捐出 2000 万日元，约合 161.4 万元人民币，用于抗震救灾及灾后重建工作
		2011 年 12 月向联合国儿童基金会捐赠人民币 100 万元，用于非洲之角受灾儿童的紧急救援行动
		为中国红十字基金会"丝路博爱基金"向巴基斯坦、伊拉克、阿富汗、叙利亚捐赠人道主义医疗救援物资提供多批次运输服务。自 2017 年以来，中远海运慈善基金会已累计为中国红十字会援外项目提供 10 批次物资运输支持。基金会全新打造的"公益送"项目，继续为中国公益组织援外项目提供物资运输支持
		2019 年向希腊红十字会捐赠 392 万元人民币（约合 50 万欧元），用于改善希腊雅典和比雷埃夫斯地区贫困家庭儿童和青年的生活，并支持其参加教育和娱乐活动。项目受益群体规模将超过 2100 人

基金会名称	关联企业	海外援助事迹
李书福公益基金会	浙江吉利控股集团有限公司	2020年新冠疫情在全球蔓延，4月李书福公益基金会向白俄罗斯卫生部捐赠总价值534万元人民币的医疗物资。截至2020年底，该基金会已向瑞典、德国、马来西亚、白俄罗斯、西班牙等13个国家提供超过2300万元人民币的医疗物资，支持各国当地的疫情防控工作
小米公益基金会	小米科技有限责任公司	2020年新冠疫情肆虐全球，小米公益基金会向意大利、西班牙、卢森堡、阿根廷、罗马尼亚、智利、俄罗斯、日本、韩国、印尼、新加坡等国家捐赠了口罩、防护服、呼吸机等医疗物资。基金会累计对外捐赠抗疫物资206万件

注：资料来源为各企业及其私募基金会官网，由作者整理。

　　总体来看，国企和大型民营企业在近10年来纷纷成立了私募基金会，并开展了大量海外援助工作，其中也有部分原因是为了满足拓展海外市场的需要，在当地树立良好的品牌形象，通过公益慈善与当地政府建立更好的合作关系。[①] 但私募基金会在海外援助的宣传方面是比较保守的，尤其是面向国内的宣传，鲜有耳闻。一个可能的原因是，企业怕引起国内普通民众的不理解乃至误会，甚至被扣上"崇洋媚外"的帽子。当前国内的互联网上有一种舆论观点是，中国仍然是发展中国家，国内仍然有很多需要援助的人和地区，为什么不优先援助国内反而开展海外援助呢？所以为了避免互联网舆论的质疑和攻讦，企业私募基金会很少宣传其在海外援助的事迹和成果。但随着中国国力的提升和大国形象的逐步确立，民间舆论对开展海外慈善援助将变得越来越包容，同时企业也需要找到恰当的宣传方式。

第三节　社会组织"走出去"的特点与典型案例

一　社会组织"走出去"的主要形式

（一）主题会议论坛交流

　　由于各国社会组织发展历程不同，成熟度和影响力存在较大差异，为

---

① 李晗骏：《中国非政府组织走出去研究》，博士学位论文，湖南大学，2015，第25页。

加强国际交流，学习国外社会组织发展经验，中国社会组织主办或参加国际领域的社会组织高层论坛或专题会议，分享国内社会组织有关情况，学习借鉴国外同类组织的好做法、好经验。如 2006 年 7 月，由中国扶贫基金会主办，伊斯兰救援国际组织赞助，以"分享、交流、协作"为主题的"灾害救助能力建设国际研讨会"在北京举行，伊斯兰救援国际组织、国际美慈组织、红十字会、红新月会国际联合会、慈福行动、世界宣明会、无国界医生组织、国际行动援助、中国红十字总会等机构的代表及"环球计划"培训、非政府组织的项目管理专家出席了研讨会，会议就灾害能力救助建设问题展开了广泛交流研讨，取得了良好效果。2016 年 7 月，阿里巴巴公益基金会在杭州举办了首届全球 XIN 公益大会，会议吸引了包括联合国秘书长潘基文、英国前首相戈登在内的众多知名国际公益界人士出席。[1]

（二）教育培训

通过专业培训训练组织成员和志愿者，形成高素质的专业人才队伍，是社会组织国际交流合作领域的重要内容。这种培训主要是围绕组织营销技能、协调管理能力、专业知识技能、项目运营管理、筹资方式方法等内容开展。[2] 如创建于 2001 年 8 月的倍能组织能力建设与评估中心（CBAC），在全球范围内大力推动社会组织发展能力的培训。2005 年中国倍能中心成立，成为独立的中国本土社会组织。2006 年 8 月，中国倍能中心与全球最大的包裹快递运输公司美商优比速的分支慈善机构 UPS 全球基金会联合举办专业技能培训，目的在于提升在扶贫开发和教育领域的社会组织优化管理、增强组织项目运作水平，旨在帮助社会组织更加有效地服务于社会中的弱势群体。

（三）筹集款项联合募捐

开展慈善公益活动，募集善款是非常重要的组成部分，也是社会组织国际间合作的重要形式之一。随着改革开放不断深入，我国社会组织与国

---

① 杨团主编《中国慈善发展报告（2017）》，社会科学文献出版社，2017，第 75 页。
② 艾明江：《中国台湾地区非营利组织在东南亚地区的运作及其影响》，《东南亚纵横》2019 年第 3 期，第 83～90 页。

外同类组织的交往更加频繁，在救助孤寡老人、残障儿童、贫困人口等弱势群体时，往往采取义演、义卖等办法，筹措慈善公益活动的经费。中外社会组织联手行动筹集善款已成为救灾扶贫的有效途径。2010 年，海地首都太子港发生大地震，中国壹基金救援联盟与国际救援组织取得联系，协调参与国际救援计划，通过国际红十字会向海地捐款 10 万美元。2015 年尼泊尔遭遇大地震，中国扶贫基金会投入 270 万余元人民币，帮助重建当地两所公立中学，还投入 120 多万元开展乙肝防治和饮水、卫生及健康促进项目。2016 年的摩洛哥联合国气候大会上，北京东方园林生态股份有限公司董事长、北京巧女公益基金会发起人何巧女宣布将投入 10 亿美元致力于可持续发展事业，其中 2 亿美元将用于海外，尤其是"南南合作"项目。此外，海外捐赠对中国慈善事业也有很大的支持力度，如在中华慈善总会的捐赠物资中，有 80% 来自海外，这些捐赠大多来自国际大型基金会等社会组织。

（四）派驻支援队伍

采用派遣志愿者及组织救援队、医疗急救队等方式与国外社会组织共同参与国际援助志愿行动，是我国社会组织开展对外援助活动、实现国际合作与交流的新途径。例如，壹基金救援联盟成立于 2009 年 5 月 12 日，即汶川地震一周年之际，由国际性公益组织壹基金创始人李连杰发起。目前已有近 300 支民间志愿救援队伍，成员近 5000 人，分布在全国 30 个省、自治区、直辖市，是目前规模最大的全国性公益救援组织。[①] 2012 年 11 月 11日，缅甸北部发生 6.8 级地震，壹基金救援联盟当即派出一支 5 人的轻型救援队奔赴缅甸灾区曼德勒进行地震救灾行动，并做灾情考察。该救援队在震中主要负责清理受损寺庙、捐赠携带的全部急救药品和工具、帮助当地人民恢复正常生活等。这也是中国民间社会组织救援队伍首次参与国际救灾行动。在此之前我国的对外援助行动均是由政府主导的，缺少民间社会组织向国外单独派遣队伍进行对口支援的经验。

---

① 姚培硕：《北京民间救援队首次奔赴境外救援到达缅甸震区》，《北京晚报》2012 年 11 月16 日，第 1 版。

（五）开办海外办公室

在走出国门运作公益项目的基础上，中国社会组织还尝试建立海外办公室，搭建国际合作交流平台，从而更深层次参与全球治理。2015 年开设的爱德基金会埃塞俄比亚办公室和中国扶贫基金会缅甸办公室是这方面的先期尝试，为上述两家机构的国际合作提供了良好的基础条件。2016 年，爱德基金会在瑞士日内瓦建立国际办公室。瑞士日内瓦云集了众多国际机构，如联合国日内瓦办事处、世界卫生组织、世界贸易组织等。爱德基金会在日内瓦建立海外办公室，不仅是秉承了机构本身"让世界更美好，让社会更公正，让生命更丰盛"的愿景，而且加强了爱德基金会与亚欧非及世界各国的交往合作，为爱德基金会进一步提高国际参与创造机会。

二 社会组织"走出去"的行动路径

中国社会组织"走出去"主要有四大推动力量，形成了相应的四种行动路径，分别是：人道主义援助驱动、组织发展战略驱动、政策响应驱动和企业形象塑造的宣传驱动。

（一）人道主义援助驱动

人道主义援助驱动基于公益慈善精神，是社会组织"走出去"最直接的动力。联合国人道事务协调厅（OCHA）于 2005 年建立了人道援助集群系统框架，明确了国际人道援助 11 类专业组群，统筹协调，为中国社会组织参与人道援助提供了重要契机。[①] 下文将尼泊尔地震的救灾援助作为典型个案。

2015 年 4 月 25 日，尼泊尔发生 8.1 级大地震。中国社会组织迅速响应，开展了全面的救灾救援工作，包括中国扶贫基金会、爱德基金会、壹基金、中国青少年发展基金会及多支社会救援队在内的一批社会组织参与了尼泊尔地震的救灾与灾后重建。这是中国社会组织第一次成规模的参与国际应急救援、灾后重建的人道主义援助，是中国社会组织反应最快、规模最大的一次海外救援行动。中国社会组织参与应对情况概要详见表 8-2。

---

① 杨义凤、邓国胜：《中国慈善组织国际化的策略》，《行政管理改革》2016 年第 7 期，第 25~28 页。

表 8-2 2015 年尼泊尔地震中中国社会组织参与应对情况概要

机构名称	机构类型	响应日期	参与形式	工作内容	筹款物金额
中国扶贫基金会	公募基金会	4月25日开始响应，26日派出人员赴尼泊尔	派遣人员实地开展工作	—灾情排查与生命搜救 —社区卫生医疗 —安全饮水、供餐及食品保障 —物资采购及发放 —临时安置社区建立与营造 —灾后重建	888.16万元（其中在尼支出564.26万元）
深圳壹基金公益基金会（简称壹基金）	公募基金会	4月25日14时壹基金救援联盟启动响应，26日零点第一梯队进入尼泊尔帕坦、巴德岗地区开展紧急救援	派遣救援队实地开展工作	—紧急救援 —物资发放与医疗援助 —灾后重建	1500万元（用于尼泊尔和中国西藏两地灾区）
爱德基金会	公募基金会	4月25日14时30分启动响应，27日17时第一批救援人员抵达加德满都	派遣工作人员实地开展工作	—紧急救援 —过渡安置 —灾后重建	127万元人民币与584.6万元港币用于配合国际救灾联盟成员机构的共同救援行动
中国青少年发展基金会	公募基金会	4月26日发起"希望工程紧急救灾助学行动"，5月6日派出工作组赴尼泊尔	派遣工作组赴尼进行需求扫描工作	中尼友好希望小学建设	—
中国妇女发展基金会	公募基金会	4月25日19时启动响应	未派遣人员赴尼	—发起倡议 —筹款	49.12万元
卓明灾害信息服务中心	民办非企业单位（志愿者团队）	一个小时内启动响应程序	网络信息共享	灾情信息收集和研判工作	—
其他民间救援队	民办非企业单位（救援队）	当天即开始响应	先后派出救援队	—配合国际救援队工作 —灾情调查 —紧急医疗救助 —应急物资发放 —防疫消杀等	—

中国社会组织救援尼泊尔灾情的行动方式有所差异，与在地核心伙伴的选择有关。例如，中国扶贫基金会依托的是当地华人志愿者组织，并与长期战略合作机构国际美慈保持协同合作，爱德基金会依托已有的国际救灾联盟（Act Alliance）获得支持，壹基金则是将救助儿童会作为核心伙伴，中国妇女发展基金会通过联合国人居署和儿童希望救助基金会开展对尼援助工作，中国青少年发展基金会选择与中国驻尼使馆、尼中资企业和尼泊尔政府教育部合作。按照业务特征，可以分为三类：第一类是"自主实践"，根据当地的资源状况和具体需求，直接设计并提供一系列援助，如中国扶贫基金会；第二类是"依托型"，主要依托国际知名组织或融入国际互助网络参与援助救灾工作，如壹基金和爱德基金会；第三类是"经验输出型"，将国内的成熟产品和运作模式推广到灾后重建地区，如中国青少年发展基金会在尼泊尔建造"希望小学"。

值得注意的是，尼泊尔的地震灾情和救援与以往不同，在 4·25 地震后，2015 年 5 月 12 日，尼泊尔再次发生 7.5 级强烈地震，两次地震叠加，大大加剧了损失，使 51.34 万座建筑物完全损毁，51.70 万座建筑物部分损毁，其中教育和医疗的场地与设施遭到严重破坏，有 4 个地区超过 90% 的医疗设施被损毁。第二次地震严重干扰了第一次地震的救援行动，使救援和灾后重建工作周期变得更长、也更加困难。基于此，中国社会组织拉长了在尼泊尔援助重建的计划，并采取各种方式开展长期行动，这也是中国社会组织"走出去"常态化的一次重要尝试。① 在尼泊尔开展长期行动的四种方式见表 8-3。

表 8-3　中国社会组织在尼泊尔开展长期行动的四种方式

形式	特征	中国 NPO 案例
注册成立 INGO 办公室	有长期在尼泊尔开展行动的战略； 有稳定的行动方向、策略、资金、团队； 有类似于独立机构，需要配套的财务、行政等体系，需要接受相关部门管理和财务审计等； 注册成立办公室仍然需要有当地合作伙伴才能行动； 难度系数较大	中国扶贫基金会

① 杨团主编《中国慈善发展报告（2017）》，社会科学文献出版社，2017，第 144 页。

形式	特征	中国NPO案例
注册成立当地NGO	有长期在尼泊尔开展行动的战略； 有稳定的行动方向、策略、团队，但机构的法人和理事会全部为尼泊尔当地人； 独立机构，需要配套的财务、行政等体系，需要接受相关部门管理和财务审计等； 属于当地的合作伙伴，可以直接和中国NGO合作	尼泊尔彩虹公益社（甘肃彩虹公益服务中心）
与当地NGO合作项目	有进入尼泊尔开展行动的打算，但出于探索期或者受限于政策资源等暂时无法成立独立办公室； 可以较为灵活地进入尼泊尔开展项目，并且结合实际情况确定未来的行动方向； 基于项目合作的实际要求配备相关的人员、资金和行动方式，但不需要独立的财务和办公室； 必须有当地合作NGO，往往主要靠合作伙伴来负责项目日常实施； 难度系数较小	爱德基金会 西藏慈缘基金会 北京慈爱公益基金会
紧急救援预案	建立紧急救援快速响应机制； 紧急时期结束之后，组织主要人员退出，但与当地合作伙伴合作，制订紧急救援的常态反应预案	蓝天救援队 壹基金

（二）组织发展战略驱动

部分中国社会组织在成立和发展过程中，就致力于全球的相关领域发展，国际化是组织明确的战略目标与机构使命。如2017年2月中国红十字基金会与爱心企业共同成立的"丝路博爱基金"，其成立之初的使命即为"优化'一带一路'人道服务供给，以'一带一路'共建国家为服务区域，建立全球应急救护走廊，建立救护站，培训医疗人员，并对沿线有迫切人道需求的人群进行救助"。自成立以来，丝路博爱基金已经运作了"中巴急救走廊""天使之旅——'一带一路'大病患儿人道救助计划""海外博爱家园""博爱单车"等项目，在巴基斯坦、孟加拉国、蒙古国、阿富汗等多国开展医疗卫生设施建设和救助活动。例如，开展了阿富汗先天性心脏病患儿筛查的救治、蒙古国的先天性心脏病患儿筛查的救治，援助孟加拉国肾透析、血液透析中心，到各国多个社区开展卫生健康、减灾扶贫、生计发展等工作。表8-4是丝路博爱基金的重点项目情况。

表 8-4 丝路博爱基金主要项目一览

项目名称	国家	项目内容
中巴急救走廊	巴基斯坦	动员各方力量援建红十字急救设施、组建应急救援队伍、培训医疗急救人员、开发应急指挥体系等，在中巴经济走廊沿线的村镇和交通站点布设急救单元
天使之旅——"一带一路"大病患儿人道救助计划	蒙古国、阿富汗	资助开展医疗救助、健康干预等人道救助项目，2017年重点资助蒙古国、阿富汗等国家先天性心脏病儿童的救助工作
海外博爱家园	埃塞俄比亚、乌干达、肯尼亚	在非洲开展基于水与卫生的社区综合韧性项目，包括饮水类工程项目、防灾减灾能力培训、基层组织建设以及生计发展项目
博爱单车	文莱、柬埔寨、老挝等	募集10000辆单车，并配备志愿服务工具，支持"一带一路"共建国家志愿者的人道救助、应急救护、灾害救援等工作
全球应急走廊	"一带一路"共建国家	建立全球应急救护走廊，建立救护站，成立国际医疗队承担治疗和接种新冠肺炎疫苗及提供应急培训工作，提供专业知识、设备、培训和疫苗接种服务，帮助相应各地社区抗击新冠疫情，开展人道主义救援

（三）政策响应驱动

随着中国加入世贸组织，参与全球化的进程，中国政府越来越重视社会组织发挥的桥梁作用，积极推动社会组织"走出去"，促进民间的对外友好关系。在政策的倡导下，一些社会组织积极响应，开展国际交流合作项目。下文将中国青年志愿者海外服务计划作为案例介绍政策响应驱动的过程。

中国青年志愿者海外服务计划（又名"援外青年志愿者"），由中国青年志愿者协会主要承接和运营，根据受援国的实际需要，通过公开招聘、自愿报名、集中选拔和培训、分别派遣的方式，[①] 派遣优秀中国青年志愿者赴受助国开展中长期（一般为一年）志愿服务，服务领域集中在社会发展、体育教学、医疗卫生、信息技术、农业技术、土木工程、工业技术、经济管理、汉语教学、综合培训等方面。截至2020年，该组织共向亚洲、非洲、

---

① 张春霖：《中俄青年志愿者助老助残语言服务对比研究》，《才智》2018年第9期，第206页。

拉丁美洲的 20 多个国家派遣了 700 多名青年志愿者。

2004 年 9 月，《援外青年志愿者选派和管理暂行办法》出台。2004 年 10 月，商务部和财政部联合制定了《援外志愿者生活待遇内部暂行办法》，2006 年 8 月，《援外青年志愿者招募、培训（暂行）办法》发布。此外，共青团中央和商务部还出台了《援外青年志愿者工作经费使用管理暂行办法》《援外青年志愿者工作经费说明》等行政规定和办法，[①] 这为"中国青年志愿者海外服务计划"提供了一整套制度，为项目的深入开展提供了政策依据。

管理流程方面，商务部援外司通过驻外经商处采集受援国的需求，定期或不定期的发布需求计划，中国青年志愿者协会作为运营机构，对接商务部培训中心，负责援外青年志愿者的选派和具体管理工作，面向社会公开招募援外青年志愿者或根据需要有针对性地向具体地区或单位定向招募，在选定志愿者之后按照要求对入选的青年志愿者进行培训，之后根据需求计划派遣出国。派遣项目大致可分为三类。一是接续派遣，如埃塞俄比亚、突尼斯、塞舌尔、尼日尔等国都实现了接力派遣，志愿者派遣工作实现可持续性。二是单次派遣，即截至目前仅派遣过一次。三是不连续派遣，即一次派遣间隔一段时间再次派遣。此外，中国青年志愿者协会还建立了援外青年志愿者人才库，对服务期满的志愿者进行接续培养。

中国青年志愿者海外服务计划促进受援国经济社会发展和能力建设，服务当地人民，增进与受援国家的友好关系，增进与全球青年和人民之间的友谊。同时还促进了国际志愿服务和国内志愿服务的衔接，成为国内与国际志愿者服务的重要纽带。

（四）企业形象塑造的宣传驱动

中国社会组织"走出去"的另一推动力量是进行企业宣传，营造良好的发展环境，提高品牌的曝光率和市场占有率，形成巨大的广告效应。社会组织在国外联合基金会做公益，有利于帮助改善企业形象，赢得当地政府和民众的信任，实现经济效益、社区发展和环境保护的多赢局面，规避

---

① 张强、齐从鹏：《中国志愿服务走出去现状与趋势》，《社会治理》2018 年第 9 期，第 75~80 页。

相关政治和文化风险。① 社会组织通过项目援助，可以加快走出去的步伐，提升国际化能力，提高自身影响力。

企业对于社会组织公益项目而言，是最重要的资金捐赠者之一，尤其是走出国门的中国企业是中国社会组织重要的合作伙伴。与利用境外资金相比，利用国内企业的资金更符合政府对社会组织活动的监管要求。与之相反，中国社会组织也可以与中国企业在本地的发展中发挥补充作用，尤其是那些已经开展海外投资项目和设立海外运营机构的企业，他们迫切需要加强在投资国的社会责任建设，实现与当地社区文化的交流与融合，树立良好的品牌形象。

2020 年，当海外疫情肆虐时，小米科技有限责任公司（简称小米）与一位意大利网红奶奶进行合作，发布了一组生动的抗疫宣传广告，充分鼓舞了意大利群众抗击疫情的士气。2021 年 7 月，德国、比利时、荷兰遭遇了一个世纪以来罕见的特大洪水，小米公益基金会向德国红十字会、荷兰灾难基金会和比利时红十字会捐款共 100 万欧元，帮助受灾群众渡过难关。② 无论是实用型援助物资，还是通过情感共鸣打造公益创意，小米都试图以一家国际科技企业的格局和社会责任感，为海外抗疫送出自己独有的温度。2021 年，小米向印度捐赠 3000 万卢比，为印度各州的医院购买 1000 多台氧气浓缩器。小米还与非营利组织 Give India 合作，为 Covid-19 抗疫人员筹集了 1000 万卢比的资金。③ 2013 年 12 月 15 日，华为技术有限公司（简称华为）与尼日利亚社会福利组织"浓情"基金会在首都阿布贾联合举办"快乐圣诞节"慈善活动；2019 年 5 月 17 日，华为向津巴布韦大学捐赠 1 台价值 9.8 万美元的基站设备，用于该校通信专业的教学、实验和研究；2016 年 8 月 26 日，华为通过纳拉扬印度基金会向梅勒高医院的整形外科捐赠了近 100 架轮椅、假肢以及离合器，供残疾人使用。④ 2020 年，福建企业

---

① 周鑫宇、付琳琳：《社会组织"走出去"与外交统筹能力提升》，《当代世界》2019 年第 5 期，第 42~45 页。

② 《小米公益基金会向德国荷兰及比利时洪灾地区捐款共计 100 万欧元》，《财经网》2021 年 7 月 27 日，第 1 版。

③ 《小米将向印度捐赠 3000 万布卢比用于抗击疫情》，《站长之家（ChinaZ.com）》2021 年 4 月 23 日，第 1 版。

④ 张玉亮：《华为向津巴布韦高校捐赠基站设备》，《新华社》2019 年 5 月 18 日，第 1 版。

家曹德旺先生创办的河仁慈善基金会，向美国俄亥俄州捐赠抗疫物资。[1]

《中央企业海外社会责任蓝皮书（2019）》显示，中央企业在"一带一路"共建国家和地区主动履行社会责任，促进东道国经济、环境和社会协调发展。据调查，2019年，83%的中央企业向海外运营相关方提供技术咨询服务和人员交流，54%的中央企业向海外运营方提供技术援助，54%的中央企业通过合营公司进行合作生产，27%的中央企业在东道国设立研发中心。[2] 在海外运营过程中，29%的中央企业在东道国采购了90%以上的物资，可见，中央企业积极融入当地社会，通过本地化采购，促进当地经济发展。

近年来，中国企业积极"走出去"履行海外社会责任，在海外树立良好的企业形象，这不仅是推动中国社会组织走向世界的需要，也是做好新时代对外传播工作、充分展示新时代中国形象的需要。企业在做公益活动时，往往与社会组织签订合同，包括各企业的私募基金会。在"走出去"的过程中，中国企业尽显人文关怀精神，不仅可以在经济层面开展合作，更能够在文化层面形成共鸣。组织形象是各类组织重要的无形资产，是企业生存和发展的精神资源，公众对组织形象的理解是在获得组织提供的物质和服务的同时，获得精神和情感上的满足，从而使组织形象更容易深刻地被公众认识和接受。

三 "走出去"的典型案例

（一）案例一：中国扶贫基金会

中国扶贫基金会（China Foundation for Poverty Alleviation，CFPA）成立于1989年，是在中国民政部注册的全国性扶贫公益组织。[3] 中国扶贫基金年会自成立以来，在亚洲、非洲、美洲开展了许多国际项目，包括尼泊尔、缅甸、柬埔寨、埃塞俄比亚、加纳、厄瓜多尔、海地等近20个国家。截至2020年底，共筹措扶贫资金和物资超过78.36亿元，服务贫困人口和灾区

---

[1] 《"中国首善"曹德旺终于出手了！累捐110亿，倡导以国家利益为重》，《腾讯网》2020年1月31日，第2版。

[2] 杨仕省：《讲好海外故事，传播中国好声音，中央企业该如何行动？》，《华夏时报》2020年12月25日，第1版。

[3] 昝瑞语：《中国扶贫基金会国际化扶贫问题研究》，博士学位论文，吉林大学，2017，第5页。

民众 4841.86 万人次，成为中国扶贫公益领域规模最大、影响力最大的公益
组织之一，具有一定的国际知名度。在中国民政部组织的全国基金会等级
评估中，中国扶贫基金会分别于 2007 年和 2013 年被评为最高级别的 5A 基
金会。2016 年 9 月，《中华人民共和国慈善法》颁布后，扶贫基金会成为民
政部首批认定的具有公开募捐资格的社会组织。2018 年 9 月，荣获第十届
"中华慈善奖"。

　　进入 21 世纪，中国扶贫基金会开始探索"走出去"。2005 年，中国扶
贫基金会明确提出了组织发展的国际战略，开始启动对外援助。2006 年，
中国扶贫基金会提出了逐步向国际化、筹资型基金会转变的发展战略，即
开展国际筹资和国际援助。2007 年 4 月，中国扶贫基金会第五届三次理事
会决定，调查研究周边国家情况，选择时机开展国际化战略，提出了"向
筹资型基金会转型和国际化发展"的总体发展战略。2009 年 12 月，中国扶
贫基金会成立国际发展项目部，专门负责开展国际援助项目。[①] 中国扶贫基
金会国际志愿者项目组织架构如图 8-1 所示。

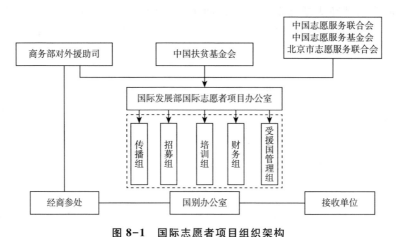

图 8-1　国际志愿者项目组织架构

资料来源：作者根据中国扶贫基金会《国际志愿者手册》，整理得到。

　　自 2005 年以来，中国扶贫基金会启动了一系列海外公益慈善和援助援
建项目。2005 年 1 月，中国扶贫基金会与国际美慈合作，共同向印尼海啸

---

① 马晓艳：《"一带一路"背景下甘肃省社会组织"走出去"研究》，博士学位论文，兰州大学，2018，第 16 页。

灾区捐赠了价值 4438 万美元的药品;① 2005 年 8 月,其再次与国际美慈合作,发起了援助中美两国台风和飓风灾区人民的项目。2005 年 11 月,与伊斯兰救援国际组织共同进行了巴基斯坦地震灾后需求调研,捐赠了价值 30 万元人民币的物资。2007 年,在非洲国家几内亚比绍共和国启动"母婴平安 120 行动",开始了与非洲国家的交流与合作,2008 年和 2011 年,先后两次向几内亚比绍母亲会捐赠了总价值 750 万元的医疗设备与物资。2008 年,中国扶贫基金会在苏丹援建阿布欧舍友谊医院。这是扶贫基金会首次派遣相关人员常驻受援国,在该国的特定社区实施项目。在医院落成以后,中国扶贫基金会还对苏丹提供了人道主义物资救援,捐赠了医疗设备,帮助医院周边社区搭建母婴保健网络,引进基金会母婴平安项目,并公开招募医务志愿者赴苏丹参与医院管理,将医院建设成为提高苏丹妇幼保健水平的示范医院。② 2011 年,中国外交部将苏丹阿布欧舍友谊医院项目评为"公共外交典范工程"。2015 年扶贫基金会在缅甸、尼泊尔、埃塞俄比亚、苏丹四国同时落地,实施发展合作项目。经过艰苦努力,扶贫基金会在缅甸和尼泊尔已经成功注册,并在这两个国家设有海外办事处。2017 年中国扶贫基金会国际援助项目成效见表 8-5。

表 8-5　2017 年中国扶贫基金会的国际援助项目成效

单位:万元,人

国家/项目	资金	受益人群
缅甸	378	3175
尼泊尔	236	52358
埃塞俄比亚	439	8174
苏丹	285	5286
朝鲜（水灾救援行动）	21	3124
柬埔寨（供膳项目）	618	超过 17000（受益学生）
国际志愿者项目	81	2000

资料来源:《中国扶贫基金会 2017 年国际发展项目总结》,http://www.cfpa.org.cn/information/project.aspx,最后访问日期:2022 年 10 月 20 日。

---

① 杨义凤:《中国 NGO 国际化的现状、挑战与对策》,《湖南师范大学社会科学学报》2014 年第 3 期,第 74~79 页。

② 赵海滨、金智学、荣文丽、吕薇:《公共外交视角下的中国卫生外交评析》,《西部学刊》2017 年第 12 期,第 24~28 页。

中国扶贫基金会从 2005 年参加印尼大海啸救灾援助开始，经历了从"不出国门的国际化""出差式的国际化"到"常驻式的国际化"的转变。中国扶贫基金会进入受援国开展服务有三种模式。一是临时性短期进入，一般期限在半年以内，是"出差式"的服务；二是设立项目办公室，在受援国的存在期限至少 2 年，以项目执行为主，可称为"常驻式"；三是设立注册办公室，在东道国的存在期限预计至少 5 年甚至更长，这是更加全面、稳定的发展合作方式。在确定进入目标国家之前，中国扶贫基金会要经过较仔细调研和全面论证，其国际化工作的原则有两条，即"尊重当地原则"和"需求导向原则"。

中国扶贫基金会将国际化作为机构的战略重点，以人道主义救援为国际合作项目的切入点，积极选择与受援国本土 NPO 合作，开始尝试在海外注册成立办公室，成立海外办公室是中国扶贫基金会国际化的里程碑举措，下文以缅甸办公室为例。

中国扶贫基金会于 2015 年 8 月在缅甸内政部正式注册缅甸办公室，成为到目前为止在缅甸正式注册的唯一一家中国非政府组织。缅甸办公室位于仰光市阿龙镇，靠近中国驻缅甸大使馆。目前办公室共有 8 名工作人员，其中员工 5 名（2 名总部员工，3 名本地员工），国际志愿者 3 名。缅甸办公室成立 2 年来，累计投入减贫资金 700 多万元人民币，当地累计受益民众近 3000 人次。扶贫基金会开展的项目集中在教育领域，包括"胞波助学金项目""中缅友好奖学金项目""掸邦优质教育促进项目""电脑教室项目""国际志愿者项目"等。[①]

胞波助学金项目针对缅甸贫困家庭大学生的需求，结合国内项目的经验，为无法支付读书所需费用（学费、住宿费、书本费、生活费）的缅甸贫困大学生提供助学金和成才支持。资助标准为每名学生每年 2500 元人民币（包含助学金、成才支持和项目管理费用）。项目于 2016 年 8 月正式启动，累计投入 500 多万元人民币，在项目开展一年左右的时间里，已经为缅甸仰光、曼德勒和若开邦三地 13 所大学的 1300 名贫困大学生发放助学金，开展"胞波成才"支持活动 6 次。

中缅友好奖学金项目，由中国驻缅甸大使馆捐赠支持，为缅甸优秀中

---

① 黄晓勇主编《中国社会组织报告（2018）》，社会科学文献出版社，2018，第 66 页。

小学生发放奖学金，为贫困学生发放助学金。项目于 2017 年 6 月正式启动，在仰光、曼德勒、实皆省、内比都、掸邦、马圭省、勃固省、若开邦共计 8 个省邦的 20 所学校实施，项目共为 397 名优秀学生、211 名贫困学生发放奖学金和助学金 76.6 万元人民币。

掸邦优质教育促进项目获得中国驻缅甸大使馆的捐助，总额约 60 万元人民币，旨在资助掸邦戌等地的寺庙小学和幼儿园。主要为学校配备了课桌椅、电脑教室、缝纫机和修建厕所等，二期项目于 2018 年实施，主要针对学校净水设施、教室扩建、厕所等进行援助建设。

电脑教室项目是一个公益性助学项目。2017 年，中国扶贫基金会得到香港南南教育基金会和香港南南金融合作中心 20 万元人民币的捐赠，购买了 40 台电脑，为大光大学援建了一个电脑教室。2017 年 11 月 20 日，在缅甸教育部下缅甸高教厅以及大光大学支持下，大光大学顺利举办了"一台电脑一个梦想"捐赠仪式，大光大学校长、副校长和学校师生及缅甸当地媒体《缅甸之光》（Myanmar Light）代表等共计 50 余人参加了此次活动。

国际志愿者项目是中国扶贫基金会受中国商务部委托实施的，经此项目国内共向缅甸选派了 5 名志愿者，他们在缅甸从事中文教育、减贫项目管理、大学信息技术服务等工作，目前仍有 3 名国际志愿者在缅甸服务。

（二）案例二：中国华侨公益基金会

中国华侨公益基金会成立于 1985 年 12 月 28 日，是由中国华侨联合会发起，民政部批准成立的全国性公募基金会，是独立的基金会法人，是对侨界及国内外企业、个人捐赠资金进行管理的民间非营利性组织。该基金会接受海外侨胞自愿捐款，支持华侨事业和侨界关心的经济、文化、科技、教育、卫生、福利等各项公益事业的发展，为海内外广大侨胞提供服务。华侨公益基金会与海外联系紧密，多年来依托海外华人华侨开展了大量的海外援助与交流合作项目。

1. 医疗领域

中国华侨公益基金会设立的"澜湄合作专项基金"在 2018 年资助了"澜湄合作——五官科国际交流与培训"项目，以加强中国与柬埔寨两国医院间的交流，特别是五官科医务人员的交流合作，探索中柬两国相关医院建立长期合作的医疗帮扶关系的可能性。该项目为 20 名柬埔寨五官科青年优秀医生开展为期 30 天的短期培训。2020 年 10 月"澜湄合作——国际耳鼻咽喉科医疗卫生体系建设帮扶"项目线上培训启动，根据柬埔寨、老挝、缅甸各国实际，开通线上培训，为更多五官科医生提供交流互动的平台。在"缅甸光明行"的项目中，中国华侨公益基金会"佰圆顺众"爱心基金为 200 名贫困白内障患者全额捐助手术费用。并组织两批医疗队于 2020 年 5 月 6～13 日赴柬埔寨金边、西哈努克及老挝万象、沙湾那吉，为当地学生提供眼健康检查、眼健康教育课程、公益配镜等服务。

2. 教育与文化

2021 年，中国华侨公益基金会开展"亲情中华"网上夏令营，举办六期"亲情中华·为你讲故事"网上（夏、秋、冬）令营，共吸引来自马来西亚、泰国、印尼等 10 个国家和地区的 1600 余名华裔青少年参加。2021 年 12 月，该基金会开展"亲情中华·为你讲故事"网上冬令营黑龙江哈尔滨营，来自美国、加拿大、德国、西班牙、英国、意大利、奥地利、乌克兰、爱尔兰、瑞典、比利时、日本、马来西亚、菲律宾、印尼、中国香港 16 个国家和地区的 17 个侨团、华文学校的近 700 名华裔青少年参营。该基金会将"侨爱心·图书室"项目，推广到海外，助力海外华文教育，2020 年 10 月在中国北京和日本大阪、神户三地同时举行"侨爱心·图书室"云端捐赠仪式；向缅甸福庆学校捐赠儿童读物图书，总价值 50 万元人民币。

3. 疫情援助

2020 年全球疫情加剧，中国华侨公益基金会通过福建、浙江、云南、黑龙江省侨联以及北京怡海公益基金会，共募捐了约 452 万元，已向菲律宾、西班牙、意大利、塞尔维亚、德国、缅甸、老挝、泰国、柬埔寨、俄罗斯、吉尔吉斯斯坦等国家进行了捐赠。[①] 例如，向泰国空军总医院等单位捐赠呼吸机 50 台、防护服 300 套、医用口罩 10 万个；向吉尔吉斯斯坦比什凯克华助中心捐赠一次性防护服 1000 套，一次性医用口罩 5 万个。众多企业通过中国华侨公益基金会开展对外捐赠活动，例如，与苏州耀晨新材料有限公司通过伊朗驻沪总领事馆向伊朗疫情防控指挥中心捐赠一次性使用 PP+PE 隔离衣 2040 套、纳米抗菌三防涂层隔离衣 1020 套，总价值人民币

---

① 龚维斌主编《中国社会体制改革报告（No.9·2021）》，社会科学文献出版社，2021，第 36 页。

69 万元；和世界针灸学会联合会携手石家庄以岭药业有限公司通过埃及华人华侨协会向埃及侨胞捐赠连花清瘟胶囊 1600 盒。

（三）案例三：爱德基金会

爱德基金会于 1985 年成立于上海，30 多年来，一直致力于国内国际项目的开发，开展同国内外社会组织的友好合作。[①] 爱德基金会在非洲、北美洲、欧洲、亚洲、大洋洲的数十个国家和地区与当地的非政府组织保持着密切的合作关系，帮助国外非政府组织进入中国发展的同时，也更有利于自身海外项目的开展。

爱德基金会近年来参与的海外项目不仅包括基础设施投资，也有人道主义援助项目，如 2009 年的菲律宾风灾救助项目。在 2009 年 9 月到 10 月，菲律宾连续遭受了两次强台风的袭击，其中 Parma 连续在菲律宾登陆了三次，造成菲律宾 465 人死亡，47 人失踪，200 余人受伤，直接损失 3 亿比索。爱德基金会在了解到菲律宾遭遇台风灾害后，第一时间和菲律宾当地的合作伙伴菲律宾华裔青年联合会（Kaisa Para Sa Kaunlaran）取得联系，了解具体情况之后，迅速捐赠支持了 100 万元港币用于 32229 份物资的采购和派发。随后爱德基金会得知菲律宾灾害发展迅速，并向香港特区政府申请了紧急救援基金用于实地参与救援。爱德基金会于 2009 年 11 月前往菲律宾开展紧急援助，并派出了救灾经验丰富的员工前往菲律宾，与当地的菲律宾华裔青年联合协会合作共同参与救灾。最终，救灾项目顺利完成，帮助了 2400 户受灾家庭。

2011 年东非部分国家爆发了严峻的旱灾，肯尼亚等地遇到了百年一遇的严重旱情，受灾人数超过了 1200 万。爱德基金会通过长期在东非工作的国际组织与当地组织联络，详细了解了当地旱灾的情况，为灾民捐赠了紧急食物、饮用水等生活物资。同时，爱德基金会通过与肯尼亚本土社会组织肯尼亚圣公会合作，支持当地一个名为 Work for Food 的项目，为当地建造水坝，长远地解决了用水困难。

2015 年 4 月，尼泊尔爆发了 8.1 级强震，据统计，截至 2015 年，尼泊尔地震至少造成 8786 人死亡，22303 人受伤。此次地震对尼泊尔国内造成

---

①　黄浩明：《我国社会组织国际化战略与路径研究》，《学会》2014 年第 9 期，第 5~16、24 页。

了巨大的影响，爱德基金会第一时间派出紧急救援队前往尼泊尔参与救援，与国际救灾联盟尼泊尔办公室工作人员会合，随即开展相关救援工作。同时，爱德基金会在社会各界开展灾害募捐，共筹集到人民币 300 万元，港币 584.6 万元用于灾害援助。爱德基金会凭借自身 20 多年的灾害救助经验，在尼泊尔不顾危险积极救助受灾群众，为处在灾难困难时期的尼泊尔民众送去爱、关怀以及新生的力量。

（四）案例四：全球环境研究所

全球环境研究所（GEI）是中国环境保护类的社会组织，其国际化发展历程有一定的示范作用。全球环境研究所在斯里兰卡开展的引进沼气池可再生能源技术项目，为中国民间社会组织国际化提供了一个成功经验。全球环境研究所根据在国内开展可持续发展项目取得的经验，计划将中国使用沼气的经验推广到斯里兰卡，帮助当地居民改善生活质量。[①]

根据项目可行性初步调查的结果，2007 年斯里兰卡的沼气项目得到了斯里兰卡政府部门的批准。[②] 该项目于 2008 年 5 月开始在斯里兰卡实施，这也是斯里兰卡独立以来第一个正式批准的国外社会组织建设项目。在 2009 年，全球环境研究所在斯里兰卡的 5 个省份修建了沼气池，并培训了当地技术人员，圆满地完成了项目建设。项目的成功完成，也得到了斯里兰卡财政部官员和中国驻斯里兰卡大使的高度赞扬。

全球环境研究所还参与了许多东南亚的国际项目。2010 年全球环境研究所在缅甸开展了中缅木材贸易治理项目，目的在于加强对非法木材交易的打击力度，推动中缅木材合法认证的顺利落实以及中缅在林业资源上的交流和合作。缅甸国内拥有丰富的生物多样性资源，为了生态资源的保护，避免走上先污染后治理的道路，缅甸近些年也在加大对环境保护的力度。全球环境研究所通过项目调查和实地考察了解，于 2014 年 11 月和缅甸的环境保护与森林部（现资源环保部）签署了合作协议，与缅甸开始了正式的合作关系。同时，这也是中国首个草根非政府社会组织与国外政府机构开

---

① 韩占康：《中国非政府组织国际化对策研究——以其在非洲地区的活动为例》，博士学位论文，重庆大学，2019，第 18 页。

② 马晓艳：《"一带一路"背景下甘肃省社会组织"走出去"研究》，博士学位论文，兰州大学，2018，第 14 页。

展的正式项目合作。全球环境研究所通过和缅甸政府、利益相关方企业、中国政府部门开展非正式会谈、研讨会，对项目进行了深度调研，了解中缅双方的各自立场，最终促成了双方的高层对话，并在木材贸易交易方面达成了一个稳定的交流对话机制。2017 年，在全球环境研究所的参与和努力下，中缅双方共同签署了林业合作项目的备忘录，在两国木材贸易的合法性方面给予了政府层面的支持。同年，全球环境研究所发布了中缅非法木材贸易的研究报告，并详细分析了中国企业在其中所扮演的角色。

（五）案例五：中关村社会组织联合会

中关村社会组织联合会（以下简称联合会）是北京市"枢纽型"社会组织，2021 年荣获"全国先进社会组织"称号。该联合会围绕北京国际科技创新中心建设和中关村建设世界领先的科技园区发展规划和发展目标，为北京市科创型社会组织提供公共服务，助力社会组织聚集创新要素、推动产业发展、服务企业创新。联合会成员涵盖北京市、中关村地区的社会组织 170 余家，通过会员覆盖的科技企业有 10 多万家，包括华为、京东、百度、中芯国际、科兴中维等大型知名企业，既涵盖数字经济、人工智能、医药健康、节能环保等高精尖产业领域企业，也包含了科技成果转化、知识产权保护、科技评估与鉴证、技术咨询等方面的科技服务机构。中关村社会组织联合会打造国际交流新平台，深化民间对外友好交流合作，主动融入全球科技创新网络，携手会员单位构建"一家牵头、多方参与"的工作机制，深入开展国际化工作，并获得北京市人民政府外事办公室推荐申请"联合国经社理事会咨商地位"的资格。

联合会与德国科技类社会组织和企业开展多项合作，与弗劳恩霍夫电子纳米系统研究所、开姆尼茨工业大学智能系统集成研究院、开姆尼茨工业大学微技术中心、史太白智能电子系统技术转移中心签署合作确认函，共建北京智能系统创新中心，共同推动国际技术成果转移落地。联合会携手柏林经济技术促进局、拜仁州国际合作中心、慕尼黑工业大学创新中心（Unternehmer TUM）、清华车载学院共同举办"2022 年中关村论坛平行论坛——中德智能网联汽车国际创新论坛"。会议邀请巴伐利亚州副州长、德国慕尼黑市领导发言致辞，德国大陆集团 CEO、高通德国副总裁与中国企业小马智行、集度汽车 CEO 共话智能汽车的发展与未来。举办中德人才合作交流系列活动，携手德中企业家联合会共同开展华人工程师宣讲会，分别在德国路德维希港应用技术大学、曼海姆双元制应用技术大学、卡尔斯鲁厄双元制应用技术大学进行政策宣讲，吸引华人工程师到北京发展。协同中关村驻德国海德堡联络处、柏林联络处共同举办"德翼人才"宣讲招聘活动，为小米、字节跳动、广联达科技、寒武纪、知乎等北京企业招聘优秀的德国留学生；通过对接协调，建立海外战略人才和青年人才库。

联合会深入对接了国际社会组织。例如与欧洲专利局深入合作，打造欧洲知识产权服务港，搭建欧洲知识产权代理机构及专家名录数据库，收录 35 家欧洲代理机构、61 位律师、12 个知识产权服务团队，在北京科创型社会组织创新创业服务平台上向企业公布。举办"欧洲专利申请及保护线上讲座"系列活动，制作《欧洲知识产权速查手册》及《欧洲专利基础知识系列课程》《欧洲颠覆性产业科技概览》等网络课程 8 期，为中国企业普及欧洲专利基础知识并提炼相关问题难点。2021 年 12 月，联合会与韩国全罗南道顺天市市政府共同主办第一届中韩创新论坛，论坛开设韩国顺天湾国际湿地中心大会议室线下会议及线上网络平台直播。在此次活动中，韩国顺天市市长许锡、联合会会长杨骅为本次论坛致欢迎辞。9 家韩国企业在论坛上进行了项目路演，通过活动筛选出有意向落地北京的韩国企业，联合会对其进行长期服务与跟踪。其中，韩国 ROKIT Healthcare（罗吉特）公司利用自体细胞、细胞片层技术和 4D 生物制造技术，制订了糖尿病足的皮肤再生治疗方案并提供相关产品，技术水平大幅领先国内相关领域在研技术，目前在北京的落地工作已经进入合作签约阶段。

联合会利用数字化技术和信息化手段，链接全球科技企业、社会组织、高校院所、科研机构、投资机构、政策机构等资源，创建服务全球科技创新和互联合作参与的开放性平台——"科技世集"。该平台集"信息交流大厅""国际路演大厅""人才对接大厅""技能提升大厅"为一体，展示北京科技类社会组织国际化资源，汇聚来自德国、英国、美国、日本、韩国及主要"一带一路"共建国家的创新成果资源，包括生物医药、人工智能、大数据与云计算、集成电路、智能制造与新材料等领域，为各国科技项目来华提供落地服务、产品技术规范、行业法规咨询等一站式解决方案，推动产业链、创新链、人才链互联互通，推进国际科技创新企业、项目、人才与中国创新主体的充分对接。平台于 2022 年 3 月 1 日正式上线，汇集科创型社会组织在德国慕尼黑、加拿大渥太华、英国伦敦、美国加利福尼亚州、秘鲁利马、澳大利亚墨尔本、韩国顺天、日本东京、俄罗斯莫斯科等的近 30 家驻外联络处。

【本章要点】

1. 从阶段划分上来看，中国社会组织"走出去"大体上可以划分为四个阶段：1949～1978 年为官方援助阶段；1979～2004 年为萌芽阶段；2004～2012 年为探索尝试阶段；2012 年至今为快速发展阶段。

2. "走出去"的主要合作领域涉及扶贫开发、医疗援助、文化与教育、妇女儿童权益维护、农业合作、自然灾害救助、环境保护和公共卫生与疫情防控等。

3. 中国企业成立的私募基金会在对外援助领域非常活跃。

4. 社会组织走出去的主要形式有：主题会议论坛交流、教育培训、筹集款项联合募捐、派驻支援队伍和开办海外工作室。

5. 中国社会组织"走出去"主要有四大推动力量，形成了相应的四种行动路径，分别是：人道主义援助驱动、组织发展战略驱动、政策响应驱动和企业形象塑造的宣传驱动。

6. 社会组织"走出去"的典型案例：中国扶贫基金会、中国华侨公益基金会、爱德基金会、全球环境研究所和中关村社会组织联合会。

【关键概念】

社会组织国际化；民心相通工程；《对外援助管理办法》；人道主义援助社会组织海外工作室

【思考题】

1. 为了推动社会组织走出去，中国政府出台了哪些政策？如何让政策更有效的执行？

2. 新冠疫情让社会组织"走出去"行动发生了哪些变化？

3. 企业私募基金会的国际化成果应如何宣传？

4. 不同类型的社会组织走出去的动力存在哪些差异？

【推荐阅读文献】

蓝煜昕:《历程、话语与行动范式变迁:国际发展援助中的NGO》,载王名主编《中国非营利评论(第二十一卷2018 No.1)》2018。

赵佳佳、韩广富:《中国社会组织"走出去"扶贫问题探析——以社会组织在非洲的扶贫活动为例》,《贵州师范大学学报》(社会科学版)2016年第4期。

杨丽、游斐:《中国社会组织国际化的问题与对策——基于124个社会组织调查分析》,载龚维斌主编《中国社会体制改革报告(No.9·2021)》,社会科学文献出版社,2021。

杨义凤、邓国胜:《中国慈善组织国际化的策略》,《行政管理改革》2016年第7期。

卢玮静:《中国社会组织参与国际发展合作:趋势与挑战》,载龚维斌主编《中国社会体制改革报告(No.7·2019)》,社会科学文献出版社,2019。

黄浩明:《中国公益组织走出去的现状、挑战和对策》,载杨团主编《中国慈善发展报告(2016)》,社会科学文献出版社,2016。

附　录

附录1　中国社会组织法律法规及规范性文件目录一览

综合类

1949 年

《中国人民政治协商会议共同纲领》（1949 年 9 月 29 日通过）

1979 年

《中华人民共和国刑法》（1979 年 7 月 1 日通过，2015 年 8 月 29 日第九次修订）

1980 年

《中华人民共和国个人所得税法》（1980 年 9 月 10 日通过，2011 年 6 月 30 日第 6 次修订）

1982 年

《中华人民共和国宪法》（1982 年 12 月 4 日发布，2004 年 3 月 14 日第四次修订）

1984 年

中共中央、国务院：《关于严格控制成立全国性组织的通知》（1984 年 11 月 17 日发布）

1986 年

《中华人民共和国民法通则》（1986 年 4 月 12 日发布）

1988 年

最高人民法院：《关于贯彻执行〈中华人民共和国民法通则〉若干问题的意见（试行）》（1988 年 4 月 2 日发布）

1992 年

《中华人民共和国工会法》（1992 年 4 月 3 日通过，2001 年 10 月 27 日第一次修订）。

《中华人民共和国税收征收管理法》（1992 年 9 月 4 日通过，2015 年 4 月 24 日第三次修订）

1993 年

《中华人民共和国红十字会法》（1993 年 10 月 31 日通过）

1994 年

《中华人民共和国审计法》（1994 年 8 月 31 日通过，2006 年 2 月 28 日第一次修订）

民政部：《社会福利性募捐义演管理暂行办法》（1994 年 11 月 30 日发布）

1999 年

国家税务总局：《关于印发〈事业单位、社会团体、民办非企业单位企业所得税征收管理办法〉的通知》（国税发〔1999〕65 号），（1999 年 4 月 16 日发布）

《中华人民共和国公益事业捐赠法》，（1999 年 6 月 28 日发布）

中共中央办公厅、国务院办公厅：《关于进一步加强民间组织管理工作的通知》（中办发〔1999〕34 号）（1999 年 11 月 1 日发布）

民政部：《社会福利机构管理暂行办法》（民政部令第 19 号），（1999 年 12 月 30 日发布）

2000 年

民政部：《取缔非法民间组织暂行办法》（2000 年民政部令第 21 号）（2000 年 4 月 10 日发布）

科技部、民政部：《关于印发〈科技类民办非企业单位登记审查与管理暂行办法〉的通知》（国科发政字〔2000〕209 号），（2000 年 5 月 24 日发布）

财政部、国家税务总局：《关于企业等社会力量向红十字事业捐赠有关

所得税政策问题的通知》（财税〔2000〕30 号）（2000 年 7 月 12 日发布）

2002 年

国务院：《税收征收管理法实施细则》（国务院令第 362 号），（2002 年 9 月 7 日发布，2016 年 2 月 6 日第三次修订）

2003 年

财政部：《关于加强企业对外捐赠财务管理的通知》（财企〔2003〕95 号），（2003 年 3 月 14 日发布）

国家税务总局：《税务登记管理办法》（国家税务总局令第 7 号），（2003 年 12 月 17 日发布，2014 年 12 月 27 日修订）

2004 年

财政部：《关于印发〈民间非营利组织会计制度〉的通知》，（2004 年 8 月 18 日发布）

2005 年

民政部：《关于促进慈善类民间组织发展的通知》（2005 年 12 月 8 日发布）

2007 年

民政部：《全国性民间组织评估实施办法》，（2007 年 8 月 16 日发布）

2008 年

民政部：《救灾捐赠管理办法》（民政部令第 35 号），（2008 年 4 月 28 日发布）

2009 年

财政部、国家税务总局：《关于非营利组织企业所得税免税收入问题的通知》（财税〔2009〕122 号）（2009 年 11 月 11 日发布）

2010 年

民政部、国家档案局：《关于印发〈社会组织登记档案管理办法〉的通知》（民发〔2010〕101 号）（2010 年 7 月 15 日发布）

财政部：《关于印发〈公益事业捐赠票据使用管理暂行办法〉的通知》（财综〔2010〕112 号）（2010 年 11 月 28 日发布）

民政部：《社会组织评估管理办法》（民政部令第 39 号）（2010 年 12

月 27 日发布）

2011 年

民政部：《关于印发〈全国性社会团体公益性捐赠税前扣除资格初审暂行办法〉的通知》（民发〔2011〕81 号）（2011 年 5 月 18 日发布）

民政部：《中国慈善事业发展指导纲要（2011—2015）》（2011 年 7 月 15 日发布）

民政部：《民政部关于印发各类社会组织评估指标的通知》（2011 年 8 月 29 日发布）

2013 年

国务院办公厅：《关于政府向社会力量购买服务的指导意见》（国办发〔2013〕96 号）（2013 年 9 月 26 日发布）

2014 年

财政部、民政部：《关于支持和规范社会组织承接政府购买服务的通知》（财综〔2014〕87 号）（2014 年 11 月 25 日发布）

民政部、财政部：《关于加强社会组织反腐倡廉工作的意见》（2014 年 11 月 6 日）

财政部、民政部、工商总局：《关于印发〈政府购买服务管理办法（暂行）〉的通知》（财综〔2014〕96 号）（2014 年 12 月 15 日发布）

2015 年

国务院：《政府采购法实施条例》（国务院令第 658 号）（2015 年 1 月 30 日发布）

国务院办公厅：《国务院办公厅转发文化部等部门关于做好政府向社会力量购买公共文化服务工作意见的通知》（国办发〔2015〕37 号）（2015 年 5 月 5 日发布）

民政部：《关于探索建立社会组织第三方评估机制的指导意见》（民发〔2015〕89 号）（2015 年 5 月 13 日发布）

中共中央办公厅：《中共中央办公厅印发〈关于加强社会组织党的建设工作的意见（试行）〉的通知》（2015 年 9 月发布）

财政部、国家税务总局、民政部：《关于公益性捐赠税前扣除资格确认审

批有关调整事项的通知》（财税〔2015〕141 号）（2015 年 12 月 31 日发布）

2016 年

财政部、民政部：《关于进一步明确公益性社会组织申领公益事业捐赠票据有关问题的通知》（财综〔2016〕7 号）（2016 年 2 月 14 日发布）

《中华人民共和国慈善法》（2016 年 3 月 16 日发布

财政部、国家税务总局：《关于公益股权捐赠企业所得税政策问题的通知》（财税〔2016〕45 号）（2016 年 4 月 20 日发布）

民政部：《关于加强和改进社会组织薪酬管理的指导意见》（2016 年 6 月 14 日发布）

中共中央办公厅、国务院办公厅：《关于改革社会组织管理制度 促进社会组织健康有序发展的意见》（2016 年 8 月发布）

民政部：《关于印发〈社会组织登记管理机关受理投诉举报办法（试行）〉的通知》（民发〔2016〕139 号）（2016 年 8 月 15 日发布）

民政部：《慈善组织认定办法》（2016 年 8 月 31 日发布）

民政部：《慈善组织公开募捐管理办法》（2016 年 8 月 31 日发布）

民政部：《关于社会组织成立登记时同步开展党建工作有关问题的通知》（民函〔2016〕257 号）（2016 年 9 月 18 日发布）

司法部、中央综治办、民政部、财政部：《关于社会组织参与帮教刑满释放人员工作的意见》（2016 年 10 月发布）

财政部、民政部：《关于通过政府购买服务支持社会组织培育发展的指导意见》（财综〔2016〕54 号）（2016 年 12 月 1 日发布）

2017 年

民政部、中宣部、中组部、外交部、公安部、财政部、人社部、国家新闻出版广电总局、国家统计局：《关于社会智库健康发展的若干意见》（2017 年 2 月 16 日通过）

中国银行业监督管理委员会、民政部：《慈善信托管理办法》（2017 年 7 月 26 日发布）

2018 年

民政部：《社会组织信用信息管理办法》（2018 年 1 月 24 日发布）

财政部、国家税务总局：《关于非营利组织免税资格认定管理有关问题

的通知》（财税〔2018〕13号）（2018年2月7日发布）

民政部：《慈善组织信息公开办法》（2018年8月6日发布）

财政部、税务总局、民政部：《关于公益性捐赠税前扣除有关事项的公告》（2020年5月13日发布）

2021年

民政部等22个部门：《关于铲除非法社会组织滋生土壤 净化社会组织生态空间》的通知（2021年3月20日发布）

民政部：《社会组织登记管理机关行政处罚程序规定》（2021年10月15日起施行）

社会团体类

1950年

政务院：《社会团体登记暂行办法》（1950年9月29日通过）

1951年

内务部：《社会团体登记暂行办法实施细则》（1951年3月23日发布）

1991年

国务院宗教事务局、民政部：《宗教社会团体登记管理实施办法》（国宗发〔1991〕110号）（1991年5月6日发布）

1993年

国家技术监督局等：《企业事业单位和社会团体代码管理办法》（技监局发〔1993〕14号）（1993年7月13日发布）

民政部、公安部：《社会团体印章管理规定》（1993年民政部、公安部令第1号）（1993年10月18日发布，根据2010年民政部令第38号修订）

1994年

民政部：《关于开展全国性社会团体年度检查工作的通知》（民社函〔1994〕8号）（1994年1月5日发布）

民政部：《关于做好社会团体监督管理工作有关问题的通知》（民社函〔1994〕74号）（1994年3月29日发布）

1995 年

民政部、国家工商行政管理局：《关于社会团体开展经营活动有关问题的通知》（民社发〔1995〕14 号）（1995 年 7 月 10 日发布）

1996 年

民政部：《社会团体年度检查暂行办法》（民社发〔1996〕10 号）（1996 年 5 月 4 日发布）

中共中央办公厅、国务院办公厅：《关于加强社会团体和民办非企业单位管理工作的通知》（中办发〔1996〕22 号）（1996 年 7 月发布）

1997 年

国务院办公厅：《国务院办公厅转发民政部门关于清理整顿社会团体意见的通知》（国办发〔1997〕11 号）（1997 年 4 月 8 日发布）

民政部：《关于查处非法社团组织的通知》（民社函〔1997〕91 号）（1997 年 5 月 14 日发布）

1998 年

中共中央组织部、民政部：《关于在社会团体中建立党组织有关问题的通知》（组通字〔1998〕6 号）（1998 年 2 月 16 日发布）

民政部：《民政部主管的社会团体管理暂行办法》（民社发〔1998〕6 号）（1998 年 6 月 12 日发布）

国务院：《社会团体登记管理条例》（国务院令第 250 号）（1998 年 10 月 25 日发布）

1999 年

民政部：《对机构改革后有关社会团体业务主管单位问题的意见》（民社函〔1999〕95 号）（1999 年 5 月 27 日发布）

2000 年

中共中央组织部：《关于印发〈关于加强社会团体党的建设工作的意见〉的通知》（中组发〔2000〕10 号）（2000 年 7 月 21 日发布）

民政部：《关于成立以人名命名的社会团体问题的通知》（民发〔2000〕168 号）（2000 年 7 月 21 日发布）

民政部：《关于对部分团体免予社团登记有关问题的通知》（民发

〔2000〕256号）（2000年12月5日发布）

2002年

民政部：《关于全国性社会团体异地设立分支（代表）机构问题的通知》（民发〔2002〕52号）（2002年3月20日发布）

民政部：《关于进一步做好"老乡会""校友会""战友会"等社团组织管理工作的通知》（民发〔2002〕59号）（2002年3月27日发布）

2003年

国家发展改革委、财政部：《关于社会团体分支（代表）机构登记费标准等有关问题的通知》（发改价格〔2003〕851号）（2003年7月30日发布）

2007年

国务院办公厅：《关于加快推进行业协会商会改革和发展的若干意见》（国办发〔2007〕36）（2007年5月13日发布）

民政部：《关于社会团体登记管理有关问题的通知》（民函〔2007〕263号）（2007年9月12日发布）

2012年

民政部：《关于印发全国性公益类社团、联合类社团、职业类社团、学术类社团评估指标的通知》（2012年11月13日）

2014年

民政部：《关于贯彻落实国务院取消全国性社会团体分支机构、代表机构登记行政审批项目的决定有关问题的通知》（民发〔2014〕38号）（2014年2月26日发布）

中共中央组织部：《关于规范退（离）休领导干部在社会团体兼职问题的通知》（中组发〔2014〕11号）（2014年6月25日发布）

2015年

中共中央办公厅、国务院办公厅：《关于印发〈行业协会商会与行政机关脱钩总体方案〉的通知》（中办发〔2015〕39号）（2015年7月发布）

2016年

民政部、海关总署：《关于社会团体和基金会办理进口慈善捐赠物资减

免税手续有关问题的通知》（民发〔2016〕64 号）（2016 年 4 月 14 日发布）

民办非企业单位类

1998 年

国务院：《民办非企业单位登记管理暂行条例》（国务院令第 251 号）（1998 年 10 月 25 日发布）

民政部：《关于清理整顿社会团体审定和换发证书工作的通知》（民社发〔1998〕13 号）（1998 年 11 月 3 日）

1999 年

民政部：《民办非企业单位名称管理暂行规定》（民发〔1999〕129 号）（1999 年 12 月 28 日发布）

民政部：《民政部办公厅转发〈国家计委、财政部关于核定民办非企业单位登记收费标准有关问题的通知〉的通知》（民办函〔1999〕130 号）（1999 年 12 月 29 日发布）

2000 年

国家体育总局、民政部：《体育类民办非企业单位登记审查与管理暂行办法》（2000 年 11 月 10 日发布）

文化部、民政部：《关于印发〈文化类民办非企业单位登记审查管理暂行办法〉的通知》（文人发〔2000〕60 号）（2000 年 12 月 4 日发布）

2001 年

财政部、国家税务总局：《关于企业等社会力量向红十字事业捐赠有关问题的通知》（财税〔2001〕28 号）（2001 年 3 月 8 日发布）

《中华人民共和国信托法》（2001 年 4 月 28 日发布）

民政部：《民政部关于进一步开展经常性社会捐助活动的意见》（2001 年 8 月 31 日）

民政部、劳动和社会保障部：《关于印发〈职业培训类民办非企业单位登记办法〉（试行）的通知》（民发〔2001〕297 号）（2001 年 9 月 29 日发布）

民政部、教育部：《关于印发〈教育类民办非企业单位登记办法（试行）〉的通知》（民发〔2001〕306 号）（2001 年 10 月 19 日发布）

2002 年

《中华人民共和国民办教育事业促进法》（2002 年 12 月 28 日发布）

2005 年

民政部：《民办非企业单位年度检查办法》（民政部令第 27 号）（2005 年 4 月 7 日发布）

2007 年

国务院：《中华人民共和国企业所得税法实施条例》（国务院令第 512 号）（2007 年 12 月 6 日发布）

基金会类

2004 年

国务院：《基金会管理条例》（国务院令第 400 号）（2004 年 2 月 11 日发布）

民政部：《基金会名称管理规定》（民政部令第 26 号）（2004 年 6 月 21 日发布）

民政部：《关于现职国家工作人员不得兼任基金会负责人有关问题的通知》（民函〔2004〕270 号）（2004 年 10 月 28 日发布）

2005 年

民政部：《基金会年度检查办法》（民政部令第 30 号）（2005 年 12 月 27 日通过）

民政部：《基金会信息公布办法》（民政部令第 31 号）（2005 年 12 月 27 日通过）

2009 年

民政部：《关于基金会等社会组织不得提供公益捐赠回扣有关问题的通知》（2009 年 4 月 21 日发布）

2011 年

财政部、民政部：《关于加强和完善基金会注册会计师审计制度的通知》（财会〔2011〕23 号）（2011 年 12 月 26 日发布）

2012 年

民政部：《关于印发〈关于规范基金会行为的若干规定（试行）〉的通知》（民发〔2012〕124 号）（2012 年 7 月 10 日发布）

2015 年

民政部：《关于进一步加强基金会专项基金管理工作的通知》（2015 年 12 月 24 日发布）

志愿服务组织类

2006 年

中共中央：《关于构建社会主义和谐社会若干重大问题的决定》（2006 年 10 月 11 日通过）

共青团中央：《中国注册志愿者管理办法》（中青发〔2006〕55 号）（2006 年 11 月 7 日发布，2013 年 11 月修订）

2007 年

民政部：《民政部关于在全国城市推行社区志愿者注册制度的通知》（2007 年 11 月 16 日发布）

2008 年

中央精神文明建设指导委员会：《关于深入开展志愿服务活动的意见》（2008 年 10 月 6 日发布）

2012 年

民政部：《关于印发〈志愿服务记录办法〉的通知》（民函〔2012〕340 号）（2012 年 10 月 23 日发布）

2013 年

民政部：《关于印发〈中国社会服务志愿者队伍建设指导纲要（2013—2020 年）〉的通知》（民发〔2013〕216 号）（2013 年 12 月 27 日发布）

2014 年

中央精神文明建设指导委员会：《关于推进志愿服务制度化的意见》（文明委〔2014〕3 号）（2014 年 2 月 19 日发布）

2015 年

教育部：《关于印发〈学生志愿服务管理暂行办法〉的通知》（教思政〔2015〕1 号）（2015 年 3 月 16 日发布）

中央文明办、民政部、教育部、共青团中央：《关于规范志愿服务记录证明工作的指导意见》（民发〔2015〕149 号）（2015 年 8 月 3 日发布）

2016 年

中共中央宣传部、中央文明办、民政部、教育部、财政部、全国总工会、共青团中央、全国妇联：《关于支持和发展志愿服务组织的意见》（文明办〔2016〕10 号）（2016 年 5 月 20 日发布）

2017 年

国务院：《志愿服务条例》（2017 年 8 月 22 日发布）

社会工作组织类

2011 年

中组部等：《关于加强社会工作专业人才队伍建设的意见》（2011 年 11 月 8 日发布）

民政部：《关于贯彻落实〈关于加强社会工作专业人才队伍建设的意见〉的通知》（2011 年 11 月 24 日发布）

2012 年

民政部、财政部：《关于政府购买社会工作服务的指导意见》（民发〔2012〕196 号）（2012 年 11 月 14 日发布）

中共中央组织部、中共中央政法委员会、中央机构编制委员会办公室、国家发展和改革委员会、教育部、公安部、民政部、司法部、财政部、人力资源和社会保障部、文化部、卫生部、国家人口和计划生育委员会、国家信访局、国务院扶贫办、全国总工会、共青团中央、全国妇联、中国残联：《社会工作专业人才队伍建设中长期规划（2011—2020 年）》（2012 年 2 月 20 日发布）

2015 年

民政部、财政部：《关于加快推进社会救助领域社会工作发展的意见》

（2015 年 5 月 4 日发布）

2016 年

中华全国总工会、民政部、人力资源社会保障部：《关于加强工会社会工作专业人才队伍建设的指导意见》（2016 年 12 月 5 日发布）

2018 年

民政部：《关于印发〈"互联网＋社会组织（社会工作、志愿服务）"行动方案（2018—2020 年）〉的通知》（2018 年 9 月 3 日发布）

境外非政府组织（NGO）类

1989 年

国务院：《外国商会管理暂行规定》（国务院令第 36 号）（1989 年 6 月 14 日发布，2013 年修订）

2016 年

《中华人民共和国境外非政府组织境内活动管理法》（2016 年 4 月 28 日通过）

2018 年

民政部：《民政部受理境外非政府组织设立代表机构业务主管单位申请工作办法（试行）》（2018 年 6 月 21 日发布）

基层（"草根"）组织类

2006 年

中组部、中宣部、民政部等：《关于在农村基层广泛开展志愿服务活动的意见》（民发〔2006〕31 号）（2006 年 2 月 20 日发布）

2017 年

民政部：《关于大力培育发展社区社会组织的意见》（2017 年 12 月 27 日发布）

2020 年

民政部：《培育发展社区社会组织专项行动方案（2021—2023 年）》

（2020 年 12 月 7 日发布）

2021 年

民政部：《社区社会组织章程示范文本（试行）》（2021 年 8 月 31 日发布）

附录 2 国家部委主管的社会组织名录（部分）

国家部委主管的社会组织名录（部分）

序号	社会组织	主管单位
1	中国慈善联合会	民政部
2	中华少年儿童慈善救助基金会	
3	中致社会发展促进中心	
4	光彩养老事业促进中心	
5	济仁慈善基金会	
6	中国地名学会	
7	中益老龄事业发展中心	
8	海峡两岸婚姻家庭协会	
9	中清酒业酿造技艺发展中心	
10	中国光学工程学会	
11	新世纪国际课程研究和推广中心	
12	蓝智海洋生态技术研究中心	
13	中润社会影视制作中心	
14	杏林医疗救助基金会	
15	当代养老产业研究院	
16	仲和视觉康复发展中心	
17	中民社会救助研究院	
18	中联肝健康促进中心	
19	中华慈善总会	
20	中联口述历史整理研究中心	

序号	社会组织	主管单位
21	实事助学基金会	
22	新家园社会服务中心	
23	积水潭骨科医学研究院	
24	香江社会救助基金会	
25	中国SOS儿童村协会	
26	中国行政区划与区域发展促进会	
27	中国移动慈善基金会	
28	天诺慈善基金会	
29	三峡集团公益基金会	
30	永恒慈善基金会	
31	中国心胸血管麻醉学会	
32	比亚迪慈善基金会	
33	腾讯公益慈善基金会	
34	中国人寿慈善基金会	
35	民生书法艺术馆	
36	中远海运慈善基金会	民政部
37	中国地名文化遗产保护促进会	
38	科信食品与健康信息交流中心	
39	中民民政职业能力建设中心	
40	启明公益基金会	
41	招商局慈善基金会	
42	东润公益基金会	
43	万科公益基金会	
44	中兴通讯公益基金会	
45	东方企业创新发展中心	
46	中国社会工作学会	
47	新华青少年儿童食品质量研究发展中心	
48	标普医学信息研究中心	
49	朝阳行动乡村服务创新中心	
50	品牌中国战略规划院	
51	周大福慈善基金会	
52	金台文院	

序号	社会组织	主管单位
53	中辰养老服务事业发展中心	
54	长青老龄社会发展研究院	
55	华润慈善基金会	
56	中社社会工作发展基金会	
57	章如庚慈善基金会	
58	中民养老规划院	
59	现代女性领导力研究院	
60	中诚公益创投发展促进中心	
61	东风公益基金会	
62	现代数字化学习科学研究院	
63	现代社会工作人才发展服务中心	
64	中国社会组织促进会	
65	中国海油海洋环境与生态保护公益基金会	
66	云海画院	
67	满天星业余交响乐团	
68	马应龙肛肠诊疗技术研究院	民政部
69	杏霖妇科内分泌研究院	
70	当代社会服务研究院	
71	中山博爱基金会	
72	智惠乡村志愿服务中心	
73	新华人寿保险公益基金会	
74	中国社会工作联合会	
75	中华社会救助基金会	
76	波司登公益基金会	
77	陈香梅公益基金会	
78	开明慈善基金会	
79	爱之桥服务社	
80	阿尔茨海默病防治协会	
81	包商银行公益基金会	
82	心和公益基金会	
83	中智科学技术评价研究中心	
84	中善公益促进中心	

序号	社会组织	主管单位
85	中国灵山公益慈善促进会	
86	民福社会福利基金会	
87	亨通慈善基金会	
88	新世纪管理科学与工程研究院	
89	德源希望教育救助中心	
90	爱慕公益基金会	
91	华民慈善基金会	
92	中脉公益基金会	
93	致福慈善基金会	
94	智善公益基金会	
95	行走中国公益俱乐部	
96	光华工程科技奖励基金会	
97	凯风公益基金会	
98	王振滔慈善基金会	
99	国家能源集团公益基金会	
100	中天爱心慈善基金会	民政部
101	明德公益研究中心	
102	天合公益基金会	
103	中安安全工程研究院	
104	新丝路民间经贸国际交流中心	
105	当代书法篆刻院	
106	白求恩公益基金会	
107	健坤慈善基金会	
108	阿里巴巴公益基金会	
109	赛思健康科学研究院	
110	中国社区发展协会	
111	白求恩精神研究会	
112	爱佑慈善基金会	
113	泛海美术馆	
114	中国社会福利基金会	
115	中民社会捐助发展中心	
116	福棠儿童医学发展研究中心	

序号	社会组织	主管单位
117	中国人保公益慈善基金会	
118	现代职业教育研究院	
119	国家电网公益基金会	
120	紫金矿业慈善基金会	
121	民升康复护理养老发展中心	
122	南都公益基金会	
123	安利公益基金会	
124	中国临床肿瘤学会	
125	龙人古琴研究院	
126	中保养老服务教育学院	
127	中国社会治理研究会	
128	天恩蒙特梭利教育研究院	
129	当代社区发展与治理促进中心	
130	兴华公益基金会	民政部
131	中国研究型医院学会	
132	青山慈善基金会	
133	中华志愿者协会	
134	中国社会保障学会	
135	中国老年医学学会	
136	增爱公益基金会	
137	润慈公益基金会	
138	刘彪慈善基金会	
139	巨人慈善基金会	
140	大医慢病研究院	
141	民生通惠公益基金会	
142	善小公益基金会	
143	中国友谊促进会	
144	中国人类学民族学研究会	
145	中国少数民族双语教学研究会	
146	中国少数民族经济研究会	国家民族事务委员会
147	中国民族政策研究会	
148	中国民族建筑研究会	

序号	社会组织	主管单位
149	台湾少数民族研究会	国家民族事务委员会
150	中国朝鲜语学会	
151	中国朝鲜民族史学会	
152	中国少数民族哲学及社会思想史学会	
153	中央民族大学校友会	
154	中央民族大学附中校友会	
155	中国朝鲜族科技工作者协会	
156	中国少数民族对外交流协会	
157	中国少数民族文物保护协会	
158	中华民族团结进步协会	
159	中国民族医药协会	
160	中国少数民族文化艺术促进会	
161	中国风景园林学会	中国科学技术协会
162	中华环境保护基金会	生态环境部
163	中国生态文明研究与促进会	
164	中国环境新闻工作者协会	
165	中国环境文化促进会	
166	中国爱国拥军促进会	退役军人事务部
167	中国退役军人关爱基金会	
168	中国退役军人就业创业服务促进会	
169	中华英烈褒扬事业促进会	
170	中国地质矿产经济学会	自然资源部
171	中国地质灾害防治工程行业协会	
172	李四光地质科学奖基金会	
173	中国古生物化石保护基金会	
174	中国矿业权评估师协会	
175	中国土地估价师与土地登记代理人协会	
176	中国教育国际交流协会	教育部
177	中国教育学会	
178	中国高等教育学会	
179	中国教师发展基金会	
180	中国教育发展基金会	

序号	社会组织	主管单位
181	中国外商投资企业协会	商务部
182	中俄机电商会	
183	海峡两岸经贸交流协会	
184	中国国际贸易学会	
185	中国对外经济贸易会计学会	
186	中国国际经济合作学会	
187	中国对外经济贸易统计学会	
188	中国世界贸易组织研究会	
189	中国会展经济研究会	
190	华侨茶业发展研究基金会	
191	中国人才研究会	人力资源和社会保障部
192	中国继续工程教育协会	
193	中国人才交流协会	
194	中国劳动学会	
195	中国社会保险学会	
196	中国职工教育和职业培训协会	
197	中国就业促进会	
198	中国博士后科学基金会	
199	中国医疗保险研究会	国家医疗保障局
200	中国软科学研究会	科学技术部
201	中国科技体制改革研究会	
202	中国科学技术指标研究会	
203	中国可持续发展研究会	
204	中国科学技术院所联谊会	
205	全国科技振兴城市经济研究会	
206	中国科技评估与成果管理研究会	
207	中国工业与应用数学学会	
208	中国第四纪科学研究会	
209	中国发展战略学研究会	
210	中国超声医学工程学会	
211	长江技术经济学会	
212	中国管理科学学会	

序号	社会组织	主管单位
213	创新方法研究会	科学技术部
214	欧亚系统科学研究会	
215	中国国际人才交流与开发研究会	
216	中华国际科学交流基金会	
217	中国交通会计学会	交通运输部
218	中国交通教育研究会	
219	郑和研究会	
220	海峡两岸航运交流协会	
221	中国卫生信息与健康医疗大数据学会	国家卫生健康委
222	中国卫生经济学会	
223	中国学生营养与健康促进会	
224	中国卫生有害生物防制协会	
225	中国性病艾滋病防治协会	
226	中国地方病协会	
227	中国抗癫痫协会	
228	中国医师协会	
229	中国医院协会	
230	中华口腔医学会	
231	中国老年保健医学研究会	
232	中国医学影像技术研究会	
233	中国生命关怀协会	
234	中国药物滥用防治协会	
235	中国农村卫生协会	
236	中国社区卫生协会	
237	中国优生科学协会	
238	中国优生优育协会	
239	中国性学会	
240	妇幼健康研究会	
241	中国卫生监督协会	
242	中国民族卫生协会	
243	中国人口学会	
244	中国人口文化促进会	

序号	社会组织	主管单位
245	中国健康促进与教育协会	
246	中国卫生摄影协会	
247	中国控制吸烟协会	
248	中国医药卫生文化协会	
249	中国水利电力医学科学技术学会	
250	北京协和医学院校友会	
251	中国医疗保健国际交流促进会	
252	海峡两岸医药卫生交流协会	
253	中日医学科技交流协会	
254	中德医学协会	
255	中国足部反射区健康法研究会	
256	中国卫生计生思想政治工作促进会	
257	中国癌症基金会	
258	中国预防性病艾滋病基金会	
259	中国牙病防治基金会	
260	中国肝炎防治基金会	国家卫生健康委
261	马海德基金会	
262	吴阶平医学基金会	
263	中国初级卫生保健基金会	
264	中国听力医学发展基金会	
265	中国器官移植发展基金会	
266	中国医药卫生事业发展基金会	
267	中国健康促进基金会	
268	中国出生缺陷干预救助基金会	
269	中华健康快车基金会	
270	中华国际医学交流基金会	
271	中国医学基金会	
272	中国人口福利基金会	
273	新探健康发展研究中心	
274	中国足球协会	
275	中国篮球协会	
276	中国田径协会	

序号	社会组织	主管单位
277	中国滑冰协会	国家体育总局
278	中国花样滑冰协会	
279	中国冰球协会	
280	中国马术协会	
281	中国自行车运动协会	
282	中国击剑协会	
283	中国铁人三项运动协会	
284	中国现代五项运动协会	
285	中国帆船帆板运动协会	
286	中国赛艇协会	
287	中国皮划艇协会	
288	中国摔跤协会	
289	中国柔道协会	
290	中国拳击协会	
291	中国跆拳道协会	
292	中国空手道协会	
293	中国棒球协会	
294	中国垒球协会	
295	中国高尔夫球协会	
296	中国橄榄球协会	
297	中国乒乓球协会	
298	中国羽毛球协会	
299	中国极限运动协会	
300	中国围棋协会	
301	中国建筑学会	中国科学技术协会
302	中国土木工程学会	
303	中国城市科学研究会	住房和城乡建设部
304	中国房地产研究会	
305	中国城市规划学会	
310	中国建设劳动学会	
311	中国房地产估价师与房地产经纪人学会	
312	中国建设会计学会	

序号	社会组织	主管单位
313	中国市长协会	住房和城乡建设部
314	中国城市规划协会	
315	中国勘察设计协会	
316	中国建筑业协会	
317	中国建设监理协会	
318	中国城市燃气协会	
319	中国城镇供热协会	
320	中国城镇供水排水协会	
321	中国公园协会	
322	中国建设教育协会	
323	中国建设职工思想政治工作研究会	
324	中国建设文化艺术协会	
325	中国建筑节能协会	
326	中国亚洲经济发展协会	外交部
327	中俄友好、和平与发展委员会	
328	中国国际公共关系协会	
329	中国公共外交协会	
330	南南合作促进会	
331	中国伦理学会	中国社会科学院
332	中国社会学会	
333	中国外国文学学会	
334	中国数量经济学会	
335	中国辩证唯物主义研究会	
336	中国世界经济学会	
337	中国民族管弦乐学会	文化和旅游部
338	国际二战博物馆协会	
339	中华曲艺学会	
340	中国儿童戏剧研究会	
341	中国河洛文化研究会	
342	中国对外文化交流协会	
343	中国华夏文化遗产基金会	
344	东方华夏文化遗产保护中心	

序号	社会组织	主管单位
345	中国演出行业协会	文化和旅游部
346	中华文化联谊会	
347	中国国际文化交流中心	
348	中国文化艺术发展促进会	
349	中国传统文化促进会	
350	中国孔子基金会	
351	中国交响乐发展基金会	
352	当代书法艺术院	
353	中国渔业互保协会	农业农村部
354	中国水产流通与加工协会	
355	中国天然橡胶协会	
356	中国奶业协会	
357	中国绿色食品协会	
358	中国农产品市场协会	
359	中国种子协会	
360	中华农业科教基金会	
361	中远渔业推广示范中心	
362	中华全国律师协会	司法部
363	中国公证协会	
364	中国司法行政戒毒工作协会	
365	中国监狱工作协会	
366	中国互联网协会	工业和信息化部
367	中国半导体行业协会	
368	中国通信企业协会	—
369	中国珠宝玉石首饰行业协会	
370	中国输血协会	
371	中国文化管理协会	
372	中国合唱协会	
373	中国渔业协会	
374	中国畜牧业协会	
375	中国农药发展与应用协会	
376	中国鸵鸟养殖开发协会	

图书在版编目（CIP）数据

中国社会组织概论 / 谢寿光主编；杨曦，王海宇副
主编. -- 北京：社会科学文献出版社，2023.6（2025.6 重印）
（魁阁学术文库）
ISBN 978-7-5228-1364-6

Ⅰ.①中…　Ⅱ.①谢…②杨…③王…　Ⅲ.①社会团
体-研究-中国　Ⅳ.①C912.21

中国版本图书馆 CIP 数据核字（2022）第 256469 号

魁阁学术文库

中国社会组织概论

主　　编 / 谢寿光
副 主 编 / 杨　曦　王海宇

出 版 人 / 冀祥德
责任编辑 / 谢蕊芬　孙海龙
责任印制 / 岳　阳

出　　版 / 社会科学文献出版社·群学分社（010）59367002
　　　　　　地址：北京市北三环中路甲 29 号院华龙大厦　邮编：100029
　　　　　　网址：www.ssap.com.cn
发　　行 / 社会科学文献出版社（010）59367028
印　　装 / 唐山玺诚印务有限公司

规　　格 / 开 本：787mm × 1092mm　1/16
　　　　　　印 张：29　字 数：470 千字
版　　次 / 2023 年 6 月第 1 版　2025 年 6 月第 3 次印刷
书　　号 / ISBN 978-7-5228-1364-6
定　　价 / 88.00 元

读者服务电话：4008918866